손에 잡히는
단군조선

창도 오운홍

상공업의 나라

손에 잡히는
단군조선

창도 오운홍

檀君朝鮮

목차

❀ 서문 ··· 8

제1장 한국사의 기준점, 험독현의 왕험성(王險城)은 어디인가?

❀ 왕험성(王險城)을 찾는 일은 한사군의 위치를 바로잡는 일이다 ················ 16
❀ 진·한대의 '요수라는 강'의 위치 ·· 19
❀ 중국 고지도가 증명하는 요수의 위치 ·· 22
❀ 요수(遼水)는 북경시의 동부 조백하(潮白河)이다 ······································ 26
❀ 패수에 대한 국내 학자들의 견해 ··· 30
❀ 수경주가 말하는 패수는 지금의 난하이다 ·· 34
❀ 난하는 조개가 많이 잡히던 패수(浿水)이다 ·· 39
❀ 중국 문헌에서 찾은 험독현과 왕험성의 위치 ··· 42
❀ 『명사(明史)』〈지리지〉 낙정조(樂亭條)에서 찾아내다 ································· 45
❀ 한(漢)의 사군(四郡)은 살수 남쪽에 있었다 ··· 48
❀ 다시 그려낸 한사군 지도 ·· 54

제2장 '조선'을 국호로 내세운 까닭?

- 단군왕검은 왜 천하를 '계승'하지 못하고 '평정'했을까? ········· 62
- '조선'이라는 국호는 있어도 '고조선'이라는 국호는 없다 ········· 69
- 조선(朝鮮)을 이루는 조족(朝族)의 동방 진출 ················· 74
- 조선(朝鮮)의 선(鮮)은 선족(鮮族)을 뜻한다 ················· 81
- 환웅을 파견한 다인종 국가, 환국(桓國) ····················· 90
- 환웅이 이끄는 3,000의 무리는 정병(精兵)이다 ················ 97
- 환웅을 파견한 목적은 흑요석 확보에 있다 ·················· 100
- 환웅 파견의 증거를 천부인(天符印)에서 찾다 ················ 104
- 불함문화론의 근원과 오해 ······························· 109
- 신시(神市)는 과연 전설의 도시인가? ······················ 120
- 신시(神市)의 증거는 차고 넘친다 ·························· 127
- 신시는 청동기 문명 위에 세워졌다 ························ 129
- 똥시(東西) 장삿길의 변화와 상투 문화 ····················· 133
- 홍산(랴오허)문명의 주인, 중국이 아닌 이유 ················· 140

제3장 단군왕검은 왜 삼한으로 권한을 분담했나?

- 진한·마한·번한은 국명이 아니라 왕권이다 ·················· 146
- 진한·마한·번한의 명칭은 이두식 표현이다 ·················· 151
- 한(韓)은 '동방의 유명 상표'를 뜻한다 ······················ 157
- 조선(朝鮮)이란 삼한관경(三韓管境)이다 ····················· 164
- 생산과 판매의 분리와 진한의 위상 ························ 167
- 중국 사서에 나오는 마한, 진한, 변진의 개념 ················ 172

- '대륙의 똥시(東西) 무역로'를 이은 마한과 고구려 ·········· 177
- 고대 북방 유목민의 의식구조 ·········· 182
- 진한을 이어 간 '북부여 중심부'의 위치를 추정하다 ·········· 190
- 환인(桓仁)시 오녀산성은 고구려의 졸본성이 될 수 없다 ·········· 194
- 고구려의 졸본을 의무려산과 낙랑홀과 현도로 찾아내다 ·········· 198
- 광개토왕은 '마한 길'을 복원하고 영토를 확장했다 ·········· 206
- 중국 대륙과 해상교역을 개척한 번한(변한) ·········· 210
- 국제무역 시장, 연경(燕京)의 시작점은? ·········· 214
- 〈양직공도(梁職貢圖)〉에 나온 백제의 22담로는? ·········· 221
- 백제의 22담로는 해양 교역로를 이은 것이다 ·········· 225
- 소서노는 백제 이전에 '22담로 상단'을 운영하였다 ·········· 232

제4장 진한과 마한의 왕검성과 (신) 마한의 위치는?

- 단군왕검의 첫 도읍지 명칭은? ·········· 254
- 아사달의 위치를 찾는 국내 학자들의 견해 ·········· 257
- 한반도 평양이 과연 단군조선의 왕검성인가? ·········· 262
- 낙랑 고분이 아니라 '신마한(新馬韓)의 고분'이다 ·········· 270
- 평양 인근의 유물들이 왜 낙랑풍(樂浪風)일까? ·········· 278
- 평양의 단군묘는 왕검 계열이 아닌 기씨(한왕) 계열이다 ·········· 288
- 봉조선(封朝鮮)의 오해와 기자조선이란 망령의 본색 ·········· 293
- 첫 도읍지 아사달은 지금의 차오양(朝陽)이다 ·········· 310
- 마한의 도읍 왕검성은 어디인가? ·········· 316
- 단군왕검, 진한의 단제(임금) 연표 ·········· 325
- 마한왕의 연대와 진한의 단제 연대와의 비교 ·········· 328
- 번(변)한왕의 연대와 진한의 단제 연대와의 비교 ·········· 331
- 마한과 번한은 제후국인가, 혹은 진한과의 공동체인가? ·········· 335

제5장 명도전, 누구네 화폐인가?

- 명도전 발굴과 명칭의 유래 ………………………………………… 342
- 명도전이 연나라 화폐인가? ………………………………………… 347
- 연나라가 제비 연(燕) 자를 쓰는 까닭 ……………………………… 351
- 제비 연(燕)은 왜 불화(灬) 변을 쓰는가? …………………………… 356
- 명도전이 고조선 화폐라는 주장 …………………………………… 363
- 명도전 사용 용도가 분명한 낭림산맥 시장 ……………………… 368
- 명도전은 물물교환의 보조 화폐이다 ……………………………… 374
- 본점과 수집상을 잇는 샹랴오·푸순 시장 ………………………… 378
- 서역과 직교했던 요동 반도의 어시장 ……………………………… 381
- 명도전의 명(明) 자는 발행처인가, 사용처인가? …………………… 385
- 명도전 뒷면 문양에서 화폐 발행 주체를 찾다 …………………… 390
- 특정 지역에서 물물교환을 돕는 누구네 사폐(私幣)이다 ………… 393

- 편집후기 ……………………………………………………………… 398
- 찾아보기 ……………………………………………………………… 400
- 참고문헌 ……………………………………………………………… 407

7

서문

책을 읽기 전에

　이 책을 통해 독자님과 만남에 감사드리며, ( ) 속에 한자를 병용한 까닭은, 첫째 용어의 개념을 명료화하기 위한 것이고, 둘째는 근거를 정확히 제시하고자 함에 있습니다. 젊은 독자님께서 한자가 섞여 있다하여 선입견을 가지고 어렵게 여기거나 회피할 것이 아니라, 한자를 무시하고 읽어도 조상의 뿌리를 이해하는 데 지장이 없으니 인내심을 가지고 읽어주시기를 소망합니다.

　우리가 배운 역사 지식으로는 중국 황허 문명(BC5000)이 동양 문명의 시작이고, 한자(漢字)도 한(漢) 문화의 소산으로 알고 있었습니다. 그런데 홍산(랴오허) 문명(BC7000)이 황허 문명보다 앞섰다는 것이 출토 유물로 드러났습니다. 또 한자도 한족(漢族)이 아닌 '동이(東夷)의 글자[1]'라는 것이며, 중국의 저명한 학자(임어당 등)[2]도 인정하고 있다는 사실입니다. 이런 충격적 사실은 우리가 그동안 잘못 배웠다는 것이고, 알고 있는 역사 지식이 맞는 것인지 다시 돌아보게 합니다.

---

1) 오운홍, 『고대사 뒤집어 보기』, 시간의물레, 2020, pp.273-283.
2) 중국 사학자 쩌우쥔멍(鄒君孟), 왕위저(王玉哲), 장원(張文)과 쑨펑(孫鵬) 창힐문화연구회장, 대만의 문자학자 이경재(李敬齋)의 논문 등을 인용하여 동이족이 한자를 만들었다고 주장하고 있다.

한국사의 시작으로 보는 (고)조선도 황허문명의 변방이 아니라 홍산(랴오허) 문명의 대를 잇는 적장자라는 것을, 이곳에서 출토되는 유물이 말해주고 있습니다.

『삼국유사』〈기이편(紀異篇)〉에 고조선(古朝鮮)이 나옵니다. 고조선(古朝鮮)이라는 명칭도 초보적 한자 실력으로 다시 생각해 보면, 단군왕검이 나라를 세우고 국호를 천명할 때, 과연 '옛조선(古朝鮮)'이라 했을까? '신(새로운)조선'이면 몰라도… 우리가 배운 역사교육이 얼마나 허술했는지 의문이 앞섭니다. 조선(朝鮮)이라는 국호가 나오게 된 배경을 본 책 2장에서 밝히고 있습니다.

책 제목을 '손에 잡히는 단군조선(檀君朝鮮)'이라 했습니다.
'손에 잡힌다'는 것은 6하(六何) 원칙에 따라, 실체나 상황이 존재한다는 사실입니다.

① (who) 단군왕검(37세)이,
② (when) BC2333년 10월 3일에,
③ (where) 첫 도읍 아사달, 지금의 차오양(朝陽)에서,
④ (what) 조선이란 국호를 내세우고,
⑤ (how) 개국하여 삼조선 체제로 통치하였습니다.
⑥ (why) 표면(表面)은 집단의 안보와 교화를 위해, 이면(裏面)은 한(韓)이란 장삿길의 헤게모니 쟁취를 위해 단군왕검은 조선을 건국했고, 단군조선(檀君朝鮮)은 실재했다는 사실입니다.

이렇게 확실한 역사인데, 주류사학이라고 자처하는 강단사학계는 단군조선을 '고조선'이라 부르며 전설적 존재로 취급하고 싶어 합니다.

강단사학계의 태동은 일제가 만든 〈조선사(朝鮮史)〉에 참여했던 이병도에 의해 해방(1945) 이후 일입니다. 〈조선사〉는 총독부가 '3·1만세운동(1919)'을 거치면서, 일본의 조선 침탈을 정당화하고, 조선을 영구 통치하기 위해 '조선사편찬위원회'를 조직(1922)하고 1938년에 편찬된 역사책입니다.

〈조선사〉에 들어있는 정치적 배경에는, "조선을 영구 지배하려면 조선 역사 뿌리를 제거해야 한다"(조선통감 이토 히로부미)며, 조선 역사책을 수거하여 태우고, 규장각의 수많은 사서를 일본으로 가져갔습니다. "과거 역사책을 못 보게 막는 대신, '새로운 논리(유사역사)에 따른 사서'를 만드는 것이 첩경이며 그 효과가 클 것이다"(초대 총독 데라우치 마사타케), "조선 사람들이 자신의 역사(歷史)를 알지 못하게 하라3)"(3대 총독 사이토 마코토: 1922, '조선에서의 교육 시책 요결' 지시)는 정치적 속셈이 숨어있습니다. 이런 배경과 목적에서 일하던 이병도의 생각이 단군조선을 역사적으로 인정하고 싶지 않았을 것입니다. 그렇지만 다행히 강단사학계가 최근 고조선에 대해 '전설적 고대국가'로 인정하고 있습니다.

한편 재야사학계는 '고조선'의 존재를 주장하면서도 '고조선'이 국호인지, 어디에 존재했었는지, 삼한과의 관계는 무엇인지에 대한 뚜렷한 주장을 내놓지 못하고 있습니다. 그렇지만 두 학파가 보는 (고) 조선은 역사적 존재라는 공통적 인식을 함께하고 있습니다.

필자는 2장에서 우리 사학계가 보는 고조선을 보다 선명하게 보려고 단군조선과 고(古)조선으로 분리하여 보았습니다. 횡적으로 당시 3한(三韓)의 관계(3장)를 밝히고, 종적으로 삼한의 한(韓)과 대한제국, 대한민국의 한(韓)이

---

3) 〈조선일보〉, 일(日)총독 "조선인은 조선사 모르게 하라", 1986.8.17.

갖는 의미를 찾았습니다. 또 역사적으로 종적 관계를 명확히 하고자 하여 2장에서 환웅의 도래와 환국을 단군조선과 연결하였습니다. 3장에서 단군조선 이후 고구려, 백제, 신라의 종적 연결을 삼국의 장삿길에서 찾아내어 삼한의 흔적을 추적해 내었습니다.

　단군조선의 실체를 독자에게 보이기 위해, 먼저 중국 사서를 가지고 증명할 수 있는 '변한의 왕험성(1장)'을 찾아냈습니다. 1장의 왕험성 위치는 확실하므로 '한국사 바로 세우기'의 교두보로 삼았습니다. 1장에서 왕험성의 위치를 강조한 것은 삼한의 삼각 구도 중, 한 꼭지가 낙정(樂亭, 하북성)에 있다는 것입니다. 다른 두 꼭지(마한, 진한)도 다퉁(大同, 산서성)과 조양(朝陽, 요녕성)임을 4장에서 밝혀냈습니다.

　본책 4장 4-7절에서는, 한반도 평양에 기자(箕子)가 온 적이 없고, 중국사서 어디에도 기자조선이 존재하지 않는 허구라는 것입니다. 평양에는 (고)조선이 존재하지도 않았으며, 세종 때, 평양에 기자 사당을 개수한 사연과 기자묘가 가짜임을 밝혀냈습니다.
　강단사학계의 학자들이 믿는 〈조선사〉가 데라우치 총독의 지시대로 '새로운 논리의 유사(가짜) 역사'임이 밝혀졌습니다. 또 조선의 사서 수거령이 존재한 상황에서 실학자들이 쓴 한백겸의 『동국지리지』와 안정복의 『동사강목』과 정약용의 『아방강역도』 등 실학자가 쓴 역사서, 심지어 신채호의 『조선상고사』까지 '유사 역사서'임이 본 책 4장에서 밝혀지니 아연실색할 것입니다. 강단사학들은 이제 위사(僞史)론자가 된 처지에서 『환단고기』를 폄하할 일이 아니라, 실학자들이 쓴 역사서 중 가짜가 아닌 제대로 된 역사서 하나라도 있는지 찾아보기 바랍니다. 독자들도 학창 시절에 배운 〈고등학교 한국사〉가 '가짜 역사'라는 지적에 놀랄 것입니다.

필자가 강단사학계 학자들이 금과옥조로 믿는 조선 실학자들의 사서를 위서로 전락시키는 '역사 혁명'을 이루었습니다. 이는 한백겸의 『동국지리지』 이후 400여 년 만의 일이고, 일제의 〈조선사〉 발간 86년 만의 일입니다.

미래를 예측하는 비전은 가설일 수 있지만, 과거 역사는 사실이어야 하며, 역사 기록 역시 사실을 전제로 해야 합니다. 이제 강단사학계가 믿고 있는 역사 이론이 무너졌습니다. 주류사학이라 주장하며 학생 앞에 설 강단이 없어지게 될 것입니다. 이들이 강하게 저항하고 반박하려 해도 역사의 사실은 변하지 않습니다.

우리가 여태 배운 잘못된 인식들, 한 예로 한반도 북부, 사람이 살지 않는 산악에 있었다는 한사군은 상식적 상황과 논리에 맞지 않습니다. 한반도에 있다는 백제 역시 발견되지 않는 왕궁의 주춧돌이 '강단사학계가 주장하는 반도 사관'이 거짓 역사임을 입증합니다. 또 평양은 진한의 왕검성도, 마한의 왕검성도, 변한(弁韓)의 왕험성도 아닙니다. 따라서 무지(無知)의 논쟁을 끝내야 합니다. 본 책을 읽으면, 그동안 배웠던 가짜 역사의 인식을 맑은 정신으로 말끔히 지워낼 수 있을 것입니다.

특히 책의 뒤표지 지명의 위치를 경도(E)와 위도(N)로 표시한 것은 '손에 잡히는 역사'의 자신감입니다. '손에 잡히는 단군조선'은 필자가 추진하는 '한국사 바로 세우기'를 위해 여섯 번째로 집필하는 책입니다. 그리고 책 속에 한국사의 '새로운 논문 소재'가 널려있음에 놀랄 것입니다.

이 책을 읽는 독자와 강단사학계의 학자들은 기존의 인식이나 사적 이해관계를 떠나 오로지 애국애족의 충정으로 함께 해 주기를 간절히 바라는 바입니다.

끝으로 이 책이 나오기까지, 상고사의 맥(脈)을 하나하나 찾아갈 때마다 담론의 상대가 되어준 홍영기(전 교장)님, 교정과 편집과정에서 독자 편에 서서 이해도를 선명하게 다듬어준 홍성림 편집이사님께 감사의 말씀을 드립니다.

2024년 10월 3일
홍천 여호내골(한국사 해방골)에서
창도 오운홍이 쓰다

제1장

한국사의 기준점, 험독현의 왕험성(王險城)은 어디인가?

> 제1장

한국사의 기준점, 험독현의 왕험성은 어디인가?

본 장은 필자가 2023 대한국제학술문화제(6.19-6.23)에서 발표했던 논문, 진·한대의 요수·패수와 험독현·왕험성의 위치 탐색(Research for the location of the Yo River, Pae River and Humdok County, Wanghum Palace in a period of JIN and HAN)[4]을 근거로 재구성한 것이다.

왕험성(王險城)[5]을 찾는 일은 한사군의 위치를 바로잡는 일이다

중국 시진핑 주석이 방미(2017.4.20.) 때, 미국 트럼프 대통령이 "한국은 '중국의 일부'라는 인식을 시 주석과 함께 했다."는 뉴스[6]가 세계적으로 전파를 탔다. 당시는 한반도 사드 배치 이슈로 중국과 미국이 첨예하게 대치하던 시기였다. 시 주석이 한반도는 중국의 영역이니, 중국의 영역을 건드리지 말라며 '역사적 사실'을 앞세워 국제 외교 무대에서 트럼프 대통령을 선제적으로 압박하려는 목적에서 한 발언으로 보인다. 시 주석이 말한 '한국은 중

---

4) 〈진·한대의 요수·패수와 험독현·왕험성의 위치 탐색〉 논문,

〈목차〉	
Ⅰ. 서문	Ⅳ. 패수의 위치 탐색
Ⅱ. 연구의 목적과 주제어의 정의	Ⅴ. 험독현과 왕험성의 위치 찾기
Ⅲ. 요수의 위치 탐색	Ⅵ. 한사군에 대한 논의
	Ⅶ. 결론 및 제언

5) 삼한 즉 진한, 마한, 번한이 거처한다 해서 도성의 의미로 왕검성이라 불렀는데, 특히 번한(=변한)의 왕검성은 '물이 험하여 공략하기 힘들다' 하여 '왕험성'으로 불리고 중국 사서에 기록되어 있다.

6) (미)〈월스트리트 저널〉이 트럼프 대통령과 가진 단독 인터뷰 내용을 공개하면서 알려졌다.

국의 일부'라는 말은 한국이 중국의 속국이란 의미로 들린다.

이와 같은 사례가 또 있다.

2023년 6월 8일 주한 중국대사가 야당 대표를 대사관저로 초청한 자리에서 고압적 발언과 내정 간섭을 서슴지 않고 망언을 한 것을 보면, 한중관계의 불균형을 다시 확인할 수 있다. 이런 불균형의 관계가 어디서 비롯된 것일까?

2017년 8월, 문 정부에서 국회의원을 지낸 장관급 인사를 주중 대사로 보냈다. 중국은 차관급도 아닌 2-3급 국장급을 대사로 보내왔다. 2-3급이라면 우리나라 군수급에 해당한다.

과거 구한말(1898) 중국 칙사를 맞이하던 '영은문(迎恩門)'을 철거하고 그 자리에 '독립문(獨立門)을 세웠다'하여 중국으로부터 완전히 독립된 것일까?

〈고등학교 한국사〉와 〈동북아역사지도〉에 '한사군지도'가 한반도에 그려져 있다. 어리석게도 우리가 '역사의 식민지'임을 자처하고 있으니, 지나(支那)[7]를 추켜세우는 셈이 되었다.

중국 교과서의 지도들은 하나같이 한반도를 지나(차이나)의 영토라 표기하고 있다. 그 시작이 '한사군'이고, 위, 서진, 명, 청 때까지 한반도를 자기네 영토라고 우긴다.

독립문을 세운 지 135년, 해방(1945)된 지 79년이 되었는데 국장(낙랑 군수)급 중국대사가 내정 간섭을 하는 것이 억압이 아닌지, 한국은 역사상으로 중국의 속국을 벗어났다고 볼 수 있는지?

---

7) 재야사학자들은 중국 대신에 지나(支那-진, 秦)로 쓰는 추세이다. 춘추시대 중국 중원을 차지했던 동이계 제국(諸國)들이 중국의 핵심인데 과거 역사의 중국과 현 중국이 다름을 부각시키고자 한다.

'중국의 속국'을 인정함에 우리는 공분을 금치 못한다. 최근 '동북아역사재단'에서 만든 〈동북아역사지도〉에 대해 재야사학자들이 반발하고 있다. 이 지도는 평양이 왕험성이라는 비정 아래 한사군을 인정하고 있다. 중국 동북공정에 반대할 명분을 찾기 힘들어졌다. 〈한국사 교과서〉의 '한사군 지도', 과연 맞는 것일까?

왕험성(王險城)이 평양에 있었다는 역사 왜곡이 우리 고대사와 상고사를 한반도 안으로 끌어들이는 원인이라고 본다. 이에 필자는 국내외 사서에 나오는 지명 중에 고대 한국사의 기준점이라고 볼 수 있는 요수(遼水), 패수(浿水), 험독현(險瀆縣)과 왕험성(王險城)의 위치를 현대 지도에서 찾아내고, 그 좌표를 표시하여 고대사의 기준점을 명확히 하려 한다.

이 일이 중요한 이유는 또 있다. 왕험성은 한사군의 하나인 낙랑군의 낙랑부가 있던 곳이기 때문이다. 왕험성을 찾으면 낙랑군의 위치를 알 수 있고 낙랑군을 찾으면 연이어 있는 다른 3군(郡)의 위치도 찾을 수 있다고 본다.

진·한대의 '요수라는 강'의 위치

고대사에서 제일 궁금한 것이 **왕험성**(王險城)의 위치이다.『사기』의 주석서 (注釋書), 〈조선열전〉 삼가주(三家注)에 의하면 '왕험성(王險城)은 **험독현**(險瀆 縣)에 있으며, **패수** 동쪽에 있고, 창려[8]에 속한다'라고 했다. 이에 왕험성을 찾으려면 패수가 어디인지 알아야 한다. 다행히 〈조선열전〉에 진(秦)이 연(燕)을 치고 요동을 차지한 기사에 **요수** 동쪽에 **패수**가 있다고 한다.

또『삼국사기』〈고구려본기〉 영양왕 때 수 양제의 침공 전황을 분석하면서, 요수 동쪽에 패수가 있다고 했다. 이와 같은 사료를 근거로 '요수의 위치를 정확히 알 수 있다면 패수와 왕험성도 찾을 수 있다'는 가설이 가능해진다.

먼저『사기』〈조선열전〉에 근거한 요수(遼水)의 존재를 살펴보면, "진(秦)나라가 연나라를 멸망시켰을 때 (조선은) 요동군(遼東郡) 바깥 변경에 속했다. 한(漢)나라가 일어섰지만, 그곳이 멀어 지키기 어려워 다시 요동의 옛 요새를 수리하고 패수에 이르러 경계를 정하고 연을 (요동에) 속하게 하였다(秦滅燕屬遼東外徼 漢興為其遠難守 復修遼東故塞 至浿水為界 屬燕)."는 기사가 '열전'에 있다.

요수라는 지명이 기록에는 없지만, '요의 동쪽 요동(遼東)'을 거론한 것은 요의 서쪽(遼西)이 상대적으로 있다는 것이고, 그 경계에 요수(遼水)가 필연적으로 존재한다는 논리다. 〈조선열전〉의 기록은 진(秦)나라가 연(燕)의 영토를 빼앗고 요동군에 두었는데, 그 요동에 있는 패수가 조선과의 경계라고 한다.

---

8) '滿…중략…亡命者王之都王險 【集解】徐廣曰 昌黎有險瀆縣也【索隱】韋昭云 古邑名 應劭注地理志云 遼東有險瀆縣 朝鮮王舊都 瓚云 王險城在樂浪郡浿水之東也'

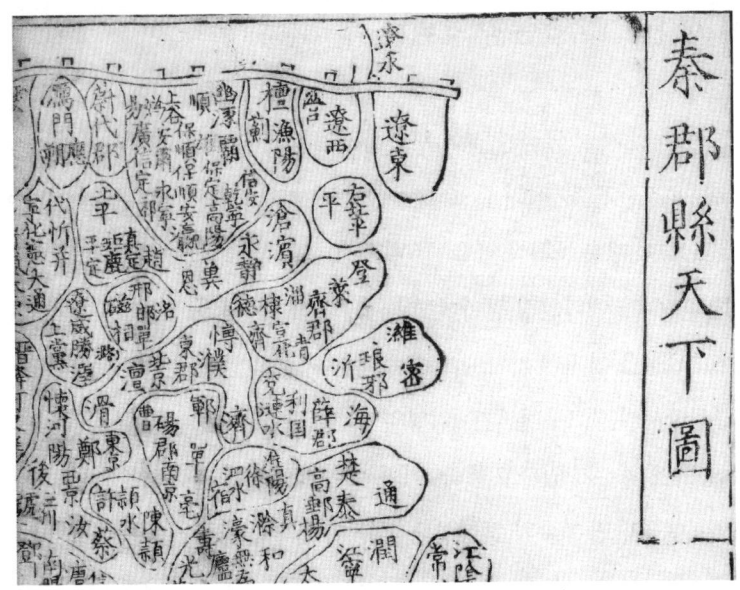

▲ 〈도1〉〈진군현천하도〉의 일부. 요수와 요동과 요서가 있다(출처: 역대지리지장도)

한(漢)나라 때도 요수라는 개념이 있었다고 본다. 한(漢)나라는 요동 땅의 일부를 확보하고 요새를 구축했는데, 동쪽 국경이 패수라 했다. 〈조선열전〉의 기록대로 진(秦)·한(漢)의 도읍인 시안(西安, 咸陽 포함)에서 동쪽으로 가면, '요서→요수(遼水)→요동군[연]→패수→조선[요동 밖]이란 지명'을 순서대로 거치게 된다. 또 장삼식의 『대한한사전(大漢韓辭典)』에 의하면, "요서(遼西)는 진대(秦代)에 하북성 동북쪽에 부(部)를 설치하면서 붙여진 이름"이라 한다. 요동과 요서를 구분해서 기록하기 시작한 때가 진·한대(代)로 본다.

다음으로 생각할 것은 우리 학계가 요수(遼水)와 요하(遼河)를 혼용하여 요수의 위치를 모호하게 하고 있다.

지나(支那)에서는 멀다는 뜻의 '요(遼)'를 붙여 변방을 지칭하는 의미로 사용했다고 본다. 진(秦) 때 조선과의 국경이 요수에서 패수로, 한(漢) 초에 위만의 의탁을 허락한 준왕 때는 패수에서 서쪽으로 국경이 이동됐다고 한다. 그 후 위(魏)의 관구검과 연(燕)의 모용이 고구려의 혼동강(混同江)까지 동쪽으로 진격한 기록이 있다. 반대로 한(漢)의 국경이 동쪽으로 이동했는데, 지나에서는 범위를 넓혀 이번에는 혼동강을 '요하'라 부른 것 같다.

남의현[9] 교수에 의하면, 『주자어류(朱子語類)』 권86에 "여진(女眞)은 압록수에서 일어났다. 전하는 바에 따르면, 천하에는 삼대수(三大水)가 있다. 곧 황하(黃河), 장강(長江), 압록(鴨綠)이 그것이다." 또 『주자오경어류(朱子五經語類)』 권4 서22에 "천하에는 3수가 있는데 가장 큰 강으로는 혼동강이 있다. 그 강은 발원지를 알지 못하며, 금(金)나라의 옛 수도가 이 강 유역에 있었고, 강이 비스듬히 동남으로 흘러 바다로 들어간다. 그 아래는 요해(遼海[10]), 遼河)가 되며, 요동과 요서를 이 강으로써 구분한다." 『자치통감』 권181에 "『신당서』의 마자수(馬訾水)는 말갈(靺鞨)의 백산에서 나오는데, 색이 마치 압두(鴨頭) 같아서 압록수라 부른다고 했다. 평양성은 압록강 동남쪽에 있다. 금나라 사람들은 압록수를 혼동강으로 불렀다."

정리하면 '혼동강=압록수=마자수=요해=요하가 같은 강'이다. 다음에 거론하는 송대(宋代)의 '화이도'와 '석각본 우적도'에는 요수가 현 요하 자리에 있어, 요수와 요하를 혼용하는 원인이 되고 있다. 요수와 요하는 국경의 의미가 있지만, 요하는 지나가 세력 팽창에 따라 이름 붙인 다른 강임을 구분해서 파악할 필요가 있다.

---

9) 남의현, 〈고구려 7차 천도와 도읍지 연구〉(https://youtu.be/xNF0erBp-7I)

10) "徐廣日海一作河(서광이 말하기를 해해는 하河라고도 한다.)", 『史記』 上 〈夏本紀 第2〉 p.20.

중국 고지도가 증명하는 요수의 위치

이런 관점에서 필자가 주장하는 요수를 명확히 구분하고자 한다. 우리 국사의 정사로 보는 『삼국사기』에서 요수를 찾으면, 〈고구려본기〉 영양왕 조에 나오는 강이다. 수 양제가 개전(612) 초기 "요수의 동서 양안에 부교(浮橋)를 놓았다"는 강을 말하며, 당시 고구려군의 1차 방어선이기도 한 강이다.

현대 지도를 펼쳐놓고 보면, 한반도의 국경 너머 북서쪽에 랴오닝(遼寧)성이 있고, 그 한복판을 흐르는 '요하(遼河, 랴오허)'가 있다. 그리고 같은 지도의 허베이(河北)성에 베이징(北京) 동부에서 동남으로 흐르는 차오바이허(조백하)가 있는데, 필자는 이 강을 '요수'로 본다.

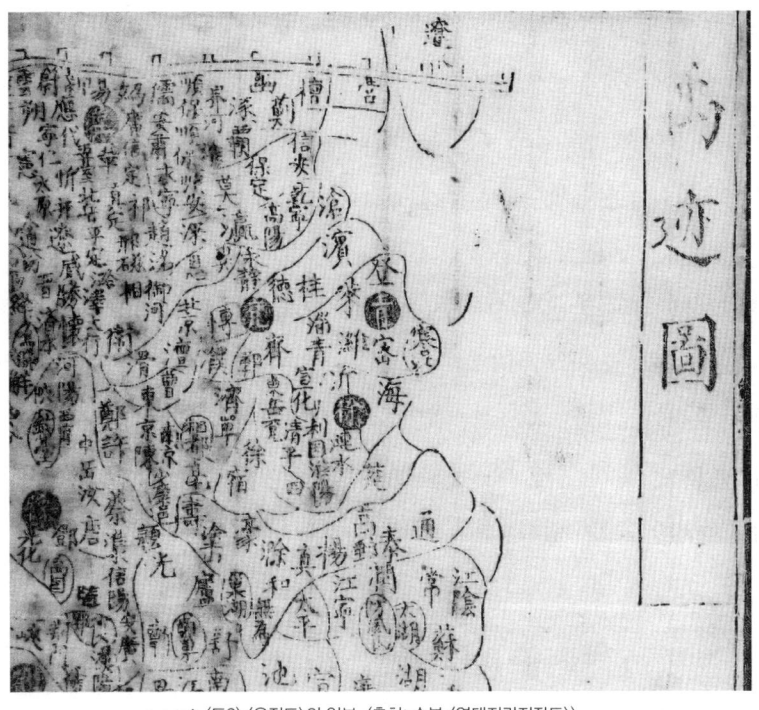

▲ 〈도2〉 〈우적도〉의 일부. (출처: 송본 〈역대지리지장도〉)

22 손에 잡히는 단군조선

필자의 주장을 증거 하듯, 송본 〈역대지리지장도(44圖)〉에서 요수 표시가 있는 42개 지도(圖) 중에 37개(88%)가 이와 인접한 위치에 요수(遼水)가 있다.

앞의 〈우적도〉는 송본 〈역대지리지장도〉에 있다. 〈우적도〉에서 요수를 찾으면, 앞의 (도1) 〈진군현천하도〉와 같이 우측 상단에 있다. 요수(遼水)가 영(營)과 단(檀)에 인접해 있다.

앞의 〈우적도〉 지명을 현대 지도와 연결하고 지구 좌표로 표시하였다.

다음에 쓴 획이 굵은 지명은 〈우적도〉의 지명이고, 그 다음에 표시하는 ( )나 [ ]안의 지명과 좌표는 청나라 때 만든 〈대청광여도(大淸廣輿圖)〉와 현대 중국에서 발간(2006)된 〈China Road Atlas〉와 연결하여 표시한 지구 좌표이다.

遼水(요수)가 강 표시이다. [만리장성과 밀운수고(密雲水庫)를 지나 남남동 방향으로 흘러 발해로 들어간다.]

營(檀營단영, E116°52′ N40°25′)

檀[11](檀順단순[12], 順天府순천부[13], 북경시[14], E116°25′ N39°55′)

涿(涿州탁주시, E115°58′ N39°28′)

薊[15](薊州계주, 이현易縣, E115°30′ N39°20′) *연(燕)나라의 수도

保定(보정시 E115°27′ N38°51′),

滄(滄州창주 E116°52′ N38°18′),

---

11) 우적도(禹迹圖)와 화이도(華夷圖)에 표시된 지명이다.

12) 석각본 우적도(禹迹圖)에는 단(檀)을 단순(檀順)으로 표기되어 있다. 현 북경시에 해당한다.

13) 〈대청광여도〉에서는 이곳(현 북경)을 '순천부(順天府)'로 표시하고 있다.

14) 현 북경시에는 단순(檀順)이나 순천(順天)과 연관이 있는 천단공원과 원구단이 있다.

15) 계(薊)를 연상도(燕上都)라 하고, 가까이 있는 이현(易縣)을 연하도(燕下都)라 한다.

제1장 - 한국사의 기준점, 험독현의 왕험성은 어디인가? 23

高陽(고양, E115°45′ N38°41′),
濱(濱州빈주, 빈주시, E118° N37°22′)

고증방법은『사기』와『한서』등 고(古)문헌에 나오는 지명을 'A군(群) 지명'이라 하고, 12세기 송대(宋代)에 만들어진 〈우적도〉의 지명을 'B군(群) 지명'이라 할 때, A와 B의 연결이 가능하다. 그런데 〈우적도〉가 고(古) 지명에 대한 대략의 위치를 가늠할 수 있으나 지도의 요건을 갖추지 못한 관계로 지명에 대한 정확한 위치 논쟁의 여지는 남아있다. 필자는 정확한 위치 파악을 위해 18세기에 제작한 〈대청광여도〉에 나오는 지명을 'C군(群) 지명'이라 하고, 다시 21세기에 발간된 현대지도의 지명인 'D군(群) 지명'으로 연결하는 '징검다리 접근법'을 모색했다.

예를 들면,『사기』와『한서』등 고(古)문헌의 지명[A]인 요동군에서 **요수**를 추론한다. 송나라 (12C) 〈우적도〉의 지명[B]인 **요수**가 **영**(營)과 **단**(檀)의 동쪽에 인접해 있다. 청나라 (18C) 〈대청광여도〉의 지명[C]은 **요수**가 남하(南河), 황화하(黃花河) 백하(白河)로 명명되고, 영(營)은 **황화진**(黃花鎭)으로, 단(檀) 혹은 단순(檀順)은 **순천부**(順天府)로 바뀌었다. 현대지도 〈China Road Atlas〉의 지명[D]은 **요수**가 **조백하**(潮白河)로, 영은 **檀營**(단영)으로, 단은 **북경시**로 연결된다. 이렇게 A→B→C→D의 연결 과정을 거쳐 고서의 지명[A]을 현대지도 [D]에서 찾아내는 작업이 가능하다.

여기서 잠깐 짚고 넘어갈 일이 있다.
앞에서 소개한 (도2)의 〈우적도〉와 비슷한 지도로 송나라 소동파의 〈화이도(華夷圖)〉가 있다. 〈우적도〉와 비슷하지만, 한반도를 그려 넣고 고구려, 백제,

신라를 배치했는데, 필자가 〈화이도〉를 신뢰할 수 없는 이유가 있다.

한반도에서 백제 도읍으로 보는 위례성→한성1→한성2→웅진성→소부리 사비성 등에서, 궁궐 자리를 증명해 줄 주춧돌이 단 1개도 발견되지 않는다는 사실로 미루어 한반도 백제를 가짜로 본다.[16]

주춧돌이 왜 발견되지 않나 하면, 본 장 8절과 9절에서 보듯 상업 국가[17]인 백제가 북경 근처에서 건국했기 때문이다. 또 북위의 수십만 기병을 제압한 백제 전쟁사를 기록(490)한 『남제서』 58권 〈동남이열전〉과 『자치통감』권136 〈제기〉2 세조 무황제 상지하-영명6년(488) 12월조 등을 보아, 〈화이도〉를 배제하고 〈우적도〉를 택했다.

또 필자가 택한 (도2) 〈우적도〉 외에, '석각본(石刻本) 우적도[비림박물관 소장]'가 있다. 남송(1136) 때 모눈 방식으로 제작했는데, 매방절지백리(每方折地百里)라 적혀 있다. 모눈 하나가 국토 100리에 해당한다. 지도 요건을 어느 정도 갖추었다지만 갈석산(碣石山) 옆의 강(난하)에서 동쪽으로 9칸(900리) 떨어진 현 요하(遼河) 위치에 요수를 표시한 것을 보면, 지나의 화(華)와 동이의 이(夷)를 구분하려는 화이도(華夷圖)를 보는 것 같아서, 본 책의 저술 방향에 맞지 않다고 보아 선택하지 않았다.

---

16) 오운홍, 『한반도에 백제는 없었다』, 시간의물레, 2021. pp.10-19.

17) 오운홍, 『무령왕릉의 비밀』, 시간의물레, 2021. pp.80-82.

요수(遼水)는 북경시의 동부 조백하(潮白河)이다

앞서 소개한 고증작업을 거쳐, 『사기』와 『한서』의 요동(요수의 동쪽)과 『삼국사기』에 나오는 요수(遼水)는 〈우적도〉에 표시된 營(영, 檀營, E116°52′ N40°25′)과 이에 맞닿아 있는 조백하와 같은 위치임이 밝혀졌다.

북경시로 보는 단(檀)을 기준 할 때 요수는 현 북경시 동편의 조백하이며, 〈우적도〉의 요수와 같은 강이라 할 수 있다. 요동과 요서의 경계인 요수는 북경시 동편에 흐르는 조백하(潮白河)가 분명하다.

조백하(潮白河)를 조선하(朝鮮河)로 부른 기록이 있다.

심백강[18]에 의하면, 송나라 때 편찬(1044)한 관찬 병서 『무경총요』 〈북번지리〉에서 "송의 북쪽 변경이자 요나라의 남쪽 도시인 연경(현 북경)에서 요나라 수도 중경(현 네이멍구 닝청현)으로 가는 길"을 서술하고, "조선하(朝鮮河=潮河)를 지나서 (동쪽) 고북구(현 구베이커우, 베이징 북동쪽)에 도달한다"는 기록을 찾아냈다. 또 "송나라 사신으로서 요나라에 갔던 왕증이 송의 변경에서부터 요나라 중경까지의 중간 경유지를 적은 글인 〈왕기공행정록〉에 '조선하(朝鮮河)를 건너서 고북구(E117°9′ N40°40′)에 당도했다'는 기록이 있다" 한다. 심백강은 "두 기록에 나오는 '조선하'가 현 중국 허베이성 동쪽을 흐르는 조백하이며, (고) 조선이 있던 지역이므로 송나라 때 조선하로 불렸다"고 한다.

또 하나 조선하(朝鮮河)를 경계로 구분해야 할 이유가 있었다.

진(秦)·한(漢)의 조정과 또 시안(西安)에서 역사를 기록한 사마천의 눈에 비친

---

18) 심백강 편저, 『잃어버린 상고사 되찾은 고조선』, 바른역사, 2014.

요동과 요서가 어떠했길래 구분했을까? 요동과 요서의 공통점은 요(遼)인데, '요'를 경계로 해서 동서로 나누고 다르게 명명했다면, 연구자뿐 아니라 다른 사가(史家)의 눈에도 단박에 '지배 세력이 다른 땅'으로 파악하게 된다. 이런 의미에서 조선(朝鮮)과 경계선이 되는 강을 요수라고 명명했을 개연성이 있다. 그 요수가 지금의 조백하이며 당시 조선하(朝鮮河)라고 본다.

백제 위례성(慰禮城)은 요서(遼西)의 땅, 북경(北京) 근처이다

『삼국사기』〈백제본기〉 온조왕 원년(BC18), "그들은 마침내 한산(漢山)에 이르러 부아악(負兒嶽)에 올라 살 만한 땅을 바라보았다. (중략) 오직 이 하남(河南) 땅은 북쪽 둘레에 한수(漢水)가 (방어) 띠(帶)를 이루고, 동쪽으로 높은 산악을 의지할 수 있으며, 남쪽으로 기름진 땅과 못(늪)이 있는 평야가 펼쳐지며, 서쪽은 큰 바다가 막아주므로 이런 자연적 요해와 지리는 얻기 어려운 지세입니다(遂至漢山 登負兒嶽 望可居之地 (중략) 惟此河南之地 北帶漢水 東據高嶽 南望沃澤 西阻大海 其天險地利 難得之勢 作都於斯 不亦宜乎)."[19]에 걸맞은 위례성의 주변 지세가 어디일까?

'서쪽을 막아주는 큰 바다(西阻大海)'란 고대 황하가 BC602부터 AD11년까지 천진(天津)을 거쳐 발해로 흘렀고[20] 발해만과 연결되는 해하(海河) 유역(The Hai River Basin)의 수계(河)를 바다(海)로 기록한 것[21]이다. 남쪽으로 기름진 땅과 못이 있는 평야(南望沃澤)는 북경시와 천진(天津) 사이의 땅이다. 온

---

19) 김부식 지음, 이재호 옮김, 『삼국사기』(2권), 솔, 2006. p.297.
20) 김성겸, 『고구려 창세기 남당 유고 추모경』, 수서원, 2020. p.65에 보면, 황하 수로가 BC602년부터 지금까지 10여 번 바뀐 기록이 있다. AD11년 경 이후에 황하 수로가 지금의 물길과 같이 바뀐 것은 당시 황하 중하류 지역에 지각운동이 심했던 것으로 보인다. 실제로 이와 비슷한 시기인 『삼국사기』〈백제본기〉 온조왕조 31년(13) 5월과 6월에도 지진 기록이 있다.
21) 오운홍, 『고대사 뒤집어 보기』, 시간의물레, 2020. p.107.

조왕 원년 때의 기록과 당시 지세가 같다고 본다.

반면 '강단사학계'가 백제의 첫 도읍지 위례성으로 보는 한반도의 풍납토성은, 그 남쪽이 도시 개발 전에 평지가 아닌 구릉이었다. 한반도 지세는 〈백제본기〉의 기록과 전혀 맞지 않다고 본다.

현 북경시가 요서(遼西)에 위치했음을 백제 위례성이 증거 한다.

『송서』97권 〈동이열전〉 백제조에, "백제가 요서를 경략하여 차지하였다(百濟略有遼西)." 또 "백제의 도읍이 요서에 있다(國都在遼西)" 하였다.

천문학자 박창범 교수의『하늘에 새긴 우리 역사』에 의하면, 『삼국사기』〈백제본기〉에 기록된 BC18-AD660간의 일식, 즉 백제인이 보았던 일식 모두를 가장 잘 관측할 수 있는 지구상의 위치가 발해만 유역인 동경 110°-122° 북위 38°-48° 범위[22]라 했다. 그 범위에 북경(北京)이 포함된다. 백제 위례성의 위치가 현 북경[23]이 있는 요서(遼西)이며, 북경 동쪽에 있는 현 조백하가 요수임이 틀림없다고 본다.

수(隋)의 침공 전황 분석으로 본 요수(遼水)의 위치는 〈고구려본기〉 영양왕조에, 수 양제가 612년 2월에 요수의 동서 양안에 부교(浮橋)를 놓아, 고구려의 1차 방어선인 요수가 무너졌다는 기록을 통해 알 수 있다. 한 달 전(1월) 양제는 "지신(地神)을 남쪽 상건수(桑乾水)[24] 위에 제사 지내고, 상제(上帝)를

---

22) 박창범, 『하늘에 새긴 우리 역사』, 김영사, 2018. p.56.

23) 오운홍, 『한반도에 백제는 없다』, 시간의 물레. 2021. p.64.

24) 하북성의 이현(易縣) 남쪽 바오딩(保定)시 근처에 뽕나무밭과 연관이 있는 상강촌(桑崗村), 상원진(桑園鎭), 상원북촌(桑園北村), 상원남촌(桑園南村), 상원온천세욕(桑園溫泉洗浴) 등이 보인다.

임삭궁(臨朔宮) 남쪽에 제사 지내고, 마조(馬祖)를 계성(薊城) 북쪽에서 제사 지냈다."[25]

계성이란 계주(薊州), 즉 연(燕)의 수도 이현(易縣, E115°30′ N39°20′)이며, 계현(薊縣)[26]은 아니라고 본다. 임삭궁은 탁군(涿郡, E115°58′ N39°28′)에 있다. 이들 지명을 살펴보면, 서에서 동쪽으로 진격할 때 상건수, 계성, 임삭궁을 지나 요수에 도달한다. 양제가 제사 지낸 곳은 모두 하북성에 있으며, 거기서 동쪽으로 첫 번째로 닿는 강이 요수이니 하북성의 조백하(潮白河)밖에 없다.

〈고구려본기〉에 나온 지명, '상건수, 계성, 임삭궁'이 요수가 현 하북성에 있는 강임을 증명해주고 있다.

---

25) 김부식 지음, 이재호 옮김, 『삼국사기』(2권), 솔, 2006. p.192.

26) 조백하 동쪽의 계현(薊縣, E117°23′ N40°2′)은 『사기』〈조선열전〉의 요동에 근거한 연(燕)의 자리다.

패수에 대한 국내 학자들의 견해

앞에서 요수가 북경시 동부를 흐르는 현 조백하로 밝혀졌으니,『사기』〈조선열전〉기록, "한나라 때 요동 땅의 일부를 확보하고 요새를 구축했는데, 동쪽 국경이 패수라 했다."는 기록에 적용하여 요동을 요수의 동쪽으로 보면, 요수→요동군(연)→패수(浿水)→조선이라는 지명 순인데, 패수는 요수 동쪽에 있는 강이라 할 수 있다.

'(요수) 동쪽에 있는 (패수)'에 대입하면, '(요수=조백하)이니 동쪽에 있는 (패수=?강)'이 성립한다. 여기서 조백하 동쪽의 강은 '난하(灤河)'뿐이다.

논리상으로 패수는 현재 하북성에 있는 난하가 명백하다.

이와 같은 필자의 주장과 달리 패수(浿水)와 대수(帶水) 두 강에 대한 국사학계의 정리를 보면 막연하고 분분하다. 국사학계의 말을 빌리면, "패수가 만약 압록강이라면 대수는 자연스레 대동강이 되겠고, 패수가 대동강이라면 대수는 재령강(은파강)이나 예성강이 될 것"이라 한다. 이 말은 너무나 혼란스럽고 황당하다.

패수를 온라인의 나무위키(2021.12.25.)에서 찾았다. "고조선 시대의 패수는 한(漢)나라와의 경계였다. 그때의 패수 위치에 대해 학계에서 논란이 아주 많다. 대표적인 설로 청천강설, 압록강설, 혼하설, 대릉하설, 난하설이 있다. 학계의 주류에서는 청천강설, 압록강설, 혼하설 3가지가 주로 언급된다."

이는 학계의 정리가 안 되었다는 얘기다.『한국민족문화대백과사전』에서 "『삼국사기』의 패수는 대동강 혹은 예성강(禮成江)으로 보기도 한다."

이는 광복(1945)이 되어 지금까지 79년이 되었는데도 일제가 써 준 〈조선사〉

를 답습하고 있음을 시사한다. 지금처럼 학자마다 주장이 다른데, 만약 이들에게 맡긴다면 앞으로 100년이 간다 해도 고대사 정립은 요원할 것이다.

국내 학자들이 패수의 위치에 대해, 왜 이렇게 수준 미달의 답을 내놓는 것일까?

한마디로 말하면, 일제가 써준 〈조선사〉의 반도사관에 물들어 있기 때문이다. 그들은 나름대로 일제가 근세조선에 도움이 되는 침략을 했을 것이라는 알량한 사고방식에 사로잡혀 있다고 본다. 왜냐면 일제가 써 준 〈조선사〉를 감지덕지 수용하고 이해하려 하기 때문이다.

그래서 그들은 "『수경주』를 편찬한 력도원(酈道元, 469-527)이 패수(浿水)를 한반도의 대동강에 비정했다"고 믿고 있다. 그러나 이는 아전인수격의 해석이라고 본다. 이 부분에 대해서는 다음 절에서 논의하겠다.

또 이들은 〈송본역대지리지장도〉에 실린 수많은 지도에 '요수'는 있으나 '패수'가 없다는 것에 대해, '패수가 한반도에 있기 때문이다'라는 억지 논리를 편다. 얼핏 생각하면 그럴 듯이 보일지도 모른다.

그러나, 다시 생각해 보면 '패수가 한반도에 있기 때문이다'라는 논리는 결국 패수가 한반도에 있다는 전제 아래, 요수의 존재를 요하로 보는 시각에서 출발한 것이다. 이러한 주장이나 생각은 일제가 쓴 〈조선사〉를 합리화하는 방향과 일치한다.

『사기』〈조선열전〉 등 중국의 사서들을 분석해 보면, 요수를 경계로 요동과 요서로 나뉘고 있다. 그리고 요수 동쪽에 있다는 패수가 한(漢)의 동쪽 국경이라고 보면 요수나 패수의 두 강은 각기 북남으로 흐르는 강이 분명하다.

그런데 국내 학자들이 보고 있는 중국의 요하와 한반도의 압록강, 청천강, 대동강은 모두 동에서 서쪽으로 흐른다. 중국의 사서들이 말하는 요수와 패수는 분명히 아니라고 말할 수 있다.

〈우적도(禹迹圖)〉나 〈진군현천하도〉 등에 요수는 있지만, 패수(浿水)가 없는 것은 사실이다. 그런데 패수가 없다는 이유에 대해 저들의 주장과는 다르다.

요수가 조선과의 경계이니, 지도 제작 당시 (지나) 송(宋)에서 볼 때 요수 동쪽의 패수는 남의 나라, 즉 조선 영역이므로 지도에 그릴 일이 없었다.

또 『삼국사기』 〈백제본기〉 온조왕 원년, 비류가 "아우(온조)와 함께 무리를 거느리고 패수와 대수 두 강을 건넜다(遂與弟率黨類 渡浿帶二水)"는 기록과 백제 근초고왕(371)이 고구려의 고국원왕과 패강 상류에서 싸운 기록 등으로 보아, 패수는 동이의 활동 무대라 할 수 있고 당시 지나의 영역은 아니었다.

패수나 패강은 같은 강 이름으로 동이족의 명칭[27]이다. 만약 패강(패수)을 하화(夏華)족에 의해 명명되었다면 패하(河)로 불렸을 것이다. 실제로 패강을 난하(灤河)로 개명하여 부르고 있다. 앞에서 요수의 위치가 〈조선열전〉에 진(秦)이 연(燕)을 치고 요동을 차지한 기사에 요수 동쪽에 패수가 나온다. 또 『삼국사기』 〈고구려본기〉 영양왕 때 수 양제의 침공 전황을 분석하면, 요수 동쪽에 패수가 있음이 분명하다.

---

27) 양자강과 그 지류, 한수(漢水)도 동이가 붙인 이름이다. 한나라 유방이 국호를 한(漢)으로 정한 것은 한수(漢水) 강변에 있는 고향 마을에서 딴 것이다. 삼국사기에 나오는 한강이니 한수는 동이식 명칭이다. 황하의 옛 이름도 한수라고 한다. 요수(遼水)와 조백하(조백하)는 같은 강이다.

패수라는 지명이 『삼국사기』의 수(隋)의 침공 전사(戰史)에도 있다. 수의 침공을 받은 고구려가 '요수' 방어선이 무너지고 그 동쪽으로 후퇴하여 패수 전선에 이른다. 『삼국사기』〈고구려본기〉 영양왕조에, 양제가 2월에 요수를 돌파하고 동진하다 6월에 내호아의 수군(水軍)이 합류하자 패수에서 전투를 했다고 한다. 앞서 소개한 『사기』〈조선열전〉과 함께 두 사료가 패수는 요수의 동쪽에 있다 한다. 현대 지도에서 찾으면, 요수인 조백하 동쪽에 있는 큰 강은 지금의 난하뿐이다.

따라서 수의 침공(612) 때의 패수와 온조왕 원년(BC18)에 "비류와 온조가 패수와 대수 두 강을 건넜다(渡浿帶二水)"는 패수, "근초고왕 26년(371)에 고구려왕 사유(고국원왕)와 패강(浿江) 상류에서 전투했다"는 패수(〈백제본기〉)와 또 중국의 사서 『수경주』나 그 원문인 〈수경〉에 나오는 패수, 『한서』〈지리지〉와 『사기』〈조선열전〉에 나오는 패수를 모두 같은 강으로 본다.

수경주가 말하는 패수는 지금의 난하이다

『수경주(水經注)』의 원문 〈수경〉에 "패수는 낙랑 루방현에서 나와서 동남으로 흐르다가 임패현을 지나 동쪽 바다(발해)로 들어간다(浿水出樂浪鏤方縣, 東南過臨浿縣, 東入于海)"는 기록이 있다. '패수는 낙랑의 루방현에서 나온다' 했으니 루방현은 패수 상류에 있다.

김운회 교수는 『우리가 배운 고조선은 가짜다』에서 『요사(遼史)』에 나온 루방현의 기사를 소개했다. "(요나라) 자몽현은 본래 한(漢)나라 루방현(鏤芳縣)[28]의 땅이다. 후에 불열국이 동평부를 두고 몽주의 자몽현을 거느리게 했다. 후에 요성(遼城)으로 옮겨 황령현에 포함되었다. 발해(渤海)[29]가 다시 자몽현으로 삼았다. 호(戶)가 일천(一千)이다(紫蒙縣 本漢鏤芳縣地 後拂涅國置東平府 領蒙州紫蒙縣 後徙遼城 倂入黃嶺縣 渤海復爲紫蒙縣 戶一千)."

요(遼)의 자몽현은 한(漢)의 루방현[30]이라 했으니 위치가 같은 땅이다. 루방현이 요나라에서 자몽현으로 불렸다는 것은 몽주(네이멍구자치구)의 경계에 루방현이 있음을 말한다. 이 땅에 있었던 불열국이 몽주의 자몽현을 거느렸다 한다. 그곳은 네이멍구자치구(蒙州)와 만나는 하북성의 북부 지역이다. 몽주의 정남기(正藍旗)[31]와 둬룬(多倫)시 부근(E116°N42°)에서 발원하여 흐르는

---

28) 『수경주』와 〈수경〉에는 鏤方縣으로, 『요사』에는 鏤芳縣으로 표기되어 있다.
29) 북경시 북부 화이러우구에 발해진(渤海鎭, E116°31′ N40°25′)이 있다.
30) 난하의 상류, E116°25′ N41°47′ 지점, 난하원초지자연보호구(灤河源草地自然保護區)는 누방현(鏤芳縣)의 꽃다울 방(芳)을 연상시킨다. 이곳은 열하성에 속했으며, 청나라 초기 방목지로 쓰였다.
31) 정남기(正藍旗) 남쪽에서 북경 북쪽의 만리장성에 이르기까지 비스듬한 평원이 있는데, 이곳에 금연천초원(金蓮川草原)지구와 경북제일초원(京北第一草原)지구, 경도제일초원(京都第一草原)지구가

물줄기가 있는데, 이 강물을 따라가면, 청더(承德) 옆을 흐르는 난하와 연결된다. 청더 인근을 흐르는 난하(灤河)의 흐름이 〈수경〉에서 말하는 패수의 흐름과 일치한다.

〈수경〉과 관련하여, 국사학계는 "『수경주』를 편찬한 력도원(酈道元, 469-527)이 패수(浿水)를 한반도의 대동강에 비정했다"고 믿고 있다. "력도원이 자신의 주장에 대한 근거로『사기』〈조선열전〉,『수경』,『한서』〈지리지〉,『설문해자(說文解字)』,『십삼주지(十三州志)』의 기록을 인용하고, 또 고구려 사신에게 묻고 들은 대화도 자신의 주장을 합리화하는 근거로 제시했다"고 보고 있다.

그런데 필자는 력도원의『수경주』권14의 '패수' 관련 글을 몇 번이나 읽어도 대동강이란 느낌이 없다. 오히려 〈수경〉의 기록을 보완했다고 보인다. 왜 이런 시각차가 있는 것일까?

일부 학자들이 력도원의 글에서 패수를 찾는 것이 아니라 대동강을 미리 정해 놓고 그의 글을 읽었으니 불행하게도 엉뚱한 해석을 한 것으로 본다. 필자는 〈수경〉과 력도원의 글을 다음 ☞과 같이 해석한다.

① "浿水出樂浪鏤方縣, 東南過臨浿縣, 東入于海"
   ☞ "패수 상류는 낙랑 루방현이고, 동남으로 흘러 임패현을 지나, 동쪽으로 흘러 바다에 이른다." ※〈수경〉의 글을 인용한 것이다.

② "許慎云, 浿水出鏤方, 東入海. 一曰出浿水縣"
   ☞ "허신의『설문해자』에, 패수는 루방현에서 나와 동쪽 바다로 흘러

있다. 이곳 또한 누방현에 어울리는 곳이며, 난하의 최상류(蓋)라고 볼 수 있다.

간다. 일설에는 패수현에서 나온다."

③ "十三州志曰, 浿水縣在樂浪東北, 鏤方縣在郡東"
☞ "『십삼주지』에 의하면, 패수현은 낙랑군의 동북에 있고, 루방현은 (낙랑)군 동쪽에 있다."

④ "蓋出其縣南逕鏤方也"
☞ "개(蓋)라는 고을(蓋)에서 나와 그 현(縣)의 남쪽으로 곧바로 질러가면 루방현이다." ※개(蓋)는 높은 지대의 지명이다. 수원지로 본다.

⑤ "昔燕人衛滿自浿水西至朝鮮"
☞ "옛적 연나라 사람 위만이 패수 서쪽부터 조선까지 차지하였다." ※위만이 처음 준왕에게 허락받은 땅은 패수 서쪽이다. 대동강을 패수로 본다면 서쪽은 황해 바다이다.

⑥ "朝鮮, 故箕子國也. 箕子敎民以義, 田織信厚, 約以八法, 而不知禁, 遂成禮俗"
☞ "조선은 원래 기자국이다. 기자가 의로써 백성을 교화했는데, 식의(食衣)가 넉넉하고, 팔조법금으로 다스리니 사람이 하지 말아야 할 것 등 예의범절을 이루었다." ※번조선이 변조선으로 불린 것은 BC323년, 69대 수한(水韓)이 후사 없이 죽자 기자의 후손 기후(箕詡) 왕조가 이어가면서 불린 이름이다.

⑦ "戰國時 滿乃王之 都王險城 地方數千里 至其孫右渠 漢武帝元封二年, 遣樓船將軍楊僕 左將軍荀彘討右渠 破渠于浿水遂滅之"
☞ "전쟁의 혼란 시기에 위만이 이를 틈 타 왕이 되었고, 도읍은 왕험성이며 사방 수천 리에 이르렀다. 위만의 손자 우거(右渠)왕에 이르러

한(漢) 무제가 원봉 2년(BC109), 누선장군 양복(楊僕)과 좌장군 순체(荀彘)를 보내 우거왕을 토벌함에 우거는 패수에서 깨어지고 멸망했다."

⑧ "若浿水東流 無渡浿之理, 其地今高句麗之國治"
☞ "만약에, 패수가 동쪽으로 흐른다 해서 (북위가) 패수를 건너(진격해)도 차지할 수 없다. 그 땅은 지금 고구려가 다스리고 있기 때문이다.[32]"

⑨ "余訪番使 言城在浿水之陽 其水西流逕故樂浪朝鮮縣 卽樂浪郡治 漢武帝置 而西北流"
☞ "나(력도원)는 번사(番使, 번한 땅의 고구려 사신)에게 물어보았다. 그의 대답이 (왕험) 성은 패수의 양지바른(중심) 쪽에 있다 한다. 그 패수는 서쪽에서 흘러와 옛 낙랑 조선현을 지난다. 즉 낙랑군에서 (조선현을) 다스렸는데, (낙랑군은) 한 무제가 설치하였다. (패수는) 서북쪽에서 흘러온다.[33]"

---

32) 고구려가 다스렸다는 근거, ①『사기』〈조선열전〉"괄지지에서 말하기를 고(구)려의 도읍인 평양성이다. 본래 한나라의 낙랑군 왕험성이다.(括地志云高驪都平壤城, 本漢樂浪郡王險城)" ②『명사』〈지리지〉낙정조(樂亭條)에, 난하(패수) 최하류는 두 지류로 나누어지는데, "낙정(樂亭)의 동쪽 지류가 호로하(胡盧河)이고, 서쪽 지류를 정류하(定流河)라 불렀다". 여기 나오는 호로하는『삼국사기』〈신라본기〉용삭2년(662)에 나오는 나당연합군과 고구려와의 전투지명, 호로하(瓠瀘河)와 같은 지명으로 보인다. ③고구려 사신을 번사(番使)라 한 것은 고구려가 번한(변한)의 땅(조선현)을 차지하고 있다고 력도원이 인정한 것이다.

33) '而西北流'를 "서북쪽에서 흘러온다"로 볼 것이냐, "서북쪽으로 흐른다"고 볼 것이냐의 논쟁이다. 력도원에게 말한 번사는 자신이 사는 땅, 평양성(옛 왕험성, 낙정)을 중심으로 말했을 것이다. 낙정은 해변이라 강물이 더 흘러갈 곳이 없다. 따라서 '서북쪽에서 흘러온다'고 말했을 것이다. 반면 한반도의 대동강은 동북쪽에서 흘러 서남으로 흐르니, 서북 방향과는 전혀 관련이 없다.

⑩ "故地理志曰 浿水西至增地縣入海"
　☞ "옛 〈지리지〉에 의하면, 패수 서쪽 증지현(增地縣)³⁴⁾에 이르러 바다로 들어간다."

⑪ "又漢興 以朝鮮爲遠 循遼東故塞至浿水爲界"
　☞ "또 한(漢)이 건국 후, 멀리 있는 조선을 다스렸다. 이에 옛 요동의 변방까지 이르니 패수를 경계로 삼았다."

⑫ "考之今古 於事差謬 蓋經誤證也"
　☞ "지금(상황)과 오랜 세월을 생각하면, 일이 틀어지고 어긋나며, 길이나 위치가 묻히고 헷갈리니 (이로) 증거 삼게 하려 한다."

　력도원은 〈수경〉의 기록을 보완하여 더욱 명확을 기하고자 『수경주』를 쓴 것인데, 국내 학자들이 선입관을 가지고 '〈수경〉을 부정했다'는 등 오해한 것 같다. 력도원의 글은 결국 패수가 현 난하임을 분명히 해 주었다고 본다.

---

34) 『한서』 〈지리지〉 낙랑군 '패수현'에 대한 주석에 '水西至增地入海'가 있다. 정류하의 서쪽 땅이다.

난하는 조개가 많이 잡히던 패수(浿水)이다

패수로 보는 난하 중류에 청더(承德)라는 이름난 온천지가 있다. 박지원의 『열하일기』에 '청나라 황제들의 여름 별장이 있다는 열하성은 바로 청더를 가리킨다.' 이곳 청더가 상고사에도 온천지였다는 기록이 있다.

낙랑이라는 지명이 역사에 등장한 것은 "23세 단군 아홀(阿忽) 갑신 원년(BC 1237년)에 단제 숙부인 고불가(固弗加)에게 명하여 낙랑홀을 통치하도록 하였다(二十三世 檀君 阿忽 在位 七十六年 甲申 元年 命皇叔固弗加 治樂浪忽)"[35]는 기록이다. 낙랑은 BC1237년 이전에도 이미 사용되던 지명이라 할 수 있다. 즐거운 낙(樂)과 물 이름 랑(浪)의 지명, 낙랑(樂浪)은 온천수를 뜻한다.

낙랑 온천지서 100여 km 거리에 북경이 있다. 북경은 예전에 연경(燕京)[36] 이라 했다. 연경은 무역 상품에 따라 철(계절)이 되면 전문 무역상이 철새[燕]처럼 찾는 국제무역 시장이다. 상인이 가져온 물건을 팔고, 가져갈 물건을 구매하는 상업적 체류 기간에 잠시 휴식을 취하는 곳이 온천지 낙랑(홀)인데 현재는 청더(承德)이다. 이곳을 지나는 강물에서 부유물로 인해 조개가 많이 잡힌다.

패수(浿水)에서 조개(貝)가 많이 잡히는 까닭이 있다.
온천장에서 나오는 땟국물과 생활하수가 부유물로 변하여 난하의 조개 [貝]를 키운 것으로 본다. 상고대에도 온천지 때문에 조개가 많이 잡혀 패수로

---

35) 임승국 번역, 『한단고기』, 정신세계사, 2016. p.101.

36) 연경(燕京)의 유래에 대하여, 3장 12-13절과 5장 3절 참조.

불린 것 같다. 조개는 강바닥이나 바위에 낀 이끼를 좋아한다. 푸른 이끼는 부유물이 있어야 생긴다.

현대에 와서 어느 강을 가나 부유물이 많아 강 하류에 조개가 없는 강이 없다. 그런데 상고대의 강은 부유물이 별로 없었다. 왜냐면 가정에서 그릇 씻은 구정물도 가축의 사료로 쓰고, 또 사람과 가축의 분뇨도 거름으로 쓰던 때라 강물이 맑았다. 그런데 난하 중류에서도 조개가 많이 잡힐 정도로 부유물이 많은 강이었다.

중국어로 貝(뻬이)와 浿(페이)는 다른 소리로 읽지만, 한자를 만든[37] 동이(東夷)는 같은 소리(패)로 읽는다. 패수 지역이 동이의 활동 영역이었다고 보며, 조개가 많이 잡혀서 처음에 貝江·貝水로 부르다가 표기하는 과정에서 浿水(패수)로 기록된 것 같다. 낙랑은 온천수-부유물-이끼-조개(貝)-패수(浿水)로 이어졌다고 본다.

이와 같이 중국의 사서와 고지도를 가지고 논리적 추론으로 어렵게 지금의 난하가 패수임을 밝혀냈는데, 최근에 국내 사서를 읽다가 깜짝 놀랐다. 범장이 쓴 『북부여기 상권』 해모수 단군 조에, '기해 38년(BC202) 연나라의 노관(BC 247~?)이 다시금 요동의 옛 성터를 수리하고 동쪽은 패수(浿水)로써 경계를 삼으니, 패수는 곧 오늘의 난하(灤河)다(己亥三十八年 燕盧綰復修遼東古塞東限浿水 浿水今灤河也).'[38]라 했다.

---

37) 오운홍, 『고대사 뒤집어 보기』, 시간의물레, 2020. pp.273-283. 예) 한자는 1자(字) 1음(音)이다. 중국인은 北京(북경)을 2음절로 못 읽고 3음절, 베이징으로 읽는다.

38) 임승국, 전게서. p.128.

이 부분은 필자가 그전에도 몇 번을 읽고 무심히 넘어갔던 자리인데, 보석같은 역사 기록을 독자와 같이 간단명료하게 확인할 수 있어 다행이다.

범장[39]이 누구인가?

휴애거사 범장은 고려말에 수문하시중(守門下侍中, 오늘날 부총리) 이암(李嵒)과 함께 고대사를 협의했던 분이다.

이래서 주류사학계가 『환단고기』를 못 읽게 방해 공작을 했나 보다.

지금까지의 패수에 관한 논리를 종합하면, 난하(灤河)가 분명하다.

---

39) 범장(范樟)의 생몰 연대는 불명이나 자는 여명(汝明)이고, 호는 복애(伏崖)이다. 고려의 국운이 다하자 벼슬을 버리고 두문동(杜門洞)에 은거하여 충절을 지킨 두문동72인 중 한 사람이다. 사후 후덕군(厚德君)에 봉해졌으며, 시호는 문충(文忠)이다. 묘는 고향인 현 광주광역시 광산구 덕림동 복만마을에 있다.

중국 문헌에서 찾은 험독현과 왕험성의 위치

『사기』〈주석서(注釋書)〉에 '왕험성은 **험독현**에 있으며, **패수** 동쪽에 있고, 창려에 속한다.'고 했다. 다행히 앞에서 패수가 지금 어느 강인지 알아냈으므로 찾는 범위가 좁혀졌다.

우리 고대사에서 제일 궁금한 것은 왕험성의 위치이다. 준왕을 밀어낸 위만조선이 한(漢)나라에 멸망했고, 그 자리에 낙랑군의 치소 낙랑부가 설치되었기 때문이다.

사마천의『사기』와 그에 대한 주석서(注釋書), 〈사기삼가주(史記三家注)〉에 보면, 왕험성(王險城)과 험독현의 위치가 나온다. "위만은…중략…망명자들의 왕이 되어 왕험성에 도읍하였다."【집해】에서 서광이 말하기를 **창려(昌黎)**에 험독현(險瀆縣)이 있다.【색은】(당의 사마정 주석)에 위소가 말하길 옛 도읍 이름이다. 응소가 주석하기를 〈한서지리지〉에서는 요동군에 험독현이 있는데 조선 왕의 옛날 도읍이다. 또 주석하기를 왕험성(王險城)은 낙랑군 패수의 동쪽에 있다고 신찬이 말했다 한다.【정의】조선은 2음(절)이다. 괄지지에서 말하기를 고려의 도읍인 평양성이다. 본래 한나라의 낙랑군 왕험성이다.(滿…중략…亡命者王之都王險【集解】徐廣曰 昌黎有險瀆縣也【索隱】韋昭云 古邑名 應劭注地理志云 遼東有險瀆縣 朝鮮王舊都 瓚云 王險城在樂浪郡浿水之東也【正義】潮仙二音. 括地志云高驪都平壤城, 本漢樂浪郡王險城)."

주목할 것은 '왕험성이 패수 동쪽에 있다'고 말한 신찬의 말과 당(唐)나라 장수절의 '고구려의 평양을 왕험성으로 본다'는 주석(정의)이다. 또 험독현[왕험성]과 창려는 가까이 있다. 왕험성을 찾는 **조건** ①은 '창려 가까이 있다'

는 것이다.

『한서』 권28 하에 험독현과 왕험성을 찾는 조건이 있다. "지리지 제8하 요동군(遼東郡)…중략… 험독현(險瀆縣)에 대해 응소가 주석을 달아 말하기를 조선(朝鮮) 왕 위만의 도읍이다. 물이 험한 것에 의지하였기에 험독이라 하였다. 신찬이 말하기를 왕험성(王險城)은 낙랑군(樂浪郡) 패수(浿水)의 동쪽에 있다. 요동군 험독현은 그냥 험독이다. 안사고(顏師古)가 말하기를 신찬의 설명이 옳다(瓚説是也). 패수의 패(浿)의 음(音)은 보(普)와 대(大)의 반절(反切) 음(音)이다(『漢書』卷二十八下 地理志 第八下 遼東郡…중략…險瀆, 應劭曰 朝鮮王滿都也 依水險故曰險瀆 臣瓚曰 王險城在樂浪郡浿水之東此自是險瀆也 師古曰 瓚説是也 浿音普大反)."

왕험성의 위치를 찾는 **조건 ②**는 '물이 험하다는 것'과 **③은** '패수의 동쪽'에 있다는 것이다. 이들 조건을 풀어내는 일이 왕험성을 찾는 지름길이다. '패수의 동쪽(③)'이란 조건은 패수가 난하로 밝혀진 이상 쉽게 찾을 수 있다. 그런데 '물이 험하다는 것(②)'은 얼른 이해할 수 없다. 〈지리지〉에서 '물이 험하다는 것에 의지했기에 험독(依水險故曰險瀆)'이라 했으니, 물은 성(城)을 방어하는 해자(垓字)가 된다. 왕험성(王險城)의 험(險)은 험독현의 험(險)과 같다. 그리고 험하다고 보는 쪽은 공격하는 입장이다. 험독현(險瀆縣)의 독(瀆)은 하천, 개천, 도랑, 더럽고 냄새나는 하수 등 갯벌이 있는 하천이란 뜻이다. 이런 험독의 조건 때문에 성을 공격하는 측에서 보면 난공불락의 요새로 보인다.

험독현을 찾는 조건에 하나 더 추가할 것이 있다. 준왕의 피신 상황에서 찾은 '해변(海邊)'이라는 조건이다. "준왕(準王)은 위만과 싸웠으나 감당하지 못했다. 좌우 측근과 궁인을 거느리고 바다로 들어갔다(準與滿戰 不敵也 將其左右宮人走入海)"[『위지(魏志)』, 『삼국지』〈위서〉〈오환선비동이전〉]. 이는 왕험성이 바다에 인접해 있다(④)는 것이며, 앞의 ①, ②, ③ 조건에 ④를 더하는 것이다.

해변이라는 조건과 관련하여, 『산해경』 18권 〈해내경〉에 "동해(황해) 안쪽, 북해(발해) 모퉁이에 나라가 있는데 조선, 천독이다. 그 사람들은 바닷가에 사는데 사람을 아끼고 사랑한다(東海之內 北海之隅 有國名曰朝鮮天毒 其人水居 偎人愛之)" 했으니, 왕험성은 해변(④)에 인접해 있었다고 본다.

전한의 무제가 위만을 칠 때(BC109), '누선(樓船)장군이 제나라 군사 7,000명을 이끌고 (발해를 건너) 왕검에 이르렀다'[40]는 기록과 '누선장군 양복의 경로가 종제부발해(從齊浮渤海)'[41]라는 기록을 근거로 **조건 ⑤**를 추가해야 한다.

---

40) 사마천 지음, 김원중 옮김, 『사기 열전』(2), ㈜민음사, 2019. p.459.

41) 『사기』〈조선열전〉에 양복의 경로를 '종제부발해(從齊浮渤海)'라 했다. 여기서 종(從)은 전치사 '~로부터'의 의미이다.(출전: 문성재, 『한사군은 중국에 있었다』, 우리역사연구재단, 2016. p.93)

『명사(明史)』〈지리지〉 낙정조(樂亭條)에서 찾다

험독현과 왕검성을 찾는 조건 ①(창려에 가깝다), ②(물이 험하다), ③(패수 동쪽이다), ④(해변이다), ⑤(발해 연안이다)를 충족시켜 줄 장소를 찾기 위해 현대 지도를 펴놓고 보았다. 윤내현, 안경전 등은 난하와 창려 사이의 바닷가와 인접한 땅을 왕험성의 자리로 비정하고 있다.

그런데 이곳은 ①, ③, ④, ⑤의 조건에는 합당한 듯 보이지만 ②(물이 험하다)의 조건은 맞지 않다고 본다. 아무리 해안가가 바위 절벽이라 하더라도 육로를 따라 공격하면 막아낼 방어선이 없기 때문이다. 필자는 이들 학자의 주장에 동의할 수 없었다.

필자의 오랜 숙원, ②(물이 험하다)를 『명사』〈지리지〉에서 해결할 수 있었다. 〈지리지〉의 낙정주[42] 낙정조에, "낙정은 낙정주 동남에 있고, 남빈해[43]는 난하 서쪽에 있다. (난하는) 현(縣)의 북악을 지나 파항(婆港)에서 둘로 나뉜다. 동쪽 지류를 호로하라 부르고 서쪽 지류를 정류하라 부른다(樂亭樂亭州東南 南濱海 西有灤河 經縣北嶽婆港分爲二 東曰胡盧河 西曰定流河)."는 기록에 눈이 번쩍 뜨였다. 명나라 때까지 정류하의 기능이 살아있었다고 본다.

『명사』〈지리지〉가 말하는 '호로하'와 '정류하'를 찾기 위해 다음의 (도3) 지도를 보면, 빗금 중심에 낙정(樂亭, E118°55′ N39°25′)이 있다. 빗금 부분을 이루는 두 지류의 분기점(E118°50′ N39°40′)에서 볼 때 부채꼴 모양의 땅이 험독현이다.

---

42) 명나라의 낙정주(樂亭州)를 현 난현(灤縣, 灤州 E118°41′ N39°44′)으로 본다.
43) 빈주(濱州, E118° N37°22′) 북안에 있는 발해(渤海)의 발해만(渤海灣)을 말한다.

3면 중 2면이 강물이라는 방어선[해자]이고, 나머지 1면이 바다에 접해 있어, 공격하는 기마병이 건너기 힘든 곳이다. ②(물이 험하다)에 꼭 맞는 지형이다.

　호로하(胡盧河)란 지명은 찾을 수 없지만 호가이(胡家坨)란 지명이 있다. 낙정 서쪽으로 흐른다는 정류하(定流河)는 정류하(汀流河, E118°43′ N39°30′)라는 지명으로 남아있다. 이곳은 위만조선 이전에 변(번)한의 땅이고, 전한의 무제 이후 요동군 험독현이란 이름에서 낙랑군 조선현으로 바뀐 곳이다.

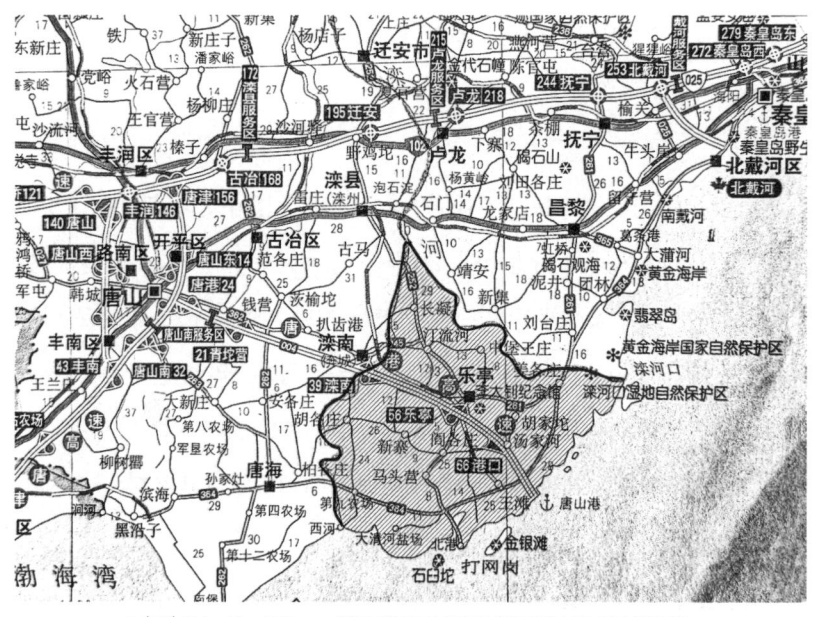

▲ (도3) China Road Atlas, p.33의 지도에서 필자가 하북성의 난하 하류 쪽에 있는 두 지류가 만드는 지역에 ▨ 표시를 했다.

　앞에서 패수가 지금의 난하라는 것이 여러 증거로 입증됐다. 난하의 최하류에서 호로하와 정류하라는 강물로 나누이고, 한 면이 바다에 접해 있어 3면이 물로 둘러싸여 있는 땅이다. '물이 험하다(②)'는 조건과 '바다에 접해(④)'

있어야 하는 조건에 부합된다. 그리고 낙정의 서쪽을 흐르는 정류하를 패수(난하)로 삼을 때, '패수의 동쪽(③)'에 낙정 혹은 왕험성이 있다는 조건에도 맞는다. 그곳은 창려(①)와 가깝다. 종합하면 이곳이 〈한서지리지〉가 말하는 험독현이고 왕험성 자리라 할 수 있다. 또 이 자리에 낙랑부(樂浪府)가 있었다는 추론도 가능하다.

이와 다르게 '〈한서지리지〉 기록이 한반도 대동강을 말한다'고 주장하는 학자가 아직도 널려있다. 그들에게 한반도 평양이 ①(창려에 가깝다), ②(물이 험하다), ③(패수·난하 동쪽이다), ④(해변이다), ⑤(발해 연안이다)라고 중국 문헌이 말하는 조건에 합당한지 견주기를 권한다.

대동강의 평양은 황해의 서한만에 딸린 광량만 해안에서 약 60km 내륙으로 들어간 곳에 있어, ①, ②, ③, ④, ⑤ **중** 하나도 맞는 조건이 없다.

앞으로 한반도 평양을 왕험성으로 보는 견해는 이제부터 지워야 한다.

지금까지 열거하고 필자가 찾아낸 험독현은 『사기』〈조선열전〉과 『한서』〈지리지〉와 『명사』〈지리지〉, 『수경주』〈수경〉, 『위지(魏志)』, 『산해경』의 〈해내경〉에 기록되어 있는 땅이다. 그 중심에 있는 낙정(樂亭, E118°55′ N39°25′) 자리에 왕험성이 있었다고 본다.

한(漢)의 사군(四郡)은 살수 남쪽에 있었다

왕험성을 어렵게 찾아냈는데, 그 왕험성의 마지막 준왕이 위만(衛滿)에게 은전을 베풀었지만, 결국 위만의 배반으로 정권을 탈취당한다. 그 후 한(漢)이 위만의 왕험성을 함락(BC108)시키고 지경을 넓혀 '4군'을 두었다고 한다.

『사기』〈조선열전〉에는 "원봉 3년(BC108) 여름, 니계상 삼(參)이 사람을 시켜 조선왕 우거를 죽이고 항복해 왔으나, 왕검성은 함락되지 않았다. 죽은 우거의 대신(大臣) 성이(成巳)가 또 한(漢)에 반(反)하여 다시 군리(軍吏)들을 공격하였다. 좌장군은 우거의 아들 장항과 상 로인의 아들 최(最)로 하여금 그 백성을 달래고 성이를 죽이도록 하였다. 이로써 드디어 조선을 평정하고 4군을 설치하였다. 삼(參)을 봉하여 홰청후(澅淸侯)로, 음(陰)은 적저후(荻苴侯), 겹(陜)은 평주후(平州侯), 장(長)은 기후(幾侯)로 삼았으며, 최(最)는 아버지가 죽은 데다 자못 공이 있었으므로 온양후(溫陽侯)로 삼았다(元封三年夏, 尼谿相參乃使人殺朝鮮王右渠來降. 王險城未下, 故右渠之大臣成巳又反, 復攻吏. 左將軍使右渠子長降·相路人之子最 告諭其民, 誅成巳, 以故遂定朝鮮, 爲四郡. 參爲澅淸侯, 陰爲荻苴侯, 陜爲平州侯, 長降爲幾侯. 最以父死頗有功, 爲溫陽侯.)"고 한다.

전한의 무제가 '조선 4군'을 설치하고, 5후(侯)를 봉했다는데, 한사군 명칭이 『사기』에는 없고, 후한의 반고가 편찬한 『한서』〈무제본기〉에 나온다. "조선이 그들의 왕 우거(右渠)의 목을 베고 항복하니, 그 땅을 낙랑, 임둔, 현도, 진번군으로 삼았다(朝鮮 斬其王右渠降 以其地爲 樂浪 臨屯 玄菟 眞番郡)."고 한다.

한사군을 둔 것은 BC108년의 일이다. 이후 『삼국사기』〈고구려본기〉 대무신왕 20년(37)에 '(대무신)왕은 낙랑을 습격하여 이를 멸망시켰다'고 한다. 이 때 구(舊) 왕험성은 고구려에 의해 함락된 것이고, 그곳을 고구려의 평양으로 삼았다고 본다.

이후 〈고구려본기〉에 의하면, "대무신왕 27년(44) 가을 9월에, 후한의 무제가 군사를 보내어 바다 건너 낙랑을 쳐서 그 땅을 빼앗고 군·현으로 삼으니, 살수 이남이 한나라에 소속되었다(二十七年 秋九月 漢光武帝 遣兵渡海 伐樂浪 取其地 爲郡縣 薩水已南屬漢).[44]"한다.

여기에는 한(漢) 군·현 명칭이 없는데, 광무제는 전한이 사용하던 명칭을 복원하여 그대로 사용한 것으로 보인다. 바다를 건너 수군(水軍)을 활용했다는 것은 황하를 빠져나와 발해를 건너 해변은 물론 패하의 두 지류인 호로하와 정류하를 따라 3면으로 공격한 것을 말한다.

여기서 주목할 것은 '살수 이남이 한나라에 소속되었다(薩水已南屬漢)'라는 말은 '한의 4군이 모두 살수 남쪽에 있다'는 말이다.

이 기록은 우리 고대사를 해석하는 데 매우 중요한 부분이다. 대무신왕조 기사에 '살수 이남이 한나라에 속했다' 했는데, 살수를 청천강으로 보면, 그 이남이 한반도의 평양은 물론 한강을 넘어 남해안까지 한나라 땅이란 말이 된다.

그런데 한반도에 한사군이 있다고 가정하면, 현 북경 근처의 고려영, 유리묘 등 고구려의 2대 유리왕 유적이 현존하고 당시 활동 자취로 보아 고구려의 영역인데, '한사군은 한나라와 이어진 게 아니라, 두 동강이 난다'는 모순(1)이 생긴다.

---

44) 김부식 지음, 이재호 옮김, 『삼국사기』(2권), 솔, 2006. p.61.

모순이 또(2) 있다. 살수 언덕에 신라의 견아성(犬牙城)이 있다는 『삼국사기』 〈신라본기〉, 〈고구려본기〉, 〈백제본기〉에 공통으로 나오는 전사(戰史)가 있다. 신라 소지마립간 16년(494), 17년(495)조, 고구려 문자명왕 3년(494), 4년(495)조, 백제 동성왕 16년(494), 17년(495)조에 똑같이 나오는 기록이다. 국사학계와 〈고등학교 한국사〉 내용대로 "장수왕이 427년에 대동강 평양으로 천도했다"[45]면, 대동강과 청천강 사이가 70㎞ 정도이니 고구려 앞마당에서 전쟁을 치른 셈이 된다. 또 백제가 군대를 파견하여 신라 견아성을 도왔다 했으니, 금강 유역에 있는 백제군이 한강과 대동강을 건너 평양성을 짓밟고 지나갔다는 말이 된다. 이런 역사 기록은 없다. 이처럼 '한국사 교과서'는 스스로 모순을 안고 있다.

이런 모순을 해결할 수 있고, 또 을지문덕의 수공(水攻) 작전이 가능한 강은 현 대릉하(大凌河)로 본다.[46] 대릉하를 살수로 보면 한사군과 한나라가 자연스레 연결된다. 대릉하를 살수로 보는 이유는 여러 가지 증거가 있다.

첫째, 한반도의 청천강(살수)과 압록강(압록수) 사이의 거리는 『삼국사기』 〈고구려본기〉의 기록과 맞지 않다. 한반도의 청천강에서 압록강 사이의 실제 거리는 100㎞ 정도이다. 〈고구려본기〉에 보면, 살수에서 패한 수나라 패잔병이 '하룻낮 하룻밤에 압록수에 이르니 4백5십 리나 행군했다(一日一夜 至鴨綠水 行四百五十里).'라고 기록되어 있다. 이를 계산하면 문헌상의 살수와 압록수의 거리는 180㎞(450리)가 된다.

---

45) 김종수 외, 『고등학교 한국사』, ㈜금성출판사, 2018. p.43(지도표시).
46) 오운홍, 『한국사의 기준점 찾기』, 시간의물레, 2022. pp.30-36.

그런데 국사학계는 살수를 청천강, 또는 대동강에 비정하는 상황이고 압록수가 압록강이라고 보는 것도 불확실한 상황이다. 국사학계가 살수를 한반도에서 찾는 일은 무리한 역사 해석으로 본다.

둘째, 『삼국사기』에 나오는 압록수와 살수는 동서로 흐르는 강이 아니고 북남으로 흐르는 강이다. 〈고구려본기〉의 기록에는 '수나라 군대가 고구려를 공격할 때, 압록수의 서쪽에 모였다가 강을 건너 동쪽으로 진군하여 살수에 이르렀다' 한다. 이 말은 압록수가 남쪽으로 흐르는 강임을 말한다.

21세기 지도(China Road Atlas, p.23)를 펼쳐놓고 보면, 발해 연안에 진황도(秦皇島)가 있고 가까이에 석문성(石門城)이 있다. 그리고 진황도 도시 동편에 만리장성 시작점인 노룡두(盧龍頭)가 있다. 진황도와 노룡두(만리장성) 사이를 흘러 남쪽 바다(발해)로 들어가는 석하(石河)가 있는데, 그 강의 중상류에는 압수하(鴨水河)와 합수하는 곳에 석문채(石門寨, E119°35′ N40°6′)가 있다. 압수하의 옛 이름이 '압자(鴨子, 오리)하(河)'라 한다.

『산해관지(山海關志)』의 기록에 의하면, '압자하는 산해관 성곽 서북 25리 되는 서북산(西北山)에서 발원하여 석하(石河)로 흘러든다.' 압자하와 석하의 합수목 북쪽에는 옛 성곽이 있다. 현 진황도의 〈지명지(地名志)〉에는 강기슭에 있는 성곽이 '당나라 (건국 전 前) 고(구)려인이 이곳에 돌로 축성하고 관문으로 삼았으며, 그래서 석문성(石門城)이라 부른다고 전한다.'는 기록이 있다[47].

이와 같은 문헌을 종합할 때, 석문채(石門寨, 石門城) 곁을 흐르는 압수하(鴨水河)가 『삼국사기』〈고구려본기〉의 기록에 나오는 1)'수나라 침략군이 최종

---

47) 김호림, 『고구려가 왜 북경에 있을까』, 글누림. 2012. p.250.

집결했던 곳이 압록수 서쪽이란 경계의 그 강'이고, 2)'을지문덕이 적정을 살필 목적으로 거짓 항복을 했다가 되돌아가는 길에 건넌 압록수가 그 강'이고, 3)'살수에서 패한 수나라 패잔병이 하룻낮 하룻밤에 압록수(鴨綠水)에 이르니 4백5십 리(180㎞)나 행군했다는 기록에 나오는 압록수가 그 강'이라고 본다.

여기서 '압록수 동쪽으로 180㎞의 거리'는 살수를 찾는 중요한 단서가 된다.
지도를 펴놓고 동북으로 해안을 따라가면 발해의 요동만 북안에 금주(錦州)시가 있고, 그 동쪽 부근에 북남으로 흐르는 대릉하(大凌河)가 있다. 필자는 이 대릉하를 살수(薩水)로 본다

셋째, 대릉하 중하류에는 백석수고(白石水庫, 호수) 등 크고 작은 호수가 있다.
을지문덕 전기(傳記)를 보면, 살수 중하류의 제방을 무너뜨려 수공으로 수군을 수장시켰다는 이야기가 전해진다. 실제로 대릉하(大凌河) 중하류에는 지금도 저수지와 제방들이 많이 있어 큰물을 전투에 활용할 수 있다고 본다. 을지문덕이 수공 작전을 이끌어 살수대첩이 있었던 강이란 믿음이 든다.

넷째, 오사구 단군이 조선소를 설치했다는 기록에 맞는 강이다.
고려말 문하시중(국무총리급) 이암이 쓴 『단군세기』를 보면, 4세 단군 오사구(烏斯丘)가 '경인(庚寅) 7년(BC2131), 배 만드는 곳(조선소)을 살수의 상류에 설치했다(庚寅七年設造船于薩水之上).'는 기록이 있다.
이 기록을 근거로 한반도의 청천강을 다시 살펴보면, 강의 길이가 짧고 갈수기에는 상류의 수량이 적고 경사가 심해서 조선소 설치에 적합하지 않다고 본다.

이에 비해 대릉하는 강이 넓고 수량이 풍부하다. 특히 중상류에 있는 현 차오양(朝陽)시를 단군왕검의 아사달(辰城=龍城)으로 본다면 더욱 확실해진다. 이에 대한 검증은 지면 관계로 다음의 제4장에서 밝히겠다.

다섯째, 임둔태수장 봉니(封泥) 발굴과 이승휴의 『제왕운기』 기록이 맞물리는 강이 대릉하이다.

"임둔태수장(臨屯太守章)이라는 다섯 글자가 전서체로 음각된 봉니가 중국 랴오닝성의 해안 도시인 진시시[錦西市, 현 호로도시(葫蘆島市)]의 샤오황띠(小荒地)라는 고대 성곽에서, 지린대(吉林大) 박물관과 랴오닝성 고고문물연구소 조사팀에 의해 발굴(1994)됐다." 지린대에서 연구한 복기대(교수)는 "한나라 중앙에서 임둔군 태수에게 보낸 것이 확실하다"고 논문[48]에서 말했다. 또 "봉니가 발견된 곳이 한사군 중, 임둔군에 속했을 가능성이 매우 커졌다"고 그는 평가했다. 진시시(葫蘆島市)는 대릉하 가까이에 있다.

임둔군과 관련하여, 이승휴(李承休)가 『제왕운기(帝王韻紀)』에서 '진번임둔재남북(眞番臨屯在南北)'이라 했다. 임둔군은 진번군의 북쪽에 있으며, 한의 4군 중 가장 북쪽에 위치한다는 기록이다.

살수가 대릉하임이 밝혀지고, '임둔태수장'이 발견된 현 호로도시(葫蘆島市)를 임둔군의 치소로 볼 때, 고구려 대무신왕 조의 "살수 이남이 한나라에 소속되었다(薩水已南屬漢)"는 기사를 대릉하에 대입하면 앞에서 보았던 모순 (1)과 (2)는 일시에 해결된다.

또 앞에서 낙랑부(樂浪府)의 위치가 난하의 낙정(樂亭)이라는 사실이 확실해짐에 따라 한반도에 있었다는 통설의 '한사군 지도'는 폐기돼야 한다.

---

48) 백산학보 제61호(pp.47-65)에 실린 복기대 교수 논문, 「임둔태수장 봉니를 통해 본 한사군의 위치」

다시 그려낸 한사군 지도

그렇다면 새로 그려야 할 한사군의 배치는 어떤 것인가?

이승휴가 쓴 『제왕운기(帝王韻紀)』에 "진번임둔재남북(眞番臨屯在南北), 낙랑현도동서편(樂浪玄菟東西偏)"이라는 기록이 있다. 한사군 중 진번군과 임둔군은 남북으로 인접하여 배치되어 있다고 한다. 또 낙랑군과 현도군은 동서로 붙어 있다는 것이다.

이 기록을 과거에 읽을 때는 막연한 그림 같이 손에 닿지 않았다. 더구나 일제가 그려준 〈한사군지도〉와 전혀 달라서 그동안 『제왕운기』의 기록을 반신반의하며 눈여겨보지 않았다.

그러나, 이제는 한사군 배치도를 그려내는 열쇠가 된다.

다음의 〈도4〉 〈한사군지도〉는 우리가 그동안 학교에서 배우며, 익숙하여 눈에 익은 지도이다. 그런데 〈도4〉는 가짜 역사 지도이다.

국사학계는 일본이 써 준 『조선사』를 그대로 베껴, 백두산과 개마고원에 있었다는 현토군(玄菟郡)을 기정사실로 하고, 현토의 서부 통구(通溝, 현 집안 集安)에 있던 고구려가 현토군 동쪽 함경도에 있는 예맥(穢貊)과 손을 잡고, 또 한편으로는 한강 이남 백제의 남쪽에 있는 마한(馬韓)의 지원을 받아 현토군을 공격했다고 기술하고 있다. 이는 한사군 설치가 한반도 북부 지역에 있었다는 가정 아래 창작된 가설(소설)이고 그에 따른 지도(배치)라고 본다.

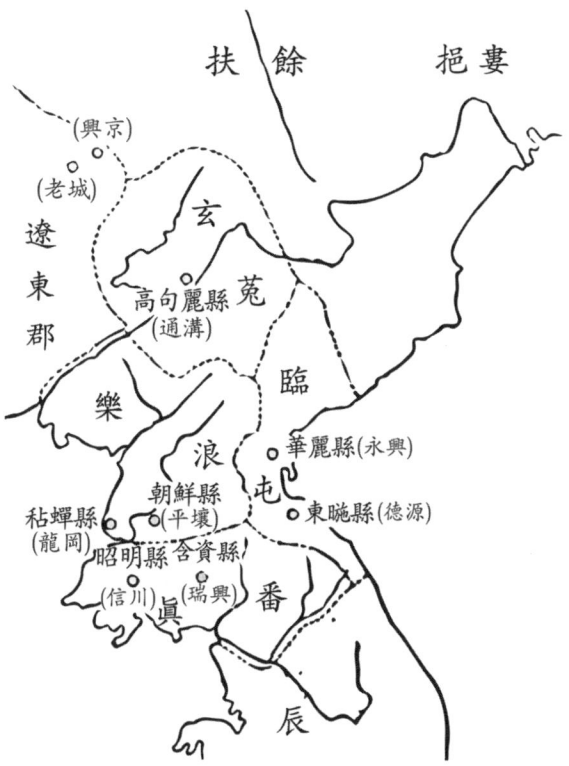

▲ (도4) 국사학계가 생각하는 한국사의 한사군 지도[49]

이 지도에서 이승휴가 말한 '진번임둔재남북(眞番臨屯在南北)'에는 일부 맞는 것 같이 보이지만, '낙랑현도동서편(樂浪玄菟東西偏)'에는 맞지 않는다.

왜 그런가 하면 일제가 〈조선사〉를 쓸 때, 『사기』와 『한서』에 나오는 낙랑군의 조선현(험독현)과 왕험성을 대동강의 평양으로 일단 정해 놓고 보니, 『제왕운기』의 '낙랑현도동서편(樂浪玄菟東西偏)'이라는 기록을 황해(바다)에 배치할 수 없어서 낙랑군의 북동쪽 현 한반도의 개마고원에 억지로 배치하게 된 것으로 본다.

---

49) 이기백, 『한국사신론』, 일조각, 1972. p.30.

당시 개마고원은 인구밀도(㎢)가 0에 가까웠을 텐데, 그곳에 막대한 국고가 소요될 현도군을 설치 운영하고 군대를 배치한다는 것이 말도 안되는 모순이다.

모순이 또 있다. 〈고구려본기〉에 대무신왕 27년(44)에, "후한의 광무제가 군사를 보내어 바다 건너 낙랑을 쳐서 그 땅을 빼앗고 군·현으로 삼으니, 살수 이남이 한나라에 소속되었다(漢光武帝 遣兵渡海 伐樂浪 取其地 爲郡縣 薩水已南屬漢).'고 한다. 여기서 '살수 이남이 한나라에 소속되었다(薩水已南屬漢).'라고 했는데, 살수를 한반도의 청천강으로 보든, 대동강으로 보든 그 북쪽에 낙랑, 현도, 임둔이 지도에 그려져 있다는 사실이 〈고구려본기〉와 다른 가짜 역사라고 자인하는 셈이다. 가짜 역사를 지적할 때는 바른 역사인 대안(代案)이 있어야 한다. 필자가 본 장에서 논거한 이론을 근거로 제작한 '새로운 한사군 지도'를 소개하면 다음과 같다.

▲ 〈도5〉 〈오운홍의 한사군 위치도(AD44)〉

그동안 눈여겨보지 않았던 이승휴의 "진번임둔재남북(眞番臨屯在南北), 낙랑현도동서편(樂浪玄菟東西偏)"을 현대 지도에 대입하여 대릉하(살수)를 한사군의 최북단 경계로 보면, 앞의 (도5) 지도처럼 살수 서쪽과 남쪽의 진시시(錦西市)를 중심으로 임둔군이 있고, 그 남쪽 진황타오 부근에 진번군이 배치된다. 이와 연이어 난하(패수) 중·하류에 낙랑군이 있다고 보면, 앞에서 찾아낸 험독현과 왕험성의 위치가 한사군의 배열과 연결되어 지리적으로 타당성을 얻게 된다. 또 '현도는 낙랑의 서쪽에 있다'하니, 현도군은 난하의 중·상류에서 북경과 장자커우(張家口, N114°50′ E40°50′) 지역까지 펼쳐진다.

"『한서』〈지리지〉가 말하길 현도와 낙랑군은 무제 때에 설치하였고, 이때 예맥과 고구려는 모두 조선이다. 응소가 말하길 현도는 옛 진번국이고 낙랑은 옛 조선국이다(地理誌 雲, 玄菟 樂浪 武帝時置 皆朝鮮 濊貊 句驪蠻夷 應劭曰 玄菟 故真番國 樂浪 故朝鮮國也)." 응소가 말하는 옛 진번국이란 진조선과 번조선의 경계를 말하며, BC221년경(범장의 『북부여기』참조) 연나라 진개(秦開) 장군에게 빼앗긴 조선 땅의 일부이다. 당시 연나라 진개에게 빼앗겼던 예맥 조선은 난하의 서쪽으로부터 장자커우 지역까지 점유하고 있었다고 본다. 그 자리에 현도군을 둔 것으로 본다.

『삼국사기』〈고구려 본기〉(6대) 태조왕 69년(121) "12월, 임금이 마한(馬韓)과 예맥(穢貊)의 1만여 명의 기병을 거느리고 나아가 현도성을 포위하였다. 부여 왕이 아들 위구태(尉仇台)를 보내 병사 2만을 거느리고 한나라 병사와 힘을 합쳐 막고 싸우니 우리 군사가 크게 패하였다(十二月 王率馬韓穢貊一萬餘騎 進圍玄菟城 扶餘王遣子尉仇台 領兵二萬 與漢兵并力拒戰 我軍大敗).[50]"고 한다.

---

50) 김부식 지음, 이재호 옮김, 『삼국사기』(2권). 솔, 2006. p.78.

현도로 보는 지역에 태조왕 선대가 활동했다는 유적이 남아있다. 북경시 동북쪽 고려영(高麗營, E116°30′ N40°11′)과 고구려 2대 왕 유리묘(琉璃廟, E116°39′ N40°38′)가 있고, 북경시 남서쪽에 유리하(琉璃河, E116°1′ N39°36′)가 있다. 유리왕은 태조왕의 조부이다. 왕이 조부의 땅을 되찾으려 현도성을 공격한 것으로 본다. 문헌 사료와 유적이 현도군의 위치를 증명해주고 있다.

이같이 『사기』〈조선열전〉의 "괄지지가 말하는 고구려 평양성이 낙랑군 왕험성(括地志云 高驪都平壤城 本漢樂浪郡王險城)"이라는 문헌 사료와 유리묘, 고려영 등의 유적으로 보아 고구려가 한때 북경과 낙정 지역에 존재했다는 실증이다.

왕험성은 엄밀히 말해 번한(변한)의 도읍으로서 단군조선 영역의 남쪽 변두리에 속한다. 그리고 단군조선의 중심지인 진한의 진성(辰城=龍城)을 찾는 실마리가 될 수 있다. 단군왕검의 도읍을 찾는 일과 그 이전의 환웅 조선이라는 상고사의 맥을 찾는 일은 가까운 지역에서 이어질 것으로 본다.

본 장에서 탐색하는 목표로 삼은 것은 왕험성(낙정)을 찾아내는 일이었다.
그런데 목적한 바는 왕험성과 낙랑군, 그리고 한사군의 위치를 규명하고자 하는 데 있었다.
규명하는 목적의 배경에는 ①왜곡된 역사, 즉 일제가 써 준 〈조선사〉와 이를 이어간 〈한국사〉의 고대사를 바로잡는 일이고. 또 하나는 ②중국의 동북공정을 막아낼 결정적 이론을 수립하는 일이고, 세 번째는 ③〈조선사〉를 잇는 '강단사학계'가 있고, 이를 반박하는 '재야사학계'에 새로운 동기를 부여하려 함에 있다.

필자가 보기에는 두 학파의 이론이 평행선을 이루고 있는데, 이렇게 가면 몇 년이 가도 희망이 보이지 않는다는 점이다.

두 학파가 추구하는 이론은 선배나 스승으로부터 '들은풍월의 학문' 혹은 '근거가 미약한 학문'일 수도 있고, 우리 상고사의 맥을 캐는 작업에 엉뚱한 신호를 보내어 오류를 유발할 수도 있다.

이 책의 첫 장에서 왕험성의 위치를 정확히 찾아내는 일을 목표로 삼은 것은 상고사로 가는 맥을 제대로 잡기 위함이다.

제2장

'조선'을
국호로 내세운 까닭?

제2장

'조선'을 국호로 내세운 까닭?

단군왕검은 왜 천하를 '계승'하지 못하고 '평정'했을까?

본 장은 단군조선의 정체성을 파악하기 위해 마련했다.

우리가 알고 있는 단군조선에 대한 단편적 지식은 (고) 조선의 시조, 단군왕검의 부계가 환웅천왕 계열이고, 모계는 웅씨 계열이라 한다.

고려 말, 이암(李嵒)[51]이 쓴『단군세기』첫 부분, 단군왕검 조에 "고기(古記)에서 말한다. '왕검의 아버지는 단웅이고 어머니는 웅씨의 왕녀이며 신묘년 5월 2일 인시에 단목 밑에서 태어났다. 신인의 덕이 있어 주변 사람들이 경외하고 복종했다. 14세 되던 갑진년에 웅씨의 왕은 그가 신성하다 함을 듣고 그로써 비왕으로 삼고 대읍의 다스림을 대행하도록 하였다(古記云 王儉父 檀雄母熊氏王女 辛卯五月二日寅時生于壇樹下 有神人之德遠近畏服 年十四甲辰熊氏王 聞其神聖擧爲裨王攝行大邑國事)."[52]

---

51) 행촌(杏村) 이암(李嵒, 1297-1364)은 고려 말기에, 수문하시중(守門下侍中, 오늘날 국무부총리)을 두 번이나 역임하여 50년의 관직 생활을 경험한 행정가이며,『고려사』의 〈열전〉에 오를 정도로 유명한 사람이다. 그의 직위로 보아, 고려 궁내에는 비밀의 서책을 수집하여 보관하는 서고(書庫)가 있었는데 그곳에서 귀중한 사료를 열람했을 것으로 본다.

52) 임승국, 전게서, p.55.

이 기록은 단군왕검의 출생을 밝힌 것으로, '왕검(王儉)'은 처음부터 이름이라는 암시를 주고 있다. 아버지가 단웅으로서 1세 환웅천왕의 후손 18세 단웅(檀雄)[53] 천왕이라 하고, 어머니는 웅씨 왕국의 왕녀(공주)이며, 왕검의 생년월일 생시까지 명확하게 보여주고 있다. 그리고 웅씨 왕을 보좌하며 정치적 역량을 키운 배경도 밝히고 있다.

그런데 필자의 눈에 띄는 부분은, 단웅 천왕의 아들이며 후계자로 보는 왕자 왕검이 어째서 아버지 밑에서 왕도의 수업을 받지 않고, 웅씨 왕의 비왕(裨王)[54]으로서 성장하고 정치적 입지를 마련했나 하는 점이다. 다시 말해 단군왕검이 단웅 천왕의 권력을 승계하지 못한 것으로 보며, 그에 따라 의문점은 더욱 부각된다.

이암의 현손인 이맥(李陌)[55]은 '왕검'을 가리켜 이름이 아니라 직책으로 보고 있다.

---

53) 환웅천황 이후 18세 거불단(居弗檀) 환웅 혹은 단웅(檀雄)이라 하는데 재위 48년(BC2381-BC2333)이고, 82세까지 사셨다.

54) 임금을 보좌하던 벼슬아치 가운데 으뜸 벼슬

55) 조선 초기의 문신인 이맥은 행촌 이암의 현손(玄孫)으로 자는 정부(井夫), 호는 일십당(一十堂)이다. 1498년(연산군 4) 식년시에 급제하여 성균관 전적 등 여러 관직을 거쳐 사헌부 장령에 이르렀는데, 장숙용(張淑容, 장녹수)이 연산군의 총애를 믿고 분에 넘치게 재물을 탐하고 사치를 일삼자 여러 차례 탄핵 상소를 올리다가 50세(1504)에 충청도 괴산에 유배되었다. 1506년 중종반정 이후 사간원의 으뜸 벼슬인 대사간(大司諫)에 임명되었으나 동지돈녕부사(同知敦寧府事)에 머물렀다. 성품이 강직한 탓에 조정에 적이 많았던 까닭이다. 66세 때인 1520년에 찬수관(撰修官)이 되었다. 찬수관이라는 직책은 이맥에게 일생의 과업을 완수할 수 있는 기회를 부여하였다. 지난 세조, 예종, 성종 때 전국에서 대대적으로 수거하여 궁궐 깊이 감춰 두었던 상고 역사서를 마음껏 접할 수 있었기 때문이다. 이맥은 그 금서들을 통해서 알게 된 사실(史實)과 예전 귀양 시절에 정리해 둔 글을 합쳐 한 권의 책으로 묶고, '정사(正史)에서 빠진 태백의 역사'라는 뜻으로 『태백일사』라는 이름을 붙였다. 여기에서 태백은 큰[太] 밝음[白]이란 뜻으로 태백의 역사란 '동방 한민족의 대광명의 역사'를 말한다.

그가 쓴 『태백일사』의 〈삼한관경 본기 제4〉에, "태백산이 북쪽으로 뻗어 높고 높이 그렇게 우뚝 서 있어 비서갑(斐西甲) 땅의 지경을 이룬다. …중략… 훗날 '웅녀군(熊女君)'이 천왕의 신임을 받아서 세습하여 비서갑의 왕검이 되었다. 왕검은 속어로 말하면 대감이니, 지역의 땅을 관리하고 지키며 포악함을 제거함으로써 백성을 돕는다. …중략… 웅녀군의 후손으로서 여(黎)라고 하는 이가 있었는데, 처음 단허(檀墟)로 책봉 받아서 왕검이 되매, 덕을 심어 백성을 사랑하고 영토를 차츰 넓히니 여러 곳의 왕검들이 나아와 특산물을 바치며 이로써 귀화하는 자 1,000여 명을 헤아렸다.

뒤에 460년 지나 신인(神人·단군) 왕검이라 하는 이가 있었는데, 크게 백성들의 신망을 얻어 비왕에 임명되었다. 섭정하신 지 24년에, 웅씨의 왕이 전쟁 중에 전사하였다. 왕검이 그 왕위를 대신하여 구환(九桓)을 하나로 통일하니 단군왕검이라 하였다. 곧 나라의 인물들을 불러 약속을 세워 가로되 …중략… 마침내 삼한으로 나라를 나누어 통치하시니, 진한은 스스로 천왕께서 친히 다스리시며 도읍을 아사달에 정하고 나라를 여시사 조선이라 하시니 이를 1세 단군이라 한다. 아사달은 삼신을 제사 지내는 곳인데, 후세 사람들은 왕검의 옛집이 아직 남아있기 때문에 왕검성이라 불렀다.(太白山北走屹屹然立於斐西甲之境有 …중략… 後熊女君爲天王所信世襲爲斐西甲之王儉 王儉俗言大監也 管守土境除暴扶民以 …중략… 熊女君之後曰黎始得封於檀墟爲王儉樹德愛民土境漸大諸土境王儉來獻方物以歸化者千餘數 後四百六十年有神人王儉者 大得民望陞爲神王 居攝二十四年熊氏王崩於戰 王儉遂代其爲統九桓位一是爲檀君王儉也 乃召國人立約曰 …중략… 遂與三韓分土而治 辰韓天王自爲也 立都阿斯達開國號朝鮮是爲一世檀君 阿斯達三神所祭之地 後人稱王儉城以王儉舊宅尙存故也)[56]"

---

56) 상게서, pp.195-197.

이 글을 분석하면, 글의 후반은 신인(神人) 단군왕검이 건국(BC2333)할 무렵의 이야기인데, 글의 전반은 단군왕검이 출현하기 460년 전부터 내려온 이야기라 한다. 즉 BC2793년 경, 신시국(神市國)의 12세 주무신 환웅 때의 이야기가 아닌가 한다. 그때 웅녀군의 후손으로서 여(黎)가 단허로 책봉 받았고, 다시 비서갑의 왕검이 되었다는데, 단허나 왕검이 직위나 직책으로 보인다.

글의 후반은 왕검이 웅씨 왕의 비왕으로 발탁되었고, 후일 왕검이 주군 웅씨가 전사함으로써 왕위를 이어받아 9환(九桓)[57]을 통일하고 조선을 개국했다는 이야기로서 이암의 단군세기 시작점의 기록과 일치한다.

단군왕검이 태어나기 전부터 그의 집안이 웅씨네와 깊은 연관이 있음을 시사하고 있다. 웅녀군의 후손으로서 신인 단군왕검 이전의 여(黎)라고 하는 이는 9려(九黎)[58]의 시작점이 아닌가 한다.

앞서 소개한 이맥의 『태백일사』에서는 '왕검(王儉)'의 자리가 직위나 직책이라 했으니, '왕검'이 이름인지 직책인지, 이 점은 국사학계가 풀어야 할 또 하나의 연구과제라고 본다.

이와 함께 풀어야 할 과제가 하나 더 있다.

'단군(檀君)'이란 명칭의 어원이다.

우리는 단군을 가리켜 '우리 민족의 국조(國祖)로 받드는 태초(BC2333)의

---

57) 신시 때 구환(九桓)은 환국의 구황(九皇)과 단군조선의 구이(九夷) 또는 구여(九黎)와 맥을 같이 한다. 아홉 구(九)를 강조하는 것은 9라는 안정된 숫자가 세 발(三足)의 삼정(三鼎), 즉 3×3의 숫자로서, 하늘에도 구천(九天)으로 구분하여 하늘과 땅이 넓고 안정됨을 말한다. 9를 내세워 9환(桓)이라 한 것은 넓은 천하(天下)를 뜻한다고 본다.

58) 중국 대륙에 있는 동이(東夷)를 말하며, 구환(九桓)과 같은 개념으로 본다.

임금'에서 비롯된 것으로 알고 있다. 실제 우리 생활에, (이씨) 조선 때까지 남아있던 풍속, '댕기 머리'[59]가 '단군왕검을 추모하는 뜻과 함께 단군왕검의 자손임을 표시하는 증표'[60]라고 주장하는 학자도 있다. 또 '당골네(점집)'라는 명칭도 단군에서 비롯된 것으로 본다.

그런데 쐐기문자로 기록된 수메르의 점토판에서 '딩기르(단군)'란 수메르어가 나왔다. 몽골어로는 단군을 '텡크리'라고 부른다. 수메르어와 한국어 발음이 유사[61]하다. 수메르 문명은 BC5000년경, 유프라테스강과 티그리스강 사이 메소포타미아 문명을 말한다.

또 있다. 카자흐스탄 중앙은행이 2016년 9월 16일 (우리 민족의 시조인) 단군을 기념하는 주화(은화)를 발행했다. 카자흐스탄에는 130여 개의 민족이 있는데, 고려인을 위해 발행했다 하지만, 배경에는 민족의 전설이 깔려 있다. 카자흐스탄의 수도 누르술탄(아스타나)에 있는 알마티 국립박물관 2층에, 과거 유목민으로 늘 이동해야 하는 숙명적 삶에서 그들의 생사를 지켜주는 강력한 절대 군주(칸), 대칸, '텡그리'의 문화가 전시되어 있다.

단군이란 명칭이 딩기르(수메르), 텡크리(몽골), 텡그리(카자흐스탄) 등 비슷한 어원으로 남아있는 것을 보면, 아마도 단군이란 명칭은 환웅의 도래할 때 가지고 왔거나 그 이전에 이미 환국에 존재했던 명칭이 아닌가 하는 가설을 제기한다. 이 역시 후학의 연구과제로 남긴다.

---

59) 어린아이의 머리를 뒤로 하여 한 줄로 꼬아 묶고 고운 헝겊으로 만든 댕기를 달아주었다.

60) 안경전, 『청소년 환단고기』, p.211.

61) 수메르어인 샨(산), 아빠(아버지), 카르(칼), 엄마(어머니), 우르(우리, 겨레), 달(월), 사람(사람), 나락(곡식), 아우(동생), 북(북, 드럼), …타(…부터) 등이 한국어와 유사하며, 어순도 우리와 같이 체언 뒤에 조사가 붙는 교착어이다.

다시 본론으로 돌아와 단군왕검은 웅씨 왕이 전사하자 전쟁 중에 왕위를 이어받았다 한다. 전쟁에서 왕이 전사할 정도면 이를 이어받은 왕검이 이끄는 세력의 전세가 열세였을 텐데, 열세의 진영을 이끌고 천하를 평정할 수 있었던 배경에는 왕검이 병법에 능하지 않았나 한다. 이는 마치 용맹스러운 기마군단의 선공을 미약한 보병이 풀숲에서 갑자기 죽창을 일으켜 전투마를 찔러 방어하는 전투 장면을 떠올리게 한다.

왕검은 막강한 상대를 제압하고 결국 천하를 얻었다고 본다.

당시 왕검이 거느린 군대는 활과 검으로 무장한 사냥꾼으로 구성된 보병으로 본다. 첫째, 천하를 얻은 후, 단(檀, 북경)에서 승리를 선포하고 동쪽 아사달(지금의 조양)로 가서 도읍을 정한 것은 이들 사냥꾼과 더 가까워졌다는 것이고, 둘째, 『단군세기』에 나오는 정치 참여의 반란 중에 사냥꾼이 주도한 사례가 있다.

단군왕검은 단웅의 아들이라 했는데, 아버지로부터 천하를 계승하지 못하고 자력으로 천하를 평정하고 조선을 개국했다는 말이 된다.

왜 그랬을까?

한마디로 말해 단군왕검은 '단웅의 후계자가 아니었다'고 본다.

그렇게 보는 첫째 이유가 국호를 조선이라 내걸어 전(前) 왕조인 환웅 조선을 이어간다는 뜻을 강조했다는 점에서 전 왕조와 같은 이념이라는 것을 짐작할 수 있다.

둘째는 전 왕조인 신시(神市)국의 오가(五加)[62]와 9환(九桓)의 백성을 끌어안았다는 점이다.

---

[62] 오가(五加)는 우가(牛加), 마가(馬加), 구가(狗加), 저가(豬加), 양가(羊加)이다. 이들은 토템식 부족장의 이름으로 보며, 환국과 환웅조선과 단군조선 초기까지 같은 명칭으로 이어진다.

셋째는 신시의 옛 규칙을 도로 찾아 그대로 국정에 반영했다는 점이다.[63]

이 글을 읽는 독자 중에 다음과 같은 질문을 할 수도 있다.
① 단웅의 아들이라는데 왜 후계자가 될 수 없었나?
② 조선이라는 개념이 단군조선 이전에도 있었는가?

①의 해답은 간단하다.
왕(천왕)이 거느리는 왕후와 후궁은 여럿이 있을 수 있으며, 그에 따른 왕자는 무수히 많을 수 있다. 따라서 왕검은 서열상으로 승계의 후 순위로 밀려날 수 있다고 본다.

②의 해답은 간단하지 않다.
조선을 이루는 조족과 선족이라는 개념에 대해 다음 절에서 자세히 탐구하고자 한다. 그 전에 조선이란 용어가 단군조선 이전에서부터 사용하던 용어라는 점에 관심을 둘 필요가 있다.
『삼국유사』에서 일연은 고조선에 대해, 환웅과 신시와 천부인 세 개와 곰과 범의 신화를 소개하고 있다. 일연은 환웅 시기에도 '조선'이라는 개념이 있었음을 말해주고 있다.

---

63) 임승국, 『한단고기』. 정신세계사. p.56.

'조선'이라는 국호는 있어도 '고조선'이라는 국호는 없다

현대 사학자들이 쓴 '상고사' 관련 서적 중에, 『고조선 연구』나 『고조선, 우리 역사의 탄생』, 『고조선 문명과 신시 문화』 등 (고) 조선 관련 서적이 상당히 많다. 책의 내용을 살펴보면, 제목은 고조선이라 하고 내용은 단군조선의 역사에 관한 것들이다. 단군조선이라 하면 될 것을 '고조선'이라 한 데는, 고조선=단군조선으로 인식한 때문이 아닌가 한다.

교육부 검정을 통과한 〈고등학교 한국사〉들을 출판사별로 살펴보았는데, 각기 다른 출판사와 집필진이지만, 단군왕검이 고조선을 세운 것으로 비슷하게 기술하고 있다. 이는 교육부의 지침에 따른 것으로 보며, 집필진들은 단군조선과 고조선을 같은 개념으로 정리하고 있다.

필자가 이들에게 몇 가지 질문을 하고 싶다.

단군왕검이 나라를 세우고 국호를 천명할 때, '조선(朝鮮)'이라 했을까, 아니면 '고조선(古朝鮮)'이라 했을까?

아무리 생각해 봐도 '고(古)조선'은 아닌 것 같다. 신(新)조선이라면 몰라도 옛 고(古)를 붙여서 작명하지는 않았을 것이다. 아마도 '조선'이라고 했을 것이다.

이에 대해 어떤 이는 이성계가 건국한 '조선(朝鮮, 1392-1910)'과 구별하기 위해 '고조선'이라고 부른다고 하는데, BC2333년에 단군왕검이 나라를 세우면서 정확히 3725년 후에 건국(AD1392)할 '이씨 조선'을 어떻게 알았을까 하고 물으면 대답할 말이 없을 것이다.

'고조선'이란 용어를 처음 사용한 것은 언제, 누구일까?

국내 사서 『삼국유사』〈기이편(紀異篇)〉에 고조선(古朝鮮)이 나온다.

고려말 일연스님이 『삼국유사』를 발간한 때가 1285년이니 이성계가 조선을 건국하기 100여 년 전의 일이다.

일연스님이 이성계가 건국한 '조선'과 구별하기 위해 '고조선'이란 명칭을 사용했다는 것도 논리적 시점에서 볼 때, 말이 되지 않는다.

일연스님은 '고조선 조' 다음 조(條)에 표기하기를, '위만조선(衛滿朝鮮)'이라 했다. 위만조선을 구분하면서, 고조선이란 용어를 사용한 이유가 뭘까?

다시 말해 '고조선(왕검조선) 조'에서 (왕검조선)이라고 작은 글씨로 써 놓았다.

그렇다면 왕검조선이라 하면 될 일을 왜 고조선이라 이름하고 새롭게 내세웠을까?

일연은 책을 저술할 당시 처음으로 '고조선'이라는 명칭을 사용한 것은 사실이다. 그 내용을 살펴보면, '기자조선', '위만조선' 등과 구별하기 위해 '고조선'을 사용한 것으로 볼 수 있다. 우리 상식으로 본다면, '위만조선'과 구분하기 위함이라면, '왕검조선' 혹은 '단군조선'이라는 명칭을 내세웠어도 무방하지 않을까 한다.

일연스님은 '고조선'과 '단군(왕검)조선'이 일치하지 않은 것으로 본 것 같다. 다시 말해, '단군조선과 그에 앞선 한웅의 시대를 합해서 고조선으로 본 것' 같다. 고조선은 단군조선을 포함하는 개념의 새로운 명칭이 아닌가 한다. 다시 말해, '고조선=단군조선'이 아니라 '고조선〉단군조선'을 포함하는 명칭이라 할 수 있다.

앞 절에서 단군왕검이 개국한 연도가 정확해짐에 따라 단군조선은 6하의 손에 잡힐 정도이며, 보다 선명한 역사로 정리할 수 있다고 본다.

① 누가(who) ─────────── **단군왕검**[64](당시 나이 37세)이
② 언제(when) ─────────── **BC2333년 10월 3일**에
③ 어디서(where) ──────── **첫 도읍 아사달, 지금의 차오양[朝陽]**에서
④ 무엇을(what) ───────── **조선이란 국호를** 내세우고
⑤ 어떻게(how) ────────── **개국하여 삼조선 체제로** 통치하였다.
⑥ 왜?(why) ─ 표면(表面) ── **집단의 안보와 교화**[65]를 위해
    ─ 이면(裏面) ────── **한(韓)이란 장삿길의 헤게모니 쟁취**를 위해

이렇게 6하의 원칙에 따라 기술할 수 있다면, 지금까지 막연하게 생각했던 (고) 조선이 아니라 손에 잡히는 실체적 단군조선으로 정의할 수 있다.

독자들은 이렇게 갑자기 선명해짐에 따라 놀라움과 동시에 질문할 사항도 많을 것이다. 사료의 출처가 궁금할 것이다.
우선 ①과 ②항, 그리고 ④와 ⑤항은 이암이 쓴 『단군세기』를 그대로 인용한 것이다. 또 ③항의 '아사달'과 ⑥항의 표면적 목적도 『단군세기』에 근거를 둔 것이다. 그리고 ①항의 누가(who)는 단군왕검이지만 BC2333년부터 BC239년까지 2095년 동안 누가(단군 이름) 통치했는지 같은 책을 인용하여 밝힐 예정이다.

---

64) BC2370년 5월 2일생, 부친은 단웅(檀雄)이고 모친은 웅(熊)씨의 왕녀이다.
65) 홍익인간(弘益人間) 세상은 단군의 국정 이념이 아니고 환웅의 동방 진출 명분이다.

필자가 『단군세기』가 있는 『환단고기』를 인용했다 하여, 필자에게 '환빠'니 '위사(僞史)론자'라고 손가락질할 '강단사학자'가 있다면, 그에게 던질 질문을 미리 준비해 둔다.

"강단사학자 그대가 바로 위사론자 아닌지 생각해 본 적이 있는가?"

"한반도의 땅, 어디를 파서라도, 백제 왕궁의 주춧돌 하나라도 찾아내야 할 것 아닌가?"

'한반도에 백제가 있었다는 가짜 역사'를 가르치는 자들이 바로 위사론자이다. 우리 말에 도둑놈이 매를 든다는 속담은 이들을 두고 하는 말이다.

또 하나 질문을 하겠다.

"단군의 왕검성이 평양이고, 기준(箕準)의 왕험성도 평양이고, 마한의 백아강이라는 왕검성도 평양이라 하는데, 삼한을 제대로 분류할 수는 있는가?"

기준(箕準)은 진조선이 아니고 변조선의 마지막 왕이다. 삼한을 제대로 파악하지 못하는 미련한 주제에 '주류사학계'라고 자처할 수 있나?

"중국 동북공정에 맞춰 한반도 북부에 한사군이 있다고 주장하는 강단사학계는 '친중(親中)빠'가 아닌지 묻고 싶다."

임둔군, 현도군이 있었다는 개마고원 산악지대가 기원전이면 열악한 환경이었을 텐데, 인구밀도가 극히 낮은 지역에 한사군 진지를 구축하고 군대를 배치했다는 것이, 엄지손가락을 귓구멍에 넣을 수 없는 것처럼 날조된 역사가 분명하다.

한사군은 북경 동북부 지역에 있음[66]이 밝혀졌다. 그런데도 강단사학계가 중국 동북공정에 맞춰 이론을 전개하는 저의가 뭔가?

---

66) 오운홍, 〈진·한대의 요수·패수와 험독현·왕험성의 위치 탐색〉. 2023.

"한반도 남부에 식민지를 두었다는 임나일본부설은 이미 '듣(지도)보(지조 못한)잡(다한 이)론'이고, '진쿠황후가 백제의 용병'⁶⁷'임이 밝혀졌는데 아직도 필자를 '환빠'라 공격할 수 있나? 그대들은 친일(親日)하는 '일빠'가 아닌지, 정체를 밝혀라."고 질문을 드리고 싶다.

단군조선의 첫 도읍지, '아사달'은 난하 하류에 있는 왕험성이 아니라 중국 랴오닝성의 차오양(朝陽, E120°26′ N41°32′)임을 이 책 4장에서 밝힐 예정이다.

또 단군왕검이 건국하게 된 실제 목적, 장삿길의 헤게모니(hegemony) 쟁취를 위한 전략이란 점을 본 장과 다음 장에 연이어 소개할 것이다.

그리고 중국 사서에 기록된 단군조선의 실체를 찾아서 분석할 계획이다.

---

67) 오운홍, 『가야인 나라 세우러 온 것 아니다』, 시간의물레, 2023. pp.199-205.

조선(朝鮮)을 이루는 조족(朝族)의 동방 진출

조선(朝鮮)이란 개념은 단군조선 이전에 형성되었다고 본다.
단군조선의 정체성을 파악하는데 실마리가 될 수 있다.
조선의 조(朝)는 조족(朝族)을 뜻하고, 선(鮮)은 선족(蘚族)에서 유래한다.
먼저 조족에 대해 살피고자 한다.
조족(朝族)은 '환국에서 해가 뜨는 동쪽으로 이동해 온 족속'으로 정의(定義)하고자 한다. 아침 조(朝)에는 태양이 뜨는 동쪽이라는 의미가 들어있다. 이를 따라 동쪽으로 이동한 데는 태양 숭배 사상이 있기 때문으로 본다.
태양 숭배 사상은 환국(桓國)을 세운 환족(桓族)에게 더 강했던 것 같다. 환(桓)이란 글자 속에 태양 숭배 사상이 들어있다고 본다.

桓(환)을 자전[68]에서 찾으면, ①표말이다. ②옛날 역참(驛站)[69]의 표지를 세워놓았던 나무다(郵亭表). ③굳세다. ④위엄이 있다. ⑤모감주나무다. ⑥하관(下棺)틀 나무다. 그런데 여기(①-⑥)에 '환하다'라는 의미는 없다. 하지만 다음과 같은 논리에서 '⑦환하다'가 추가돼야 한다고 생각한다.

현대 자전에 나온 桓(환) 자(字)에 대한 해자(解字) 개념(①-⑥)에 대해 설문해자 등은 중국인이 보는 언어 개념의 한계라고 본다. '한자는 동이(東夷)가

---

68) 장삼식, 『대한한사전』, 박문출판사(1975).
69) '②옛날 역참(驛站)의 표지를 세워놓았던 나무(郵亭表)'를 왜 환(桓)이란 글자에서 찾을까? 앞에서 말한 환웅(桓雄)이 환국(桓國)에 정병 3,000을 이끌고 와서 역참에 배치한 것과 관련 있다. 그래서 환(桓)의 의미 중에 '③굳세다'. '④위엄이 있다' 등의 의미가 추가된 것으로 본다.

만든 글자'[70]인데 '환(桓)'이 동이어 중 '환하다'는 소리 음에 뿌리를 둔 것을 모르기 때문이라 생각한다. 다시 말해 환(桓)이란 글자 속에 중심이 되는 '날 일(日, 태양)'자의 의미가 전혀 반영되지 않았다는 것이다. 자전에는 桓(환)이 라는 글자가 만들어진 배경이 없다.

나무 목(木) 변에 아침 단(旦)을 쓰고 해(日) 위에 한 일(一)자를 덧붙인 亘 (긍)이란 상형 글자는 해가 중천에 뜬 것이 아니고, 아직 고도가 낮은 태양을 그린 상형문자이다.

필자의 주장을 뒷받침하기 위해, 참고로 桓(환) 자 외에 暄(훤), 晅(훤)의 글 자에도 '아침 단(旦) 위에 한 일(一)자를 덧붙인 亘(긍)자'가 공통으로 들어있 다. 따뜻할 暄(훤)은 움집(宀)안으로 햇살[日]이 들어와 '훤하고 따뜻함'을 담 아낸 글자이다. 움집에 햇빛이 들 때가 태양의 고도가 낮아 비스듬히 비출 때이다. 桓(환)의 한 변, 亘(긍)은 태양의 낮은 고도를 나타내고 있다. '태양 기운을 뜻하는 晅(훤)'을 보아도 도인(道人)들은 하루 중 아침에 해가 떠오를 때 동쪽을 바라보며 상서로운 기운을 받는다고 한다. 亘(긍)은 태양의 고도 가 낮음을 표현하는 상형문자라고 본다.

자전을 찾아보면, 亘을 '선', '환', '긍'으로 읽으며, 긍(亘)으로 읽을 때는 亙 (긍)과 같은 글자이며, (빗금처럼) 뻗치다의 의미도 들어있다. 亙의 본자를 보 면 점(丶) 두 개가 빗금처럼 길게 그어져 있다. 동이(東夷) 조상이 한자를 만 들어 쓸 때, 비스듬한 모양을 亙=亘으로 형상했고, 비스듬히 비치고 있는 낮 은 고도의 태양을 亘으로 표현한 것이다.

---

70) 오운홍,『고대사 뒤집어 보기』, 시간의물레, 2020. pp.273-283.

다시 말해 旦(단)은 일출(日出)을 뜻하고, 亘(긍)은 아침(朝) 해의 비스듬한 햇살, 즉 태양의 고도가 각각 다름을 표현한 글자이다. 따라서 환(桓)이란 글자가 만들어진 배경이 아침에 막 떠오른 해(태양)가 잠시 큰 나무나 숲에 가렸다가 나무를 벗어나 환하게 비치는 모습이다. 그래서 '⑦환하다'라는 의미가 추가돼야 한다.

어쩌면, 해자 ①-⑥의 의미보다 '⑦환하다'가 우선돼야 한다고 생각한다. 왜냐하면 '환하다'는 말이 먼저 있었을 테고 이를 담아내기 위해 첫소리 桓(환)을 문자로 나타낸 것으로 유추할 수 있다.

혹자는 환국에 '환하다'는 말이 있었겠냐고 의문을 제기할지도 모르지만, 앞의 책(1권, 『고대사 뒤집어 보기』)에서 살폈듯이 우리 한국어와 수메르 언어가 닮았는데, 그 중심에 중앙아시아가 있음을 확인한 바 있다. 그때 그 환국에서 '환하다'란 동이어가 사용됐을 것으로 본다.

환(桓)을 해자(解字)하면, 나무 목(木)에 가렸던 해가 빛(+)을 발하며 비스듬히 고도가 낮은 태양 햇빛(亘)이 들어오며 환해지는 진행형 형용사이다.

우리 말에서는 '환하다'와 '훤하다'가 엄밀히 구분되는 말이지만 가끔은 같은 뜻으로 쓰기도 한다. '桓(환)'이 환하다(밝음, 明), 혹은 훤(暄)하다(앎, 知)란 의미로 함께 쓰이는 것처럼 당시 환국에서는 최고의 가치를 지닌 말이고 글자였을 것이다. 잘 안 보이던 어둠 속을 벗어나 선명하게 보이고 알게 되는 자체가 희열이고, 따뜻한 온기로 감싸는 것은 안락이며 쾌락이다. 또 환(훤)히 안다는 것은 기쁨이고 이는 누구에게나 욕구이고 열망이다.

당시 석기시대에서 청동기시대로 옮기는 시기라 지식의 양이 폭발적으로 늘어났고 앎의 욕망은 대단했을 것이다. '환국(桓國)'은 환(桓)하다는 희망 사항을 담은 국호(國號)일 수 있다. 이곳을 다스리는 안파견은 당시 시대적 상황으로 볼 때, 남보다 훤히 알고 있는 지배자 혹은 점(占)을 치고 예언하는 일도 했을 것으로 짐작된다.

여기서 하나, 짚고 넘어갈 일이 있다. 환(桓)에 대한 해자를 인용하여, '환'은 '환하다'의 첫 소리를 글자화 한 것이다. 자전에서 찾아보아도 桓을 '한'으로 읽는 예는 없다. 필자가 인용하고 있는 책, 『한단고기(桓檀古記)』를 '환단고기'로 생각하며 읽고 있다. '한'단고기로 번역한 것은 대단히 잘못된 것이라 할 수 있다.

'환웅천왕'이 살아온다면 "왜 남의 이름을 바꾸어 '한웅'이라 부르느냐?" 하며 꾸짖을 것으로 여겨진다.

환하게 보려는 욕구는 사람만이 아니고 동물의 세계에서도 존재한다.

필자는 때때로 해가 지평선(산의 능선)으로 떠오르는 일출의 화려함과 자연의 웅장함을 즐긴다. 그런데 일출 직전에 스산한 움직임이 필자의 시선을 끈다.

일출 몇 초 전에 몸집이 큰 중새(中鳥)들이 동쪽을 향해 날아오르고, 이미 나무 꼭대기에 앉아 환해지면 (먹이를) 살필 자세로 앉아있는 모습을 보게 된다. 이런 광경은 어쩌다 있는 것이 아니라 매일 반복되는 것이다, 사람들이 동해안 일출에 환호하는 것도 이같이 새들처럼 인간에게 내재 된 동물적 감각이라고 본다.

'환하다'와 '훤하다'는 훤히 안다는 지적 개념으로 쓰이기도 한다. 당시 상황은 인류의 인지 발달 개념으로 보아, 지금까지의 석기를 넘어 청동기보다 먼저 새로운 금속 구리가 출현하던 시기라 할 수 있다.

환하게 비치는 해(태양)는 밝음만 주는 것이 아니라 당시 환국이 자리 잡고 있는 서향 비탈의 산악에서 아침을 맞는 추운 산골에서 따뜻함에 대한 열망도 담겨있다. 파미르고원 서쪽 기슭에 자리 잡은 환국으로서는 해가 중천에 뜬 후 양지바른 곳이기도 하지만, 새벽 특히 아침은 동쪽의 고산준령 때문에 환해지기는 했는데 해맞이가 늦은 곳이다. 여기서 아침 해를 기다리는 것은 간절한 소망이다.
  해가 뜨면 환해지는 것도 있지만 따스한 볕이 간절한 소망을 풀어준다. 여기서 태양을 기다리고 의존하려는 태양 숭배 사상의 싹이 튼 것 같다.

  태양 숭배 신앙에 대해 신용하[71] 교수는, '한부족'(한반도의 한강 유역)이 농업 경작 때문에 '태양'을 숭배하게 되었다고 한다. 또 『후한서』의 동이 9족 가운데 '양족(陽族)'이 있는데, 이들을 태양 숭배 부족으로 보고 '한부족'을 양족이라 했다. 한부족은 천손 의식을 가졌으며, 신(神)을 '하느님'이라고 호칭하는 언어 속에 하늘에 대한 숭배 의식을 간접으로 표현한다고 한다.
  이에 대해 필자는 석기시대 누구나 대부분 태양과 하늘을 숭배했으리라고 보는 데는 동의하지만, 『후한서』의 9족 기록은 한반도를 담은 내용이 아니다.
  본 책 1장에서 밝힌 대로 한사군이 한반도에 있었던 것이 아니고 중국 북경의 동북 방면이라는 것이다. 또 필자의 책, 『한국사의 기준점 찾기』에서 마한 등 삼한에 대한 『후한서』의 기록이 중국 대륙에 있는 내용임을 밝힌 바 있다. 신교수가 말하는 양족은 중국에 있었다고 봐야 한다. 당시 한반도는 문명의 중심지도 아니었고 인구밀도도 비교적 낮은 문명의 변방이었다고 할 수 있다.

---

71) 신용하, 『고조선 국가형성의 사회사』, 지식산업사, 2010. pp.65-66.

필자가 말하는 태양 숭배 사상은 간절한 염원이 행위로 이어지고, 그에 따른 결과가 동쪽으로 이동하여 산출되는 문명에서 찾으려고 한다.

아메리카 인디언의 3대 문명이라 하면 아스텍문명(멕시코고원), 마야문명(중앙아메리카), 잉카문명(페루지역 안데스산맥)이 있다. 이들 지역에서 태양 숭배와 관련된 유물들이 많이 출토되고 있다.

특히 잉카문명의 '잉카'란 뜻은 인디오어(語)로 '태양의 신'이란 뜻이다. 인류 고고학계에서는 아메리카 인디언이 1만 5,000년 전, 6,000년 전, 그리고 4,000년 전에 한 차례씩 모두 세 번에 걸쳐 아메리카 대륙으로 이동한 것으로 보고 있다. 필자도 이들이 중앙아시아의 환족이 한반도 북부인 만주를 거쳐 해가 뜨는 동방으로 이동해간 조족(朝族)으로 보고 있다.

지금의 홍산(랴오허)문명 지역에 도착한 당시 환웅도 태양 숭배 사상을 가졌다고 본다. 특히 그의 이름, 환웅(桓雄)의 '환(桓)'은 태양의 '환함'을 염원하고 있다고 본다.

환웅과 같은 시기에 혹은 전·후에 동쪽으로 이동하여 홍산(랴오허)문명 지역에 정착한 환족을 조족(朝族)으로 본다. 조족의 조(朝)에는 아침 해가 뜨는 동쪽이라는 방향성이 들어있다. 또 이들은 선진 문명을 가지고 동방으로 왔다.

이들 조족(朝族)이 앞서 언급한 선족(蘇族→鮮族)과 융합하여 뿌리내린 것이 바로 조선(朝鮮)의 탄생으로 집약할 수 있다.

안함로는 『삼성기전(상편)』에서, "후일 환웅씨가 계속하여 일어나 천신(환님, 단인 천제, 안파견)의 뜻을 받들어 백산과 흑수 사이에 내려왔다(정착했다). 사람이 모이는 곳(子井女井)에 천평을 마련하고, 그곳을 청구로 정했다. …중략… 웅씨의 여인을 거두어 아내로 삼으시고 혼인의 예법을 정함에 짐승 가

죽으로써 폐물(幣物)을 삼았다(後桓雄氏繼興奉天神之詔 降于白山黑水之間 鑿子井女井於 天坪劃井地於靑邱 …중략… 納熊氏女爲后定婚嫁之禮以獸皮)."며, 환웅이 웅씨 부족과 혼인 관계를 맺었다고 했다.

여기서 웅씨는 선족(蘚族→鮮族)을 말한다.

조선(朝鮮)의 선(鮮)은 선족(蘚族)을 뜻한다

마늘과 쑥을 먹었다는 웅녀는 이끼 선(蘚)의 선족(蘚族)을 상징한다.

현대에 와서도 마늘[72]과 쑥을 먹는 우리네 식문화가 단군조선을 넘어 환웅 시대 이전부터 이어진다는 얘기다.

조족인 환웅이 웅녀를 선택하여 아들을 얻은 것은 (환웅) '조선'의 탄생을 의미하는 것이다.

곰과 웅족(熊族) 이야기, 즉 웅녀이야기에는 쑥과 마늘이 따라 다닌다.

웅녀에 대한 설화가 우리 고대사에 많이 널려있는데, 내용은 대동소이(大同小異)하고 대체로 일연스님이 쓴 『삼국유사』와 비슷하다.

재야사학자들은 (고) 조선에 대한 역사 기록, 특히 단군에 대한 기록은 남아있는 것이 별로 없다면서 『삼국유사』에 실린 기록을 풀어내어 소개하고 있다.

2,000년 전쯤 단군왕검이 아사달에 도읍을 세웠다. 나라를 열어 조선이라 불렀는데, 요 임금과 같은 때이다. '그때 곰과 호랑이가 굴에 같이 살고 있었다. 그들은 늘 환웅 신에게, "우리를 사람으로 만들어 주세요"라고 빌었다. 환웅 신은 신령스런 쑥 한 다발과 마늘 스무 낱을 주고서, "너희들이 이것을 먹고 100일 동안 햇빛을 보지 않으면 사람의 모습을 얻게 될 거야"라고 말했다. 곰과 호랑이는 받아서 그것을 먹고 21일을 꺼렸다. 곰은 여자의 몸이 되었다. 그러나 호랑이는 제대로 꺼리지 못해 사람의 몸이 되지 못하였다. 곰

---

72) 여기서 말하는 선족은 환웅 도래 이전, 우랄산맥 동쪽으로 시베리아, 몽골, 만주 등 중국 대륙 북쪽에 분포한 토착 원주민을 말한다. 마늘은 한나라 때 장건이 서역에서 들여왔다는 설도 있지만, 환웅의 도래는 한나라 건국(BC202) 보다 3600여 년 앞선 때이고 중국과 다른 장소이다.

아가씨는 누구와 혼인할 상대가 없었다. 잉태하고 싶어 늘 신단수 아래에서 빌었다. 이에 환웅이 사람의 몸으로 나타나 혼인하고 잉태하여 아들을 낳으니, 단군이라 불렀다.(時神遺 靈艾一炷 蒜二十枚曰, 爾輩食之 不見日光百日, 便得人形. 熊虎得而食之 忌三七日 熊得女身, 虎不能忌而不得人身. 熊女者無與爲婚 故每於壇樹下呪願有孕, 雄乃假化而婚之. 孕生子 號曰壇君王儉.)[73]고 한다.

이와 같은 내용을 일연스님은 『위서(魏書)』에서 인용했다 하지만, 『조대기(朝代記)』에도 비슷한 내용이 있다.

필자가 보기엔, 웅녀가 '아들을 낳았다'는 것은 맞는 말이고, '그 아들이 단군'이라는 기록은 사실과 다름을 명확히 구분할 필요가 있다.

첫째, '환웅이 사람의 몸으로 나타나 혼인하고 잉태하여 아들을 낳았다'는 그 아들은 환웅이 도래한 BC3898년 경의 일이고, 단군이라는 단군왕검의 출생은 '단군세기'의 기록[74]을 근거로 나이를 계산하면 BC2370년의 일이다. 무려 1,500여 년의 시간 차이가 있다.

둘째, 단군왕검의 출생에 대한 기록이 『단군세기』 첫머리에 나오는데, 아버지는 단웅(檀雄)이고 어머니는 웅씨의 왕녀라 하는데, 엄밀히 말해서 아버지의 호칭도 다르고 특히 어머니에 대해 전자의 웅녀는 웅씨 왕(귀족)이 되기 전 여인이고, 후자의 웅씨의 왕녀는 이미 형성된 토착 세력의 왕녀라는 점이다.

---

73) 일연 지음, 이재호 옮김, 『삼국유사』(1), 솔(2017). p.71.

74) 임승국, 전게서, p.55.

일연 스님이 『삼국유사』를 쓸 때, 정확히 쓰지 않고 모호하게 기록했기 때문에 혼란을 부추기는 원인이 된다. 이 이야기가 단군 때가 아니고 환웅의 도래하던 시절이라고 본다. 다시 말해 웅녀에게서 태어난 아들은 환웅의 아들이며, 이로부터 1,500여 년 후에 태어난 단군왕검은 신단수에서 태어난 아들이 아니다.

이런 사실은 선배 학자들에 의해 이미 밝혀지고 수정됐어야 할 역사의 매듭이라고 본다.

쑥과 마늘에 대한 이야기는 『밀기(密記)』의 주(注)[75]에도 나온다.

"개마국(盖馬國)은 일명 웅심국(熊心國)이라 하니 북개마 대령(大嶺)의 북쪽에 있으며 구다국(勾茶國)으로부터의 거리가 2백 리이다. 구다국은 옛날에는 독로국(瀆盧國)이라 칭했고 북개마 대령의 서쪽에 있는 나라이다. 〈중략〉 구다국은 본래 쑥(艾)과 마늘(蒜)을 산출하였던 곳이었다. 쑥은 다려서 복용함으로써 냉을 치료하고 마늘은 불에 구워 먹음으로써 재앙을 다스린다(密記注曰盖馬國一云熊心國在北盖馬大嶺之北 距勾茶國二百里 勾茶國舊稱瀆盧國在北盖馬大嶺之西 〈중략〉 勾茶國本艾蒜所産也 艾煎服以治冷 蒜燒食以治魔也)."

환웅의 도래에 대한 고서를 읽은 고려조와 조선조의 학자들이 웅녀와 관련된 쑥과 마늘에 대해 이를 설득력 있게 해석하고자 고민한 흔적이라고 본다.

개마국을 웅심국으로 부른다는 소개는 웅족과 웅녀와 쑥과 마늘을 연결 지으려는 노력이다. 쑥과 마늘을 먹었다는 데에 초점을 둔 것 같다. 그런데 구다국이 쑥과 마늘의 생산지라거나 식용했다는 것으로는 웅녀에 대해 설

---

75) 상게서, p.164.

득력이 부족하다. 왜냐면 쑥이 구다국에서만 산출되는 식물이 아닌 세계 각국의 식물이기 때문이다.

'환웅과 웅녀'를 설화로 보는 현대 사가(史家)들은 곰과 호랑이를 가리켜 토테미즘 시각에서 곰을 숭상하는 족속과 호랑이를 숭상하는 족속이 환웅의 도읍지인 신시와 이웃하고 있었는데 환웅이 곰족과 정치적으로 협상한 것으로 보고 있다. 일리 있는 주장으로 본다.

그런데 기왕에 화두를 꺼냈으니, '웅녀(족)'와 '마늘'과 '쑥'에 대해 필자는 독자와 비슷한 생각에서 논의할 것이 많다. 웅녀가 왜 "하고많은 식물 중에 왜 '쑥'과 '마늘'이냐", 하는 질문을 하고 싶다.

그런데 '쑥'과 '마늘'을 꼭 필요로 하는 족속이 과거에 존재했음을 발견하고 필자도 스스로 놀랐다.

'환웅을 파견한 환국의 위치'를 찾는 중에, 파미르고원 서북쪽 기슭, 고산지역에 환국이 있음을 증명하는 과정에서 순록의 무리와 함께 유목 생활을 하는 네네츠인과 차탕족이 이동하는 삶에서, '순록'과 '이끼[蘚]'와 '모기' 이야기가 함께 한다는 사실을 찾아냈다.

시베리아에서 유목민을 촬영했던 다큐멘터리 제작팀이 밝은 대낮인데도 모기떼로 시야가 어둠에 가렸던 애로사항을 털어놓았다.

이끼를 주식으로 하는 순록의 무리가 한 장소에 오래 머물면 먹이가 고갈되기도 하지만, 머물던 그 지역을 버리고 여름이 오기 전에 계속해서 북쪽으로 이동하는 이유는 먹이보다 모기의 피해를 피하기 위해서라 한다. 모기 때문에 이동하면서 잠시(2-3일) 머무는 그곳은 계속해서 항상 봄의 계절이 유지된다고 볼 수 있다.

이동하는 내내 봄의 계절 속에서 순록은 주식인 이끼를 확보할 수 있지만, 그를 따라 함께 이동하는 유목민들은 봄이라 마땅한 나물이나 채소를 구할 수 없는 일이다. 그런데 이른 봄에 돋아나서 채취할 수 있는 나물 중에 어린 쑥이 있다. 이들은 쑥을 뜯어 쑥국, 쑥떡, 쑥지지미 등으로 육류의 주식에 따른 채소나 부식으로 쓰고 있다. 이들에게 어린 쑥(艾, 애)은 식물성 영양 보충의 자리를 차지한다고 말할 수 있다.

그런데 마른 쑥도 이들에게 필요한 일이 된다.

차탕족[76]의 경우를 보면, 시베리아 북단까지 간 순록의 여름 방목지는 침엽수림의 한계 지점[77]을 넘어 고산 툰드라 지대라 한다. 한여름이라 하더라도 땅속 1m 아래는 꽁꽁 얼어붙은 땅이다. 여름에도 일교차가 심해 7월 말 한낮의 기온은 영상 20℃까지 올라가지만 해가 지면 영하로까지 내려간다. 툰드라의 고산지대는 덥지 않아 모기가 없고 이끼와 같은 먹이가 풍부해서 순록의 여름철 서식지가 되고 있다. 이곳에서 순록이 새끼를 낳는데, 새끼 낳는 계절에 어쩌다 이상기후로 인한 날씨 탓에 모기가 기승을 부릴 때가 있다. 그러면 모기향을 피우기 위해 마른 쑥을 물에 적셔 서서히 태워 연기 나는 시간을 늘려야 한다.

이들 유목민은 쑥을 주식으로 먹기도 하지만, 말려서 모기향으로 쓰기도

---

76) 현대의 차탕족은 몽골 북서부 러시아 접경 지역, 타이가라고 불리는 한랭 삼림지대에 살고 있다. 몽골어로 '순록을 따라다니는 사람들'이라는 뜻 그대로 차탕족은 부족 전체가 순록을 따라 다니며 산다. 차탕족의 어원을 보면, 순록을 '차'라고 부른다. '차탕'은 '차를 탄다, 따라 간다'는 말이다. 즉 차(순록이 이끄는), 탕(탄, 타는), 족(사람)의 합성어인 셈이다. 제주도에서는 지금도 "걸 엉 가젠, 차 탕 가젠?(걸어 갈 거냐, 차를 타서 갈 거냐?)"처럼 '탕'을 쓴다. 우리말과 한자를 조합한 언어 같지만 우리와 뜻이 통하는 족속의 명칭이다.

77) 순록의 주식이 되는 이끼는 숲과 나무 밑에서 구하기 쉽다.

한다.

이들에게 쑥이 필수 식물이 된 것은 이끼와 순록을 따라다니는 삶에서 어쩔 수 없는 선택으로 본다.

지금까지 쑥을 생활의 필수로 삼는 족속이 있음을 확인하였다.

순록이 북쪽으로 이동하는 이유에는 모기뿐만 아니라 '쇠파리 떼'를 피하기 위한 사례도 포함되어야 한다.

다음 기사[78]를 보면 그 이유를 알 수 있다. "6일(2023.9) 미국 공영라디오(NPR)에 따르면, 최근 노르웨이 북서부 롬자치주에 있는 약 1,980미터 높이 라우브회에 산에서 화살대가 발견됐다. 과학자들은 4,000년 전 석기시대 것일 것으로 추정하고 있다. 그리고 이번에 발견된 화살대가 수천 년 전 여름에 창궐하는 쇠파리 떼를 피하기 위해 눈과 얼음이 덮인 지역으로 진출한 당시 사냥꾼들이 순록을 쫓아 잡았다는 증거일 가능성이 있다."

쇠파리의 성충은 보통 번식할 때는 소나 말, 개 등의 피부로 올라가 피를 빨고 그대로 알을 낳는다. 그 뒤 알에서 나온 유충은 가축의 피부에 기생하여 내장기관 등을 갉아 먹기도 한다. 그뿐만 아니라 가축의 피는 물론 사람의 피도 빤다는 것 또한 문제이다. 사람도 마찬가지로 기생 당하면 피부 근처 살은 죄다 갉아 먹히며, 잘못하면 뇌까지 들어가서 뇌사를 일으키기도 한다.

이와 같은 쇠파리와 모기 때문에 순록은 여름이 오기 전에 추운 북쪽으로 옮기는 생태가 이뤄지고 있다.

---

78) 〈세계일보〉, '순록 쫓던 증거'…노르웨이 빙하 녹자 4천 년 전 화살 발견, 2023.09.08.

이번에는 '마늘' 이야기다.

이들 유목민은 매일 먹는 순록의 고기를 주식으로 한다. 이때 누린내를 감하기 위해 마늘을 첨가하여 요리를 한다.

요즘도 우리나라 식당에 가면 돼지고기 편육을 내놓을 때 새우젓과 얇게 저민 마늘을 내놓는다. 또 고기를 삶을 때, 마늘을 넣어 삶는다고 한다. 육식과 마늘이 우리에겐 음식 궁합으로 맞는 것을 느낄 정도로 마늘 DNA가 형성된 것 같다.

외국인 사회에 들어가면 우리 몸에서 마늘 냄새가 난다며 불쾌하게 여긴다. 우리나라가 세계 빈곤국에 보낸 의류에서 마늘 냄새가 많이 난다고 한다. 의복을 세탁하고 보냈을 텐데 그 냄새가 쉽게 사라지지 않는다. 우리가 6·25 직후 외국으로부터 구호물자로 의복을 받았는데, 치즈와 비슷한 꼬린 내음 때문에 싫어했던 생각이 떠오른다.

이와 반대로 고기를 주식으로 삼는 외국의 경우를 보면, 마늘이 아니라 다른 향신료로 해결하는 경우도 있다.

순록을 따라다니던 당시 유목민들에게 마늘은 향신료를 넘어 필수 식품이 되었다. 마늘(蒜, 산)을 구하지 못했을 때는 봄철의 이끼 사이에서 돋아난 달래(蒜)를 캐어 마늘을 대신하기도 했을 것으로 유추할 수 있다.

유목민은 계속해서 이동하기 때문에 마늘을 재배하거나 채집할 시간적 여유가 없었을 것이다. 채집할 장소도 마땅치 않거니와 옮겨 다니는 유목민에게 적합한 재배 작물도 아니다. 이들이 이동 중에 마늘을 재배하는 지역, 혹은 마늘 장수와 만나는 지점을 통과할 때 순록의 고기와 가죽을 주고 대량으로 마늘을 확보한다. 유목민에게 마늘은 필수 식품이기 때문이다.

마늘이 매일 섭취하는 식품의 필수적임과 대를 이어 우리 식문화에 자리 잡은 경위를 살펴보았다.

유목민들이 확보하는 필수품이 또 있다. 순록에게 줄 소금을 확보하여 수레에 싣고 다닌다. 순록의 무리가 그들 중에 가끔은 한 마리씩, 혹은 여러 마리가 주인의 손에 의해 희생되는 것을 은연중에 알겠지만, 주인이 무섭거나 싫어서 흩어져 도망가는 사례는 없다.

그 첫째가 가끔 배급받듯 먹여주는 소금 때문이다. 그다음 둘째는 주인의 배려로 모기 걱정이 없다거나, 셋째로 밤에는 불을 피워 늑대 등 맹수의 위협을 줄여준다는 것도 주인을 따라다니는 이유에 포함된다.

몇 년 전 KBS에서 방영하는 〈차마고도(茶馬古道)〉[79] 다큐멘터리(6부작)를 본 적이 있다. 4부에서, 가축을 기르는 고산족이 옌징까지 내려가 소금을 사서 야크 등에 싣고, 티베트 고산지역으로 오르는 것을 보았다. 히말라야산맥 속에 갇혀 있는 암염이 녹아 흐르는 강물을 담아 증발시키는 소금밭에서 가장 하품(下品)인 붉은 색 흙이 섞인 홍염을 사다가 가축의 먹이로 쓴다고 한다.

시베리아에서 순록을 따라다니는 유목민과 차마고도의 고산족은 3,000km 이상 떨어져 있다 해도 짐승을 길들이기 위해 소금을 먹이는 방식은 비슷했을 것이다.

이끼[蘚]를 먹고 사는 순록과 함께하는 만주-몽고-시베리아 유목민을 선족(蘚族)이라 명명한 유래를 살펴보았다. 원래 이끼 蘚族(선족)인데 '신선한 선' 자를 골라 선족(鮮族)으로 기록한 것으로 보인다. 동이지역에서 조개가 많이

---

79) 중국 윈난성(운남성), 쓰촨성(사천성)의 보이차와 티베트(토번국)의 전투마의 교역이 이루어진 가장 오래된 교역로이다.

잡힌다고 하여 붙여진 패수(貝水)를 패수(浿水)로 기록하는 것과 같은 경우[80]이다.

순록과 함께 이동하는 유목민은 수레에 소금과 마늘과 마른 쑥, 그리고 불씨를 보존하는 화로를 싣고 이동한다.

여기까지 마늘과 쑥을 필수로 하는 선족(蘚族)에 대한 이야기다.

환웅 시대에 웅녀가 마늘과 쑥을 먹고 사람이 되었다는 전설은 몽골과 만주와 시베리아 일대에 흩어져 있는 선족(蘚族)에서 비롯된 것으로 본다.

따라서 조선(朝鮮)은 단군 때 이루어진 것이 아니라, 조족인 환웅의 도래[81]와 함께 건국하고 나서 선족(蘚族)과 융합하면서 조선이란 토양이 형성된 것이라 할 수 있다.

단군왕검은 우리 역사에 갑자기 나타난 신화나 전설이 아니라 환웅 배달국이 만들어낸 조선이라는 토양 위에 단군조선을 개국한 것으로 본다.

---

80) 본책 1장, 패수의 위치 찾기 참조

81) 환웅의 도래가 조족의 최초가 아니다. 홍산문명 유적에서 BC7000년의 유적은 환웅보다 몇 년 앞선 일이다. 환웅의 도래는 그 지역 조족(朝族)의 영사 업무도 관장했을 것으로 보인다.

환웅을 파견한 다인종 국가, 환국(桓國)

단군왕검이 새 나라를 건국하면서 국호를 '조선'이라 한 것과 '신시의 옛 규칙을 도로 찾겠다'고 천명한 것을 보면, 환웅 조선을 이어간다는 의미라고 본다. 따라서 단군조선 이전에 이 땅에 온 환웅의 일행과 '조선(朝鮮)을 이루는 조족(朝族)의 이동 경로'에서 환국(桓國)의 위치를 대강 짐작할 수 있다.

환국의 위치를 파악하는 일은 환웅이 이 땅에 정착했다는 장소와 문명의 이동 방향을 알 수 있으며 단군조선, 3한의 위치 찾기에도 연관이 있다고 본다.

중앙아시아에 있는 '스탄'의 나라 중 '우즈베키스탄'을 여행할 때, 인형 가게에서 130여 개, 민족(인종)[82]의 모습을 보게 된다.(kbs1 토요일 9:40에 방영하는 '걸어서 세계 속으로') 이 나라는 다양한 인종이 섞여 공존하고 있음에 놀라지 않을 수 없다.

또 그곳 민속촌을 찾아가면 전통의상에 달린 단추나 장식들이 온통 금과 은으로 되어있다. 또 금으로 치장된 건축물도 보인다. 부(富)의 축적을 말해준다. 이들은 예부터 주변 국가들로부터 동경심 유발과 침략의 유혹이 되기도 했을 것이다.

130여 민족(인종)을 주장하는 나라는 '우즈벡' 말고도 '카자흐스탄'도 있다. 이들 나라는 근·현대에 와서 갑자기 생긴 것이 아니라 옛날부터 이민족의

---

82) 130여 개의 인형에 대해, 차별성을 내세운 인종으로 볼 것이냐, 다양한 이들이 모인 민족으로 볼 것이냐는 문제는 가게에 진열한 인형들이 그 나라 사람들의 모습을 구별하는 데 있다면 인종의 개념으로 보아야 한다. 인종은 생물학적 특징, 즉 머리카락의 형태, 얼굴 생김새나 피부색 등 신체적 특징에 따라 사람들을 구분하는 개념이다. 이와 달리 민족은 생김새가 달라도 공통의 문화적 유산, 언어, 역사, 종교 등 정치적, 사회적 단결의 구심점에 있으며, 현대에 와서 다양성이 존중되기도 한다.

침입으로 혈통이 다른 종족 사이에 태어난 혼혈인이 생김에 따라 다문화 가족이 구성되었고 자연스레 다양성을 인정하는 문화가 형성되었다고 볼 수 있다.

다인종과 관련하여, 『태백일사』〈삼신오제본기〉에 '색족(色族)'에 관한 기록이 있다. "대저 구한(九桓)의 족속을 나누면 5종이 되고 피부의 색깔과 모양을 가지고 구별을 짓게 된다. 〈중략〉 색족은 어떤 것일까? 황부인은 피부가 좀 누렇고 코는 튀어나오지 않았으며, 광대뼈가 튀어나오고 머리털은 검고 눈은 펑퍼짐하며, 청흑색이요, 백부인의 피부는 밝고 뺨은 높고 코도 크며 머리털은 회색이며, 적부인은 피부가 녹슨 구리색이고 코는 낮아 뭉툭하며 이마는 넓고 뒤로 기울고 머리털은 곱슬머리로 황부인과 비슷하며, 남부인은 풍족이라고도 하며 야자나무 색깔의 인종이라고 한다. 그 피부는 암갈색으로 모양은 오히려 황부인과 같다."

위 기록을 분석하면, 피부 색깔로 나눈 인종으로 황부인, 백부인, 적부인, 남부인의 4종으로 묘사하고 있다. 그런데 모두(冒頭)에서 족속은 5종이라 했다.
사용되는 기술(記述) 중에 족속(族屬)의 族과 인종(人種)의 種이 의미하는 바가 다름에 시선을 집중할 필요가 있다고 본다.
종(種)은 피부색이나 골격, 혈통 등 물리적으로 쉽게 바꿀 수 없는 영역이고, 족(族)은 가치관이나 이익 공동체로 뭉칠 수 있는 집단으로 본다. 따라서 5종의 족속을 우가(牛加), 마가(馬加), 구가(狗加), 저가(猪加), 양가(羊加)라는 토템 신앙으로 연결된 이익 공동체로 본다. 또 이들은 환국의 지배계층이라는 근거를 찾을 수 있다.

이와 달리 종족으로 말하면, 앞의 『태백일사』에 나온 '4종의 색부인'으로 보아 고대 환국은 색족으로 구성되어 있었다고 본다. 색족은 크게 계급에 따라 네 가지로 나뉘었다고 하는데, 적부인(무사계급, 동북아시아인)과 백부인(종교계급, 서양인)과 남부인(유목민, 아랍인)과 황부인(농민, 남아시아인)이라 한다.

색족을 색목인으로 보는 개념도 있다. 여기서 색목인(色目人)은 '제색목인(諸色目人)'의 줄임말로 쓰이고 있다 한다.

우리가 배운 세계사에서, 중세에 세계를 지배했던 원나라의 '사회 신분 제도'와 관련하여 족속별 사회구성도를 본 적이 있다.

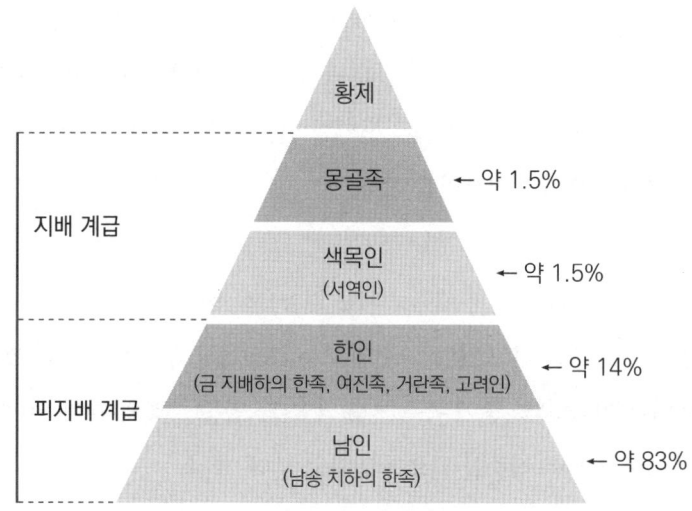

▲ (도6) 원나라 사회의 신분제도

핵심은 몽골족이 지배층이고 색목인이 그들의 지배를 보조하는 두 번째 계급이며, 여타 동아시아 종족들은 '한인'으로 불리는 세 번째 계급이고, 몽골에 마지막까지 저항했던 남송 치하의 한족(중국인)들은 가장 낮은 계급이라는 것이다.

'원나라 사회의 신분제도(도6)'를 인용하는 까닭은 지배계급인 색목인과 『태백일사』에 나오는 '4종의 색부인(색족)'과 고대 환국의 색족과 연관지어 보기 위함이다. 다시 돌아가 살피면, 상고대의 환국은 과연 색족으로 구성된 다인종 국가였을까 하는 점이다.

헤로도토스의 저서 '역사'와 카지흐스탄 역사에 나오는 스키타이(Scythia)를 삭족(Saks 색족)으로 보는 이유는 다음 지도(도7)에서 보듯, 『태백일사』의 기록과 일치한다고 본다. 그리고 130여 민족(인종)을 주장하는 '우즈벡'이나 '카자흐스탄'도 스키타이에 포함된다. 여기서 색족의 분포와 관련해서 환국(桓國)의 위치를 다시 한번 짚어 볼 필요가 있다. 필자는 다음, 다음… 절에서 환국의 위치를 소개하고 있는데, 이 지도의 스키타이(Scythia) 위치와 거의 일치한다. 스키타이 동쪽은 색목인이 지배계급으로 있었다는 몽골과 연결된다.

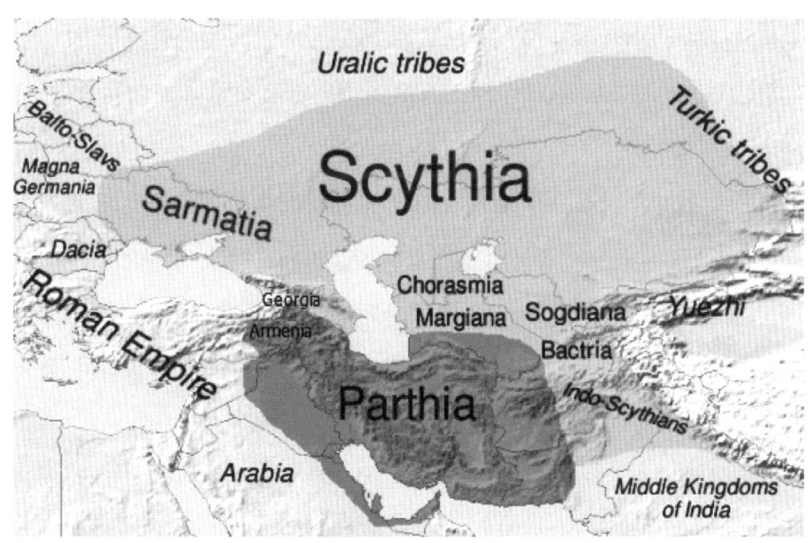

▲ (도7) 스키타이(Scythia) 분포(위키백과, 스키타이족, 2024.9.12.)

이번에는 스키타이로 보는 환국의 언어의 단면을 살펴보겠다.

환웅이 동방 진출 전후에 이곳과 아메리칸으로 갔던 언어 속에 산(山)을 표현하는 용어가 특이하다. 산(山)은 한자로 기록된 상형문자이다.

그 이전에 아메리카 멕시코로 건너간 아즈텍 문명에서는 산(山)을 산이라 하지 않고, '태백'이라고 부른다. 우리 말에도 태백산(太白山)이 지명으로 남아 있다. 구글 지도에서 찾으면, 중국 대륙의 황하 이북에서 북위 43°에 이르는 지역에 있는 수많은 산을 왜 '태백' 혹은 '백(토)산, 백(두)산'이라 부르는가?

환국에서 보이는 높은 고산은 일년 내내 하얀 설산으로 보였기 때문이다. 설산이나 백산이 한자로 기록하기 전에 사용되던 언어로 본다. 오늘날 남아 있는 백설기(白雪糕)도 '흰 백'이나 '눈 설'의 용어가 그 당시에도 사용되었던 용어로 볼 수 있다. 인디언 언어에 산(山)이 없고 태백이라는 단어를 쓰는 것을 보면 한자 형성 이전에 이동한 것으로 본다.

사시사철 천산(天山)이 하얀 산으로 보이는 곳이 어느 위치인가?

천산(톈산산맥, 天山山脈)과 파미르고원이 1년 내내 하얗게 보이는 곳은 산의 서북 방향이다.

이곳에 위치한 나라들을 보면, 현대 우즈베키스탄, 카자흐스탄, 키르기스스탄, 위구르족이 사는 중국의 신장웨이우얼 자치구이다. 위구르족은 백인에 가깝다. 우즈베키스탄이나 카자흐스탄에 백인과 황인을 포함한 130여 민족(인종)이 살고 있다. 이곳이 현대 지도에서 중앙아시아로 불리며, 환국의 중심부가 아닌가 한다.

그런데 환국의 중심부에서 동쪽으로 치우친 키르기스스탄(칸트)은 천산(天山)의 서북 방향에 있다. 이 나라는 다인종이란 색채가 엷다. 그곳 키르기스계 등 원주민을 보면 한국인과 많이 닮았다는 느낌이 든다.[83] 이들은 트루

---

83) kbs1 〈걸어서 세계 속으로〉 '키르기스스탄 편', 2024.10.5. 09:40 방영.

크족과 몽골족에 가깝기 때문으로 본다.

이들을 보면서 필자는 다인종 국가였던 환국에서 환웅이 3,000명의 무리를 이끌고 동방으로 진출할 때, 어떤 족속이 주를 이루었는지 관심을 갖고 있다.

고고학자들은 이곳 중앙아시아를 가리켜 '문자(그림문자 제외)'가 없어서 선사시대가 긴 지역'으로 인식하고 있다. 그런데 중앙아시아에는 고대의 언어와 문자가 왜 없는 것일까?

정확히 말하면 없는 것이 아니라 외세의 잦은 침입으로 사라진 것이다.

우즈벡이란 한 지역만을 보더라도 이민족의 침입을 받아 역사적으로 130여 개의 혼혈 인종이 생겨날 정도이면, '스탄'이 모여 있는 중앙아시아 지역에 일정한 언어나 문자가 정착할 시간을 갖지 못할 정도로 이민족의 침입을 자주 받았다고 볼 수 있다.

추론하면 옛날 환국을 포함하여 이곳 지도자는 외세의 침입을 제1의 과업으로 여겼을 것이다.

'환국 말기에 안파견이 아래쪽의 삼위와 태백을 내려다보시고 "홍익인간을 펼칠 곳이구나" 하시며, 누구를 시킬 것인가 물으시니 모두가 가히 오가 모두 대답하기를 "서자 환웅이 있어 용맹함과 어진 지혜를 함께 갖추었으며, 일찍이 홍익인간 이념으로써 세상을 바꿀 뜻이 있었사오니 그를 태백산에 보내시어 이를 다스리게 함이 좋겠습니다."(桓國之末安巴堅下視三危太白皆可以弘益人間誰可使之 五加僉曰 庶子桓雄勇兼仁智 嘗有意於易世以弘益人間 可遣太白而理之).'[84] 라는 기록이 있다.

---

84) 임승국, 전게서, p.30.

이 기록 다음에 안파견은 추천받은 환웅에게 천부인 3개와 무리 3,000명을 주어 태백산으로 파견이 이뤄진다. 환웅을 추천한 오가(五加) 모두 의견이 같은 데는 용맹과 어진 지혜를 갖춘 환웅을 홍익인간 이념 구현의 적임자로 보았기 때문이라고 본다. 환웅의 능력과 추구하는 성향 외에 한 가지 더 생각해 볼 것은 파견된 곳의 현지인과 얼굴이 익숙한 친화력도 참작하지 않았나 한다.

필자가 다음 절에서 논의하겠지만 무리 3,000명을 정병으로 본다. BC39세기 당시 무리 3,000명이면 인종적으로 볼 때 대단한 영향력인데, 앞에서 잠깐 살펴보았듯이 키르기스스탄의 원주민이 우리와 많이 닮았다는 데서 환웅은 그곳에서 정병 3,000을 차출하지 않았나 한다. 앞으로 연구할 과제 중의 하나라고 본다.

환웅이 이끄는 3,000의 무리는 정병(精兵)이다

환웅을 동방으로 파견한 환국의 안파견이 걱정했던 부분이 『삼성밀기』에 있다. "환국 말기에 다스리기 어려운 강한 족속이 있어 이를 우환으로 여겼다(三聖密記曰桓國之末有難治之强族患之)."는 기록이다.

환국은 당시 장삿길, 즉 경제의 중심지로서 부를 축적하였을 것이다. 이를 바라보는 이웃 신생 강국이 환국의 중심지를 바라보며 부국의 꿈을 꾸었을 것이다. 이는 곧 전쟁으로 이어졌을 것이고, 승리하는 국가가 모든 것을 취하는 동시에 점령지의 언어와 문자도 말살하고 자기네 것으로 강요했을 것이다.

그런데 중앙아시아의 지정학적 입지로 보아 그 땅을 노리는 사방의 외적들로 인해 환국 이후 어떤 나라의 언어도 제대로 정착하기 전에 지배국이 바뀔 개연성이 높은 지역이다. 때문에 '고고학자의 눈을 사로잡을만한 언어나 문자를 정착시킬 시간도 없이 지배 세력이 뒤바뀌는 역사를 되풀이하여 결국 문자의 흔적을 남기지 못했다'는 점이다. 이는 필자가 주장하는 것으로 '중앙아시아는 상고대 문명이 없다'는 이론의 '역 이론'이다.

원동중(元董仲)이 쓴 『삼성기전』 〈하편〉에, '환국 말기에 안파견이 아래쪽의 삼위와 태백을 내려다보시고 "홍익인간을 펼칠 곳이구나" 하시며, 누구를 시킬 것인가 물으시니 가히 오가 모두 대답하기를 "서자 환웅이 있어 용맹함과 어진 지혜를 함께 갖추었으며 일찍이 홍익 이념의 인간으로서 세상을 바꿀 뜻이 있사오니 그를 태백산에 보내시어 이를 다스림이 좋겠습니다" 하니, 마침내 천부인 세 가지를 내려주시고 이에 말씀을 내려 "사람과 물건의 할 바가 다 이루어졌도다. 그대 수고로움을 아끼지 말고 무리 3,000을 이끌고 가 하늘의 뜻을 열고 가르침을 세워 세상에 있으면서 잘 다스려서 만세의 자손들에게 큰 모범이 되라"고 하셨다(桓國之末安巴堅下視三危太白皆可以弘益人間誰可使之 五加僉曰 庶子有桓雄勇兼仁智嘗有意於 易世以弘益人間可遣太白而理之 乃天符印三種 仍勅曰如今人物業己造完 矣君勿惜厥勞率衆三千而往開天立敎 在世理化爲萬世子孫之洪範也)."[85]

이때는 단군왕검이 조선을 건국하기 1,500여 년 전의 이야기다. 그렇지만 조선을 이어받았다는 단군조선의 정체성을 파악하기 위해 살필 일이 있다.

문맥에서 명확하게 해석할 것은 '환웅의 도래'가 그 자신의 희망 사항이 아니라 환국을 다스리는 안파견의 정세 판단에서 나온 정책 결정이라는 점이다.

이런 관점에서 안파견이 본 삼위와 태백에 대해, 필자는 삼위(三危)를 세 가지 위험한 정국으로 보고 있다.

『삼성밀기』에 "환국 말기에 다스리기 어려운 강한 족속이 있어 이를 우환으로 여겼다는 위험 정국 말고도,『조대기』에 보면, "때에 인구 증가에 산업이 따라가지 못하여 그들이 살아갈 방법이 없어 걱정이 된다(朝代記曰時人多産之憂其生道之無方也)."고 했다.

안파견이 본 세 가지 위험 요소 ①은 이웃에 있는 강한 족속이 언제든지 침입해 올 공산이 커짐에 따라 안보(국방) 문제가 위험해졌고, ②는 인구가 느는 만큼 산업이 따라가지 못하여 백성의 살림살이 등 경제문제가 심각해졌으며 이에 따라 ③민심 이반 등 정치적으로 어려움이 걱정된다는 것이다. 이런 세 가지 상황과 문제를 타개하려고 환웅을 파견한 것으로 보고, 이를 삼위(三危)로 본다.

---

85) 임승국, 전게서, p.30.

『삼성기전』〈하편〉 기록을 이어서, "이에 환웅이 3,000의 무리를 이끌고 태백산 꼭대기의 신단수 밑에 내려오니, 이곳을 신시라 하고 이분을 환웅천왕이라 한다. 풍백, 우사, 운사를 데리고 곡식을 주관하고, 생명을 주관하고, 형벌을 주관하고, 병을 주관하고, 선악을 주관하며(五事), 무릇 인간의 360여 가지 일을 모두 주관하여 세상을 교화하였으니, 널리 인간 세상에 유익함이 있었다(於是桓雄率衆三千降于太白山頂神檀樹下謂之神市是謂桓雄天王也 將風伯雨師雲師而主穀主命主刑主病主善惡凡主人間三百六十餘事在世理化弘益人間)."[86]

앞의 두 기록에서 유난히 눈에 띄는 부분이 3,000명을 이끌고 왔다(率衆三千)는 것이다. 이는 이곳(홍산 문명 지역)에서 3,000명을 모은 것이 아니라 이끌고 왔다는 뜻이다.

'桓雄率衆三千'에서 한웅(桓雄)이 '남녀 삼천'이 아니라 '무리 삼천'을 이끌고(率)고 서역에서 동방으로 와서 산꼭대기(太白山頂)에 터 잡아 신시(神市)라는 치소(治所)를 설치한 것으로 본다.

혹자는 '환웅솔중삼천(桓雄率衆三千)'에서 환웅이 인솔한 무리(衆三千) 3,000을 남녀로 해석하기도 하지만 필자는 다르게 본다. 서역(중앙아시아)에서 동방(츠펑, 赤峰)지역까지 이동하려면 타클라마칸 사막과 고비사막과 네이멍구 사막을 거쳐야 한다. 특히 타클라마칸 사막은 한 번 들어가면 '다 죽는다(타클라)'는 마칸(馬干, 마한)이다. 말이나 약대(낙타)를 의지하지 않고는 죽음의 타클라마칸 사막을 넘기엔 무리가 있다. 여자와 어린이 등 가족을 데리고 넘을 수 있는 곳이 아니다. 3,000명의 무리를 정병(精兵)으로 본다.

---

86) 상게서, p.33.

환웅을 파견한 목적은 흑요석 확보에 있다

그런데 정병 3,000을 이끌고 온 목적이 무엇인가?

기록에는 곡식을 주관했다 했는데, 불모지에 와서 농사지어 연명한 것으로 해석한다면 이해할 수 없는 일이 된다.

또 하나 짚고 넘어가야 할 것은, '환인 천제의 명을 받들어, 홍익인간의 이념을 펼치기 위해서'라면, 그가 태어나고 자라난 그곳이나 그 이웃 땅에서 할 일이지, 왜 머나먼 이곳(동방의 홍산)으로 진출할 생각을 했을까?

그리고 신시를 개설하겠다며 도달한 그 땅, 그곳이 과연 천혜의 땅일까?

뒤집어 생각해 보면 어느 곳, 아무 데나 정착하여 신시를 열고, 홍익인간의 이념을 펼치면 될 일을 놔두고, 죽음의 타클라마칸 사막을 건너 머나먼 그곳까지 목숨을 걸고 이동한 이유가 뭘까?

'농사를 가르치고', '홍익인간의 이념을 펼친 것'은 동방 진출 목적이 아니고 이곳에 터 잡은 후, 부차적 통치 행위라 본다. 환웅의 파견은 이와 같은 표면적 경위와 사유가 있지만, 이면적 목적은 다른 데 있다고 본다.

안파견이 환웅을 리더로 삼아 3천 명의 집단을 보낼 정도라면, 배후에 이보다 몇십, 몇백 배 더 큰 집단이 존재했고, 모(母) 집단에서 필요에 따라 차출된 것으로 볼 수 있다.

당시는 집단(국가) 안보 제1번이 방위개념이고 생존이 전부였다고 본다. 안보가 목적이라면, 환웅의 파견 목적은 전쟁 무기와 관련된 것이라 할 수 있다.

환웅이 자리 잡은 홍산에서 중앙아시아(환국)까지의 '안보 물자 운송로'를 확보하려면 일정 간격으로 요소요소에 역참을 배치해야 한다. 또 홍산에서 동쪽 연해주까지의 '안보 물자 생산로'를 확보하려면, 3,000명의 무리를 나누어 적절히 배치했다고 추론할 수 있다. 그렇다면 그게 뭔데, 무엇이 그렇게 중요하여 무리 3,000을 파견한 것일까?

환웅이 6,000년 전 사람이라면 구석기시대는 지났고, 신석기에서 청동기의 진입 경계에 있었다고 본다. 돌칼과 화살이 주요 무기였을 때, 신무기 화살촉으로 쓰이는 흑요석을 안정적으로 확보하기 위해 환웅이 파견된 것으로 본다. 당시 청동이나 돌 화살촉은 일정한 무게 때문에 포물선을 그리며 떨어진다. 그런데 흑요석으로 화살촉을 만들면 가벼워서 수평으로 멀리 날고 정확하여 당시로는 첨단무기라 할 수 있다. 그 때문에 한때는 흑요석을 독점관리 했을 수도 있다.

> ※ **흑요석**(黑曜石)
>
> 흑요석(obsidian)이란 화산암의 일종으로 화산 유리(Volcanic Glass)라고도 한다. 검고 단단하며 얇게 쪼개지는 성질을 가진 유리 성분의 돌이다. 유리와 흑요석은 깨질 때 단면이 분자 단위로 갈라지기 때문에 날카로움만 따진다면 어떠한 금속제 도구보다 절삭력이 탁월하여 극히 미세한 두께로도 쪼개질 수 있다. 현대에 와서도 고도로 정밀함을 요구하는 수술 같은 과정에서는 흑요석 메스가 사용된다. 흑요석 칼은 가공하기 편리한 편이며, 웬만한 금속이나 석재보다 훨씬 단단하고 표면에 미세한 요철도 없이 매끈하기 때문에 날카로운 날을 가진 도구나 무기의 재료로 최적이다.

한반도의 대구 달서구 월성동 유적에서 출토된 1만 8천 년 전 구석기시대 흑요석이 있다. 이 흑요석의 성분을 분석한 결과 백두산 흑요석으로 확인[87]

---

87) 〈연합뉴스〉, 1만8천 년 전 백두산 흑요석, 700㎞ 떨어진 대구 온 까닭은, 2017.1.7.

됐다. 흑요석은 한반도의 경기, 충북, 전남, 강원 등 구석기 유적에서 발견되고 있다.

▲ (도8) 강원 양양의 오산리에서 출토된 흑요석

이 흑요석은 아무 데서나 산출되지 않는다. 형성되는 조건이 까다롭기 때문이다. 유리 성분을 많이 가진 용암이 화산폭발과 함께 대규모로 공기 중에 분출되는 순간 급속히 냉각되어야 한다. 따라서 세계 각지에 화산지대는 많지만 흑요석 산지는 제한되어 있을 뿐만 아니라 한 번에 나는 양도 그리 많지 않은 편이다.

일본 열도나 대만은 물론이고, 중국이나 우랄산맥, 시베리아, 중앙아시아에 있는 일부 화산지대에서 소량 나오더라도 결정체의 크기가 작고 이물질이 많이 끼어 있어 질이 좋지 않다. 백두산 흑요석은 순도가 높고 결정체가 커서 그만큼 귀한 돌이라 할 수 있다.

지금으로부터 약 9만 년 전, '백두산 6기'라고 이름이 붙은 지질시대에 백두산이 폭발하여, 유리 성분이 많이 함유된 용암이 대규모로 분출되고 동남 방향의 지면으로 흘러내리면서 알칼리성 유문암을 형성했다. 그 과정에서 특별한 기후조건이 있어야 양질의 흑요석이 산출된다. 백두산의 동남쪽 경사면, 지금의 회령에서 나진, 청진에 이르는 일대에만 흑요석 맥이 형성된 것이다. 당시 그 지역에 장마전선 등 정체전선이 형성되어 흘러내리는 용암을 급격히 냉각시켰을 것으로 추론할 수 있다.

조선상고사의 장삿길에서 주요 품목으로 인정받고 가장 고가에 거래되었던 흑요석은 지금의 반도체만큼이나 값어치가 있었다고 볼 수 있다.

흑요석이 섞인 고고학적 유물 중에는 날카로운 조각이나 화살촉이 섞여 있다. 흑요석의 쓰임을 유추할 때, 전쟁 무기를 만드는 도구, 화살촉 등 무기의 재료로 쓰였음을 알 수 있다. 그 당시 우수한 전쟁 무기는 이웃의 부족국가를 공격하여 단숨에 승리할 수 있는 결정적 수단이기도 하다. 부와 명예를 한꺼번에 거머쥘 수 있는 최선의 수단이었다. 흑요석만 독점적이고 안정적으로 확보할 수 있다면 국가의 안보는 보장되는 것이다.

또 흑요석으로 세석기와 장식물을 다듬을 수 있어 부가가치를 창출할 수 있었다. 사명을 띤 환웅의 흑요석 확보라는 임무 수행 성공으로 환국은 우선 안보 역량을 강화했을 것이고, 다음으로 세공업의 경제 활성화를 이뤘으며, 따라서 당분간 안파견의 정치적 안정화에도 도움이 되었을 것으로 본다. 다시 말해 환웅 파견의 목적이 이뤄진 셈이다.

환웅 파견의 증거를 천부인(天符印)에서 찾다

'환인 천제의 명을 받은 환웅이 증표인 천부인(天符印)을 지니고, 무리 3,000명을 이끌고 동방으로 진출했다.' 그 정도라면 이는 독립된 탈출이 아니라 사명을 띤 파견으로 봐야 한다. 개인적 사익을 추구하여 동방으로 진출한 것은 더욱 아니라고 본다.

파견이라는 증거는 천부인(天符印)에 있다. 천부인 세 가지를 거울과 북과 칼로 보는 학자[88]도 있지만, 필자는 천부인(天符印)이란 세 글자 속에 답이 들어있다고 보며 세 글자에서 찾는 것이 상식일 것이다.

천부(天符)와 천인(天印)에서 천(天)은 '환국의 안파견', 또는 '안파견이 수여함'을 뜻한다고 본다.

천부(天符)의 부(符)라는 글자는 (대나무) 竹(竹簡, 문서)과 付(부침, 편지, 위임장)라는 의미가 합성된 형성자(形聲字)로 본다. 그리고 부(符)가 수결(手決)을 뜻하니, 안파견이 '수결한 귀한 문서(符)'라 할 수 있다.

천부(天符)는 대나무의 죽간(竹簡)으로 해석할 수도 있지만, 당시 안파견이 천자이고 환웅이 고위직이므로 죽간보다는 비단 헝겊에 문자를 썼을 것으로 여겨진다. 그러나 '수결한 문서, 符'가 문서라는 의미에는 변함이 없다. 천부에 기록된 내용은 동방으로 파견된 총독이라는 '사령장(임명장)'이거나 '통행증(여권)'으로 볼 수 있다.

다음으로 살필 것은 천인(天印)인데, 당시 환국 정부에서 만들어 준 인장

---

88) 상게서, p.18.

(印章)으로 본다. 인장이 왜 필요한가 하면, '환국'과 '환웅의 파견 지역' 간에 교류와 소통이 필수였을 것이고, 안정적이며 정확한 확인을 위해 봉니(封泥) 시스템이 존재했을 거라고 본다.

필자가 천인을 봉니(封泥) 시스템으로 보는 데는 이유가 있다.

봉니의 실체가 한(漢)나라 유적에서 발견[89]되고 있는데, 1994년에 진시(錦西) 시에서 발견된 임둔 봉니로 보아 한나라의 행정 제도라는 것이 밝혀졌다. 이에 대해 필자는 한발 앞서 환웅 조선을 이어 단군조선의 행정시스템을 한 나라가 모방한 것이 아닌가 유추하고 있다.

대 제국, 환국(桓國)이 중앙정부와 지방정부 간의 소통과 통제를 위해 봉니 시스템이 있었을 것으로 본다. 실제로 홍산문화에 속하는 내몽고 나만기(奈曼旗, E120°40′ N42°49′) 유적에서 두 개의 옥인장이 출토되었다.

인장의 문양이 무엇을 의미하는 부호인지 몹시 궁금한데, 금석문(金石文)으로 접근하면 해독이 가능하지 않을까 앞으로 연구과제의 하나로 본다.

동물 모양을 '동물형뉴(動物形紐)' 옥인장, 머리가 두 개인 새처럼 보이는 것을 '쌍두조형뉴(雙頭鳥形紐)' 옥인장으로 부른다. 여기서 뉴(紐)는 끈으로 묶을 수 있는 도장 손잡이란 뜻이다.

이 옥인장에 구멍이 있는 이유는 끈을 꿰어 의복에 차고 다녔을 것으로 보고 있다. 끈을 꿰는 구멍이 있다는 것은 아무나 두루 쓰이는 물건이 아니라 담당자가 책임 있게 쓰이는 귀한 직책임을 알 수 있다.

다음의 '쌍두조형뉴' 옥인장 가운데 밭 전(田)자 비슷한 문양이 보인다.

---

89) 오운홍, 『고대사 뒤집어 보기』, 시간의물레, p.188.

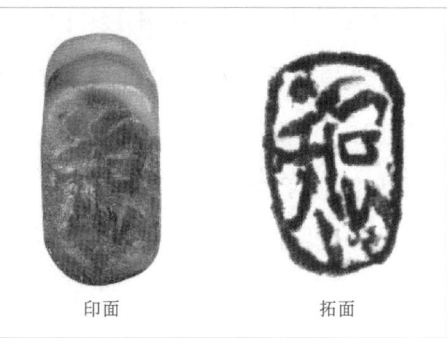

▲ 〈도9〉〈동물형뉴 옥인장과 도장면〉

　도장 면(面)은 현재와 같이 양각을 했는데, 도장 면에 새겨진 그림이 글자인지 부호인지 현재까지 해독이 되지 않고 있다. 소하연 유적의 채색도기에도 여러 형태의 부호와 문양이 발견되는데, 이런 부호가 가림토 문자의 원형이 아닌가로 보는 학자도 있다.
　이에 대해, 가림토 문자는 단군조선 3세 가륵(嘉勒) 단군 때(BC2181)에 선보였는데, 이보다 훨씬 이른 시기에 형성된 한자의 원형으로 본다.

▲ 〈도10〉〈쌍두조형뉴 옥인장과 도장면〉

중국의 발표를 보면, 옥인장이 홍산문화의 특징인 옥으로 만든 용과 새 등의 유물들과 함께 출토되었으며, 옥인장이 만들어진 시기를 홍산문화시기(BC4500-BC3000)로 추정하며 중국에서는 '중화 제일인(中華民族第一印)'이라 명명했다. BC4500-BC3000의 연대는 환웅이 도래한 BC3898년에 해당한다. 환웅이 지참했던 천인(天印)이 아닌가 한다.

여기까지 찾아낸 천부(天符)와 천인(天印)이라는 두 가지 천부인(天符印) 외에 한 가지가 더 있다. 그것은 환국에서 보내오는 봉니(封泥)의 진위를 확인하는 '환국 인장의 탁인본(拓印本)'이다.

이를 실제 상황에 적용하면, 환웅이 가지고 온 천인(天印)은 환국으로 보내는 비밀문서를 밀봉하는 봉니에 찍는 데 사용된다. 이와 반대로 환국에서 보내오는 봉니의 진위는 어떻게 확인할 것인가? 요새 말로 저쪽에서 주장하는 인감을 확인하는 절차와 같은 것이다.

인감을 확인하려면 인감 사본이 비치되어 있어야 한다. 환웅이 환국을 떠나올 때 환국 정부에서 보내는 '봉니의 직인은 이런 것이다'라고 하는 환국 직인(도장)의 탁본(拓本) 같은 탁인면(拓印面)을 가지고 현지에 임한 것으로 본다.

이를 종합하면, 원동중이 『삼성기전 하』에서 말하는 천부인 세 개(天符印三種)는 '천부(天符)'와 '천인(天印)'과 '환국 직인의 탁인본(拓印本)'이라고 할 수 있다.

이러한 필자의 주장에 대해, 홍산문화에 속하는 나만기(奈曼旗) 유적에서는 두 개의 옥인장이 출토되었는데 개수가 다르지 않으냐 하고 질문할 수도 있다.

환웅이 파견지(신시)에 정착하고 임무를 수행하는 실제 상황을 그려 보면, 두 개의 옥인장 중 하나는 환국에서 만들어 직접 가지고 온 것이고, 또 하나는 환웅이 신시에 정착한 후, 각 지역과의 소통과 통제를 위해 환웅이 직접 제작한 인장으로 본다.

환웅은 행정 체계상 본국인 환국에 보낼 때 쓰일 인장과 지역과의 소통과 통제를 위한 인장이 따로 필요했던 것으로 유추할 수 있다. 2개의 옥인장에 대해, 후학들에게 보다 많은 연구를 권한고 싶다.

불함문화론의 근원과 오해

앞서 말했듯이 환웅을 파견한 환국(桓國)의 위치에 대해, 필자는 중앙아시아의 '스탄'의 나라로 보고 있다.

이에 대해 독자 중에는 다르게 인식하는 분이 있기에 한 번은 짚고 넘어가야 할 부분이라고 생각한다. 이 부분에서 인식이 다르다면 이후에 전개하는 이야기가 어떤 독자에게는 허구로 전락하여 설득력이 떨어지기 때문이다. 또 환웅의 신시나 삼한의 위치도 달리 해석하면 틀린 비정이 나오기 때문이다.

특히 선배 유명 학자들이 『삼성기전(하편)』(원동중 저)에 나오는 환국과 삼위 태백에 대해 달리 해석하고 있어 해석에 오류가 있다고 보기에 이번 기회에 진위를 밝히고자 한다.

안파견이 본 '삼위와 태백'에 대해, 『삼성기전(하편)』을 해석한 임승국(교수)은 삼위산과 태백산으로 보았다. 그는 중국 감숙성 돈황현(E94°40′ N40°8′)에 있는 삼위산(三危山)을 삼위(三危)로 보았고, 태백을 한반도의 백두산(E129°5′ N41°58′)으로 보고 있다.[90]

필자가 보기엔 삼위(三危)를 삼위산(三危山)으로 보는 것은 합당하지 않다고 본다.

첫째, 환웅이 파견되어 임지에서 임무를 수행하는데, 예측불허의 상황에서 임무를 수행하려면 입지적 조건이 좋아야 할 텐데, 한 가지도 아니고 위

---

90) 임승국, 『한단고기』, p.30.

제2장 - '조선'을 국호로 내세운 까닭? 109

험이 셋이나 있는 험지를 선택해서 결국 신시(神市)를 열었다면, 이해할 수 없는 일이다. 또한 삼위산(三危山)과 백두산(白頭山)과의 거리가 3,000여㎞ 이상 동서로 멀리 떨어져 있는데, 어느 산에 신시를 개설했는지, 아니면 두 곳에 마련했는지 불분명하여 혼란을 주게 된다.

둘째, 돈황 근처에 삼위산이 있다 하여 이곳에 환웅이 도래했다면 유물이라도 발견돼야 하는데, 관련된 유물이 발굴되지 않는다. 그런데 돈황에서 동쪽으로 2,100여㎞ 떨어진 츠펑(赤峰, E118° 57′ N42° 15′) 인근 홍산(랴오허) 문명 지역에서는 환웅의 도래와 비슷한 시기로 보이는 유물이 대거 발굴되고 있다.

셋째, 본문에서 '오가(五加) 모두 대답하기를 서자 환웅을 태백산에 보내시어 이를 다스림이 좋겠습니다'라고 대답하였고, 삼위(三危)라는 말은 언급하지 않은 것으로 보아 '삼위'는 산이 아님을 짐작할 수 있다. 본문의 '하시(下視)'란 단순히 '내려다보다'가 아니라, '자세히 살피다', '정세를 분석하다'로 해석해야 할 듯하다. 안파견은 삼위의 문제를 풀기 위해 '태백'이라는 어느 지점에 가서 모종의 임무를 수행해 주기를 바라고 환웅을 그곳으로 파견한 것으로 본다.

넷째, 필자는 앞서 삼위(三危)를 세 가지 위험스런 정국으로 보았다.
『삼성밀기』와 『조대기』의 기록대로 안파견의 걱정과 우려를 종합할 때, 세 가지 위험 요소, 즉 ①은 이웃에 있는 강한 족속이 언제든지 침입해 올 공산이 커짐에 따라 안보(국방) 문제가 위험해졌고, ②는 인구가 느는 만큼 산업이 따라가지 못하여 백성의 살림살이 등 경제 문제가 심각해졌으며 이에 따라 ③민심 이반 등 정치적 어려움이라고 본다.

이런 상황과 문제를 타개하려고 환웅을 파견한 것으로 본다. 따라서 삼위(三危)를 산으로 해석함은 잘못된 것이라 생각한다.

이번에는 환국의 위치에 대한 논의이다.

원동중은『삼성기전(하편)』에서, "옛글이 말한다. 파나류산 밑에 환인이 다스리는 나라가 있으니, 천해 동쪽에 있(는 땅이)다. 파나류의 나라라고도 부르는데 그 땅이 넓어 남북으로 5만리요, 동서가 2만리니 통틀어 말하면 환국이요, 갈라서 말하면 비리국, 양운국, 〈중략〉 수밀이국(須密爾國)이니 합쳐서 12국이라. 천해(天海)는 지금의 북해(北海)라 한다.(古記[91]云 波奈留之山下 有桓仁氏之國 天海以東之地 亦稱波奈留之國 其地廣 南北五萬里 東西二萬餘里[92] 摠言桓國 分言則卑離國養雲國〈중략〉須密爾國 合十二國是也天海今日北海)"[93]라며 환국의 위치를 밝히고 있다.

필자는 파나류산을 파미르고원(Pamir Plat)으로 보았고, 천해(天海)는 호수

---

91) 〈삼성밀기〉에서 말한다. 파나류산 밑에 환인(桓仁)씨의 나라가 있나니 천해(天海)동쪽의 땅이 역시 파나류국이라 한다. 그 땅의 넓이 남북 5만 리, 동서 2만 리이니라. 통틀어 말하면 환국(桓國)이요, 갈라서 말하면 곧 비리국(卑離國), 양운국(養雲國), 구막한국(寇莫汗國), 구다천국(句茶川國), 일군국(一群國), 우루국(虞婁國)(또는 필나국(畢那國)), 객현한국(客賢汗國), 구모액국(句牟額國), 매구여국(賣句餘國)(또는 직구다국(稷臼多國)), 사납아국(斯納阿國), 선비이국(鮮裨爾國)(또는 시위국(豕韋國), 통고사국(通古斯國)이라 함.), 수밀이국(須密爾國)이니 합쳐서 12국이라. 천해(天海)는 지금의 북해(北海)라 한다(三聖密記云波奈留山之下有桓仁氏之國天海印之地亦稱波奈留也其地廣南北五萬里東西二萬餘里摠言桓國分言則卑離國養雲國寇莫汗國勾茶川國一群國虞婁國一云畢那國客賢汗國勾牟額國賣勾餘國一云稷曰多國斯納阿國鮮卑爾國一云豕韋國一云通古斯國須密爾國合十二國是也天海今日北海).

92) 환국의 땅 넓이는 동서로 2만 리=7,854km(동유럽 크로아티아~서울: 8,000km)이고, 남북으로 5만 리=19,636km(아시아 유럽 전체가 되어도 모자람_유라시아대륙 전체와 아프리카 남단까지)가 된다.

93) 임승국, 전게서, pp.26-27.

(담수)가 아닌 염도 있는 바다, 특히 육지 속의 카스피해(Caspian Sea)[94]로 보고 있다. 또 안파견 등 환인(桓仁)이 다스리는 환국의 위치에 대해, 카스피해의 동쪽이며 파미르고원과 잇대어 있는 텐산(천산)산맥 서쪽 기슭의 고원 지대에 수도를 둔 중앙아시아의 어느 '스탄국'으로 보고 있다. 중앙아시아 지도에서 파미르고원 서쪽 기슭에 역사가 오래된 도시들이 있다. 예를 들면, 알마티(카자흐스탄), 비슈케크(키르기스스탄), 타슈켄트(우즈베키스탄), 두샨베(타지키스탄) 등이 있으며, 이밖에 투르크메니스탄, 아프가니스탄, 파키스탄 등도 산악지대에 옛 도시가 있다. 이들 중 어느 도시가 당시 환인이 다스리는 환국의 중심지가 아닌가 한다. 앞의 (도7)의 스키타이(Scythia) 분포(위키백과, 스키타이족, 2024.9.12.)와 일치한다.

또 '천해를 북해(北海)'라 하였는데 환국의 12국 중 하나인 수밀이국(須密爾國)에서 보면 북쪽 바다가 된다. 수밀이국[95]을 수메르 문명국으로 보는데, 수메르문명을 증명하는 쐐기문자로 된 점토판이 발견된 지역이 유프라테스강과 티그리스강 하구에 있는 우르 지역이다. 그곳, 우르에서 보면 카스피해는 북해가 된다.

그런데 임승국(교수)은 파나류산에 대해, 불함산 즉 하르빈 남쪽의 완달산을 지칭한다 하였다.[96] 또 백아강(伯牙岡) 역시 하르빈 남쪽에 있는 완달산을

---

94) 페르시아(이란)와 바벨론(이라크)에서 카스피해를 가리켜 북해라 불렀다.

95) 산해경(山海經) 대황서경(大荒西經) 중에 수밀이국(須密爾國)을 묘사한 글이 있다.
"수마(壽麻)국이 있다. 남악이 주산의 딸을 아내로 맞이했는데 이름을 여건이라고 한다. 여건이 계격을 낳고 계격이 수마를 낳았다. 수마는 똑바로 서면 그림자가 없고(북위 30°) 크게 외쳐도 메아리가 없다(산악이 아닌 평지). 이곳은 더위가 대단해서 갈 수가 없다(有壽麻之國. 南嶽娶州山女, 名曰女虔. 女虔生季格, 季格生壽麻. 壽麻正立無景, 疾呼無響. 爰有大暑, 不可以往.)."

96) 임승국, 전게서, p.27.

아사달로 보고 있다.[97] 이렇게 보았던 배경에는 최남선의 〈불함문화론〉이 있는 것으로 본다. 최남선은 백두산 문화의 근원지를 하르빈 남쪽에 있는 완달산(完達山)으로 보았다.[98] 최남선은 안함로(安含老)의 『삼성기전』(상편)에 나오는 "뒤에 신인 왕검께서 불함산의 박달나무터에 내려오셨다(後神人王儉降到于不咸之山檀木之墟)."[99]를 인용한 것으로 필자는 보고 있다.

『조선문명사』를 쓴 자산(自山) 안확(安廓, 1886-1946)은 '우리 민족의 발상지가 흑룡강 부근'이고 '우리 민족의 발현지는 만주의 장백산과 송화강 부근'이라 했다.[100]

이들의 영향을 받은 재야 사학자들이 이와 같은 주장에 근거하여 환국의 위치를 극동아시아로 상상하면서 고대문명의 중심지로 여기고 상고사를 풀어나가고 있다. 이같이 유명 인사의 주장 때문에 필자가 말하는 환국의 위치에 대해 반신반의할 개연성이 있어 다음과 같은 문명 발달이론을 제시한다.

먼저 '문명 발전의 매개체는 장사꾼이다'라는 이론이다.

'나는 자연인이다'라는 MBN 방송의 TV 프로그램을 본 적이 있다.

'자연인'을 표방하며 살아가는 이들의 동기는 다양하지만, 문명과의 고리를 끊고 자연 속의 삶을 지향한다는 공통점을 갖고 있다.

그런데 소개되는 자연인의 삶을 보면, 사람(주인공)마다 기본으로 갖추고 있는 살림살이와 문명 이기(利器)의 수준이 각자 다르다는 점이다. 그리고

---

97) 상게서, p.77.

98) 상게서, p.21.

99) 상게서, pp.20-21.

100) 안학 씀, 송강호 옮김, 『조선문명사』, 우리역사연구재단, 2015. p.41.

자연인으로 사는 동안 문명 수준이 자신이 갖는 문명 수준을 뛰어넘지 못한다는 사실이다. 또 이들 중에는 문명사회와 연결의 끈을 완전히 놓지 않고 있어 약간의 문명적 영양을 지속적으로 공급받기도 한다. 이는 미세한 눈으로 보면 문명과의 연결 끈이 작동하고 있다고 볼 수 있다.

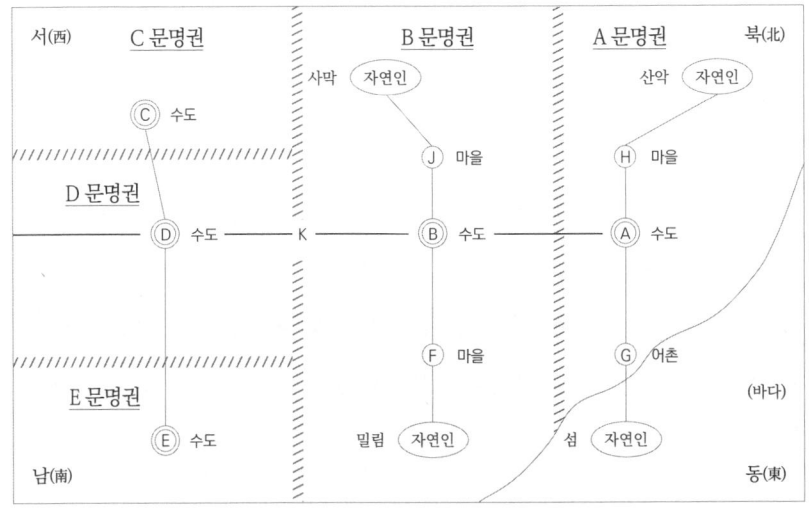

▲ (도11) 문명 발전의 매개체 장사꾼의 연결 통로

자연인을 보면서 문명의 발전 과정을 생각하게 한다.

홀로 사는 자연인의 생활은 자기가 알고 터득한 문명 수준을 넘지 못한다. 그러나 그가 이웃 마을과 연결이 된다거나 마을에 들어가 산다면, 그가 모르던 것을 새롭게 얻고 흡수하며 발전할 수 있다.

문명은 많은 사람이 모여 살고 교류하면서 발전하는 것이다.

세계 4대 문명발생지는 인구가 조밀한 지역에서 꽃피우는 것이다.

이보다 더 발전된 문명은, 문명과 문명의 연결 혹은 충돌의 결과라고 본다.

이 연결이나 충돌의 매개체가 장사꾼이다. 장사꾼이 이동하는 길은 문명과의 연결선이며 문명의 자양분을 조달하는 공급로라고 할 수 있다.

앞의 (도11)에서 문명권마다 인구가 밀집된 수도(首都)가 있고, 그 수도를 중심으로 작은 도시로 연결되고, 그 도시는 작은 마을로, 다시 자연인까지 연결된다. 생존환경이 열악한 산악이나 사막, 밀림지대, 혹은 작은 섬들에 있는 단독 가옥도 자연인의 범주라는 시각에서 보면 이들에게 연결되는 통로가 장삿길이며 연결자는 장사꾼이다.

고대의 마을과 자연인을 연결하는 장삿길 이용 빈도와 마을과 수도로 연결되는 장삿길의 이용 빈도는 어느 쪽이 높을 것인가?
인구의 분포와 장삿길의 이용 빈도는 정비례하며, 이는 문명의 발달 정도에도 적용할 수 있다. 이런 관점, (도11)에서 '고대의 수도 A와 B를 비교한다면 어느 쪽 문명이 더 발전되었을까', 그리고 'A-E까지 5개 문명권에서 가장 발달한 문명권은 어디일까'를 쉽게 유추할 수 있다.

문명과 문명 간에 연결된 길은 장삿길이다.
장사꾼은 두 문명권을 오고 가며 문명이 낳은 산출물을 교차로 실어 나른다.
정신문명의 산출물도 있지만, 물질문명의 산출물은 돈이 된다. 더 나은 물건을 가지고 장사꾼은 이윤을 추구하고자 하여 다른 문명권으로 이동한다.
더 나은 물건은 문명의 기술 수준 차에서 나오는데, 이를 실어 나르는 장사꾼은 문명 발달의 매개체이면서 촉매자가 된다. 이를 다른 말로 문명 발달의 자양분이라 할 수 있다.

장삿길이 순탄한 것은 아니다. 이문이 큰 장삿길에는 이권을 노리는 약탈자가 등장한다. (도11)에서 보듯 예를 들면, B수도와 D수도 사이에 K라는 지점에서 통행세를 요구하는 제3 세력이 등장할 수 있다. 장사꾼은 이해타산을 계산하여 현장에서 이들과 타협하거나 후일, B국이나 D국의 협조를 얻어 군대를 동원할 때는 왕권에 돈을 투자하기도 한다.

그런데 K 지점이 B 수도 가까이, 또는 B국일 때, D국과 A국의 연합 작전으로 B국을 치는 전쟁이 일어날 수도 있다. 이것은 문명의 충돌이며 역사로 기록되기도 한다.

이 같은 '장삿길과 문명발달이론'을 제시하는 까닭은 환국의 위치, 환웅이 터 잡은 위치와 불함(산 혹은 완달산)문화론을 종합적으로 생각해 보자는 것이다.

다음으로 소개할 이론(표1)은 '세계 문명사의 중심축 이동'에 관한 것이다.

(표1)에 의하면, 고대에서 현대에 이르기까지 문명의 중심축은 동에서 서쪽으로 이동했다는 것이고, 이는 세계사를 연구하는 학자들이 인정하고 있는 바와 같다. 이와 같은 맥락에서 고대와 선사시대를 비교해도 문명의 중심축이 동에서 서쪽으로 이동했음을 알 수 있다.

(표1) 오운홍이 본 세계 문명사의 중심축 이동

시기	문명의 중심축 이동	비고
현대(20-21C)	대서양, 태평양 중심	미국, 유럽 태평양의 동아시아 3국
근대(16C 이후 중심 이동)	대서양, 유럽 중심 ↑	프랑스, 영국(산업혁명), 스페인, 포르투갈 등
중세	지중해 중심 ↑	로마, 그리스, 이집트, 터키 등 교역의 중심지
고대	중동지역 중심 ↑	바벨론, 페르시아, 페니키아 터키 히타이트 제국(철),
상고대와 선사시대	중앙아시아 중심 ↑ (선사시대가 긴 지역)	수메르인의 토판, 고향은 텐산, 최초의 피라미드 존재, 청동기(구리) 사용의 조지아 등

〈표1〉에 의하면, 15세기까지는 문명과 교역의 중심축이 지중해였다. 16세기에 들면서 문명의 축은 대서양으로 이동했다. 1610-1640년 유럽의 교역량은 지중해 중심 교역량보다 10배 이상 늘어났다.

현대는 대서양 중심에서 태평양으로 혼재하지만 근대에는 유럽 중심이었다.

지중해 중심의 중세 이전, 고대에는 문명의 중심축이 중동지역이었다. 그런데 이보다 이른 상고대의 교역 중심지는 어디일까?

이때는 의식주 등 기본 문제 해결에서 목축산업이 발달했고, 고대의 도시인을 위한 육포나 어포의 식문화와 고급 모피 등 의복 문화가 필수인 시대 상황에서 중앙아시아가 상권의 중심지라고 본다. 이곳에 환국이 있었다고 본다.

앞서 소개한 최남선이 비정한 〈불함문화론〉에 의거 국내 학자들이 하얼빈 근처의 완달산(불함산)을 환국으로 보고 있다.

이는 이유립[101]에 의해 전해진, '단군왕검께서 불함지산(不咸之山)에서 몸소 경작하였다'는 일화에 근거한 것이 아닌가 한다. 이유립은 이암이 쓴 『태백진훈(太白眞訓)』 중에 "임금이 된 자는 다스림으로써 경직(耕織, 땅을 갈고 베를 짜는 것)하는 셈이고, 뭇 관료들은 직무에 이바지를 함으로써 경직하는 셈이다. 경직이 잘되느냐 그릇되느냐에 따라 백성이 떠나거나 모이거나 하는 것이 매어있다(王者以治國爲耕織 百官 以供職爲耕織 耕織之善惡 民之去就係焉)."라는 구절도 단군왕검의 본을 말하는 것으로 보고 있다.

---

101) 이유립(李裕岦, 1907-1986)은 『환단고기』를 묶어 세상에 알렸다.

『단군세기』에 나오는 불함산 관련 기사를 보면, 3대 가륵 단군이 BC2175년 4월에 불함산에 올라 "연기가 적게 나는 민가에는 조세를 줄이라는 명을 내렸다."[102] 16대 위나 단군이 BC1583년에 "구한의 여러 한(汗)들과 영고탑(寧古塔)에 모여 삼신(三神)과 상제(上帝)에게 제사지냈으며, (중략) 둥글게 모여 서서 춤을 추며 애환(愛桓)의 노래를 함께 불렀다"[103]고 한다. 노랫말도 전해지는데, "산에는 꽃이 있네. 산에는 꽃이 피네./ 지난해 만 그루 심고 올해 또 만 그루 심었지./ 불함산에 봄이 오면 온 산엔 붉은 빛/ 천신을 섬기고 태평을 즐긴다네"와 같이 영고탑에서 제사 지낸 기록이 있다. 노랫말로 보아 영고탑과 불함산은 가까운 거리에 있는 것 같다. 당시 영고탑은 20대 단군 고홀(固忽)이 BC1345년에 "영고탑을 개축하고 별궁을 지었다."는 그 자리로 본다.

또 『산해경』에 웅상(雄常)이라는 성스러우면서 늘푸른 나무에 대한 기록에도 불함산이 나온다. "아주 거친 땅(만주로 봄) 가운데 산이 있으니 이름을 불함산이라 한다. 숙신씨국에 있다. 숙신국은 백민의 나라에 있으며 북쪽에 나무가 있는데 이름을 웅상이라 한다. 팔대제(삼황오제를 지칭)가 오래전에 여기에서 이 나무를 택하였다(大荒之中 有山 名曰不咸 肅愼氏國 肅愼之國 在白民之國 北有樹 名曰雄常 先八代帝 於此取之)."[104]

이와 같은 불함산 관련 기록들을 종합해서 살필 때, 단군왕검이 도읍을 정했다는 아사달보다 훨씬 동쪽 변방이라고 본다. 학자들이 불함산에서 단군왕검이 농사를 지었다 하여 문명의 중심지로 보는 것은 잘못이다. 농사를

---

102) 임승국, p.68.

103) 상계서, pp.93-94.

104) 『산해경』 권3, 해외서경(海外西經)을 인용한 임승국의 『한단고기』, p.82.

지은 경작지는 도읍지인 아사달의 변두리가 된다. 아시아의 극동 지역은 지정학적으로 볼 때, 문명의 중심이 아니라 변방 지역이라고 할 수 있다. 홍산(랴오허) 문명 지역에서는 고고학적 유물이 발굴되고 있는데 하르빈 지역에서는 그런 유적이나 유물이 없다.

완달산(불함산)이 환국이라면 환웅과 정병 3,000명을 파견할 여력이 있는 곳인지 의문이 간다. 이런 대병력을 동원하려면 수십 배 혹은 수백 배의 모집단이 있어야 하는데, 그런 곳이라면 중앙아시아에 있는 스탄의 나라밖에 없다. 하얼빈 지역에서는 정병 3,000명을 어디서 어떻게 모으고, 어디로 파견했는지 설명할 수 없다.

그리고 재야사학자들이 말하는 하얼빈은 중국 황하 지역과 비교할 때, 인구 조밀 지역에서 벗어난 동쪽 변두리에 불과하다. 하얼빈의 북쪽 시베리아나 남쪽 한반도는 당시 인구 조밀 지역이 아니다. 동쪽으로 연해주나 아메리카로 가는 길도 항시 열려있는 길이 아니었다. 하얼빈 완달산(불함산)론은 일부 역사학자가 그랬으면 하는 희망 사항에 불과하다고 본다.

불함산을 지금의 완달산으로 비정했지만 하르빈 근처는 환국도 아니고 신시(神市)도 아니다. 이곳을 환국으로 보는 주장은 상식에 어긋나며 거둬들여야 할 이론으로 본다.

환국의 위치에 대한 인식을 새롭게 할 필요가 있다.

신시(神市)는 과연 전설의 도시인가?

일제가 〈조선사〉를 편찬할 당시, 이면에는 조선의 역사를 '하찮은 역사' 혹은 '볼품없는 역사'로 만들고 싶었을 것이다.

웅대한 (고) 조선의 역사를 조그만 '한반도 바구니'에 담아 넣으려면, 조선의 역사를 왜곡하여 구겨 넣어야 했다. 그래서 변형된 엉뚱한 역사가 된 것이다. 그것이 〈조선사〉이고, 이를 이어받은 책이 〈고등학교 한국사〉이다.

우리가 뭣도 모르고 배우는 '가짜 역사 한국사'이다.

이제 정신을 차리고, 국내 사서에 나오는 신시(神市)를 찾아야 한다.

안함로의 『삼성기전(상)』에 '환웅씨가 백산과 흑수 사이에 내려왔다.', 그리고 '신시에 도읍을 세우고 나라를 배달이라 불렀다.'고 한다.[105]

원동중의 『삼성기전(하)』에, "환국 말기에 안파견이 '서자 환웅'을 태백산에 파견하였다."[106] "환웅이 무리 3,000을 이끌고 태백산 꼭대기 신단수 밑에 터를 잡고 신시라 했다."[107]

이를 근거로 볼 때 신시는 다음과 같은 조건에 합당했을 것으로 본다.

① 백산과 흑수라는 지형을 갖춘 곳이다.
② 당시 사람이 살기에 맞을 정도로 고도가 적당히 높은 산악지역이라고 본다.
③ 천부의 징표, 천부인이 발굴될 가능성을 지닌 곳이다.
④ 환웅이 도래한 BC3898년 전후의 문명 발굴 지역이라고 본다.

---

105) 임승국, 전게서. p.17.
106) 상게서, p.30.
107) 상게서, p.32.

⑤ 환웅이 전래한 청동기 문화 유적이 가까이 있어야 한다.
⑥ 문명의 연결이란 시각에서 서역과 왕래하는 길목에 있어야 한다.
⑦ 환웅 조선을 이어받은 단군조선이라는 점에서 단군조선의 3한과 가까운 위치에 신시가 있을 것으로 본다.

강단사학자들은 '단군조선'을 인정하려 하지 않으니 그들에게서 '신시'의 위치 찾기를 기대할 바 못 댄다. 그런데 앞에서 언급했듯이 재야사학자들 대부분은 최남선의 〈불함문화론〉과 임승국 교수의 『한단(환단)고기』 해설에 힘입어 '환웅의 신시'가 하르빈(하얼빈) 남쪽에 있는 완달산(完達山)으로 보고 있다.

이들은 앞에서 필자가 제기한 조건①의 백산(백두산)과 흑수(흑룡강)라는 지형을 갖춘 곳이라고 보고 있다. 그럴 듯이 보이지만, 실은 흑룡강변에 있는 하얼빈에서 백두산까지 거리가 450km이고 보면 억지로 맞춘 느낌이다. 그런데 조건②는 맞는다 해도 조건③에서 조건⑦까지 하나도 맞는 것이 없다고 본다.

특히 이들은 당시 세계 문명의 중심이 극동지역인 만주로 보고 있는데, 필자가 앞에서 제시한 '문명 발전의 매개체 장사꾼의 연결 통로(도10)' 이론과 '세계 문명사의 중심축 이동(표1)' 이론에 비추어 볼 때, 설득력이 희박하다.

또 '조건⑥ 문명의 연결이란 시각에서 서역과 왕래하는 길목'을 고려하는 한편, 그리고 '⑦ 신시가 환웅 조선의 도읍이라면, 이를 이어받은 단군조선과 연결된다는 점에서 단군조선의 도읍과 가까운 위치' 이면서 이보다 서쪽에 있어야 한다고 본다.

필자는 ①-⑦까지 조건을 충족시킬 수 있는 신시라는 도읍지로 네이멍구자치구(內蒙古自治區)의 동부 지역, 츠펑(赤峰)시 동북쪽에 있는 나만기(奈曼旗, E120°40′ N42°49′)라고 본다. 필자가 비정한 근거는 다음과 같다.

① 백산과 흑수라는 지형을 갖춘 곳이다.

나만기에서 서남쪽으로 100-150㎞ 지점에 츠펑(赤峰)[108]이라는 도시가 있다. 그 사이에 시랴오강(西遼河)의 지류 인허강(陰河)이 있는데, 인허 강은 말 그대로 물빛이 어두운 강이다. 물빛이 어두워서 흑수(黑水)라 불렀을 것으로 본다.

나만기의 동편에 있는 노로아호(路魯儿虎) 산맥이 남서 방향으로 뻗어 있는데, 연이은 봉우리들을 구굴 지도에서 찾으면 산 이름이 태백 혹은 백산, 백토(두)산이라 불리고 있다. 여기서 백은 하얀 설산으로 높은 고산임을 알 수 있다.

나만기는 결국 동쪽에는 백산이고 서쪽에는 흑수가 서로 80㎞ 떨어져 있는 중간에 있다. 나만기를 신시로 본다면 '백산과 흑수 사이에 있다', '태백산 꼭대기 신단수 밑에 터를 잡았다'는 기록과 일치하는 지형이다.

또 이를 뒷받침하는 츠펑시의 연혁을 보면, 츠펑과 나만기 사이에 있는 강 유역에서 6세기까지 선비족 세력의 거점을 유지했다고 한다.

② 신시는 당시 사람들이 살기에 알맞을 정도로 고도가 적당히 높은 산악지역에 있었다고 본다.

'환웅을 파견한 환국의 위치'부터 살피면, 파미르고원 서북쪽 기슭, 고산지역이다. 당시 환국의 유목민들이 시베리아 북단까지 간 순록의 여름 방목

---

108) 츠펑시의 연혁: 츠펑은 시랴오강[西遼河]의 지류 인허 강[陰河]과 잉진 강[英金河]의 합류점에 있고, 주위는 여러 산들로 둘러싸여 있다. 시의 북동쪽 25㎞ 지점에 붉은색의 높은 봉우리가 우뚝 서 있어서 츠펑이라 불린다. 츠펑은 3-6세기 선비족의 세력 거점이었다. 당대에는 거란족의 영토였고, 명대에는 타안위(朶顔衛) 관할하에 있었다. 청대에는 울란하다 청[烏蘭哈達廳]을 세웠고, 1773년 츠펑 현을 설치했다. 1907년 적봉직례주(赤峰直隸州)로 승격했으며, 1913년에는 현으로 되었다. 1949년 한 차례 시로 승격했다.(출처, DAUM백과, 2022.11.12.)

지는 침엽수림의 한계 지점을 넘어 고산(高山) 툰드라 지대라 한다. 이들이 고도가 높은 산악지대를 택한 이유는 모기와 쇠파리 떼의 피해를 피하기 위한 것임을 앞에서 살펴보았다.

환웅이 신시를 개설한 지역도 이같이 사람 살기에 알맞을 정도로 적당히 높은 산악지역일 것이다. 현 나만기는 노로아호(努魯儿虎) 산맥의 서쪽 기슭에 있다.

③ 천부의 징표, 천부인이 발굴될 가능성을 지닌 곳이다.

'환인 천제의 명을 받은 환웅은 증표인 천부인(天符印)을 지니고, 무리 3,000명을 이끌고 동방으로 진출했다.' 그 정도의 병력이라면 이를 독립된 탈출이 아니라 사명을 띤 파견으로 봐야 한다.

당시 환웅은 천부인을 가지고 임무를 수행했을 것으로 본다.

천부인 세 가지를 거울과 북과 칼로 보는 학자도 있지만, 필자는 앞에서 천부인(天符印)이란 세 글자 속에 답이 들어있다는 것을 밝힌 바 있다.

천부(天符)와 천인(天印)에서 천(天)은 '환국의 안파견', 또는 '안파견이 수여함'을 뜻한다고 본다. 천부(天符)를 동방으로 파견된 총독 또는 총영사라는 '사령장(임명장)'이거나 '통행증(여권)'으로 본다. 또 하나의 부(符)는 환국에서 환웅에게 보내는 봉니 인장의 진위를 확인하는 탁인본(拓印本)으로 본다. 세 번째 천부인의 인(印)은 환웅이 환국으로 발송할 때 봉니에 찍을 인장으로 본다.

실제로 홍산문화에 속하는 내몽고 나만기(奈曼旗) 유적에서 '두 개의 옥인장'이 출토되었다.

'옥인장 중 하나는 환국에서 만든 것이고, 다른 하나는 환웅이 만들어 신시에서 지방 여러 곳에 보낼 때 사용했을 개연성이 있다.'는 필자의 가설에 대한 후학들의 관심과 평가를 기대한다.

④ 환웅이 도래한 BC3898년 전후의 문명 발굴지역이라고 본다.

홍산문명을 중국에서는 랴오허문명이라고 부른다. 랴오허의 상류에서 동북으로 흐르던 물길이 퉁랴오(通遼)를 지나면서 활처럼 휘어져 남쪽 바다 발해로 접어든다. 랴오허강이 싸 안고 있는 방대한 지역이 홍산문명 지역이며, 그 안에 나만기를 포함한 홍산문화(BC4700-BC2900)지역이 있다. 홍산문화 지역은 환웅천왕이 도래한 BC3898년과 비슷한 연대이다.

홍산문화 보다 이른 연대로는, 조보구(자오바오거우) 문화(BC5000-BC4400), 사해(치하이) 문화(BC5600), 흥륭와(싱룽와) 문화(BC6200-BC5200), 소하서(사오허시) 문화(BC7000-BC6500)가 있다. 이들 문화의 발굴 유적을 보면 홍산문화까지 실처럼 연결되는 환국과 동이 문화를 엿볼 수 있다.

다시 말해 환웅이 도래하기 전부터 환국에서 이곳에 온 상인을 비롯한 사람들이 거주했던 유적지로 볼 수 있다. 따라서 환웅은 이곳을 관장하는 총독 혹은 총영사의 역할을 수행한 것으로 유추할 수 있다.

⑤ 환웅이 전래한 청동기 문화 유적이 가까이 있어야 한다.

환웅이 청동기를 가지고 왔다는 기록을 안함로의 『삼성기전(상편)』에서 찾을 수 있다. "사람이 모이는 곳(子井女井)에 (진입하여) 천평을 마련하고, 그곳을 청구로 정했다(鑿子井女井於 天坪劃井地於靑邱)."

이 기록은 환웅이 천신(환님, 단인 천제, 안파견)의 뜻을 받들어 백산과 흑수 사이에 신시를 마련하고 정착하는 과정을 말하는 것이다. 이 기록에서 착(鑿)이 '뚫다'는 의미로 기존 사회 집단에 진입한 것을 말하고 있다. 착(鑿)자에 쇠금 변을 사용한 것은 쇠붙이를 다루는 기술을 가지고 있었다는 뜻이다. 당시 쇠붙이라면 구리나 청동 기술로 본다.

혹자가 필자의 해석에 대해 비약된 이론이라 할 수도 있겠다 하여 다음에 두 가지 근거를 제시하고자 한다.

첫째 근거는, 나만기에서 남서 방향으로 200㎞ 떨어진 능원시 근처, 뉴허량의 피라미드[109]에서 청동기를 만들 때 청동주물을 떠서 옮기는 도가니[감(坩)]와 청동찌꺼기[銅渣(동사, 슬래그)]가 발견되었다. 중국의 저명한 야금학자인 한루빈[韓汝玢(한여분)]은 기존 중국의 청동기 시작연대(BC2000년 설)보다 1,000년 이상 앞선 BC3500~BC3000년 사이로 보고 있다.
환웅이 청동기 문명을 가지고 왔다는 증거가 된다.

둘째 근거는, 금속문명 발달사가 말해준다. 현재 최초의 구리 제품[110]으로 이스라엘 북동쪽 국경선 인근 지역의 오래된 유적지 텔 타프에서 발견된 '구리 송곳'이다. 연대 측정결과 BC5000년경으로 보고 있으며, 이 제품을 화학 분석한 결과 1,400㎞ 떨어진 흑해 연안에 있는 조지아(GEORGIA)에서 제련이 가능한 것[111]으로 유추하고 있다.
이곳은 중앙아시아 지역이며, 당시 환국은 청동기 문명권으로 볼 수 있으며 장삿길 중의 주요 길목이었을 것이다. 이보다 1,000년 이후에 출발한 환웅은 청동문화를 지녔을 것으로 짐작할 수 있다.

---

109) 크기가 60m×60m이며, 가장 오래된 이집트의 조세르 피라미드 보다 1,000년이나 앞선다.
110) 이라크 샤니다르 동굴에서 발견된 타원형의 '구리 펜던트'는 BC9500년 경에 사용됐던 물건으로 보이나 자연 구리를 가공한 것으로 보아 구리 산출 기술에서 제외한다. 김동환, 배석, 『금속의 세계사』, 다산북스, 2015. p.33.
111) 김동환, 배석, 『금속의 세계사』, 다산북스, 2015. pp.27-31.

⑥ 문명의 연결이란 시각에서 신시가 서역과 왕래하는 길목에 있어야 한다.

신시를 개설했을 당시 흑요석을 확보하여 환국으로 수송하는 것이 최우선 임무였다. 흑요석은 군수 물자였으므로 보안상, 사람이 많이 사는 연경(북경)을 거치지 않고 둬룬(多倫)을 거쳐 북방 초원길로 접어들었을 개연성이 있다. 또 흑요석 산출지 회령까지 이어진 코스는 랴오허강의 강변길을 따라 퉁랴오(通遼)를 거쳐 창춘, 지린 코스를 택했을 것이다.

앞의 절에서 살펴본 장사꾼 이론, 즉 세계 문명사의 중심축 이동 이론과 지금 살피는 흑요석 생산과 운반 루트로 볼 때 나만기와 츠펑은 서역과 왕래하는 길목이라고 볼 수 있다.

⑦ 환웅 조선을 이어받은 단군조선이라는 점에서 단군조선의 첫 도읍 아사달(조양)과 가까운 위치에 신시가 있을 것으로 본다.

나만기와 조양과의 거리는 불과 100㎞ 정도이다. 같은 문명권으로 본다.

조양이 단군조선의 첫 도읍지 아사달임은 다음 장에서 밝히겠다.

신시(神市)의 증거는 차고 넘친다

앞에서 살폈듯이 신시가 있을 만한 7가지 조건이 모두 충족되었다고 본다. 그래서 상세 지도를 펴놓고 나만기 주변을 주의 깊게 살펴보았더니 신시의 터를 입증할만한 증거가 또 발견되었다.

⑧ 나만기 주변에는 방어를 위한 토성으로 된 성곽 흔적들이 남아있다. 홍산(랴오허)문명 발굴의 대부분 지역은 평범한 삶의 흔적이다. 그런데 나만기를 중심으로 토성으로 된 성곽이 남아있다는 것은 이곳이 어느 왕국의 도읍이라는 강한 암시를 준다. 이 또한 홍산(랴오허)문명의 광범위한 발굴 지역과 다른 양상을 보여주고 있다.

⑨ 나만기에서 출토되는 토기 중 다른 지역과 달리 화려한 '채색토기'가 있다.

홍산문명의 일반 지역에서 발굴되는 식기는 빗살무늬 토기 등 질그릇이다.

그런데 나만기 지역에서는 질그릇이 아닌 사기그릇에 가까운 고급스런 채색토기가 섞여서 발굴되었다.

유약을 발라 채색을 띠고, 광택이 날 정도로 구운 사기그릇은 도자기 굽는 기술의 차등화를 말한다. 얼마나 더 높은 온도로 구워낼 수 있으냐는 기술적 문제이다. 고급 도자기를 소유했다는 것은, 당시 상대적으로 귀족이나 지배계층이 살던 곳이라 유추할 수 있다.

왕족이나 귀족이 사용하던 것이라면 홍산문화 연대(BC4700-BC2900) 당시 수도권 지역으로 볼 수 있다.

▲ (도12) 나만기 유적에서 나온 채색 토기(출처: 박기수 교수의 블로그)

  나만기에는 토성으로 이뤄진 성곽이 있으며, 당시 귀족 또는 왕족이 사용했을 것으로 보이는 고급스러운 채색토기가 발굴된 것으로 보아 이 지역에 왕이 정착했던 곳으로 본다.

  이같이 여간해서 찾기 어려운 7가지 조건에 모두 부합되는 장소가 나만기 말고 또 어디에 있는가? 거기다가 도읍지를 추정할 수 있는 두 가지 유적과 유물을 살피면서, 이곳 말고 뚜렷한 장소가 발견되기 전까지 필자는 잠정적으로 나만기를 신시(神市)로 보고자 한다.

신시는 청동기 문명 위에 세워졌다

환웅의 신시와 그후 국정 방향의 변경을 살피는 것은 단군왕검이 통일했다는 구환(九桓)의 영역과 이를 이어받은 단군조선의 정체성을 탐구하는 일에 도움이 된다. 신시는 청동기 문명 위에 세워졌다고 본다.

앞서 소개한 대로 환국에서 파견된 환웅의 도착에 대해,『삼성기전(상편)』을 쓴 안함로는 "후일 환웅씨가 계속하여 일어나 천신(환님, 단인 천제, 안파견)의 뜻을 받들어 백산과 흑수 사이에 내려왔다(정착했다). 사람이 모이는 곳(子井女井)[112]에 천평을 마련하고, 그곳을 청구로 정했다(後桓雄氏繼興奉天神之詔降于白山黑水之間鑿子井女井於天坪劃井地於靑邱)."[113]고 했다.

이 기록에서 '鑿子井女井於(착자정여정어)'라는 구절은 이미 사람들이 살고 있던 곳(子井女井於)에 선진 금속 문명을 앞세워 기존 집단의 세력을 '뚫고 진입〔착鑿〕'할 때, 금속 문명 기술을 가지고 왔음을 암시하고 있다.

실제로 홍산(랴오허) 문명지로 보는 하가점(夏家店)과 소하연(小河沿)에서 남쪽으로 가까운 요령성 건평현에 뉴허량(牛河樑) 유적지에서 옥기, **청동주조 유물**, 석기, 채색토기, 무문토기, 제사용 토기 등이 발굴되었다.

---

112) 子井女井을 사람이 많이 모이는 곳으로 해석했다. 우물(井)가에 모이는 男井女井이 아니라 자정여정인 것을 보면, 물을 길어오는 작업은 성인 남녀의 노동이 아니라 당시 가정사의 분업으로 볼 때, 어린아이에게 알맞은 작업인 것 같다. 사람(人)이 많이 모인다(加)는 한자에 절간(伽)에 사람이 많이 모인다는 글자를 만들어내듯이 역사를 기록하는 이는 깊은 뜻을 내포하였다고 본다. 子井女井으로 보아 우물(샘)이 있는 평지(天坪)에 사람들이 모여 도시를 이루는데 그곳을 청구(靑丘)로 본 것이다. 문맥으로 보아 환웅은 신시를 개설하여 사람을 모은 것이 아니라 기존 도시에 입성한 것으로 본다.

113) 임승국, 전게서, p.17.

이 지역 유물을 연대 측정한 결과 홍산문화(BC4700-BC2900)라 하며, 신석기와 청동기의 병용 시기라고 보고 있다. 이 시기는 환웅이 도래한 BC3898년과 겹친다. 한웅이 청동기 문명을 가져온 것으로 볼 수 있다.

여기서 '**청동주조 유물**'이란 뉴허랑의 피라미드[114]에서 청동기를 만들 때 청동주물을 떠서 옮기는 도가니[감(坩)]와 청동찌꺼기[銅渣(동사, 슬래그)]가 발견된 것을 말한다.

금속학자들은 청동보다 구리의 출현이 더 앞선다고 보고 있다. 구리는 청동보다 무른 금속이다. 구리와 주석이 합금 된 것이 청동인데 구리보다 단단하고 녹이 덜 슨다.

현재 최초의 구리 제품[115]으로는 이스라엘 북동쪽 국경선 인근 지역의 오래된 유적지 텔 타프에서 발견된 '구리 송곳'이다. 연대 측정결과 BC5000년 경으로 보고 있으며, 이 제품을 화학 분석한 결과 1,400㎞ 떨어진 흑해 연안에 있는 조지아(GEORGIA)에서 제련이 가능한 것[116]으로 유추하고 있다.

이곳은 중앙아시아 지역이며, 당시 환국의 문명권으로 볼 수 있으며 장삿길 중의 주요 길목이었을 것이다.

구리 제련 기술에 대해, 조지아(국)에서 고대 세계로 퍼져 나갔을 것이라는 일시일발(一時一發)의 기존 학설이 있고, 유럽과 아시아 지역에서 각각 독립적으로 구리 제련법이 발명되어 고대 세계로 전파되었을 것이라는 동시

---

114) 크기가 60m×60m이며, 가장 오래된 이집트의 조세르 피라미드 보다 1,000년이나 앞선다.
115) 이라크 샤니다르 동굴에서 발견된 타원형의 '구리 펜던트'는 BC9500년 경에 사용됐던 물건으로 보이나 자연 구리를 가공한 것으로 보아 구리 산출 기술에서 제외한다. 김동환, 배석,『금속의 세계사』, 다산북스, 2015. p.33.
116) 김동환, 배석,『금속의 세계사』, 다산북스, 2015. pp.27-31.

다발(同時多發) 학설이 있는데, 후자의 학설이 설득력이 있다고 한다.[117]

필자도 이에 공감하며, 구리를 발견하게 된 당시의 상황을 유추하고자 한다. 조지아(GEORGIA)를 세계지도에서 찾으면, 터키 동북부에 있으며 흑해(Black Sea)와 카스피해(Caspian Sea)를 잇는 캅카스산맥(Kavkaz Mts)의 남쪽에 위치한다. 옛날에도 이곳은 북풍이 부는 계절이 되면 푄(Föhn) 바람으로 인해 산맥 이남은 매우 건조해졌을 것이다. 어쩌다 자연발화로 산불이 나면 흑해와 인접한 수후미 도시 인근의 소나무 밀림 지역은 우리나라 동해안 산불[118] 처럼 화마의 피해를 입었을 것이다.

소나무 등 침엽수림[119]은 불이 붙으면 화력이 좋다. 이곳 암석 중 구리 광석의 구리가 녹아 암석 표면으로 흘러나와 식으면서 구리판이나 덩이를 채취할 수 있었을 것이다. 이는 제련을 거치지 않고 '자연 구리' 상태로 발견된 것이다. 사람들은 이를 보고 구리 제련 방법을 알아내기 시작했다고 본다.

이와 같은 구리 산출 상황 속에서 순록을 쫓아 이동하는 유목인들도 가끔 구리 덩이를 발견하게 된다는 가설을 필자는 제기한다.

유목민 중 네네츠인의 경우를 보면, 계절이 바뀔 때마다 1,000km 이상을 이동한다. 여름이 올 때는 북쪽을 향하여, 겨울을 앞두고는 남쪽을 향하여 보통 2-3일 간격으로 3-6km를 이동하며 순록을 방목한다. 이동을 마치면 제일

---

117) 상게서, p.30.
118) 한반도 동해안 낙산사에 가면, 고려 동종이 강원도 양양, 고성 지역의 대형 화재 때(2005.4) 형태가 없이 다 녹아버린 흔적을 볼 수 있다.
119) 조지아(GEORGIA)에서 호박 보석이 많이 나온다. 이 지역에 태고대에도 침엽수림이 무성했다는 것을 시사한다.

먼저 이동식 숙소인 '춤(Chum)'을 설치한다. 그리고 나서 순록의 방목지 둘레에 밤에 불을 밝혀 줄 돌무더기 화대를 만든다. 밤에 맹수의 습격을 예방하기 위해 밤새 불을 피우는 시설이다. 이 아궁이에는 2-3일 동안 계속 불씨가 이어진다. 만약에 아궁이를 쌓은 돌덩이가 구리 광석이 섞여 있다면 흔치 않게 얇은 구리 눈물(고드름)을 채취할 수도 있다. 이처럼 구리 제련 방법은 유럽과 아시아 지역에서 각각 독립적으로 발견되어 동시다발(同時多發)로 고대 세계로 전파되었을 것이라고 본다.

유목민들은 불씨[120]를 이어가기 위해 이동할 때 수레에 불씨를 담은 화로를 싣고 다닌다.

환웅이 동방으로 떠나기 전 환국에는 이미 세련된 구리 제조법은 물론 청동주조법도 갖추고 있었을 것으로 유추할 수 있다.

---

120) 제주도에는 신구간(新舊間, 24절기 대한 후 5일째부터 입춘 전 3일까지 7-8일 동안)에 이사하는데, 이때 살던 집에서 사용하던 불씨를 가지고 가는 풍습이 20세기에도 남아있었다. 불씨를 꺼뜨리지 않고 이어간다는 데 의미를 둔 것 같다.

똥시(東西) 장삿길의 변화와 상투 문화

이번에는 환웅이 도래할 즈음에 생겼을 것으로 보이는 단어가 있다.

중국의 단어 중에 화물(貨物)을 똥시(東西)라고 한다.

똥시(東西)의 어원에 대해 별별 해석들이 있는데, 사실은 환웅조선과 단군조선 때 사용하던 '동서(東西)'가 똥시로 읽히면서 그리된 것으로 본다. 다시 말해 동쪽에서 서쪽으로 이동하는 화물의 방향성을 뜻하는 말이다. 당시 서쪽으로 움직이는 화물은 부피가 컸고, 이와 반대로 서에서 동으로 움직인 화물은 부피가 적었다.

똥시(東西)로 읽히던 환웅 조선의 국정 방향에 전환점을 이룬 계기가 있다.

환웅을 파견했다는 환국이 결국은 멸망한 것이다.[121]

환웅(천황의) 조선은 고국인 환국의 멸망을 보며, 그 이상 흑요석을 확보하거나 운반할 필요가 없어졌다.

환국의 멸망으로 환웅 조선은 종속체에서 독립체가 되었다.

그때까지는 흑요석이 제1번 조달품이었는데, 환국 멸망 이후는 독자적 교류 시스템으로 전환되었다고 본다. 따라서 똥시(東西)의 화물(貨物) 품목에도 변화가 생겼다. 흑요석보다 돈이 되는 모피 제품이 주를 이룬 똥시(東西) 화물(貨物) 중심으로 교역에 변화가 생겼다.

이번에는 환웅 조선이 종속체에서 독립체가 되면서 치우천왕의 남진 정책에 대해 살피고자 한다.

---

121) 원동중의 『삼성기전(하)』에, '환국 말기에 안파견이 환웅을 파견했다.', 임승국, 전게서, p.30.

어느 재야사학자가 풀리지 않은 지명이라며 필자에게 물어왔다. 구글 지도에 보면, 치우(蚩尤) 마을이 호남성의 동정호(洞庭湖) 서편에 있는 도화원(桃花源, E111° 25′ N28° 47′)의 서쪽과 남쪽에 2곳이 있고, 산서성(山西省) 운성(運城)시 근처에도 있다. 치우가 자리 잡은 청구(靑丘)는 산동반도 근처로 보는데 여기저기 흩어져 있는 치우 마을과의 관계를 어떻게 설명할 수 있느냐는 질문이다.

이에 대한 답을 하려면 조족에 대한 이해가 필요하다.

앞에서 조족(朝族)은 '환국에서 해가 뜨는 동쪽으로 이동해 온 족속'이라 했다.

그런데 조족이 동쪽으로 이동했다고 단순히 따뜻한 곳을 찾아서 정착했다고 보면 오산이다. 그들은 장사를 목적으로 그곳에 잠시 머물렀다고 본다.

홍산(랴오허)문명 유적지에서는 환웅의 도래(BC3898)와 비슷한 홍산문화(BC4700-BC2900) 보다 더 오래된 조보구문화(BC5000-BC4400), 흥륭와문화(BC6200-BC5200), 소하서문화(BC7000-BC6500)도 발굴되었다.[122]

이 유적지에 터를 잡았던 조족의 자취가 있다. 이들은 중앙아시아의 환국에 뿌리를 둔 장사꾼이라 할 수 있다.

장사꾼은 중국 대륙 전역으로 뻗어나갔다고 본다.

장사꾼 중에는 앞에서 소개한 (도11)에서 가상의 K 지점처럼 곤경에 처한 경우, 구원을 요청하면 치우 천황이 보낸 지원군의 혜택을 보았을 것이다.

이때 치우천황은 영토를 확장한 것인가, 아니면 장삿길을 보호한 것인가?

---

122) 안경전, 『청소년을 위한 환단고기』, 상생출판, pp.94-95.

아마도 후자에 비중을 둔 것 같다.

그렇다면 조족이 장사꾼이었다는 증거가 있나?

1989년 가을, 홍산문화지역 뉴허량(우하량)의 한 적석총(제21호 묘)에서 옥고(玉箍)로 상투를 보전하고 유옥위장(唯玉爲葬)[123] 한 인골이 출토되었다.[124] 인골은 생시에 상투를 했던 것으로 보인다. 이를 두고 환웅을 파견한 환국에서도 상투를 하지 않았나 유추할 수 있다.

이를 보충하기 위해 수메르[125]의 상투 문화를 살펴보겠다.

영국 런던 대영박물관 아시리아(Assyria) 컬렉션에서 수메르(Sumer)와 아카드(Akkad)의 유물 중에 필자의 눈을 끄는 석재부조가 있다. 머리에 우리 조상처럼 상투를 했다. 헤어스타일로 상투를 하는 나라나 조상이 있는 경우는 흔치 않다.

이 부조의 주인공은 아시리아 역사에서 정복 군주인 아슈르나시르팔 2세 (Ashurnasirpal Ⅱ, 재위 BC873-BC859)라 한다. 이 부조상(浮彫像)은 기원전 9세기

---

123) 옥으로만 장례를 치뤘다는 의미로, 시신을 오로지 옥으로 만든 기물로만 장식하거나 옥 부장품만을 관에 함께 넣어 치룬 장례를 일컫는 말

124) 이형구, 이기환, 『코리안 루트를 찾아서』, 성안당, 2010, pp.152-153.

125) 수메르문명에서 발굴된 토판에 쐐기문자로 기록된 수메르어와 우리 언어가 똑같은 교착어(膠着語)이다. 수메르어는 한국어와 마찬가지로 목적어가 동사보다 먼저 나오는 언어여서 문장의 구조가 SOV(주어+목적어+동사)형으로 되어 있다. 토판에 쐐기문자로 남아있는 수메르어와 이에 해당하는 한국어를 비교하면 음가도 비슷하여 얼른 알아볼 수 있다. 수메르에서 발굴된 토판을 해독한 수메르연구의 대가 크레이머(N Kramer) 박사는 "수메르인은 자기들 스스로 동방에서 왔다."고 했으며, 그들이 말하는 '안샨(Anshan)'은 '하늘 산' 즉 천산(天山)을 뜻하는데, 수메르에서 볼 때 동북 방향에 천산(텐산)산맥이 있다. 환웅이 사용한 천(天)과 수메르인이 고향으로 여긴 천산(天山)은 동일한 지명으로 보인다. 그곳을 환국으로 본다.

당시 아시리아 왕국의 수도였던 님루드(Nimrud)의 한 사원[126]의 입구에 있었다고 한다. 지금의 이라크 모슬 동남쪽 30Km 지점에 있었다.

이와 비슷한 석재부조(BC2300년경 제작)가 또 있다. 수메르의 초기 사르곤 왕(BC2334-BC2279)의 머리에도 상투가 있다. 이들은 당시 그 지역의 지배 계층이었다. 메소포타미아 문명의 원류, 수메르 문명의 지배계층은 상투를 틀었다는 것을 알 수 있다.

이번에는 아메리카대륙 이야기다. 손성태 교수가 쓴 『우리 민족의 대이동』에서, 멕시코 역사를 담은 1523년경의 그림[127]을 소개하고 있는데 원주민들이 바로 우리 선조들의 상투 모양과 같은 헤어스타일을 하고 있다.

상투 문화를 가진 이들이 언제 아메리카대륙으로 건너갔을까?

송호수 교수의 『한민족의 뿌리사상』에 의하면, 북미의 오리건주에서 발굴된 짚신 75켤레는 동이족의 짚신과 흡사한데 방사선탄소 측정에 의하면 이것은 약 9천 년 전의 것이라고 한다. 그 이전에 이미 상투를 하고 두루마기를 입은 동이족이 베링해협을 걸어서 넘어갔다[128]고 할 수 있다.

---

126) 사원은 지금 이슬람국가(Isis)에 점령된 뒤 잔혹하게 파괴되는 영상(2015.3)을 마지막으로 사라졌다.

127) 아스텍문명(Aztec culture)은 지금의 멕시코 지역에 존재하던 아스텍 인들이 만든 문명이다. 수도는 멕시코 중부의 텍스코코 호 중앙의 인공 섬에 있던 테노치티틀란이었다. 마야 문명의 영향을 받았다. 1519년 11월 8일 에스파냐의 정복자 에르난 코르테스가 수도 테노치티틀란에 들어갔다. 아스텍 제국의 통치자였던 몬테수마 2세는 백인인 코르테스와 그의 무리를 아스텍 문명의 전설에 나오는 깃털 달린 뱀 케찰코아틀로 여겨 환대했으나 내부의 정치적 위기를 이용한 코르테스의 계략으로 1521년 코르테스의 군대에게 정복당했다. 바로 직후에 정복자 쪽에서 그린 그림이다.

128) 지구과학 이론으로 볼 때, 1만 5천 년 경에 빙하가 덜 녹아 한반도 남부와 제주도와 일본 열도가 뭍으로 연결되었다. 이 같은 추론을 베링해협에 적용하면 겨울에 해협을 건너기는 쉬웠다고 본다.

이들 아시리아와 수메르의 메소포타미아 지역과 홍산(랴오허)문명 지역과 아스텍 문명 지역을 연결 지으면, 문명의 연결 선상에 중앙아시아 문명이 있다. 당시 문명 수준이 높은 중앙아시아가 문화의 중심이 아닌가 한다.

수메르의 상투와 우리네 상투와 아스텍 문명의 상투가 확실한 증거라 할 수 있다.

상투의 원음은 상두(上斗)라 한다.

별이름 斗(두)는 북두칠성(北斗七星)을 말하는 것으로, 북두칠성을 줄여서 두성(斗星)이라 한다. 따라서 상투(上斗)는 북두칠성을 머리 위(上)에 이고 다니는 것과 같다. 상투를 맬 때, 천상 북쪽 하늘을 향해 머리카락을 위로 올려 앞으로 4번, 뒤로 3번 총 7번을 꼬아 올려 고정시키는 헤어스타일이다. 일곱 번을 꼬아 올리는 것은 북두칠성의 7을 상징한다고 본다.

북두칠성 문화는 우리의 삶에 녹아있다. 우선 떠오르는 것이 ①상투문화, ②정화수와 칠성신앙, ③삼신할멈과 금줄문화, ④칠성판과 장례문화, ⑤북망산과 노잣돈, ⑥자정 시각에 제사지내는 문화, ⑦어동육서 등 북쪽(북두칠성)을 기준으로 제사지내는 문화, ⑧윷놀이와 말판문화 등이 있다.[129]

②의 정화수와 칠성 신앙은 이렇다.

먼길, 장삿길을 떠난 남편이나 자식을 위해 정화수를 떠놓고 무사히 귀환하기를 기원하는 것도 칠성 신앙의 하나이다. 머리에 이고 있는 상투(상두: 북두칠성)로 북극성을 찾고 방향을 잃지 말기를 기원한다. 북두칠성과 북극성을 찾아 스탄의 땅(집)으로 찾아오는 길을 놓치지 말라는 기도(기원)가 들어있다.

---

129) 오운홍, 『고대사 뒤집어 보기』, 시간의물레, p.262.

북두칠성(큰곰자리)과 카시오페이아자리가 북극성을 중심으로 한 시간에 15°씩 시계 도는 반대 방향으로 회전하여 시각을 알 수 있다는 것은 현대 과학이 인정하는 바다. 상고사의 우리 조상도 별자리를 보고 시간과 위치와 방향을 관리했을 것으로 믿는다.

이와 같이 남자가 상투를 해야 할 이유가 무엇인가?
집을 나와 오랜 기간을 거치는 원행을 했다는 데서 찾아야 한다.
원행을 왜 했을까?
그들은 장사꾼이기 때문이다. 환국은 장사꾼 나라인 것이다.
이들은 문명 발달의 매개체가 되었고, 이들이 축적한 부(富)가 선사시대의 환국을 문명의 중심지로 성장시켰다고 본다.
이들 환국에 근거를 두고 동방으로 이동한 장사꾼들이 홍산(랴오허)문명 지역에도 진출하였고, 이들은 다시 중국 대륙 전역, 특히 사람들이 많이 사는 밀집 지역으로 장삿길을 확장해 나간 것으로 본다. 한 예로 중국의 하은주(夏殷周)의 하나인 은(殷)나라는 상투를 하고 있는 행상들의 나라였다. 그래서 행상의 상을 뜻하는 상(商)나라로 불리기도 한다.

은나라 기자의 초상을 보면, 머리에 키(箕) 모양의 모자를 쓴 모습이 인상적이다. 당시 머리에 쓴 모자는 집을 떠나 원행(遠行)을 해야 하는 행상들이 눈이나 비(雨)로부터 상투를 보호하는 의관의 일종이었다고 본다.
모자의 재료가 초립(草笠)이 아니었나 한다.

상투로 보아 홍산문명은 별도의 문명이 아니라 중앙아시아와 연결된 문명이라 할 수 있다.

▲ (도13) 기자의 초상화

　본 제2장은 단군조선의 정체성을 파악하기 위해 마련한 것이다.
　단군조선 이전의 환웅조선 때에도 상투 문화의 장사꾼이며, 사용한 언어가 동이어인 SOV(주어+목적어+동사)형이고, 사후에 피라미드형 적석총 무덤을 조성했으며, '칠성 신앙'의 삶을 살아왔다고 본다.

　단군왕검은 건국하면서 '조선(朝鮮)이라는 국호를 비롯하여 전(前) 왕조의 행정 체제나 국정 방향을 이어 간다.' 하였다. 이것은 단군왕검이 환웅 조선의 마지막 단웅의 적장자가 아니고 혁명적으로 정권을 창출했기 때문에 백성과 사해 만방을 끌어안기 위한 최선의 유화책으로 본다.
　이로써 단군조선의 정체성을 충분히 파악했으리라고 보며, 따라서 다음 장에 전개되는 삼한의 역사를 쉽게 이해할 수 있으리라 믿는다.

홍산(랴오허)문명 주인, 중국이 아닌 이유

본 장을 정리하면, 환웅의 도래는 중국이 아닌 우리의 상고사이며, 환웅이 자리 잡은 신시(神市)가 홍산(紅山)문화 지역 안에 있음을 확인할 수 있었다.

이보다 더 넓게 홍산(랴오허)문명 발굴지를 살펴보아도 유적과 유물들이 우리 동이와 닮았다. 중국이 동북공정을 내세우며 아무리 우겨도 발굴된 유적과 유물들이 중국 모습으로 변하지 않는다. 그래서 홍산(랴오허)문명 주인이 중국이 아님을 다음과 같은 이유를 들어 분명히 짚고 넘어가고자 한다.

첫째 이유, 먼저 현대와 비교적 가깝다는 청동기 유적인 샤가덴(夏家店) 하층(下層)문화 유적[130]을 살펴보자. 이 유적은 BC2000-BC1500년에 해당한다. 이 시기는 단군왕조 성립 이후라고 보며, 이곳에서 발견되는 유적은 적석총과 석관묘, 빗살무늬 토기와 평저형 토기, 세석기와 옥결, 비파형 동검, 삼족(三足)토기, 문자가 새겨진 토기, 일상용 토기와 의례용 토기, 복골(卜骨) 등 유물이 발굴되었으며, 동이 문화 유적과 유물이라 할 수 있다.

둘째 이유, 홍산문화 지역에서 발굴되는 적석총은 돌을 쌓아 올려 만드는 무덤으로 중국의 한족 문화가 아니고, 동이족의 장례문화가 분명하다. 중국의 장례문화는 적석총이 아니고 땅속에 매장하는 분묘 형식이다.

셋째 이유, 이곳에서 발견되는 치(雉)가 있는 석성 역시 난공불락의 고구려의 성을 쌓는 방식과 같다. 한반도에서 발굴되는 오래된 성들이 모두 치가

---

130) 샤가덴(하가점) 유적지의 위치는 내몽고자치구의 동부 지역에 있는 츠펑(赤峰, E118° 57′ N42° 15′)시에서 북서쪽으로 강(요하-서요하의 지류-노합하老哈河)을 건너가면 유적지가 있다.

있는 석성들이다. 치는 성을 쌓을 때 구부려지거나 꺾인 부분에 혹처럼 밖으로 튀어나온 모양을 하고 있다. 외부로부터 공격을 받았을 때 성을 수비하는 데 유리하다.

▲ (도14) 청쯔산의 샤자뎬 유적, 치(雉)가 있는 석성과 대형 건물터(경향신문, 2007.10.12.)

넷째 이유, 앞에서 살핀 샤자뎬(夏家店)과 소하연(小河沿)에서 남쪽으로 가까운 요령성 건평현(E119°37′ N41°21′)[131]에 뉴허량(牛河樑) 유적지가 있는데, 1983년에 발굴되면서 세계는 깜짝 놀라게 되었다. 유적지에서는 국가의 존재를 나타내는 대규모의 총묘단(塚廟壇)인 돌무덤[塚], 신전[廟], 제단[壇]이 나왔기 때문이다. 적석총(돌무덤)과 대형 피라미드, 여신묘(女神廟)에서는 여신상(인간 실물의 3배 크기)과 옥 웅룡 등이 출토되었고, 그밖에 다양한 옥기, 청동주조 유물, 석기, 채색토기, 무문토기, 제사용 토기 등이 발굴되었다. 이렇게 발굴된 유물로 보아 홍산문화(BC4700-BC2900)는 신석기와 청동기의 병용

---

131) 뉴허량 가까운 건평현(E119°37′ N41°21′)은 신시(神市)로 비정되는 나만기(E120°40′ N42°49′)에서 남쪽 170km, 단군조선의 왕검성으로 추정되는 조양(E120°23′ N41°36′)에서 서쪽 72km에 있다.

시기라고 본다. 또 이 시기는 세계 4대문명 시기보다 훨씬 이른 시기로서 세계 문명사의 신기원이 되고 있다.

이곳 뉴허량의 적석총 중에 천제를 올리던 원형 3단 구조의 제단(壇)을 갖춘 것이 있다. '하늘은 둥글고 땅은 방정하다'는 천원지방(天圓地方) 사상이 나타나 있는 제단은 동북아 제천단의 원형이다. 북경시 천단 공원의 원구단과 닮아서 동이 문화로 볼 수 있다. 북경시 천단 공원은 백제 초기 위례성의 자리이다. 조선 말기에 고종이 황제 등극을 하늘에 알리는 자리를 마련하기 위해 둥글게 조성한 환구단(圜丘壇)도 이와 같은 전통 사상이 이어진 것이다.

다섯째 이유, 뉴허량 유적 제2지점 1호 적석총 제21호 무덤에서 나온 유물은 토기나 석기가 하나도 없이 모두 옥으로 된 제품들이다. 이들 중 옥패(玉牌)는 곰의 형상이고, 옥고는 상투 머리를 고정시키는 도구이다. 어디를 보나 상투는 동이의 정서와 풍습을 담은 동이 문화의 자취라고 볼 수 있다. 동이가 아닌 원래 중국 한족(漢族)은 짧게 자른 머리 스타일로서 상투머리가 분명 아니다.

여섯째 이유, 부하(富河) 문화보다 조금 앞선 치하이(査海) 문화(BC5600)가 요녕성 푸신(阜新, E121°38′ N41°58′)시에서 발견되었다. 발견된 유적은 평지 위에 돌로 흩어 쌓아 놓은 용의 형상이다. 이를 석소룡(石塑龍)이라 명명하였다. 중국에서는 이를 두고 중화제일룡(中華第一龍)이라 부르고 있다. 용(龍)자는 중국에서 천자를 상징한다. 용안(龍顔)은 임금의 얼굴이고, 용상(龍床)은 임금이 앉은 평상이며, 용포(龍袍)는 천자가 입는 겉옷이다. 용포의 가슴과 어깨에는 발톱이 다섯 개 달린 용의 무늬를 금실로 수 놓았다. 이처럼 용이 자기네 문화라고 믿어왔던 중국 학자들과 논쟁이 계속되고 있다.

랴오허(훙산) 문명이 발굴되고 보니 중국 문화가 아니고 동이 문화로 밝혀진 마당에 용(龍)도 중국의 것이 아니고 동이의 것임을 바로잡아주는 유적이라고 본다. 본책 4장에서 밝히겠는데 (고) 조선의 첫 도읍 아사달이며 왕검성으로 불리는 진한(辰韓)의 진성(辰城)이 지금의 조양(朝陽, E120°23′ N41°36′)이다. 조양과 푸신은 110km 정도 가까이 있다. 진한이나 진성의 별 진(辰)은 하늘의 용을 뜻한다. 조양이 한때 용성(龍城)으로 불렸던 흔적이 조양시 용성구에 지명으로 남아있다. 용을 숭상하는 문화는 중국이 아니고 원래 동이 문화였다.

일곱째 이유, 중국 역사와는 하나의 연결 끈도 없는데 홍산(랴오허)문명을 자기네 역사라고 우긴다. 지금까지 자기네 상고사라고 우기던 하(夏)·상(商)·주(周)가 있던 곳은 만리장성 이남이다. 중국 고대사 어디에도 홍산(랴오허)문명 유적지 근처에 자기네 역사가 있었다는 기록이 없다. 홍산문명 지역은 그들 조상의 영역이 아니다. 따지고 보면 하(夏)·상(商)의 나라도 동이(東夷)의 나라이다.

홍콩대학의 임혜상(林惠詳) 교수는 그의 저서『중국민족사』에서 "맹자가 말하기를 '순(舜) 임금은 동이 사람이다'라고 하였으니, 오늘날 우리가 순(舜) 임금은 은(殷, 商)나라 사람의 조상임을 추측하여 알 수 있다. 은나라 사람이 바로 동이인데 동방에서 흥기하였다."

이처럼 중국의 상고사는 동이의 영향을 받은 것이다. 그 후 주(周)나 진(秦)과 한(漢) 이후 동이의 명맥은 끊어지고, 홍산문명의 정통성을 이어간 나라가 단군조선의 삼한이고 다시 신라, 고구려, 백제로 이어갔다고 본다.

제3장

단군왕검은 왜 삼한으로 권한을 분담했나?

제3장

단군왕검은 왜 삼한으로 권한을 분담했나?

진한·마한·번한은 국명이 아니라 왕권이다

단군왕검은 건국하면서 북방 유목민족의 통치 방식을 따라 좌·우현왕 제를 염두에 두고 있었다고 본다. "BC2241년에 마한(馬韓)과 번한(番韓)과 진한(辰韓)이라는 삼한, 즉 3조선으로 구획했다."[132]는 기록이 『단군세기』에 있다. 그런데 '마한과 번한의 왕세가'[133]에 보면, 달지국(達支國) 왕 웅백다(熊伯多)를 마한에 봉(BC2333)했다. 왕검이 조선(朝鮮)을 건국할 당시 웅백다와는 우호적 관계였다고 볼 수 있다.

그리고 단군왕검이 죽기(BC2241.3월) 직전에, 치우천황의 후손인 치두남을 골라 번한으로 임명(BC2241.1월)한 것을 보면, 삼한 체제의 성립 시기를 BC2241년이라 할 수 있다.

삼한 중 마한(馬韓)이란 명칭을 막조선(莫朝鮮)으로 썼던 기록이 있다.
『단군세기』에서 45세 단군 여루(余婁) 조에, "병진 32년(BC365) 연나라 사람 배도(倍道)가 쳐들어와서 요서를 함락시키고, 운장(雲障)에 육박해 왔다. 이에

---

132) 임승국, 『한단고기』, 정신세계사, 2016. p.61.
133) 이맥의 『태백일사』에 나오는 〈마한세가(馬韓世家)〉와 〈번한세가(番韓世家)〉를 말한다.

번조선이 대장군 우문언(于文言)에게 명하여 이를 막게 하고, 진조선·막조선도 역시 군대를 보내어 이를 구원하여 오더니, 복병을 숨겨두고 공격하여 연나라·제나라의 군사를 오도하에서 쳐부수고 요서의 여러 성을 남김없이 되찾았다(丙辰三十二年 燕人倍道入寇陷遼西逼雲障 番朝鮮命上將于文言禦之 眞莫二朝鮮亦派兵來救 設伏來攻破戀齊之兵於五道河遼西諸城悉復)."[134]

이 기사는 연나라가 번(번)조선[135]을 침공한 내용이다. 이 기사에서 진한(辰韓)을 진조선(眞朝鮮)으로, 마한(馬韓)을 막조선(莫朝鮮)으로 병기(倂記)했음을 볼 수 있다. 두 조선이 연합하여 배도(倍道)의 침입을 막아낸 이야기를 싣고 있다. 여기 나온 막조선(莫朝鮮)이란 명칭이 공식 명칭임을 알 수 있다.

여기서 잠깐, 한 가지 짚고 넘어갈 일이 있다. 이 기사를 6하(何)원칙에 따라 분석하면, 누가(단군 여루), 언제(BC365), 어디서(운장), 무엇을(배도의 침입), 어떻게(연합하여 복병 전술로 막아냈다), 왜(삼한의 안보를 지키기 위해)를 구분하여 파악할 수 있다. 그런데 선명하지 못한 부분이 있다. 그것은 어디라는 장소? 운장(雲障)이 지금의 어디냐 하는 위치의 문제다.

운장의 위치를 찾는 일은 본론의 맥락에서 잠시 벗어난 것 같지만 필자가 전개하는 이론의 신뢰를 높이는 동시에 한국사의 기준점 하나를 명확하게 확정하는 일이 되기에 이 기회에 탐색하려 한다.

---

134) 임승국, 전게서, p.116.
135) 배도가 침입한 BC365년은 번조선으로 불리던 때였다. 이후 번조선 69대 수한이 후사 없이 훙(薨)하자, 70대 기후(箕詡)가 권한을 이어받은 BC323의 이후에 붙여진 명칭이 변조선이다.

단군 여루(余婁) 조 기사에, 운장(雲障)을 중시했던 까닭이 운장이라는 방어선이 무너지면 아니 된다는 절박함에서 온 것 같다. 운장은 글자 그대로 구름(雲)과 관련 있는 지명에 연유한 것이라고 보며, 장(障)은 가로막는 방어의 장벽(障壁)을 뜻하는 군사 요충지로 본다.

이런 관점에서 운장(雲障)의 위치를 찾는 데에, 몇 가지 조건이 뒤따른다.
첫째, 기사에서 보듯 적군이 요서(요수의 서쪽)를 함락시키고, (강을 건너) 운장(雲障)에 육박해 왔다는 것으로 보아 운장의 위치는 '요수(조백하)의 동쪽이며 패수(난하)[136]의 서쪽'에 있다고 할 수 있다. 왜냐면 앞의 1장에서 보았듯이 변한의 왕험성은 패수를 경계로 하여 동쪽에 있었다.
둘째, 이 지역 내에, 운장(雲障)의 구름(雲)이라는 글자가 지금까지 남아있는 지명을 찾는 일이다.
셋째, 운장(雲障)의 장(障)은 방어선이라는 장벽(障壁)을 뜻하므로 군사 요충지로 적합한 곳을 찾는 일이다.

중국 지도(『China Road Atlas』)에 의하면, 요수로 보는 조백하의 동안(東岸)에 밀운(密云, E116°49′ N40°23′)이 있는데, 앞에서 보는 세 가지 조건을 충족시키는 지역이다.
첫째, 밀운은 조백하(요수)의 동안(東岸)에 있으므로 요수와 패수(난하)와의 사이에 있다.
둘째, 밀운(密云)의 운(云)은 간자체로서 원래 지명은 밀운(密雲)이다. 위키백과(2023.11.5자)에 의하면, **밀운군(密雲郡)**은 남북조시대에 세워진 중국의

---

136) 오운홍 논문 〈진·한대의 요수·패수와 험독현·왕험성의 위치 탐색〉에 의하면, 번조선의 왕험성은 패수(난하) 동쪽 낙정(樂亭, E118°55′ N39°25′)이다.

옛 군이다. 황시(皇始) 2년 후한대에 버려졌던 어양군의 옛땅을 개척하여 신설한 군으로 현재 베이징시 미원구, 청더시 일대에 밀운군이 존재했다. 제휴성(提攜城)이 군역 내에 있었다는 것이다.

셋째, 그렇다면 이곳에 군사적 시설이 있는가? 현 밀운시 동북 인근에 단영(檀營, E116°52′ N40°25′)이라는 군사 시설 터가 남아있다. 밀운과 단영은 연경(현 북경)에서 온천장 청더(承德)로 가는 유일한 길의 길목에 있었다. 군사적으로 보면, 단영의 동북쪽은 경사가 급한 산악으로 이어지고, 단영의 서북쪽은 밀운수고(호수)가 넓게 펼쳐져, 유일한 길목이 될 수밖에 없었다.

이렇게 세 가지 조건을 근거로, 거의 완벽하게 운장(雲障)의 위치를 찾을 수 있었다. 따라서 이곳, 밀운(密云)과 단영(檀營)이 있는 지역을 운장(雲障)으로 볼 수 있다.

이곳에 단군 여루(余婁) 조의 기사에 적용해보면, 병진 32년(BC365) 연나라는 중국의 전국시대에 해당한다. 당시 연나라 도읍은 지금의 북경 서남쪽의 계주(薊州), 이현(易縣, E115°30′ N39°20′)으로 본다.

연나라 사람 배도(倍道)는 E115°30′ 지점과 요수(E116° 45′) 사이에 있는 요서 지역의 여러 성을 함락시킨 후 요동의 첫 관문인 운장(雲障, E116° 52′)에 육박해 왔다. 배도의 동진에 위기감을 느낀 번조선(왕험성, E118° 55′)이 대장군 우문언에게 명하여 이를 막게 하고, 진조선과 막조선의 구원을 얻어 배도의 군대를 분쇄했다는 기사가 무리 없이 해석될 수 있다.

운장이 밀운(密云)과 단영(檀營)이라는 기준점으로 보면 당시 진한·마한·번한의 위치는 지금의 이곳에서 멀지 않은 곳에 있었다는 것을 감지할 수 있다.

지금까지는 45세 단군 여루(余婁) 조의 기사를 통하여 마한(馬韓)과 막조선(莫朝鮮)의 관계를 살펴보았는데, 이보다 이른 시기인 22세 단군 색불루(재위 BC1285-BC1250)가 "여원흥에게 명하여 마한이 되어 막조선을 통치케 하고, 서우여(徐于餘)로 하여금 번한을 삼아 번조선을 통치케 하였다(明黎元興爲馬韓治莫朝鮮 徐于餘爲番韓治番朝鮮)."[137]는 기사가 있다.

이 기사를 분석해 보면, 엄밀히 말해서 마한(馬韓)과 번한(番韓)은 나라 이름이 아니고 왕권 혹은 왕위로 보며, 막조선(莫朝鮮)이나 번조선(番朝鮮)이 나라 이름이라는 것을 알 수 있다.
그런데 중국 사서에 보면 마한을 왕위와 국명으로 혼용하는 사례가 있다. 따라서 엄밀히 말하면 왕권과 국명을 구분하여 사용할 필요가 있다고 본다.

---

137) 임승국, 전게서, pp.211-212.

진한·마한·번한의 명칭은 이두식 표현이다

『후한서』〈동이열전〉에 보면, "마한 사람들은 농사와 양잠을 할 줄을 알며, 길쌈하여 베를 짠다. …중략… 금, 보화, 비단, 모직물 등을 귀하게 여기지 않으며 **소와 말을 탈 줄을 모르고**, 오직 구슬을 귀중히 여겨서 옷에 꿰매어 장식하기도 하고 목이나 귀에 달기도 한다. 그들은 대체로 머리를 틀어 묶고 상투를 드러내 놓으며, 베로 만든 도포를 입고 짚신을 신는다(馬韓人知田蠶 作綿布 …중략… 不貴金寶錦罽 **不知騎乘牛馬** 唯重瓔珠 以綴衣爲飾 及縣頸垂耳 大率皆魁頭露紒 布袍草履)."

이처럼 마한을 막조선 대신 국명으로 쓰는 경우가 있다. 그런데 『후한서』에, 마한 사람은 말을 타지 못한다고 했다.

필자는 마한(馬韓)이 말(馬)과 관련이 있는 줄로 보았는데, 말을 탈 수 없을 정도로 말과 관련이 없다는 데서 혼란스럽다. 마한(馬韓)의 말(馬)은 무슨 의미로 쓰인 것인가?

『단군세기』6세 단군 달문(達門) 조(條), 임자 35년(BC2049)에 "진한(眞韓)은 나라 안을 진압하고 길을 다스리니 모든 것이 유신되었다. 모한(慕韓)은 왼쪽을 보필하고, 번한(番韓)은 그 남쪽에 대비하여 험준한 바윗돌이 사방의 벽을 에워쌈과 같다(眞韓鎭國中治道咸惟新 慕韓保其左 番韓控其南巉岩圍四壁)."[138]

달문 단군은 5세 구을(丘乙) 단군이 순수(巡狩) 중에 갑자기 병을 얻어 송양에서 붕어하시니, 우가(牛加)인 달문이 뭇사람으로부터 뽑혀 대통을 계승한

---
138) 상게서. pp.74-75.

분이다. BC2049년의 기록은 정국을 평정하는 과정을 기록한 것으로 본다.

이 기사에서 삼한의 개념이 진한(眞韓), 모한(慕韓), 번한(番韓)으로 나온다.
진한(眞韓)은 진조선(眞朝鮮)의 진한(辰韓)을 말한다고 본다. 또 모한(慕韓)
은 막한(莫韓) 또는 마한(馬韓)으로 본다.[139]

그리고 지명의 위치와 관련하여 살필 일은, 모한(慕韓, 馬韓)이 왼쪽에 있는 진한(眞韓, 辰韓)을 보필한다 하였는데, 반대로 진한에서 보면 오른쪽에 마한(모한)이 있다고 본다. 또한 번한의 위치 확인인데, 오운홍의 논문[140]에 의하면 번한의 도읍을 왕험성(王險城)으로 보며 현재 난하(灤河) 하류에 있는 낙정(樂亭, E118°55′ N39°25′)시로 본다면, 기사 중에 '그 남쪽에 대비하여 험준한 바윗돌이 사방의 벽을 에워쌈과 같으니라'는 기록과 맞는 곳이다.

삼한의 명칭에서 한(韓)을 공통으로 하고, 진(辰) · 마(馬) · 번(番)의 글자를 선택한 의도가 어디에 있는지 궁금하다. 수수께끼 같은 문제를 풀어야 하는데, 단군왕검의 삼한(BC2241)을 펼칠 때와 필자의 집필(2023) 시간대와는 4,264년이란 머나먼 언어 사용의 간격이 있다. 그 당시 사용하던 언어의 개념을 파악한다는 것은 어려운 일이다.

진한(辰韓)과 진국(辰國)과 진조선(眞朝鮮)을 함께 사용했다. 辰(진)과 眞(진)이 같은 소리(jin, 동이 언어에서만 가능하다)로 기록했음을 알 수 있다. 중국의 한(漢)족 언어에서는 '진한'과 '진국'의 辰을 '천(chén)'으로, '진조선'의 眞을

---

139) 상게서, p.76.
140) 오운홍, 〈진·한대의 요수·패수와 험독현·왕험성의 위치 탐색〉, 대한국제학술문화제. 2023.

'젼(zhēn)'으로 다르게 발음한다.

우리 동이에서는 진한(辰韓)과 진국(辰國)과 진조선(眞朝鮮)의 첫소리 '진'은 한자(漢字)의 의미와 관련 없이 그냥 똑같은 '진(jin)'으로 발음하여 '진한(辰韓)과 진국(辰國)과 진조선(眞朝鮮)'을 같은 개념으로 사용했음을 유추할 수 있다.

이번에는 마한의 '마(馬)'와 막조선의 '막(莫)'과 모한의 '모(慕)'[141]가 어감상으로 느낌이 통하며, 마한의 시조 웅백다(熊伯多)의 '맏백(伯)'이 '맏형'이나 '맏이'를 뜻한다면, '마'와 '막'과 '맏이'는 '첫째'라는 같은 의미를 나타내는 말이 된다. 이러한 기록과 한자의 선택을 음차(音借)에 의한 이두식(吏讀式) 표현이라고 본다.

우리 고대사에 막(莫)을 쓰는 지위가 있었다. 고구려 역사에서 막리지(莫離支), 혹은 대막리지(大莫離支)라는 지위가 '으뜸'을 나타낸다. 막(莫)이 지위에 쓰일 때는 첫째, 또는 '우선'이라는 뜻이 있다.

첫째라는 '맏이', '우선'을 한자로 표기할 때, '마(馬)', '막(莫)', '모(慕)', '백(伯)' 등으로 나타냈다고 본다. 따라서 마한(馬韓)이나 막조선(莫朝鮮)을 진한(韓)을 대신할 첫 번째 한(韓)으로 삼은 것이라 할 수 있다. '마한(馬韓)'은 '맏한(韓)'으로, '맏조선(朝鮮)'을 막조선(莫朝鮮)으로 보고 표기한 것으로 본다.

이를 뒷받침할 만한 이두식 명칭이 번한에서도 찾을 수 있다.

번한(番韓)의 '번(番)'은 (다음) 차례 번이다. 다시 말해 '차례'라는 의미는 1번(맏이, 우선)보다 2, 3, 4…라는 후속 차례를 잠정적으로 내포하고 있다. 이런 관점에서 본다면, 첫 번째가 '마한'이고, 그다음이 '번한'이라는 서열상 위상이

---

141) '모'가 윷놀이에도 나온다. 도(도야지, 돼지), 개(강아지), 걸(염소), 윷(소), 모(마馬, 말)가 있다.

합리화 된다. 번한이 차례 번을 썼다는 것은 마한을 '맏한(韓)'으로 본다는 전제가 깔려 있다는 것이다.

　필자의 주장에 대해, '번(番)'은 주나라의 통치제도인 '번(藩)'에서 왔다는 다른 주장에 대해 살펴보면, 제후국을 일컫는 용어로 번국(藩国 fānguó), 번방(藩邦), 번병(藩屏), 번속국(藩屬國) 등이 있다 해도 '번(番)'과 '번(藩)'은 다른 의미를 가지고 있다.
　또한 주(周)의 통치는 BC1122년 이후이고, 번한(番韓)이란 호칭은 BC2241년이니 주(周) 보다 1,100여 년이 앞선 일이다. 단군조선의 독창적 통치 방식으로 봐야 한다. 번한의 번(番)'은 맏이(馬) 다음 차례를 뜻하는 용어로 본다.

　이와 관련하여 다시 생각해 볼 역사 기록이 있다.
　21세 단군 소태 조의 기사에, "을미 52년(BC1286) 우현왕 고등이 죽으니, 그의 손자 색불루가 세습하여 우현왕이 되었다(乙未五十二年右賢王高登薨其孫索弗婁襲爲右賢王)."[142]고 한다.
　앞서 소개한 6세 단군 달문(達門) 조(條)에서 '모한(慕韓, 馬韓)은 왼쪽(진한)을 보필'한다는 것은 진한에서 보면 오른쪽(우현)과 같은 말이다.
　우현왕에 상대되는 좌현왕이 있는데, 이는 몽고나 흉노의 관제로서 가한(可汗)의 좌우에 각각 우현왕과 좌현왕의 보좌를 두었다는 것과 같다. 이들 좌·우현왕은 제왕을 모시는 분봉왕(分封王) 내지는 제후로 봐야 한다.
　여기서 다시 살피면, 마한이 우현왕이고 상대적으로 번한이 좌현왕이 된다.

---

142) 임승국, 전게서, p.98.

그런데 (이씨) 조선에서는 ①영의정 다음으로, ②좌의정, ③우의정 순이다. '좌'가 '우'보다 앞선다.

단군조선의 정치사를 살펴보면, ①진한, ②마한(우현왕), ③번한(좌현왕)의 순이다. 우리가 알고 있는 좌가 우선이라는 통념과 배치된다. 좌가 우선인가? 우가 우선인가? 어느 쪽이 우선인가?

오른손잡이 세상에서는 right가 '옳다, 바르다' 하여 우(右)를 숭상할 수 있다.

이에 대해 참고할 일화가 있다. 중국의 〈좌전(左傳)〉, 양공십년(襄公十年)에 의하면, "왕숙진생(王叔陳生)과 백여(伯輿)는 정권을 놓고 다투었고, 주(周)의 영왕(靈王)은 확실히 편들었으며, 왕숙진생은 매우 분노하여 도망갔다. 여기서 '우(右)라는 글자는 편을 들고 두둔하다, 맞춰주다'"라는 고사가 있다. '좌천(左遷)의 좌(左)'나 '도울 우(佑)'도 이와 무관하지 않다고 본다. 반드시 좌가 우선이라는 관념은 버려야 할 것 같다.

필자는 다음(4) 장에서 밝히겠는데, 마한의 도읍 왕검성을 대동강[143]이 흐르는 다퉁(大同)으로 본다. 또 왕검의 도읍을 다음에 서술하는 것과 같이 조양으로 가정하고 중국 대륙을 바라볼 때, 마한의 다퉁(大同)은 우측에 있고, 3장에서 밝힐 낙정의 왕험성(번한→변한)은 좌측, 좌현왕의 위치가 된다.

이번에는 진한과 진성(辰城)에 대해 살피고자 한다.

---

143) 산서성(山西省)에 있는 다퉁(大同)시 옆에 흐르는 상간하(桑干河)로 본다. 옛날이나 지금이나 대부분 강이나 하천 이름은 주요 지명을 차용하는 경우(양덕원+천)와, 하천에 따라 작명하는 경우(춘+천)가 있다. 그런데 고지도와 현대 지도를 비교하면, 사람이 사는 지명은 대부분 변하지 않았는데 강 이름은 거의 변경됐음을 볼 수 있다. 대동은 대동강을 차용했는데 지명은 남고 강이름은 변했다고 본다.

진한(辰韓)의 별 진(辰)[144]은 동이(東夷)만 이해할 수 있는 용(龍)띠와 같다.

단군왕검이 처음 도읍한 아사달을 진한(辰韓)이라 했으니, 그 도읍을 진성(辰城)이라 했을 것이다. 그 진성이 어디인가?

진성은 현대 지도에서 찾을 수 없다. 따라서 현대에 와서 진성을 찾는 일은 요원하다.

그런데 별 진(辰)이 용을 뜻한다면 중국에서는 용성(龍城)이라 불렀을 수도 있다. 다행히 용성에 대한 역사 기록이 있다.

전연(前燕)의 도읍이 '용성(龍城)'이라 했는데 지금의 조양(朝陽)이라 한다. 실제로 요녕성(遼寧省) 조양시(E120°23′ N41°36′)가 있는데, 그곳에 용성구(龍城區)라는 지명이 아직도 남아있다.

용성과 진성은 성(城)이라는 공통점 말고도 용(龍)과 진(辰)이 용이라는 같은 의미를 지니므로 같은 명칭이라 볼 수 있다. 특히 별 진(辰)은 하늘에서 내려온 용을 상징한다고 본다. 다시 말해 그 용은 천자의 자식이라는 저변이 깔려있다.

용이 존재한다는 의미의 성곽이란 뜻에서 '진성(辰城)= 용성(龍城)'이란 등식이 성립된다고 볼 수 있다.

아사달의 위치가 진한의 진성이라는 의미에서 요녕성 조양시라고 본다. 아사달이 조양시라고 보는 근거는 다음 ④의 장에서 다루겠다.

---

144) 12간지에서 용(辰)을 뜻한다.

한(韓)은 '동방의 유명 상표'를 뜻한다

단군왕검이 BC2333년에 나라를 세우면서 국호를 조선(朝鮮)이라 내세웠는데, 중국 사서는 물론 당시 서역에서도 삼한(三韓)과 혼용하여 부른 흔적이 있다.

여기서 의문이 앞서는 것은, 국호는 '조선'인데 왜 나라 '한(韓)'으로 불렸을까?

3한은 모두 '나라 韓(한)'이라는 글자를 사용한다. 국호 조선(朝鮮)보다 삼한(三韓)으로 묶어 사용하는 경우가 많았다.

한자(漢字)를 사용하는 동양 3국의 국호를 보면, '대**한**(韓)민국'과 '중**화**(華)민국', 그리고 '대**일본**(日本)제국'에 쓰인 문자 중에 대(大, 크다), 중(中, 중심), 민국(民國, 백성의 나라), 제국(帝國, 천황이 있는 나라) 등은 다른 나라에서도 형편에 따라 사용할 수 있는 문자이다. 그런데 **굵고 진한 글자**로 쓴 **한(韓)**은 Korea로, **화(華)**는 China로, **일본(日本)**은 Japan을 상징하고 있다.

그렇다면 우리의 **한(韓)**이 '나라 한' 외에 어떤 뜻이 더 있는 것인가?

韓(한)을 해자(解字) 하면, 韓(한)의 좌측 변은 아침 朝(조)의 좌측 변을 차용한 것으로 보인다. 다시 말해 새벽 조(早)에 열 십(十)자를 얹은 것이 韓과 朝의 좌측에 공통으로 들어있다. 새벽(早)을 지나며 수평선 혹은 지평선으로 해가 솟을 때 햇살이 사방으로 퍼지는 모양(十)의 상형문자이다. 해가 뜬다는 의미를 담았다는 것은 동쪽이라는 또 다른 의미라 할 수 있다. 한은 동쪽에 있는 나라가 된다.

이번에는 韓의 우측 변 韋(위)를 살펴보자.

위(韋)는 '다룸가죽 위'자다. 이는 다룸질한 가죽, 즉 무두질한 부드러운 가죽을 말한다.

가죽을 다루는데 초보적인 1차 가죽을 皮(피)라고 한다. 다시 말해 짐승을 사로잡고 가죽과 육질을 구분해서 박피(剝皮)한 겉가죽을 말한다. 그다음 (1차) 가죽(皮)에서 터럭(털)을 깎아내어 반들반들한 가죽을 革(혁)이라 한다. 혁(革)은 2차 가죽을 말한다. 이보다 상당히 '기술 수준이 높은 3차 가죽'을 무두질한 韋(위)라고 한다. 가죽옷으로 사용되는 모피는 주로 3차 가죽인 위(韋)를 말한다.

삼한의 한(韓)은 가죽을 취급하는 나라라는 의미가 들어있다.

학자 중에는 한(韓)은 한(汗, 君長)과 동음으로, 거기서 온 것이라 주장하기도 한다. 동음을 찾는다면, 왜 한(漢)이라 하지 않았느냐는 질문이 따를 수 있다. 이에 중국의 한나라 때문에 漢은 쓸 수 없는 글자라고 말할 수도 있다. 이는 잘못된 대답이다.

단군이 천하를 평정한 후, 조선이라는 국호를 내걸고 달지국의 왕 웅백다(熊伯多)를 마한(馬韓)으로 봉했다고 한다. 이 해가 BC2333년이니 유방이 한(漢)을 건국(BC206)한 때 보다 이천 일백여 년이 앞선 때이므로 한(漢)이란 글자를 얼마든지 선택할 수 있었다고 본다.

그런데 특별히 漢이 아니고 한(韓)을 선택한 것은 당시 국제무역 상품 중 고가품으로 거래되는 모피의 생산과 판매에 있었다는 확증이 선다.

고가품으로 취급되는 우수한 모피란 가볍고 장마철에도 좀이 슬지 않고 냄새가 나지 않을 정도로 얇고 부드러운 가죽을 말한다. 당시 단군조선에서 만들어 낸 가죽 상품이 이렇게 우수하다는 점 때문에 그리스, 로마까지 알려졌다 한다. 당시 韓(한)이란 이름의 유명 상품은 동쪽에 있는 나라에서 만든 유명 상품으로 인식되었을 것이다. 이는 마치 오늘날 운동화나 명품 bag 등에 붙는 현대판 유명 상표와 같은 개념으로 볼 수 있다.

한(韓)이란 글자의 정체성은 가죽에 있다고 본다. 다시 말해 조선은 가죽을 생산하고 가죽을 판매하는 나라라는 뜻이다.

이뿐 아니라 브랜드의 명성 때문에 한(韓)이 생산하는 비단 등 다른 상품도 고가의 가치를 얻을 수 있었다고 본다.

모피 무역과 관련된 사서의 기록을 보면, 중국『시경(詩經)』〈한역〉편에 "(한후韓侯는) 예물로 비휴 가죽(표범 종류의 가죽), 붉은 표범 가죽과 누런 말곰 가죽을 바치었다."라는 내용이 있다.(윤내현,『고조선 연구』773쪽) 한후로 표현된 단군이 서주(西周)의 왕실을 방문하면서 가져간 물품들은 단군조선의 특산품으로 볼 수 있다.

또『관자(管子)』[145]〈경중갑(輕重甲)〉편에 환공과 관중의 대화 중, 환공이 관자에게 물었다. "내가 듣기로 세상에 일곱 가지 보물이 있다고 하던데 그것에 대해 들을 수 있겠소?" 관자가 대답했다. "음산의 연민이 하나요, 연나라 자산의 백금이 또 그 하나요, **발조선**의 文皮(문피, **표범가죽**)[146] 역시 그중 하나입니다." 환공이 관중에게 이르기를 "내가 듣건대 해내(海內)의 옥폐(玉幣)를 얻는 방책이 일곱 가지가 있다고 하는데 그것에 대해 들을 수 있겠는가?"라고 하니, 관자가 "발조선(發朝鮮)의 문피(文皮)가 그 일책이요…"라고 답하였다. 관중이 다시 이르기를 "발조선이 조근(朝覲)을 오지 않는 것은 **문피와**

---

145) 기원전 7세기 중국 춘추시대 제나라의 관중이 기록한 책
146) 호랑이나 표범처럼 무늬가 있는 맹수의 가죽. 바다표범 가죽이라는 설도 있다.

타복(駝服)[147]을 예물로 요청하기 때문이다. …한 장의 **표피(豹皮)**라도 **천금의 값**으로 계산해 준다면 8천 리 떨어진 발조선도 조근을 오게 할 수 있을 것이다"라고 하였다.

여기서 발조선(發朝鮮)은 단군조선을 말한다고 본다. 조선국과 같이 동이어를 공유하는 산동반도의 제나라 사람들이 발해만에 있는 '번조선'을 '벌조선', '발(勃)조선', '불조선'[148] 등으로 불렀다고 추론할 수 있는데, '발(勃)조선'의 발음을 '발(發)조선'으로 받아 적었을 개연성이 있다.

다음 절에서 다루겠는데 진조선에서 생산되고, 번조선(발조선)을 거쳐 판매되는 모피가 우수할 뿐 아니라 천금을 줄 정도의 고가의 상품임을 기록한 사서 기록을 찾을 수 있다.

근세까지 세계 각지에서 모피 생산에 쓰이는 짐승으로는 호랑이(호피虎皮), 여우(호피狐皮), 사슴(녹피鹿皮), 노루(장피獐皮), 담비(초피貂皮), 노랑가슴담비(貂鼠), 삵괭이(狸), 스라소니(土豹), 수달(水獺), 표범(豹) 등이 있다. 이는 다시 말해 세계 각 곳에서 모피를 생산할 수 있다는 말이다.

그런데 조선에서만 유명한 모피가 생산되었는데, 어떻게 좋은 모피를 만들어낼 수 있었을까?

우수한 모피를 생산하려면 건조 등 여러 가지 조건이 갖추어져 있어야 하는데 그중 가장 핵심은 가죽 안쪽의 육질을 얼마만큼 완벽하게 제거할 수

---

147) 새털로 만든 고급 모직물 옷

148) 신채호는 〈전·후 삼한론〉에서 신조선(신한-진한), 불조선(불한-변한-번한), 말조선(말한-마한)을 주장했다.

있느냐가 관건이다. 이 작업 공정에서 중세 시대부터는 화학약품으로 가죽에 붙은 육질을 녹여냈다고 한다. 지금도 아프리카 서북단의 모로코의 페스(Fes)를 여행하다 보면, 다른 곳과 마찬가지로 가죽을 생산하고 염색하는 공정에서 화학약품을 사용하여 처리하는 공정을 관광 상품으로 볼 수 있다.

이와 다르게 기원전, 단군조선에서는 약품이 아닌 도구로 가공했을 것이다. 이 과정에서 손재주가 좋다는 것도 필요하지만, 육질을 걷어내는 도구의 성능에 달렸다고 본다. 당시 청동기시대였으므로 청동의 칼이나 돌칼이 쓰였을 것이다. 이런 도구로는 완벽에 가까울 만큼 육질을 제거할 수 없다고 본다.

이에 필자는 육질을 제거하는 데 사용된 도구로 모피 공정에 필요한 '흑요석으로 만든 면도칼'이란 가설을 제기한다.

모피 공정에 필요한 '흑요석으로 만든 면도칼'이란 가설은 이렇다.
흑요석(obsidian)이란 화산암의 일종으로 화산 유리(Volcanic Glass)라고도 한다. 검고 단단하며 얇게 쪼개지는 성질을 가진 유리 성분의 돌이다. 유리와 흑요석은 깨질 때 단면이 분자 단위로 갈라지기 때문에 날카로움만 따진다면 어떠한 금속제 도구보다 절삭력이 탁월하여 극히 미세한 두께로도 쪼개질 수 있다. 현대에 와서도 고도로 정밀함을 요구하는 수술 같은 과정에서는 흑요석 메스가 사용된다. '흑요석으로 만든 칼은 가공하기 편한 편이며, 웬만한 금속이나 석재보다 훨씬 단단하고 표면에 미세한 요철도 없이 매끈하여 날카로운 날을 가진 도구로서 모피의 육질을 제거하는 최적의 재료'라는 이론이다.

이 가설의 검증을 위해, 단군조선 때의 (1차) 모피 생산지와 흑요석 생산지를 살피는 것은 인과 관계를 규명하는 데 도움이 될 것이다.

먼저, 모피의 생산지를 찾는 일이다.

강인욱(부경대)의 논문 〈고조선의 모피 무역과 명도전〉에 의하면, '고조선의 주요 활동 시기인 기원전 7-3세기대에 모피 산지는 길림성 중남부지역이며 내몽고 동남부에서도 일부 모피의 획득이 이루어졌음을 알 수 있다. 특히 압록강 중상류지역에서는 모피 동물의 이용이 신석기시대~한대에 지속적으로 이루어졌으며, 내몽고 동남부지역은 주로 기원전 6-4세기 때에 집중적으로 모피 동물의 이용이 있었음을 알 수 있다. 하지만 내몽고 동남부 지역의 경우 위신재 용의 모피 동물의 증거는 거의 없는 바, 실질적인 모피류 동물의 수집은 압록강 중·상류에서 이루어졌음을 확인할 수 있다. 이는 곧 현대 모피의 산지인 백두산 일대의 연장선으로도 볼 수 있다. 근대로 진입하면서 모피 동물 서식지는 점점 후퇴하는 점을 감안하면, 과거에는 백두산을 중심으로 길림성 동남부 일대에서 폭넓게 모피 동물이 서식했으며, 그에 대한 사냥도 이루어졌을 것으로 추정된다.'

다음으로 살필 일은 흑요석의 생산지와 모피 가공단지의 인과적 관계성이다.

이 흑요석은 아무 데서나 산출되지 않는다. 형성되는 조건이 까다롭기 때문이다. 유리 성분을 많이 가진 용암이 화산 폭발과 함께 대규모로 공기 중에 분출되는 순간 급속히 냉각되어야 한다. 따라서 세계 각지에 화산지대는 많지만 흑요석 산지는 제한되어 있을 뿐 아니라 한 번에 나는 양도 그리 많지 않은 편이다. 일본 열도나 대만은 물론이고, 중국이나 우랄산맥, 시베리아, 중앙아시아에 있는 일부 화산지대에서 소량 나오더라도 결정체의 크기가 작고 이물질이 많이 끼어 있어 질이 좋지 않다. 백두산 흑요석은 순도가 높고 결정체가 커서 그만큼 귀한 돌이라 할 수 있다.

　백두산 화산이 폭발하여, 유리 성분이 많이 함유된 용암이 대규모로 분출되고 흘러내리면서 알칼리성 유문암을 형성했다. 그 과정에서 특별한 기후 조건이 있어야 양질의 흑요석이 산출된다. 백두산의 동남쪽 경사면, 지금의 회령에서 나진, 청진에 이르는 일대에만 흑요석이 산출된다.
　이곳은 모피 생산지와 가까이 있다는 점이다. 다시 말해 모피 생산과 흑요석 생산의 수급 조절을 통제할 수 있는 체제가 진한이라는 점이다.
　질 좋은 모피 생산에 꼭 필요한 도구, 흑요석의 산출지를 살펴보았다.

조선(朝鮮)이란 삼한관경(三韓管境)이다

삼한관경(三韓管境)이란 용어가 우리에게 매우 생소하게 들린다.

『태백일사』〈삼한관경본기〉에 "5월 제도를 개정하여 삼한을 삼조선이라 한다. 조선이란 관경을 말한다. 진조선은 천왕이 몸소 다스리고 땅은 곧 옛날의 진한대로 하고 정치는 천왕이 친히 다스리도록 하니, 삼한이 모두 하나같이 명령에 복종하였다(五月改制三韓爲三朝鮮 朝鮮謂管境也 眞朝鮮天王自爲 而地則仍舊辰韓也政由天王 三韓皆一統就令也)."[149]

여기서 진조선의 천왕은 22세 단군 색불루(索弗婁)를 말한다. 삼한에서 진조선을 다스리는 진한의 위상을 짐작할 수 있다. 이 기사에 '조선이란 관경을 말한다'고 한다. '조선'과 '삼한관경'은 매우 밀접한 용어로 보이며, '관경'은 '관리(管理)와 경계(境界)' 외에 삼조선을 묶은 통치 방식이나 관할을 의미하는 것'으로 보인다.

앞글의 진위를 파악하기 위해, 『단군세기』 22세 단군 색불루 조를 둘러보았다.

"병신 원년(BC1285)에 단제가 명하사 녹산을 개축시키고, 관제를 개정하였다(丙申元年 帝命修築鹿山 改官制)."[150]

색불루 단군은 21세 단군 소태(蘇台)를 밀어내고, 군사혁명으로 정권을 창출한 분이다. 그가 즉위하자마자 '5월에 관제(官制)를 개정했다' 했으며, 마

---

149) 임승국, 전게서. pp.211-212.

150) 상게서, pp.99-100.

한에 여원홍과 변한에 서우여를 임명한 기록이 다음과 같이 있다. 5월에 개정한 '관제'에 '관경'이 포함된다고 본다.

『태백일사』〈삼한관경본기〉에 보면, "여원홍에게 명하여 마한(馬韓)이 되어 막조선(莫朝鮮)을 통치케 하고, 서우여로 하여금 번한(番韓)을 삼아 번조선(番朝鮮)을 통치케 하였다. 이를 통틀어 이름하여 단군의 관경이라 한다. 이것이 곧 진국으로 역사에서 단군조선이라 함은 이것이다(命黎元興爲馬韓治莫朝鮮 徐于餘爲番韓治番朝鮮 總之名曰檀君管境是則辰國史稱檀君朝鮮是也)."[151]

색불루 단군이 관제(官制)를 개정하는 차원에서 기존의 마한과 번한을 대신하여 새로 임명하였다는 것은 중앙집권 세력의 강화로 본다.

삼한관경(三韓管境)을 강조한 것은 초기 단군왕검 때와 같이 역할 분담과 유기적 관계와 중앙세력 중심의 운용 체제 복원으로 본다.

또 다른 측면에서 관경(管境)을 바라보면, 삼한(三韓)은 얼른 이해하고 파악할 수 있는 개념이지만, 관경이란 용어는 역시 생소하다.

관제(官制)를 개정하는 과정에서 나온 관경(管境) 또는 관리(管理)의 '관(管)'은 대롱을 뜻하고, 경(境)은 일정한 지계(地界)를 뜻하는 지경(地境)이거나 일정한 간격의 지점(地點)을 말한다고 본다. 대롱은 이탈을 용납하지 않는 정해진 준칙을 뜻한다고 본다. 현대적으로 해석하면, 정책 Agenda 등 국정의 창출은 정치가(리더)의 몫이고, 이를 바탕으로 행정부의 관리(官吏)가 국정의 일부를 맡아 관리(管理)한다. 정해진 국정 관리라는 메뉴얼(manual)을 충실히 따라야 한다는 뜻에서 대롱 관(管)을 강조한 것으로 본다.

---

151) 상게서. pp.211-212.

따라서 관경이란 이러한 뜻을 지닌 관리(管理)와 경계(境界)의 의미를 함축한 통치의 행정망(行政網)이라 말할 수 있다.

또 환웅 조선 때의 환(桓)이라는 역참(驛站)¹⁵²⁾을 떠올리게도 한다. 그때도 뚱시(東西, 화물)를 싣고 '동에서 서(東西)'로 이동할 때, 정해진 통로(管)를 따라야 하는데 군데군데 거치는 역참(驛站)을 경(境)으로 볼 수도 있다.

단군조선 때도 진한에서 생산한 모피를 포함한 다양한 물품의 판매 루트에 따라 마한이나 번한에 이르는 생산 유통 구조를 관경(管境)에 적용한다면, 진한이 중심이 되어 조선의 경제와 행정의 통치 행위의 표준을 엿볼 수 있다고 본다.

삼한관경은 정해진 코스를 중시하고 있으니, 강역국가라기보다 영역국가로 봄이 타당하다고 말할 수 있다.

---

152) 장삼식, 『대한한사전』. 환(桓)의 의미.

생산과 판매의 분리와 진한의 위상

이암이 쓴 『단군세기』에 단군왕검이 건국하는 과정이 소상히 나와 있다. 그 중에 '무진(戊辰, BC2333)년 제요도당(帝堯陶唐) 때에 단국(檀國)으로부터 아사달의 단목(檀木)의 터에 이르니 온 나라 사람들이 받들어 천제의 아들로 모시게 되었다(戊辰唐堯時來檀國至阿斯達檀木之墟國人推爲天帝子).'[153]는 기사가 있다.

이 기사에서 '단국으로부터 아사달의 단목 터에 이르니'란 기사에 주목할 필요가 있다. 다시 말하면, '단국 터'가 어디인지 모르지만 '아사달의 단목 터'로 이동했다는 방향성으로 짐작할 수 있다는 점이다.(단국 터→ 단목 터)

여기서 우선 단국(檀國)은 단군왕검이 세운 나라가 아닌 것으로 본다. 왜냐면 단군이 조선을 건국한 때가 아사달로 이동한 후이기 때문이다. 따라서 단국은 단군조선 이전의 환웅 조선의 마지막(18대) 천왕이 거불단(居弗檀) 환웅, 즉 단웅(檀雄)이 거처한 곳이라고 본다. 단웅이 다스리던 나라를 단국으로 부른 것 같다.

'단국'이 어디인가를 찾기 전에 '아사달'에서 해답의 실마리를 찾을 수 있다. '아사달'의 '아사'는 '아침' 또는 '동쪽'인 朝(조)를 뜻하고, '달'은 '땅', '들'을 뜻하는 '양지바른 곳', 陽(양)으로 본다. 두 글자를 조합하면 조양(朝陽)이라는 지명이 떠오르는데 랴오닝성에 있는 차오양(朝陽)시가 아닌가 한다.

아사달로 보는 차오양시가 단군왕검이 건국한 진성(辰韓의 城)인가에 대하여 다음 4장에서 자세히 밝히겠다.

---

153) 임승국, 전게서. p.55.

동쪽으로 가서 도착한 곳이 차오양시라면 서쪽으로 역산하여 출발점을 찾으면 된다. 출발점인 단국(檀國)은 조양의 서쪽에 있다고 보고, 차오양에서 서쪽에 있는 도시로 청더(承德)와 장자커우(張家口)와 베이징(北京)이 있다. 그중에 베이징을 유력하게 보는 까닭은 사람들이 더 많이 밀집한 곳이기도 하지만, 중국의 고지도인 송본 역대지리지장도에 나오는 44개 지도 중 대부분 지도에 요수 서쪽으로 인접하여 단(檀)이란 지명이 나오는데 지금의 베이징 자리로 본다.

그리고 현대 지도에서 베이징 가까이 단영(檀營, E116°52′ N40°25′)이라는 군대 진영 터가 남아있다. 이 단영이라는 진영이 단군 이전에 단국의 진지인지, 아니면 천하를 통일하기 전까지 단군왕검의 근거지인지 확실하지 않지만 후자일 가능성이 높다. 단영이 운장[154]이란 방어선으로 역사 기록에 남아있는 것을 보면, 중국 중원의 적을 대적하기 위한 군사 요충지로 본다.

또 하나, 단영에서 동남쪽으로 25㎞ 떨어진 곳에 웅인새(熊儿塞, E117°8′ N40°16′)라는 요새가 있다. 단군왕검의 어머니가 웅씨의 왕녀[155]라 했는데, 단국을 베이징 부근으로 본다면, 단군왕검의 부친 단웅이 웅씨(熊氏) 세력과 연합했다[156]는 역사적 사실을 입증할 만한 장소로 보인다. 왕검은 이곳 외가에서 성장했을 것으로 보며, 가까운 단국의 여러 후계자를 상대로 헤게모니 쟁탈전에서 승리하고 단국을 평정한 후, 그곳에 머물지 않고 동쪽에 있는 아사달에 가서 조선을 건국한 것으로 본다.

---

154) 앞 3장-1절에서 운장을 밀운+단영 지역 안에 있다고 본다.

155) 임승국, 전게서. p.55.

156) 상게서. 55.

단군왕검이 동쪽 아사달로 가서 터 잡은 데는 어떤 목적이 있을 것이다.

왕검이 동방으로 눈을 돌린 데는 앞 절에서 살펴본 모피 생산과 연관이 있다고 본다.

앞에서 살폈듯이 모피 생산과 관련하여, 압록강 중상류지역과 백두산을 중심으로 길림성 동남부 일대에서 폭넓게 모피 동물이 서식했으며, 그에 대한 사냥[157]도 이루어졌을 것으로 추정된다. 1차 모피의 생산지가 극동 지역이므로 그에 따라 2차, 3차 모피 가공 산업도 1차 생산지와 가까울수록 효율적이라 본 것 같다. 특히 모피 생산을 독점하려면 동쪽으로 이동해야 했을 것이다.

당시 만주나 연해주, 그리고 한반도 북부에서는 모피뿐만 아니라 비단과 흑요석 등 다른 상품도 생산되고 있었다고 본다.

윤명철의 《고조선 문명권과 해륙활동》에 의하면, "《후한서》 동이전에는 삼한 지역에서 기자가 동래하기 이전부터 누에를 키우고 비단천을 생산했다고 한다. 여기서 유명하고 우수한 비단은 만주 제품이다. 누에가 내뱉는 남색 실크가 빛에 따라 색이 변화무쌍하므로 '천잠(天蠶)'이라 칭송받았다. 중국 학자들은 원조선과 부여의 중심지였던 지린(吉林)시 쑹화(松花)강가의 서단산 문화를 '천잠명주(絲綢)문화'라고 부를 정도다."

이밖에도 무기(화살촉 등)로 쓰이는 우수한 흑요석이 백두산 동남쪽의 청진,

---

157) 이암의 『단군세기』에 의하면, "43세 단군 물리(勿理) 36년(BC426)에 융안의 사냥꾼 우화충(于和冲)이 장군을 지칭하며, 무리 수만명을 모아 서북 36군을 함락시켰다."는 기록이 있고, 범장이 쓴 『가섭원 부여기』에는 시조 해부루(BC86)가 "가섭원(迦葉原) 혹은 분능(坌陵)이라고도 하는 곳으로 옮겨서 살았다. (중략) 또 범·표범·곰·이리 따위가 많아서 사냥하기 편했다."는 기록이 있다.

나진, 회령 부근에서 산출되고 있다.

또 그리스 등 서역에서는 맛볼 수 없는 한류성 명태를 말린 황포라든지 황해에서 잡아서 말린 굴비 등 건어물이 서역으로 가는 좋은 수출 상품이 될 수 있다.

단군왕검은 삼한의 역할 배분에서 생산자 역할을 맡은 것으로 본다.

왕검은 흑요석 등 생산의 독과점과 모피와 비단 등 우수 상품 생산으로 상권을 독점할 수 있음을 천하통일 전에 이미 간파했을 것으로 본다. 그리고 그는 당시 기술 수준을 감안할 때 판매보다 우수 상품 개발이 판매 성과를 좌우한다고 본 것 같다. 이것이 그가 천하를 평정한 이면적 목표였다고 할 수 있다.

단군왕검이 천하를 통일했다 하는 기록은 다른 측면에서 보면 전국의 상권을 장악한 것으로 볼 수 있다.

단군왕검은 생산자가 갑(甲)이고 상인이 을(乙)인 시대를 유지했다고 본다.

갑과 을의 위상은 수요와 공급의 물량 차이에서 온다.

근·현대에 와서 상인과 자본가가 갑(甲)이 되어 농민을 포함한 노동자와 생산자의 수익을 착취했다 하여 마르크스의 자본론이 나온 것과 비교하면 다른 양상이다. 그런데 상고대에서 생산기술이 일반화되지 않고 한정적일 때, 일부 품목에 한해서 수요와 공급의 불균형일 때, 생산자가 갑(甲)의 위치에서 분배했다고 본다. 현대에서도 이와 비슷한 현상이 있다. 희소 광물을 가진 국가가 갑질하는 사례가 있는데, 이와 같은 맥락으로 이해할 수 있다.

단군왕검은 이렇게 생산된 상품과 물량을 마한과 번한에 적절히 배분했을 것이다. 이처럼 생산과 판매의 효율을 위해 삼한의 역할을 분담한 것으로 본다. 삼한으로 호칭되는 단군조선은 상업국가로 봐야 한다.

환웅 시대에 이미 동서 무역로가 있었고, 동에서 서쪽으로 이동하는 화물을 똥시(東西)라고 불렀음을 앞 장에서 살펴보았다. 동서무역은 단군조선 때에도 국정의 주요 업무이며 백성의 윤택한 삶을 위해 필요한 일이었다.

이 동서 무역로를 삼한 중에 누가 계승하고 담당했을까?

동서 무역로는 서역을 전제로 하였기 때문에 삼한 중에 비교적 서쪽에 위치하고 서역으로 가는 길목에 있는 마한이라고 본다. 마한의 도읍을 찾는 일은 다음 장에서 다루겠다.

중국 사서에 나오는 마한, 진한, 변진의 개념

『후한서』와『삼국지』의 〈위서(魏書)〉 동이전(東夷傳)에 변진(弁辰) 12국[158] 기록이 있다. "한(韓)은 세 종족이 있으니, 하나는 마한(馬韓), 둘은 진한(辰韓), 셋은 변진(弁辰)이다. 마한은 서쪽에 있는데, 54국(國)이 있으며, 그 북쪽은 낙랑(樂浪), 남쪽은 왜(倭)와 접(接)하여 있다. 진한은 동쪽에 있는데, 12국(國)이 있으며, 그 북쪽은 예맥(濊貊)과 접(接)하여 있다. 변진은 진한의 남쪽에 있는데, 역시 12국(國)이 있으며, 그 남쪽은 왜(倭)와 접(接)해 있다(韓有三種 一曰馬韓 二曰辰韓 三曰弁辰 馬韓在西 有五十四國 其北與樂浪 南與倭接)."

중국 사서에 나오는 한(韓)의 3종(種)인 마한, 진한, 변진을 국내 사서에 나오는 삼한(三韓) 즉 마한, 진한, 변(弁)한과 맞추어 보면, 마한과 진한은 같은데, 변진과 변(弁)한이 같은 것인지, 잠깐 헷갈린다. 이를 분석해 보면, 중국의 사가들은 당시 삼한 지역 실정에 근거를 둔 것 같다.

'삼한'을 '한의 3종'으로 기록한 것이니 변진과 변(弁)한은 같은 개념으로 볼 것이냐를 두고 고민하게 된다.

『후한서』의 후한(後漢, 23-220)과『삼국지』〈위서(魏書)〉의 위(魏, 222-265)나라의 존재는 진한의 멸망(BC239.4.8)과 변한의 왕험성 함락(BC194) 이후에 존재했던 나라다. 중국의 사서는 후한(後漢)과 위(魏)가 존재했던 당시의 상황에서

---

158) 〈위서(魏書)〉에 기록된 변진 12국의 이름은 ①미리미동국(彌離彌凍國), ②접도국(接塗國), ③고자미동국(古資彌凍國), ④고순시국(古淳是國), ⑤반로국(半路國), ⑥낙노국(樂奴國), ⑦미오야마국(彌烏邪馬國), ⑧감로국(甘路國), ⑨구야국(狗倻國), ⑩주조마국(走漕馬國), ⑪안야국(安邪國), ⑫독로국(瀆盧國)이다.

삼한 땅에 남아있는 삼한의 잔존 세력을 보고 기록한 것으로 보인다.

마한이 멸망하고 54국의 소국으로 남아있고, 진한이 멸망하고 부여를 포함한 12국으로 남아있고, 왕험성 주변의 12국[159]으로 남은 변한(弁韓, 번한)의 세력을 포함해서 변한과 진한의 잔존세력을 변진으로 본 것이다.

문제는 왕험성 주변과 요동과 요서에 분포한 12국 외에도 왕험성 자리에 진한을 이어받은 신생 신라(新羅)가 섞여 있어서[160] 변진으로 표기한 것이 아닌가 한다.

당시 신라의 위치에 대해, 『수서』〈동이전〉에 "신라는 고구려의 동남에 살았는데 이곳은 한나라 때의 낙랑 땅이다(新羅國在高麗東南居 漢時樂浪之地)." 했다. 여기서 낙랑은 한(漢)나라가 한사군의 낙랑군 치소, 낙랑부를 두었던 지금의 낙정(樂亭, E118°55′ N39°25′) 자리를 말한다.

그래서 이 지역을 변한과 진한의 접경인 변진으로 본 것이라 유추할 수 있다.

중국의 사서에 표기된 '변진'에 대해서 살펴보았다.

여기서 잠깐, 앞에서 단군왕검이 구상하고 실행했던 3한은 진한, 마한, 번한인데, 왜 갑자기 번한이 아니고 변한인지 어리둥절할 것이다.

---

159) 단군왕검은 아사달(진성, 조양)에서 볼 때, 멀리 떨어진 요(遼) 지역에 치우천황의 후손 치두남(蚩頭男)을 번한으로 임명(BC2301)하고, 12성을 축조했다. 12개 성은 험독(險瀆), 영지(令支), 탕지(湯池), 용도(木甬 道), 거용(渠鄘), 한성(汗城), 개평(蓋平), 대방(帶方), 백제(百濟), 장령(長嶺), 갈산(葛山), 여성(黎城)이다. 임승국, 『한단고기』, p.217.

160) 신라는 직물 생산뿐 아니라 혈통으로 보아 이미 진조선 후예로 분류되고 있었다(혁거세 원년). 그리고 신라의 위치가 낙랑의 변방임이 『삼국사기』〈신라본기〉박혁거세 30년 조에서 밝혀졌다. 후일 최치원이 신라가 진한을 잇는다는 삼한론을 내놓았다.

변한은 원래 번한(番韓)인데 69대 수한(水韓)이 후사 없이 죽자, 기후(箕詡)가 대를 이은(BC323) 후에 불린 명칭으로 추측된다.

여기서 독자들은 기후(箕詡)가 대를 이은 이후에 왜 갑자기 변한으로 불렸는지 궁금할 것이다.

이를 설명하기 위해 먼저, 기(箕)로 표기되는 키(箕) 모양의 작은 고깔을 머리에 얹은 기자(箕子)의 초상을 인용하고자 한다. 기자가 은(殷)나라 말기의 현자(賢者)인데, 머리에 쓴 고깔은 당시 은나라 사람들의 의관임을 말한다.

그런데 은(殷)나라가 원래는 상(商)나라였는데 은(殷)으로 불린 것은 패망할 때 마지막 도읍이 은허(殷墟)이기 때문이다. 당시 행상인(行商人)의 나라였기에 상나라라고 불린 것이다.

마지막 도읍지, 은허의 유적과 유물을 살펴보면 순장하는 동이(東夷)의 문화 유적임을 확인할 수 있으며, 이들은 상투를 했던 것으로 보인다. 행상인이 먼길을 왕래할 때 비바람 등 악천후를 만날 수도 있는데 이들은 상투를 보호하기 위해 키 모양의 작은 고깔을 쓰고 다녔던 것으로 보이며, 이들의 모습을 상형화한 것이 변(弁)이라고 본다.

변한(弁韓)의 변(弁)을 해자 하면, 고깔 모양의 사(厶)와 양쪽 끈을 묶는 공(廾)을 뜻하는 두 글자의 합성어이다. 고깔을 쓰고 바람에 날릴까 하여 끈으로 맨 모습이다. 그리고 그 고깔의 모양이 키(箕)와 비슷하다.

다시 돌아와서 번한(番韓)인 수한(水韓)이 후사 없이 죽자, 기후(箕詡)가 대를 이르면서 기(箕)씨 집안을 나타내는 변(弁)을 택하여 변한(弁韓)으로 불린 것으로 본다. 삼한 중 번한이 변한으로 명칭이 변경된 사연을 살펴보았다.

앞에서 잠깐, 변진과 관련하여 신라가 낙랑 땅에서 건국했다고 소개했다.

그리고 카이펑을 거쳐 혁거세거서간 21년(BC39)에 지금의 안후이성 허페이 (合肥:E117°15′ N31°52′)에 금성(金城)을 쌓았다. 중국의 현대지도에 허페이 북쪽 과 동쪽에 팔공산(E116°47′ N32°37′)과 (토)함산(E118°6′ N31°44′)이 있다. 또 〈천하 고금대총편람도(天下古今大摠便覽圖)〉[161]에는 합비(허페이)에 경주(慶州) 표시 가 있다. 합비에서 동쪽 300km 떨어진 강소성 쑤저우(蘇州) 호구산에 박혁거 세(시조) 묘가 있는 것으로 보아 합비를 신라의 수도로 본다.

신라는 수도를 허페이(합비)에 두었지만 영토는 여러 곳에 있었다. 『삼국 사기』〈신라본기〉와 〈고구려본기〉, 〈백제서기〉에 공통으로 나오는 견아성 (犬牙城) 전투(494)가 있는데, 원래 신라의 땅이다. 견아성이 살수 언덕이라 했는데 지금의 랴오닝성에 있는 대릉하[162] 하구의 진저우(錦州, E121°6′ N41°5′) 를 말한다. 살수 언덕 진저우는 진한의 영역이었다. 진한을 이어받은 신라 를 증명하고 있다. 신라가 건국할 당시 중심지는 낙정(낙랑) 부근이고, 대릉 하 하구까지 영역이었으며, 옛날 변한 땅에서 진한 땅까지 두루 영향권에 두었다면, 중국의 사가들이 이 지역을 변진으로 보았을 것이다.

이번에는 마한에 대한 『후한서』의 기록인데, 마한은 54개국 중에 북쪽으 로 낙랑과 맞닿은 마한이 있고, 중국 남동부에 있는 왜와 국경이 맞닿아 있 는 마한도 있다고 기록하고 있다. 삼한 중 마한은 서쪽에 치우쳐있다고 한 다. 다음에 전개할 4장에서 밝히겠는데 삼한 때의 마한의 도읍, 왕검성은 대

---

161) 159) 1666년(현종 7)에 김수홍(金壽弘)이 만든 중국 중심의 지도, 목판본. 세로 142.5cm, 가로 89.5cm. 필사본도 전한다. 중국의 역사에 관련된 내용이 지도 안의 해당 지역에 기록되어 있어 지지적인 내용이 결합된 역사지도적 성격의 지도라 할 수 있다.

162) 오운홍, 『한국사의 기준점 찾기』, 시간의물레, pp.30-36.

동강[163]이 있는 구(舊) 다퉁(大同, E113°36′ N40°2′)**인데 현(現)** 다퉁(大同, E113°17′ N40°6′)에서 동쪽으로 약 30km 거리에 있다.

이와 관련하여 최치원의 삼한론을 살펴보자.

『삼국유사』〈기이편 상〉에 최치원(崔致遠)의 글을 인용한 부분이 있다.

'최치원이 "마한은 고구려이고, 진한은 신라다."『삼국사기』에 의하면 신라는 먼저 갑자년(BC57)에 일어났고, 고구려는 후에 갑신년(BC37)에 일어났다고 한다. 여기에 이른 것은 조선왕인 준을 말함이다. 이것으로 알 수 있는 것은 (고구려) 동명왕이 일어날 때 벌써 마한까지 차지했음을 알 수 있다. 그래서 고구려를 마한이라고 부르는 것인데, 지금 사람들은 혹 금마산이 있어 마한을 백제라고 하지만 이것은 잘못된 말이다. 고구려 땅에는 원래 읍산이 있었기 때문에 이름을 마한이라 한 것이다(崔致遠云 馬韓 麗也 辰韓 羅也 據本紀 則羅先起甲子 麗後起甲申 而此云者 以王準言之耳 以此知東明之起 已竝馬韓而因之矣 故稱麗爲馬韓 今人或認 金馬山 以馬韓爲百濟者 蓋誤濫也 麗地自有邑山 故名馬韓也)'[164]

최치원은 '고구려가 마한을 계승했다'고 보았다. 국사학계에서 말하는 소위 '고구려계승론'이다. 그는 마한=고구려로 본 것이다. 여기서 짚고 넘어갈 부분이 있다. '마한을 백제라고 하지만 이것은 잘못된 말이다.'라고 최치원이 특정 부분을 짚어 강조했다는 점에 주목해야 한다. 이는 다음 절에서 다시 언급하려 한다.

---

163) 임승국 전게서 pp.211-212에 '여원흥이 이미 대명(마한)을 받아 대동강(현 桑干河)을 장악하니 역시 왕검성이라 한다.'로 보아 당시 마한의 도성은 왕검성이다. 후일 대동강(大同江)의 명칭을 따라 다퉁(大同)이라는 지명으로 바꿔진 것으로 본다. 왕검성의 의미는 삼한의 한(韓)이 거처하는 도성(都城)으로 본다. 처음은 삼한 모두 왕검성인데(임승국 p.215), 번한(변한)의 왕검성이 진·한 때 지세를 감안하여《한서지리지》, 왕험성(임승국 p.217)으로 불린 것이다. 진한과 마한은 처음 그대로 왕검성이다.

164) 일연 지음, 이재호 옮김,『삼국유사』, 솔, pp.78-81.

'대륙의 똥시(東西) 무역로'를 이은 마한과 고구려

고구려가 마한[165]을 계승했다는 증거가 이 밖에도 여럿 있다.

우즈베키스탄의 동남부 산악지역에 사마르칸트라는 도시에서 7세기 소그디아 왕의 대관식 장면을 4개 벽면에 나눠 그린 44미터 길이의 초대형 벽화가 발굴(1965)되었다. 소그드 시대의 종교, 의례, 정치, 외교, 문화, 신화 등을 담은 이 벽화는 기록이 거의 남아있지 않아 7세기 소그드 시대를 연구하는 데에 더없이 소중한 자료가 되고 있다.

동, 서, 남, 북 4면의 벽에 벽화가 빼곡히 그려진 왕궁의 방은 한 면의 길이가 11미터에 달했다. 서쪽 벽에 소그디아 왕국을 방문한 각국 사절들의 그림이 있었는데 벽화 왼쪽 구석에서 소그디아어로 쓰인 명문이 발견되었고 그에 따라 그림의 내용이 바르후만(Varkhuman)왕[166]을 찾은 외국 사절들이라는 내용이 드러나게 되었다.

이 벽화의 외국 사절단 중에 고구려 사신으로 추정되는 모습이 우리의 눈길을 끈다. 전형적인 고구려 복장인 조우관(장끼의 깃털 2개를 꽂은 모자)을 쓰고 환두대도(칼자루 끝에 고리 모양 장식이 달린 칼)를 찬 모습으로 인해 고구려인이라는 것이 드러났기 때문에 우리의 관심이 집중되고 있다.

이에 대해, 사학계 일각에서는 지금도 가기 어려운 그 머나먼 사마르칸트까지, 무려 7세기에 고구려 사신이 갔다는 게 말이 되냐며 그저 풍문에 전해 들은 고구려 사람의 모습을 벽화에 그린 것일 뿐이라고 주장하고 있는 학자도 있다.

---

165) 오운홍, 『한국사의 기준점 찾기』, p.91.

166) 중국 역사서에 불호만(拂呼縵)이라는 이름으로 등장하는 바르후만 왕의 재위 기간은 서기 640-670년이다.

▲ (도15) 고구려 사신(오른쪽 첫째·둘째)이 등장하는 우즈베키스탄 사마르칸트의 아프라시압 궁전 벽화.
사마르칸트는 6세기 돌궐 칸국 때부터 존재했던 옛 도시다.

이런 비판적 시각에 대해, 옛날 사람들의 행동반경을 우습게 볼 일이 아님을 지적하고자 한다.

3세기에 중국 승려들의 서역 순례가 시작된 이래, 당나라 때인 7세기부터는 러시를 이룰 정도로 많은 이들이 서역을 찾았다. 대표적으로 현장법사가 서기 632년 사마르칸트를 방문했고, 신라 고승 혜초가 소그디아를 지난 것은 서기 726년 무렵이라면 사마르칸트에 나오는 사신이 가는 길이 어렵지 않다고 본다.

그런데 한 사람, 장사꾼이 그리스나 로마까지 갔다고 생각하면 오산이다. 오늘날 우리나라에서 생산하는 핸드폰이나 자동차를 유럽이나 아프리카 혹은 미국 일리노이주 어느 소도시까지 한 사람이 찾아간 것이 아니다. 간단히 도·소매상의 원리만 알아도 쉽게 이해할 수 있는 일이다. 머나먼 사마르칸트나 그리스, 로마까지 사람이 간 것이 아니라 물품이 간 것이다.

필자는 이들 학자와 다른 견해를 갖고 있다.

왜 하필 삼국 중에 고구려인만 그곳에 등장하는 것일까?

우즈베키스탄 사마르칸트의 아프라시압 궁전 벽화에 그려진 고구려인은 그곳, 그 지역에서 생활했던 경제공동체라는 것이다. 이는 마한의 장삿길을 이어받은 고구려인을 차별적 시각으로 보지 않았기 때문이다. 그런데 백제나 신라 상인이 고구려 장삿길에 참여하지 않는 것은 불문율(不文律)이었으며, 사마르칸트 벽화에 등장하지 않는 것은 당연한 일이다.

고구려에서 사마르칸트로 가는 길이 어렵고 가기 힘든 길이 아니다. 마한에서 서역으로 가던 통상로를 고구려가 계승한 것으로 보며, 사마르칸트는 교역의 종착지가 아니고 경유지에 불과할 뿐이라고 본다.

동서 대륙을 잇는 통상로는 사마르칸트를 지나서 튀르크(터키)를 지나 그리스, 로마로 이어졌다고 본다. 이와 같은 통상로는 고구려 때 왕성했지만 그 이전, 삼한 중 마한의 통상로이기도 하였다.

이번에는 고구려와 '튀르키예'와의 연결을 살펴보겠다.

유럽과 아시아에 걸쳐있는 튀르키예(돌궐, 터키)가 한국을 형제국[167]이라고 부른다. 그리고 6.25 전쟁 때 UN군 중 네 번째로 많은 14,936명의 유엔군을 파견해 준 나라다. 최근 튀르키예 대지진 피해 현장에 대대적인 구호 활동을 전개한 나라가 한국이다.

현대에 와서도 왜 이런 관계가 존속되는 것일까?

---

167) 튀르키예의 중학교 교과서에 '고대에 양국 민족이 형제로 같이 살았다'는 기록대로 역사 인식을 같이하고 있다. 『삼국사기』〈고구려본기〉에, 551년 7월(고구려 양원왕 7년) 돌궐(튀르키예)이 백암성을 공격해 고흘 장군이 이끄는 1만 명이 격파했다는 기록이 있다. 고구려 연개소문이 돌궐의 공주(계필사백의 딸 계필우희)와 혼인하였다. 돌궐의 퀼테긴 비문에 '맥 고려(고구려)는 형제의 나라다'란 기록이 있다. 튀르키예는 우리와 같은 우랄 알타이 언어 계통에 속한다.

터키가 2022년에 '튀르키예'로 국호를 바꾼 것은 '튀르크인의 땅'이란 뜻을 찾는 의미이고, '튀르크'는 '돌궐(突厥)'의 동음이다. 고구려 역사에 등장하는 '돌궐'은 서역으로 이어진 고구려의 통상로를 공동으로 관리하고 지배한 것으로 본다. 그리고 마한을 이어받은 고구려인인 점을 고려할 때, 이 통상로는 마한 때에도 존재했던 것으로 보인다.

이번에는 스키타이와 몽골과 마한의 통상로와 연결되는 유목민들의 천문학적 인식의 개념을 살펴보자. 당시 개념을 파악하는 일은 역사 해석의 지름길이다.

광개토왕 비문에 나온 홀본(忽本)은 졸본(卒本)이며, '튀르크어로 졸본은 금성[168]'이라고 한다. 비문에 나온 인명이나 지명에는 유목민의 정서가 들어있다. 상고사를 연구하려면, 먼저 금성(金星)이란 개념이 나온 배경을 이해할 필요가 있다.

현대적 달력이 없던 옛날에는 날짜를 명확하게 알기 위해 '하늘에 걸린 달력'인 '달 모양의 변화'를 보았을 것이다. 달이 차고 이지러지는 모양으로 날짜를 알 수 있다. 그런데 달의 공전 주기에 합삭(合朔)이라는 날이 있다. 이날은 달이 어딘가에 숨어서 보이지 않는 날이라고 생각했을 것이다.

합삭(合朔)의 삭(朔, 싹)은 '초하루 삭'을 말한다. 음력으로 매월 1일이다. 그런데 삭(싹)에 합(合)이란 글자를 병기한 이유나 생각이 뭘까?

합(合)이란 둘이 모여 하나 됨을 말한다. 무엇과 무엇이 합쳐졌다는 말인가? 그믐달이 이지러지다 그 이상 보이지 않다가 초사흘 초승달이 싹트는

---

168) 김정민 박사(사단법인: 우리역사 바로알기), 〈광개토왕 비문의 실체〉 유튜브, 광개토왕 비문에 나오는 인명, 지명에 대한 해석 참조

것처럼 생겨난다. 그 사이에 있는 초하룻날은 달이 보이지 않는다. 어쩌다 볼 수 있는 일식도 반드시 초하룻날에만 생긴다. 일식 때 해의 속으로 들어가는 달을 보았을 것이다.

 옛날 유목민들은 광활한 초원을 이동하면서 지금의 위치를 파악하기 위해, 하늘의 별자리와 해와 달의 이동을 관찰하는 천문에 능했다. 이들 유목인이 초하룻날에는 달이 태양의 속에 들어가서 보이지 않는다고 생각했을 것이다. 그들은 태양이 여성(母)이고, 태양으로 들어가는 달을 남성(父)으로 보았을 것이다. 초하룻날을 합삭으로 본 데는 태양과 달의 잠자리로 본 것이다. 태양이 잉태하여 낳은 아들이 금성(金星)이라는 개념을 갖고 있었다. 그래서 금성이 어머니인 태양의 주위를 맴돌고 있다고 생각하였다.

고대 북방 유목민의 의식구조

유목민들은 금성을 '태양의 아들', 즉 '존귀한 천자'로 생각했다.

금성이란 의미가 담긴 인명이나 지명에는 존귀함이 묻어있다.

우리는 '졸본'이라 읽지만, 튀르크나 몽골에서는 '출본' 혹은 '철번'의 유사음이지만 우리에겐 졸로 들릴 수 있다. '졸', '출', '철'은 쇠(금)라는 의미를 가지고 있다고 보는 것이다.

몽골에서는 '주몽'의 '추모(皺牟[169], 혹은 처머)'와 비슷한 '철먼'이란 남자의 이름이 꽤 있는데, '철먼'은 금성(金星)을 뜻한다고 한다.

튀르크어(語)로 졸본(출본, 철번)은 금성이라는 의미를 지닌다고 한다. 지명으로 쓰일 때 '졸, 출, 철'에 본(번)을 붙여 쓰는 까닭을 자전에서 찾으면, 본(本)이란 글자는 나무(木)가 지표면(一) 밑에 뿌리를 박고 있는 모습의 상형문자라 할 수 있으며, 이를 인용한 것이다. 실제로 자전에 나오는 本은 '밑 본', '뿌리 본'이다. 쉽게 말해 '본거지'를 말할 때 붙여 쓰는 문자이다.

이와 유사한 이미지를 나타내는 지명으로 신라의 금성(金城)이 있다. 소리로만 들으면 금성(金星)과 금성(金城)이 같은 말로 들린다.

한자를 만든 우리 동이 언어로 보면 신라의 금성(金城)은 금성(金星)의 이미지에서 온 것이라고 본다.

---

169) 國岡上廣開土境平安好太王 碑文 1면에, "唯昔始祖鄒牟王之創基也 出自北夫餘 天帝之子 母河伯女郎 剖卵降世 生而有聖德 □□□□命駕巡幸南下 路由夫餘奄利大水(삼가 생각건대, 옛적에 시조 추모왕께서 우리 고구려를 창건하셨다. 추모왕은 북부여에서 출생하셨고, 아버지는 천상의 상제님이시고 어머니는 하백의 따님이셨다. 알을 깨고 세상에 태어나셨고 태어나면서부터 성스러운 덕이 있었다. □□□□ 추모왕이 길을 떠나 수레를 몰고 남쪽으로 내려가는 데 길이 부여의 엄리대수를 거쳐가게 되었다)." (광개토왕비문 참조)

이번에는 광개토왕 비문에 나오는 '추모(皺牟)'란 인명에 대해 살피고자 한다.

고구려를 건국(BC37)한 고주몽(高朱蒙)을 동명성왕(東明聖王)이라 한다. 성은 고(高), 이름은 주몽(朱蒙)·추모(皺牟)·상해(象解)·추몽(鄒蒙)·중모(中牟)·중모(仲牟)·도모(都牟)·도모(都慕) 등으로 전하고 있는데, 이는 음차(音借)에 의한 문자기록의 특성 때문으로 본다.

'주몽'이나 '추모'의 소리를 문자로 기록하기 전에, 지역에 따라 발음하는 언어가 다르기 때문이기도 하다.

일설에 의하면, 주몽은 부여의 속어로 '활을 잘 쏜다'는 뜻이라고 전해진다. 또 다른 설은 몽골에서는 '주몽'의 '추모(혹은 처머)'와 비슷한 '철면'이란 남자의 이름이 꽤 있는데, '철면'은 금성을 뜻한다고 하는데, '추모'도 금성을 뜻하는 고귀한 탄생의 존재라고 한다.

후자의 설을 지원이라도 하듯, 일연스님이 쓴 『삼국유사』의 왕력편에 보면, 고구려 '제1대 동명성왕; 갑신년(BC37)에 즉위하였으며, 치세는 18년이다. 성은 고(高) 이름은 주몽(朱蒙)인데 추몽(鄒蒙)이라고도 한다. 단군의 아들이다.'[170]

'단군의 아들'은 곧 천자를 말한다. 고귀한 탄생의 존재라는 뜻이다.

일연스님은 왜 고주몽을 가리켜 '단군의 아들'이라 했을까?

이맥이 쓴 『태백일사』의 〈고구려국 본기〉에, "고리군(槀離郡)의 왕 고진(高辰)[171]은 해모수(解慕漱)[172]의 둘째 아들이며, 옥저후(沃沮侯) 불리지(弗離支)는

---

170) 일연, 전게서. p.27.
171) 고진은 고리군을 다스리면서 왕험성(지금의 낙정)에 있는 위만을 견제하고 서압록 수비에 공이 있어 고구려후(高句麗侯)로 승진되었다. (임승국, p.131. 북부여기 상)
172) 해모수(解慕漱)는 단군왕검의 진조선이 47세 단군 고열가(古列加)에 이르러 허약해지자 이를

고진의 손자다. 모두 도적 위만(衛滿)¹⁷³⁾을 토벌하는 데에 공을 세워 봉함을 받았다. 불리지는 일찍이 서쪽 압록강¹⁷⁴⁾ 변을 지나다가 하백(河伯)녀 유화(柳花)를 만나 그녀를 기쁘게 맞아들여 고주몽을 낳게 되었다. 때는 임인(BC79)년 5월 5일이라 곧 한나라의 왕 불릉(弗陵)¹⁷⁵⁾의 원봉 2년(BC79)이다. 불리지가 죽으니 유화는 아들 주몽을 데리고 웅심산(熊心山)¹⁷⁶⁾으로 돌아갔으니 지금의 서란(舒蘭)¹⁷⁷⁾이다."¹⁷⁸⁾

이처럼 고주몽의 선조가 단군이라는 사실에 입각하여 손자를 포함, 아들 子로 보아 '단군의 아들'이라 한 것으로 본다. 주몽이 앞에서 살핀 대로 고귀한 출생임은 틀림없다는 것이며, 고귀한 출생이란 뜻을 말하는 금성(金星)과 같은 소리의 '주몽'으로 불린 것으로 본다.

이번에는 주몽 또는 추모가 몽골어와 유사하다는 점을 살피려고 한다.
몽골에서는 '주몽'의 '추모(혹은 처머)'와 비슷한 '철먼'이란 남자의 이름이

해체하고 북부여(北扶餘)를 건국(BC239)한 시조 단군이다.

173) BC194에 변한의 마지막 왕 기준을 쫓아내고 왕험성을 차지했다.
174) 서압록(西鴨綠)을 하북성에 있는 석문채(石門寨, E119°35′ N40°6′) 옆에 흐르는 압수하(鴨水河)로 본다. (오운홍, 『한국사의 기준점 찾기』, pp.34-37.) 이곳은 ①〈고구려본기〉의 수나라 패잔병이 살수(대릉하)에서 압록수까지 하룻낮 하룻밤에 450리(180km)를 달려서 이른 곳이고, ②왕험성(현 낙정)에서 90km, 졸본부여로 보는 현 청더(承德)에서 120km의 거리에 있다. 또 『산해관지(山海關志)』와 김호림의 『고구려가 왜 북경에 있을까』(p.250)에 의하면, 고구려인이 이곳 석문성을 돌로 축성했다 한다.
175) 한나라 소제(昭帝)
176) 웅심산은 북부여를 세운 해모수가 궁궐을 지은 곳이다. 범장의 『북부여기 상』 참조.
177) google에서 서란(舒蘭)의 서(舒)를 쓰는 상호를 찾으면, 요녕성 선양(瀋陽)을 중심으로 상당히 많은 상호가 분포되어 있다. 다음 절에 나오는 '북부여 중심부'의 위치 추정과도 일치한다.
178) 임승국, 전게서, p.259.

꽤 있다고 했는데, '철먼'은 금성을 뜻한다고 앞에서 살폈다. 추모는 몽골식 이름이라고 한다.

또 고구려의 2대 왕, 유리왕(瑠璃王)을 일본에서는 누리왕이라고 부른다. 이것도 음차에 따른 것인데, '유리', '유류', '누루', '누리'라고 부른다.

'유리'는 빛이 햇살처럼 퍼져나간다, 혹은 빛의 왕이라 주장하는 학자가 있다.

'누리'는 '온누리'를 뜻하며, '누루'는 '누루하치' 등 몽골식 이름이라 한다.

실제로 고구려의 유적과 관련하여, 베이징(북경)시 동북쪽에 고려영(高麗營, E116°30′ N40°11′)이 있고, 유리묘(琉璃廟, E116°39′ N40°38′)가 있으며, 북경시 남서쪽에 유리하(琉璃河, E116°1′ N39°36′)가 있다. 고구려의 시작점이 이 근처로 볼 수 있다.

실제로 유리묘에서 동쪽으로 40여㎞ 떨어진 곳에 고북구(古北口)가 있는데, 이곳에서 만리장성을 넘어 북쪽으로 가면, 10-12세기에 몽골 초원과 내몽골자치구를 근거로 했던 요(遼)나라 수도 중경 땅을 만나게 된다. 북경은 몽골 세력과 인접한 곳이라 할 수 있다.

유리왕이 활동했던 근거지로 보이는 현 베이징시 부근과 그 동편에 있는 진한의 땅은 삼국 초기 신라, 고구려, 백제가 힘을 겨루던 지역이라 할 수 있다.

고구려의 3대 대무신왕(大武神王) 역시 몽골식 명칭이라 한다. 대무신을 몽골식으로 부르면 '태무진'이다.

고대사를 연구하는 학자들은 바이칼호 주변에 살았던 부리야트를 부여족으로 보고 있다. 현대 몽골인들은 부리야트에서 갈려 나간 한 족속, 코리가 고구려로 이어졌다고 한다. 이에 근거를 두고, 고구려의 초기 사회를 이끈 왕의 명칭이 몽골에서 사용하는 남성의 이름과 비슷하다면, 고구려 초기

왕들의 뿌리는 몽골에 두었다는 주장이 더욱 명료해진다.

이에 따라 주몽의 세력이 지리적으로 마한과 가까운 몽고 바이칼호→ 산서성의 다퉁→ 하북성의 청더(?졸본)성으로 이동[179]했을 개연성이 있다는 것이다.

나중에 4장에서 논의하겠는데, 지도를 펴 놓고 보면 하북성의 청더(承德)에서 산서성의 다퉁(大同)을 거쳐 몽골로 가는 길은 마한 땅이라고 볼 수 있다. 마한의 인근에서 고구려가 나왔다고 할 수 있다.

독자들은 이 부분에서 다음과 같은 질문을 할 것이다.

범장이 쓴 『북부여기』의 〈북부여기 하〉와 〈가섭원 부여기〉에서 각각 주몽의 출생과 탈출과 졸본천(卒本川)[180]에 이르러 건국한 기록들은 무엇이냐 물을 것이다.

범장이 쓴 『가섭원 부여기』에 의하면, '을미(BC86) 원년 (시조 해부루) 왕은 북부여(北扶餘) 때문에 제약[181]을 받아 가섭원(迦葉原) 혹은 분릉(岔陵)이라고 하는 곳으로 옮겨서 살았다. 오곡이 다 잘 되었는데 특히 보리가 많았고 또 범·표범·곰·이리 따위가 많아서 사냥하기 편했다(乙未元年 王爲北扶餘所制徙迦葉原亦稱岔陵 宜五穀尤多麥 又多虎豹熊狼便於獵).'

가섭원을 분릉(岔陵)이라고 했는데, google지도에서 '岔'을 찾았더니, 중국 대륙에서 유일하게 분포된 지역이 있다. 요녕성(遼寧省) 관전현(寬甸縣)의 대

---

179) 기원전 이동하는 군상(群像) 중, 장사꾼으로 이뤄진 상단(商團)은 화물을 빠르게 이동해야 하므로 평지를 택했을 것이고, 족속의 무리를 이끌고 정착을 목적으로 이동할 때는 은폐가 쉬운 산악 코스를 택했을 것으로 본다.
180) 『고구려 창세기 추모경』을 쓴 김성겸은 졸본천을 북경 남부에 있는 조백하의 지류로 본다.
181) 북부여의 고두막 장군이 제위(帝位)를 찬탈하여 5세 단군이 되었는데 이와 관련이 있다고 본다.

서분(大西岔, E125°11′ N40°4′) 마을에서 압록강변을 따라 북동 방향으로 집안(集安) 시에 이르는 지역에 '岔'을 쓰는 지명[182]이 많이 있다. 이 지역은 본책 제5장에서 살피겠는데 모피 수집 시장이 열렸던 콴뎬(寬甸)과 환련(桓仁) 시장 등으로 명도전 출토가 많은 지역이다. 이는 '범·표범·곰·이리 따위가 많아서 사냥하기 편했다'는 기록과도 일치한다.

본책 제5장에서 소개하는 '동북아시아의 명도전 분포 현황(지도)'에서, 명도전 출토로 본 요하 강변의 철령(鐵嶺)과 무순(撫順)과 지린(吉林), 압록강변의 환인(桓仁)과 콴뎬(寬甸), 한반도 쪽의 자성과 위원, 낭림산맥 서편의 전천, 영변과 영원, 덕천, 양덕 등을 이은 선, 즉 명도전 출토 라인을 문명권의 수집 상인과 비 문명권의 생산자가 명도전을 매개로 물물교환이 이뤄지던 경계로 본다. 다시 말해 '상업 문명 변방 라인'인 동시에 문명의 등고선 혹은 경계선으로 본다. 예를 들어 당시 하얼빈은 이런 경계선 밖에 있었다고 볼 수 있다.

근·현대에 와서 현대적 감각에서 인지하는 동부여가 '간도와 연해주 지역'이 아닐까 하는 생각은 버려야 한다. 왜냐면 서역 화폐의 출토는 고구려 강역 이후로 보며, 단군조선 때 사용했던 명도전은 발견되지 않았기 때문이다.

다시 말해 명도전 사용 시대[183]에는 '상업 문명 변방 라인' 밖으로 보며, 또한 라인 밖은 당시 왕국(동부여)의 존재를 담보할 수 없기 때문이다.

---

182) 요녕성의 '寬甸縣大西岔鎭委', '大西岔鎭楊林衛生院', 하이청시의 '岔구(沟)鎭', 길림성의 '集安市森林警察双岔中隊', 지린시 융지현의 '岔路河鎭', 장춘시 더후이시의 '岔路口鎭' 등이 있다.

183) 명도전 사용 시기에 대하여 나무위키에 의하면, 대략 춘추시대(BC770-)와 전국시대(BC484-221)에 사용했던 화폐로 보고 있다.

'가섭원부여'를 '동부여'라고도 하는데 환련(桓仁)이나 콴뎬(寬甸) 지역에서 주몽이 졸본천에 도달하려면, 우선 남서 방향의 강줄기를 따라 해안에 이른 후, 서쪽으로 가야 한다.

〈북부여 하〉에 의하면, 5세 단군 고두막이 졸본에서 즉위(BC108)했고, 그를 이어 태자 고무서가 역시 졸본천에서 즉위했으나 2년 겨울에 후손이 없이 붕어(BC58)하자 사위로서 고주몽이 23세의 나이로 대통을 이었다고 한다. 그런데 김부식이 편찬한 『삼국사기』〈고구려본기〉에는 BC37년으로 20년의 차이가 있어 좀 더 풀어야 할 문제로 본다. 또 주몽이 고무서의 대통을 이었지만 고구려를 건국했으니 거기서 (졸본) 부여는 없어진 것일까? 이 부분은 사학계가 더 연구하고 토론할 과제로 본다.

여기서 국사학계에서 정리한 부여의 위치를 보면, 부여는 지금의 중국 요녕성과 길림성과 흑룡강성 일대인 중국 평원의 대부분을 차지하여 2-3세기경 전성기를 맞고 있었다고 한다. 문헌에 보면 346년 전연(前燕)의 모용황이 부여를 쳐서 5만여 명의 포로를 끌고 갔다는 기록이 있다.

이를 증명하듯 선양의 라마동(喇嘛洞) 일대의 고분군이 5만여 명의 포로가 묻힌 무덤이라고, 랴오닝성 문물국의 톈리쿤(田立坤) 교수는 주장[184]하고 있다. 또 선양시 문물고고학연구소 천산 부소장도 라마동 인골을 형질인류학 관점에서 분류한 결과 '북아시아 인종' 범주에 들지 않는 '부여 계통'으로 보고 있다.

이들 부여인으로 말하면, 이암이 쓴 『단군세기』에서 44세 단군 구물이 장단경에서 즉위(BC425)한 이후 쇠퇴의 길로 접어든 단군조선이 47세 단군 고

---

184) 오운홍, 『가야인, 나라 세우러 온 것 아니다』, pp.296-297.

열가에 이르러 해모수가 이어간 조선의 후예인 동시에 범장이 쓴 『북부여기』에서 북부여 시조 단군 해모수가 다스리던 부여계로 본다.

지금까지 열거한 부여를 늘어놓으면, 해모수가 세웠다는 북부여가 부여(夫餘)라는 이름으로 지금의 중국 길림성과 흑룡강성 일대인 중국 평원의 대부분을 차지하였다가 연나라 모용황에 의해 역사에서 사라졌고, 북부여 남동쪽에 가섭원부여 혹은 동부여가 고구려의 대무신왕 때(22년)까지 있었다.

그런데 몽골에서는 바이칼호 주변에 살았던 부리야트를 부여족으로 보고 있다. 현대 몽골인들은 부리야트에서 갈려 나간 한 족속, 코리가 고구려로 이어졌다고 한다. 그렇다면 몽골의 바이칼에서 졸본까지 이어지는 또 다른 부여를 포함해서 3개의 부여가 동아시아 북부에 존재했다는 가설을 상정할 수 있다.

사실 범장이 쓴 『북부여기』를 읽다 보면 3개의 부여(북부여, 동부여, 졸본부여)가 어렴풋이 보인다. 이 부분도 사학계가 더 연구할 과제로 본다.

진한을 이어 간 '북부여 중심부'의 위치를 추정하다

우리 사학계가 말하는 부여(북부여)의 중심부(도읍지) 위치는 너무 막연하고 근거가 미약하며, 실증적이지 못하다. 나무위키(2024.7.17.)에 의하면 북부여(扶餘國)의 위치는 송화강 일대 송눈평원, 지린성 하다링산맥(합달령) 이북의 아무르주 일대이고, 동부여의 위치는 그 동남쪽 연길, 화룡이라고 한다.

어느 사학자에게 왜 그곳이냐고 물었더니, 오래전 어떤 학자가 그렇게 말했다는 거다. 만약 그 학자를 찾아가서 똑같은 질문을 한다 해도 비슷한 대답이 나올 것 같다. 왜냐면 부여의 위치에 대한 명확한 근거가 없기 때문이다.

필자가 북부여의 중심부를 추정하는 데는 몇 가지 실증적 근거가 있기에 소개하고자 한다.

① 요녕성 조양시 동북쪽 북표(北標, E120°46′ N41°45′)시 인근 라마동(喇嘛洞) 고분군에서 약 400여 개의 무덤이 지난 20세기 말(1990년대)에 발굴됐다.

② 랴오닝성 문물국의 톈리쿤(田立坤) 교수는 라마동 고분은 전연(前燕)의 모용황 때 포로로 잡혀 온 부여인의 무덤이라 한다.(KBS 1TV, 2012. 10. 18.)

③ 실제로 문헌에 보면, 346년 전연의 모용황이 부여를 쳐서 현왕(玄王)을 포함 5만여 명의 포로를 끌고 갔다는 기록이 있다. 이때 부여는 북부여의 잔존 세력으로 본다.

당시 국제 정세로 보면, 342년 고구려를 초토화시킨 연나라 임금 모용황의 최종적인 목표는 중국의 중원으로 진출이었고, 고구려 침공은 이를 위한

사전 조치였다. 중원으로 진출하기 위한 전쟁 중에 배후에서 언제든 적이 되어 공격할 수 있는 고구려와 우문씨(宇文氏)의 선비족을 제거해야 하는데, 우문씨를 먼저 공격하기 위해 내몽고로 쳐서 올라가면 그 뒤를 고구려가 칠 수가 있으므로 고구려를 먼저 제압하여 배후를 안정시키려는 작전이었다.

실제로 츠펑시의 연혁을 보면, 츠펑은 "시랴오강[西遼河]의 지류 인허강[陰河]과 잉진강[英金河]의 합류점에 있고, 주위는 여러 산들로 둘러싸여 있다. (중략) 츠펑은 3-6세기 선비족의 세력 거점이었다."고 한다. 우문씨의 선비족은 이 위치라고 본다.

④ 우문씨는 고구려 침공 3년 후인 345년에 멸망하게 되는데, 그때 연나라는 환도성 전투(342년)에서 이미 고구려 왕의 어머니를 볼모로 잡아 놓은 상태에서 고구려의 반응을 보기 위해 남소성을 공격한다. 고구려 쪽 국경은 안심할 수 있다고 판단한 연(燕)은 우문 선비족을 물리치고(345), 다음 해(346) 부여(夫餘)도 공격하여 현왕(玄王)과 백성 5만의 포로를 인질로 삼고 나서, 중원으로 진출해 황하 하류 일대를 장악했다. 이때 부여는 완전히 멸망된 것으로 본다.

⑤ 연나라 모용황이 341-342에 도읍을 용성(龍城, 현 조양시)으로 옮겼고, 모용준이 353년에 도읍을 화북지방에 있는 업(鄴)으로 옮겼다.

⑥ 연나라가 요녕에 있는 용성(현 조양시 용성구)에서 서남쪽의 화북에 있는 업으로 도읍을 옮기기 전에 (동쪽) 배후에 있는 부여를 완전히 멸망시키기 위해 왕을 포함해서 5만의 포로를 끌고 와서 죽이고 묻은 무덤이 라마동 고분이다.

⑦ 선양시 문물고고학연구소 천산 부소장은 라마동 고분의 인골을 형질인류학 관점에서 분류한 결과 '북아시아 인종' 범주에 들지 않는 '부여 계통'으로 보고 있다. (KBS 역사스페셜)

⑧ 모용황이 멸망시켰다는 부여의 위치는 용성(조양시, E120°23′ N41°36′)에서 볼 때, 서남쪽으로 진출하는데 배후의 적으로 보았으니 조양시의 동편에 있다 하겠다.

⑨ 『환단고기』에 의하면, 범장이 쓴 〈북부여기 상, 하〉는 단군조선 47대 고열가 단군을 이어받아 그 자리에서 '해모수 단군'이 창건(BC239)한 것이라 한다. 또 범장이 쓴 〈가섭원 부여기〉는 해부루 왕이 BC86년에 가섭원 혹은 분릉이라는 곳에 옮겨 살았는데, 가섭원(분릉)이 북부여에 비해 동쪽에 있다 하여 '동부여'라는 별도의 명칭이 붙여진 것으로 본다.

⑩ 동부여는 2대 금와왕, 3대 대소왕(22년)까지 3대 47년 만에 나라가 고구려 대무신왕(삼국사기 기록)에게 멸망한 것으로 보아, 346년 연나라에 멸망한 부여는 동부여가 아닌 북부여로 본다.

⑪ 본책 앞의 절에서 가섭원(迦葉原) 혹은 분릉(岎陵)의 위치에 대해, 요녕성(遼寧省) 관전현(寬甸縣)의 대서분(大西岎, E125°11′ N40°4′) 마을에서 압록강변을 따라 북동 방향으로 집안(集安)시에 이르는 지역에 분릉의 '岎'을 쓰는 지명이 많고, 범장은 〈가섭원 부여기〉에서 이곳이 '범·표범·곰·이리 따위가 많아서 사냥하기 편했다'고 기록했으며, 본책 제5장에서 살피겠는데 모피 수집 시장이 열렸던 콴뎬(寬甸)과 환런(桓仁) 시장 등이 이들 지역이며, 명도

전 출토가 많은 지역(박선미의『고조선과 동북아의 고대 화폐』)이기도 하여 범장의 기록에 대한 신뢰도가 높다 하겠다.

⑫ **부여로 통칭되는 북부여의 중심부는 동경 E120°23′(조양시)에서 '동부여'인 E125°11′(요녕성 관전현의 대서분) 사이에 있다고 본다. 그런데, 이 지역 안에 선양(瀋陽)과 안산(鞍山)이 있다.**

⑬ 선양(瀋陽)을 북부여의 중심부로 보는 첫째 이유는, 안산보다 큰 도시로서 역사가 길고 도읍으로서의 입지적 조건이 좋으며, 둘째, 북부여가 단군조선(진한)을 그대로 이어받았다는 것에 근거할 때 진한이 생산기지 확보와 관리를 위해 물길을 따라 창춘(長春), 지린(吉林)과 송화강의 하얼빈으로 진출하려면 선양이 지정학적으로 최선의 지역이라고 본다. 셋째, 실제로 22대 색불루 단군은 녹산(鹿山)으로 천도하고 가까운 장당경(藏唐京)에 묘(廟)를 세웠다는 기록이 있다. 필자는 장당경의 위치를 선양(瀋陽)시 남동부에 있는 수동장군동풍경구(水洞藏軍洞風景區)로 보고 있다.

따라서 부여(북부여)의 중심지를 요녕성 선양(瀋陽)으로 본다.

⑭ 북부여의 도읍으로 보는 선양(瀋陽)이 명도전 발굴라인, 즉 '상업 문명 변방 라인'의 서쪽에 있어 고고학적인 타당도가 높다 하겠다.

지금까지 부여의 중심부를 추정하는 과정에서 필자가 14가지 근거를 제시한 데 대하여, 일방적으로 논리를 끌어갔다고 볼 것 아니라 여태 아무도 부여의 위치에 대해 근거를 제시하지 못했음을 안타까워해야 한다.

후학들에게 필자의 주장에 더 나은 학설을 제시해 주기를 부탁드린다.

환인(桓仁)시 오녀산성은 고구려의 졸본성이 될 수 없다

압록강을 넘어 중국 랴오닝성 동남부에 있는 환인(桓仁) 시에 가면, 그 가까이에 오녀산(五女山)과 산성이 있는데, 이를 줄여서 '오녀산성'이라 부른다. 한국 관광객이 주로 찾는 명소이다. 이곳에 가보면 여기가 고구려의 첫 도읍지 졸본(홀본)성이라는 안내 표시가 있다.

한국인들이 그것을 믿는 이유 중의 하나는, 오녀산성에서 동쪽으로 50km 정도 가까이에 지안(集安)시가 있는데, 〈고등학교 한국사〉에서는 이곳을 졸본성에서 이동하여 자리 잡은 국내성이라 가르쳐 왔기 때문이다.

강단사학계가 이곳을 고구려의 시작점으로 보는 까닭은 첫째, 일본인이 써준 〈조선사〉를 비판 없이 그대로 받아들였다는 점이고, 둘째는 졸본성이 어디인지 지금까지도 막연하기 때문이라고 본다.

필자가 보기에는 오녀산성은 변방을 지키는 조그만 산성에 불과하다는 것이다. 우선 식수가 부족하다. 인근에 환인 수고(호수)가 있다 하더라도 산 아래로 한참 내려가서 물을 떠서 길어 올려야 한다. 오녀산성 안에 궁궐을 짓는다 해도 왕궁터를 조성하기에는 협소한 곳이다. 그리고 큰 건물이 있었다는 흔적을 찾을 수도 없다. 또 장백산맥의 산악지역이라 기원 전후 당시 인구밀도가 매우 희박하여 사람이 별로 살지 않았을 것으로 보인다.

동서양을 통해 고대국가의 도읍지 조건을 보면, 하천을 끼고 있어 자연환경이 걸맞아야 하고, 동서남북으로 길이 난 교통요지이다. 바꾸어 말하면, 도읍지가 되기 전에 사람들이 하천, 자연환경, 교통이 좋아서 이미 모여들었기 때문에 인구밀도가 높았다고 할 수 있다. 이런 곳에서 지도자가 나와 전쟁이나 영향력을 앞세워 정권을 창출하고 도읍지로 정하는 것이라고 본다. 인구밀도가 높은 곳에 도읍을 정한다면 다수의 군대 동원이 가능하기 때문이다.

이런 관점에서 오녀산성이 과연 고구려 졸본성인가 하는 의심이 든다.

앞 절에서 살폈듯이 가섭원부여(동부여)의 주요 산업이 수렵이고, 인구밀도도 높지 않았을 것으로 보인다. 가섭원부여의 영역에 오녀산성이 포함된다고 보며, 왕국의 도읍지로 쓰였는지는 국사학계의 새로운 과제로 검토할 만하다.

삼한론을 설파하는 본 장(章)에서 고구려와 백제, 신라의 첫 도읍지의 위치를 왜 논하느냐고 독자들은 의아해할 수도 있다.

최치원의 삼한론을 보면 마한은 고구려, 진한은 신라, 변한은 백제와의 연결이 나온다. 고구려와 백제와 신라의 출발점을 명확히 알 수 있다면 삼한의 위치를 파악하는 데에 도움이 되기 때문이다.

지금도 강단사학계는 '한반도 역사 이론'을 주장하고 있는데, 이런 시선이라면 중국의 사서가 말하는 삼국의 위치 관련 기록들을 이해할 수도 없거니와 받아들이지 못하는 것도 당연한 일이라고 본다.

예를 들면, 『북사(北史)』에 '백제의 동쪽 끝은 신라이다(北史云 百濟東極新羅).'라든지, 『구당서(舊唐書)』〈동이열전〉에 '신라국은 〈중략〉 한(漢)나라 때 낙랑의 땅이었다(新羅國 〈중략〉 其國在漢時樂浪也).'라든지, 『수서(隋書)』〈동이전〉에 신라는 고구려의 동남에 살았는데 이곳은 한나라 때의 낙랑 땅이다(新羅國在高麗東南居 漢時樂浪之地).'라는 기록이 있는데, 강단사학계는 이 기록을 받아들이지 못하고 있다. 한반도의 삼국론이란 시각에서 보면 이해할 수 없는 일이다.

이들이 급기야는 중국 이십사사(二十四史)의 기록 중 일부가 잘못된 위사(僞史)로 취급하고 싶어 한다. 정말 웃기는 발상이다. 일제가 써준 〈조선사〉를 그대로 이어받은 〈한국사〉는 정사(?)이고, 중국의 정사 이십사사는 위사란 말인가? 그들이 믿고 가르치는 〈조선사〉와 〈한국사〉가 위사인지를 구분하지 못하는 판단력에 문제가 있다고 본다.

필자의 논문, '진·한대의 요수·패수와 험독현·왕험성의 위치 탐색'[185]에 의하면, 백제의 위례성이 현 베이징(北京)임을 확인하고, 변한의 왕험성(王險城)은 현재 난하(패수)의 동쪽에 있는 낙정(樂亭, E118°55′ N39°25′)임을 찾아냈다. 그리고 낙정은 낙랑군의 치소가 있었던 곳임을 〈오운홍의 한사군 위치도〉(도5)로서 확인할 수 있었다.

또 고구려가 수(隋)의 침입에서 대승한 살수대첩의 '살수(薩水)'라는 강이 현 랴오닝성에 있는 대릉하(大凌河)임을 밝혀냈다. 이로써 『삼국사기』의 〈신라본기〉, 〈고구려본기〉, 〈백제본기〉에 공통으로 나오는 신라의 견아성(犬牙城)이 대릉하(살수) 서편 언덕에 있는 현 진저우(錦州)임을 미루어 짐작할 수 있다.

대릉하(살수) 하구에 있는 진저우가 신라의 땅(견아성)이라는 의문은 최치원이 말한 대로 신라가 진한을 이어받았다 했으니 자연스레 풀렸고, 한(漢)나라 때 신라의 영역은 왕험성이 있던 낙정에서 진저우(견아성)까지 모두 영토로 보는 데 무리가 없다 하겠다.

---

[185] 오운홍, '진·한대의 요수·패수와 험독현·왕험성의 위치 탐색', 『국경사 연구로 반도사관을 혁명한다』, 2023 대한국제학술문화제 논문자료집(2023.6.23.)

이와 같은 관점에서 중국의 사서를 다시 보면, '신라국은 〈중략〉 한(漢)나라 때 낙랑의 땅이었다'는 『구당서』의 기록이 필자의 연구논문[186] 결론과 일치한다. 『북사』에서 '백제(북경)의 동쪽 끝은 신라(낙정)이다'라는 기록도 북경 동쪽에 낙정(낙랑땅-신라)이 있으니 위치가 모두 맞는 것이다. 『수서』가 말한 '신라는 고구려의 동남에 살았는데, 이곳은 한나라 때의 낙랑 땅이다.'라는 기록도 맞다고 본다.

---

186) 오운홍, '진·한대의 요수·패수와 험독현·왕험성의 위치 탐색'과 〈일본의 '임나일본부'는 허구적 이론이다〉 2024 대한국제학술문화제 논문자료집(2024.6.19.)

고구려의 졸본을 의무려산과 낙랑홀과 현도로 찾아내다

앞서 주장한 중국 '이십사사(二十四史)의 기록'이 맞다는 생각과 동시에 고구려 졸본(홀본)성의 위치를 찾을 수 있는 새로운 단서가 될 수 있다는 것이다.

『수서』에서 '신라는 고구려의 동남에 살았다' 했으니, 바꾸어 말하면 고구려는 신라의 북서쪽에 있다는 말이 된다. 신라의 중심부 낙정 부근에서 볼 때 서북쪽에 있는 도읍지로 알맞은 땅이 어디일까?

고구려의 첫 도읍지 졸본(홀본)성은 찾는 일은 현재 국사학계에서는 오리무중에 있다고 한다. 그런데 필자는 고구려의 첫 도읍지 졸본(홀본)을 현 청더(承德) 근방으로 본다. 필자의 가설은 다음과 같은 근거에 의해 증명될 것이다.

첫째, 『삼국사기(三國史記)』의 〈제37권 잡지6〉 지리(地理) 4, 고구려(高句麗) 편에 흘승골(졸본)성은 의무려산(醫巫閭山) 가까이 있고, 현도군(玄菟郡)의 경계선에 있다고 한다.

"곧 흘승골성(紇升骨城)과 졸본(卒本)은 같은 한 곳이다. …중략… 곧 「주례(周禮)」에서 보이는 북진(北鎭)의 의무려산(醫巫閭山)이고 …중략… 곧 이른바 주몽이 도읍한 곳이라고 말하는 흘승골성(紇升骨城)과 졸본(卒本)은 아마도 한(漢)의 현도군(玄菟郡)의 경계이다(則紇升骨城·卒本似一處也… 則周禮北鎭醫巫閭山也 …중략… 則所謂朱蒙所都紇升骨城·卒本者, 蓋漢玄菟郡之界)."[187]

고구려의 첫 도읍지 명칭으로 흘승골성(紇升骨城)과 졸본성(卒本城)이 같은 곳이라 했다. 그런데 광개토왕 비문에는 홀본성(忽本城)으로 나온다.

---

187) 김부식 지음, 이재호 옮김, 『삼국사기』3권, 솔, p.168.

추모왕이 '세상의 왕위를 즐거워하지 않을 무렵, 하늘에서 황룡을 내려보내 왕을 맞이하였다. **홀본성(忽本城)** 동쪽 언덕에서 왕(주몽)이 황룡에 업혀 하늘로 올라갈 때, 세자인 유류왕을 돌아보고 명령하여 당부하시기를 "도로써 나라를 다스리라.[以道興治]"하셨다. 대 주류왕은 선왕의 유지를 받들어 도로써 나라를 다스려 왕업을 계승 발전시키셨다(不樂世位 因遣黃龍來下迎王 王於忽本東岡 黃龍負昇天 顧命世子儒留王 以道興治 大朱留王紹承基業).'

홀본의 '홀', 흘승골의 '흘', 졸본의 '졸'은 비슷한 발음으로 들린다.

비문에서 두 가지 시사점을 얻게 된다. 하나는, 주몽의 첫 도읍지가 홀본성임이 분명하다. 김부식이 『삼국사기』를 쓰기 전에 만들어진 광개토왕의 비문(장수왕 때)에 나오는 명칭이므로 이 절(節)에서는 '홀본'으로 표기하고자 한다. 또 하나는 선왕의 유지(도로써 나라를 다스리라)의 덕(德)을 계승했다는 승덕(承德)의 의미가 배어있다고 본다.

둘째, 홀본(졸본 혹은 흘승골)의 위치를 찾으려면, 「주례(周禮)」의 기록대로 의무려산(醫巫閭山)과 현도군(玄菟郡)의 위치를 찾는 일이 선행돼야 한다.

현 의무려산 위치는 랴오허성 북령(北寧)시 서북쪽 (E121°40' N41°40')지점에 망해산(望海山, 해발866m)이 있는데, 이 산을 가리켜 별도로 의무려산이라고 병기 했다. 특별히 병기한 이 부분이 의심스럽다. 망해산 표시가 없고 의무려산 표시만 해 놓고, 의무려산 내력에 과거에 망해산으로 불렸다고 했으면 믿을만한데, 망해산이 본명인데 의무려산이 별명처럼 붙인 데 대하여 특별한 사유도 없이 석연찮은 의심을 떨쳐낼 수가 없다.

중국의 고지도에서 의무려산을 찾아보았더니 원나라 때 지도(14세기 추정)에 나오는 의무려산은 갈석산 북쪽에 있고, 17세기 명나라 때의 십오국풍지리지도(十五國風地理之圖)에는 산해관 북쪽에 있다. 이 두 지도에 나오는 의무려산은 허베이(河北)성의 동북 지역에 있음을 알 수 있다.

이와 같은 지도 자료를 근거로 해서 미루어볼 때, 랴오닝성에 있는 망해산에다 뜬금없이 의무려산이란 명칭을 붙인 것은 청(淸)나라 이후로 보인다. 이때는 이미 김부식이 『삼국사기』를 편찬한 이후의 일이고, 주몽이 홀본성에 도읍을 정한 때도 BC37년의 일이므로 청(淸) 이후에 붙여진 지도 자료는 신뢰도 면에서 사료적 가치가 없다 하겠다.

김부식은 의무려산의 위치를 담보(擔保)하기 위해 『주례(周禮)』에서 인용했음을 밝혔다. "북진(北鎭)의 의무려산(周禮北鎭醫巫閭山)"은 『주례』에 나오는 유주(북경)의 땅이고, 그 진산(鎭山)은 의무려라 한다. 그 아래 요동과 현도가 있고 고구려 주몽씨가 졸본부여에 도읍하니 그곳은 현도의 영역이다(周禮幽州 其山鎭曰醫巫 其下遼東玄菟 句麗朱蒙氏 邑於卒本扶餘 在玄菟之域)."[188]

필자가 지도를 펴놓고 북경(유주) 인근의 북쪽에서 진산을 찾아보니, 마땅한 산이 없어 북경 동북쪽에 있는 연산(燕山)산맥의 주봉인 무령산(霧灵山)[189], 2116m을 주목했다. 중국의 식전백과(識典百科, on line)에 의하면, 무령산의 서쪽 기슭은 청더(承德)시 흥륭현(興隆縣) 경내에 이른다고 한다. 지금도 북경과 하북성의 경계를 이루고 있다. 주몽이 홀본성에서 건국할 당시 이 산을

---

188) 조선 시대 대학자 미수 허목 선생이 〈고구려찬〉에 북경의 땅을 말하면서 요동과 현도의 북쪽에 의무려산이 있다고 기록하였다.

189) 산 정상에 가면 바위에 붉은색으로 음각된 '燕山主峰(연산주봉) 京東之首(경동지수)'와 '霧靈山(무령산) 2,118m'가 눈에 띈다. 최근에 靈의 속자 灵을 써서 '霧灵山(무령산)'으로 지도에 표기하고 있다.

의무려산이라 부르지 않았나 한다. '무령산'과 '무려산'은 동이(東夷) 발음으로 비슷하게 들린다.

필자는 E117°29′ N40°36′ 지점에 있는 무령산을 현도군의 의무려산으로 본다.

셋째, 현도군의 위치를 찾으면 의무려산과 홀본성의 위치가 명확해진다.
『구당서(舊唐書)』에 "요동(군)에 무려현이 있는데 즉 『주례(周禮)』에 나오는 의무려산이다. 낙랑(군)에 조선현이 있고, 현도(군)에 고구려현이 있다. 지금 모두 동이의 땅에 있다(遼東在無慮縣 卽周禮醫無閭山 樂浪在朝鮮縣 玄菟在高句驪縣 今皆在東夷也)."

고구려와 대치하고 있던 시기에 당나라의 행정구역 일부를 소개한 기사이다. 당나라 때의 '무려현' 명칭이 붙은 것은, 『주례』에 나오는 '의무려산'이 당시 '무려산'으로 변천된 데 따라 이름 붙인 것이라고 본다. 그리고 '무려산'도 근·현대에 와서 '무령산'으로 변천되었을 개연성을 배제하지 못한다. 당나라 때, 무려현이 '요동군에 속한다' 하였고, 그 인근에 있는 고구려현은 현도군에 속하며, 낙랑군에는 조선현이 있다는 것이다. 또 이들 지명은 모두 동이의 땅이라 했음에 주목할 필요가 있다.

필자의 논문[190]에서 요동군의 요동은 지금의 조백하(요수) 동쪽에서 난하(패수)까지로 본다. 또 난하(패수) 서쪽의 낙정(낙랑부의 치소)을 조선현으로 보며 이곳을 중심으로 낙랑군이 존재했었다.

그리고 고구려현이 속했다는 현도군과 현도성을 공격했던 고구려의 6대 태조왕의 기사가 있다. 『삼국사기』 〈고구려 본기〉 태조왕 69년(121) "12월, 임

---

190) 오운홍, 전게 논문(2023).

금이 마한(馬韓)과 예맥(穢貊)의 1만여 명의 기병을 거느리고 나아가 현도성을 포위하였다. 부여 왕이 아들 위구태(尉仇台)를 보내 병사 2만을 거느리고 한나라 병사와 힘을 합쳐 막고 싸우니 우리 군사가 크게 패하였다(十二月 王率馬韓穢貊一萬餘騎 進圍玄菟城 扶餘王遣子尉仇台 領兵二萬 與漢兵幷力拒戰 我軍大敗).[191]"고 한다.

이 기사에서 보듯, 태조왕은 왜 현도성에 집착했을까?
현도로 보는 지역에 태조왕 선대가 활동했다는 유적이 있다. China Road Atlas(지도)에, 북경시 인근 동북쪽에 고려영(高麗營, E116°30′ N40°11′)과 고구려 2대 왕 유리묘(琉璃廟, E116°39′ N40°38′)가 있고, 북경시 남서쪽에 유리하(琉璃河, E116°1′ N39°36′)가 있다. 국내성으로 천도했다(AD3)는 유리왕의 도읍을 이곳으로 본다. 〈고구려본기〉 유리명왕 "22년(3) 겨울 10월에 왕은 서울을 국내성으로 옮기고 위나암성(尉那巖城)을 쌓았다." 했는데, 구글 지도에서 위나암의 위(尉)를 찾았더니 위(尉)를 쓰는 지명[192]이 북경지역에 분포되어 있다. 이는 유리왕의 유적(유리묘, 유리하)과 일치하여 국내성에 있는 위나암성의 위치를 지금의 북경으로 본다. 또 국내성이 현도성으로 불렀다고 봄이 여러 정황으로 판단된다. 졸본성과 국내성의 거리는 100㎞ 정도로 천도하기 용이했을 것으로 보인다.

유리왕은 태조왕의 조부이다. 왕이 할아버지의 땅을 되찾으려 현도성을

---

191) 김부식 지음, 이재호 옮김, 『삼국사기』(2권), 솔, 2006. p.78.

192) 위나암성(尉那巖城)의 위(尉) 관련 명칭으로, 북경 지역에 있는 河南尉氏燴面, 易縣尉鄉政府(관공서), 王府井大街'校尉胡同'(지번), 尉都乡尉卫生院(종합병원), 尉园第三居會(주택소유주협회), 易縣尉都派出所(경찰), 北京圣尉方鮮花水果商店(가게) 등이 보인다.

공격한 것으로 보며, 태조왕 때의 현도성은 지금의 북경으로 본다. 문헌 사료와 유적이 현도군의 위치를 증명해주고 있다.

현도성(북경)을 중심으로 동북쪽으로 청더(承德)와 서북쪽의 장자커우(张家口)를 잇는 삼각지를 포함한 현도군이 존재했다고 본다.

이러한 현도군(북경 포함)의 서쪽 지역 경계에 고구려현이 있었고, 의무려산(무령산)을 중심으로 볼 때, 서쪽 기슭에 고구려현(홀본)이 있었다고 할 수 있다.

넷째는 〈백제 본기〉에 근거한 홀본(졸본)성과 위례성의 위치 관계이다.

『삼국사기』〈백제본기〉 온조왕 조에 비류(沸流)가 "드디어 아우(온조)와 함께 무리들을 거느리고 패수(浿水)와 대수(帶水)의 두 강을 건너 미추홀에 이르러 살게 되었다(逐與弟率黨類 渡浿帶二水 至彌鄒忽以居之)"[193]는 기록이 있다.

앞에서 밝혔듯이 필자의 논문에서 요수는 지금의 조백하이고, 패수는 난하로 본다. 여기서 요수로 보는 조백하는 조하와 백하가 위례성(유주 땅)을 허리 띠처럼 둘러싸았기에 대수(帶水)라 불렀다고 한다.

소서노와 비류·온조 일행이 고구려 홀본(졸본)을 탈출하여 두 강을 건너 위례성과 미추홀에 이르는 지점을 도식으로 표시하면, 홀본(고구려) →패수(난하) →대수(조백하, 요수) →미추홀과 위례성(백제)에 도착하는 과정이다.

이번에는 위례성(북경)에서 홀본을 탈출한 과정을 뒤돌아 역산하면, 동쪽에 대수(조백하)라는 강이 있고, 그 강에서 다시 동쪽에 패수(난하)가 있으며, 홀본은 패수 건너 강의 동쪽에 있는 셈이다. 패수가 지금의 난하라 했으니,

---

193) 김부식, 전게서. p.298.

지도를 펴놓고 난하 동쪽에 있는 도시는 청더(承德) 뿐이다.

청더를 고구려의 홀본성으로 본다.

다섯째는 『수서(隋書)』의 기록이 이를 증명한다.

『수서』〈동이전〉에 "신라는 고구려의 동남에 살았는데 이곳은 한나라 때의 낙랑 땅이다(新羅國在高麗東南居 漢時樂浪之地)." 했다. 여기서 '신라는 고구려의 동남에 살았다' 했으니, 바꾸어 말하면 고구려는 신라의 북서쪽에 있다는 말이 된다. 낙랑(부)가 있던 낙정(樂亭, E118°55′ N39°25′)을 신라의 중심으로 볼 때, 이곳에서 서북쪽의 도읍지로 알맞은 땅이 어디일까?

청더(承德) 뿐이다. 이곳을 고구려의 홀본(忽本) 또는 졸본으로 본다.

여섯째, 홀본(忽本, 졸본)의 홀(忽)은 낙랑홀(樂浪忽)의 홀(忽)이란 지명을 이어간 것으로 본다.

『단군세기』에 의하면, "23세 단군 아홀 재위 76년 갑신 원년(BC1237년)에, 단제의 숙부인 고불가(固弗加)에게 명하여 낙랑홀을 통치하도록 하였다(二十三世 檀君 阿忽 在位 七十六年 甲申 元年 命皇叔固弗加 治樂浪忽)."[194]는 기록이 있다. 청더는 예부터 온천장이 있었는데, 낙랑홀로 불리던 곳이다.

낙랑홀이 어디인가를 규명하기 위해 '낙랑'의 글자를 분석하면, '즐거운 낙(樂)'에, '물 이름 랑(浪)'이다. '즐거운 물'은 '낙랑수(樂浪水)'이며 바로 '온천'을 가리키는 말이다. 태고부터 온천이 나오는 청더 지역을 예전에 낙랑홀(낙랑골)이라 불렀다고 본다.

---

194) 임승국, 전게서. p.101.

낙랑홀이 왜 단군조선 때도 성업이었는가 하면, 낙랑홀로 보는 청더(承德)와 연경(북경)과의 거리가 100㎞ 이내에 있다. 연경(북경)은 계절마다 때가 되면 철새처럼 찾아오는 국제 무역상들이 돈을 벌고 가는 국제 무역 시장이다. 부를 축적한 무역상이 가져온 물건을 팔고 가져갈 물건을 구입하는 상업적 체류 기간에 잠시 호사스럽게 휴식을 취하는 곳이 낙랑홀이었음을 유추할 수 있다.

홀본(忽本)이란 명칭은 낙랑홀(樂浪忽)의 지명인 홀(忽)에 연유한 것으로 본다.
온천지 낙랑홀을 이은 홀본은 의무려산(지금의 무령산) 서쪽 기슭에 있었으며, 현도군의 서쪽 경계인 지금의 청더(承德)로 보며, 바로 그곳이『수서』에서 말하는 신라가 건국한 낙랑군 치소에서 서북 방향으로 자리 잡은 곳으로 본다. 홀본의 위치는 지금의 청더(承德, E117°55′ N40°58′)가 분명하다.

일곱째, 고구려의 일식 기록 분석이 청더(承德) 임을 입증해 준다.
박창범 교수가 쓴『하늘에 새긴 우리역사』를 보면, 고구려의 일식 기록을 분석한 결과 최적의 관측지가 E118° N49° 지점[195]이라 한다. 만약 청더(E117°55′ N40°58′)에서 일관이 일식을 보았다면 부분일식을 보았을 것이다.
필자가 찾아낸 고구려의 첫 도읍지 졸본(홀본)을 청더에 비정한 것을 천문학자 박창범 교수가 보증해 준 셈이다.
이로써 그동안 우리 사학계가 풀지 못했던 고구려의 첫 도읍지, 홀본의 위치를 가늠하게 되었다. 필자가 그동안 망설여왔던 고구려사의 과제를 푸는 열쇠, 서광을 보는 듯하다.

---

195) 박창범,『하늘에 새긴 우리역사』, 김영사, p.56.

광개토왕은 '마한 길'을 복원하고 영토를 확장했다

광개토왕 비문에 나온 지명을 통하여 광개토왕의 행적을 살피면, 비문(1면 7행)에, "재위 영락 5년 을미년(395)에 광개토왕은 비려(碑麗)가 고구려인들을 돌려보내지 않기 때문에 몸소 토벌에 나섰다. 부산(富山)과 부산(負山)을 지나 염수에 이르러 3부락 6-7백 명을 파하고 소, 말, 양 떼를 헤아릴 수 없이 노획했다. 그곳에서 돌아오면서 양평도를 거쳐 동으로 왔다. 동래□성, 역성, 북풍에 이르러 왕은 사냥 준비를 시켰다. 순유와 사냥을 하며 돌아왔다(永樂五年 歲在乙未 王以碑麗不歸□人 躬率往討 過富山負山至鹽水上 破其三部落六七百營 牛馬群羊 不可稱數 于是旋駕 因過襄平道 東來□城 力城 北豊 王備獵 游觀土境 田獵而還)."

이와 같은 기록이 〈삼국사기〉에 없다 보니 학계에서는 그동안 비문을 외면하여 왔으나 박창화의 필사본 〈고구려사략〉이 공개되면서 다시 주목을 받게 되었다. 김성겸이 필사본을 번역한 내용이 있다. '비리(卑離)가 점차 왕의 가르침을 어기기에 친히 파산(巴山), 부산(富山), 부산(負山)을 정벌하고 염수(鹽水)까지 이르면서 그들의 부락 700여 곳을 깨뜨렸고, 소·말·돼지를 노획한 것만으로 셈이 되었다.' 여기서 비문의 비려(碑麗)나 사초의 비리(卑離)는 같은 인물로 이두식 문자 표기로 보인다고 했다.

필자는 비문에 나오는 '비려(碑麗)가 고구려인들을 돌려보내지 않았다'는 부분과 '염수'에 이르렀다는 기록에 주목하고 있다.

'고구려인을 돌려보내지 않았다'면 그곳 거주자가 아닌 통행자를 일시적으로 가둔 것으로 본다. 당시 고구려인들이 통행을 했다면 장사꾼으로 본다.

바꾸어 말하면 비려가 무역로의 길목에서 통행세를 명목으로 이들을 일시 구속한 것으로 본다. 이는 고구려에서 서방으로 이어지는 무역로가 존재했다는 증거이기도 하다.

광개토왕이 직접 자국의 상인을 구출하기 위해 토벌에 나섰다면, 이는 영토 확장이 아니라 장삿길을 포함한 영토 관리라고 봐야 한다.

또 하나 '염수'에 이르렀다는 기록은, '염수'를 손쉽게 소금 수집이 가능한 '차카염호'로 보며, 염수에 도달하기 전, 비문의 부산(富山)을 현 산시성(陝西省)의 부현(富縣, E109°20′ N36°)으로 본다. 부현의 옛 지명은 부성(富城)이다.

고구려 모본왕 때 전투를 벌였던 교역로인 북평(北平) → 어양(漁陽) → 상곡(上谷) → 태원(太原)을 거쳐 서쪽으로 가는 길에 명주(明州)라는 곳에서 남쪽으로 방향을 틀어 내려가다가 연안(延安)을 지나 부현(富城)에서 다시 방향을 틀어 서쪽으로 가야 염수(鹽水, 차카염호)[196]에 이를 수 있다.

광개토왕의 비문에서 '토벌'이나 '노획', '순유' 등의 행적을 살필 때, 쳐들어가서 침략한 것이 아니고, 기존의 관할 영토를 관리하는 수준이라고 해석할 수 있다. 이런 관점에서 본다면, 모본왕 때(49년)의 전투도 개척이 아니라 관리 차원에서 이뤄졌다고 봐야 한다.

광개토왕 비문의 "영락 8년(398), 무술년에 일부 군대를 백신 토곡에 보내 정황을 탐색하고 바로 공격을 개시하여 막□라성과 가태라곡에서 남녀 3백여 명을 포로로 잡아 돌아왔다. 이때부터 백신은 조공을 바치고 복종하여

---

196) 염수(鹽水)를 산서성 남부 운성(運城)시의 운성염지로 보는 학자도 있다. 그런데 이곳은 인구가 비교적 조밀하여 소금 채취 경쟁이 심한 곳이며, 소금 채취를 위해 일부러 진군해야 한다. 반면 차카염호는 고구려가 돌궐(터키) 등 서역으로 가는 마한 길에 있고, 소금 채취 경쟁도 없는 곳이다.

섬겼다(八年戊戌 教遣偏師觀帛愼土谷 因便抄得莫□羅城 加太羅谷男女三百餘人 自此以來 朝貢論事)."

영락 8년(무술)은 398년이다. (왕의 지시로) 한 부대의 군사를 파견하여 백신(帛愼; 식신息愼, 숙신肅愼)의 토곡(土谷)을 관찰(觀察), 순시하도록 했다. 이때 (이 지역에 살던 저항적인) 막□라성(莫□羅城) 가태라곡(加太羅谷)의 남녀 삼백여 인을 잡아 왔다고 한다. 이 이후로 (백신은 고구려 조정에) 조공을 하고 (그 내부의) 일을 보고했다는 것이다.

이 기록에도 '관찰'이니, '순시' 등이 보이는데, 왕의 지시로 파견한 부대의 임무는 정탐 등 영토 확장이 아니라 영토를 관리했다고 본다.

광개토왕 비문(영락 8년)에 나오는 토곡이 어디인가?

토곡을 국어대사전에서 찾아보면 다음과 같다.

'토곡혼(吐谷渾)은 4세기 초 중국의 청해(靑海, 현 칭하이성靑海省) 지방에 있던 나라 이름이다. 왕족은 선비(鮮卑)로 5호 16국 시대부터 세력을 떨쳤으나 뒤에 북위, 수, 당의 토벌을 받아 663년에 토번(吐藩)에게 멸망 당하였다.'

『태백일사』에도 이와 같은 내용이 있다. 〈고구려국본기〉에, "때에 곧 백제, 신라, 가락의 여러 나라가 모두 조공을 끊임없이 바쳤고, 거란, 평량(平涼)도 모두 평정 굴복시켰다(時則百濟新羅駕洛諸國皆入貢不絶 契丹平涼皆平服)."

백제 신라 가락의 여러 나라가 모두 '조공을 끊임없이 바친다'는 것은 당시 고구려의 영향권이라고 본다. 이 기사에서 '거란과 평량을 굴복시켰다'는 대목이 눈에 띄는데, 평량을 통해 백신 토곡의 위치를 가늠할 수 있게 되었다.

평량(平涼, E106°40′ N35°30′)은 간쑤성(甘肅省)에 있으며, 시안(西安)에서 닝샤후이족자치구(寧夏回族自治區)를 지나 서역으로 가는 길목에 있다. 또 평량에서 란저우(蘭州)를 거쳐 칭하이성(靑海省)의 시닝(西寧)을 지나면 청해호와 차카염호(茶卡鹽湖)에 이를 수 있다.

평량은 3-4세기 때 토욕혼(土谷渾)에 속한 지명으로 보인다.

차카염호를 관광해 본 사람은 하얀 모래밭 같은 소금밭을 걸으며 염호 밑 바닥에서 물을 한 바가지 길어 올리면 녹지 않은 것 같은 소금 결정체를 보고 놀랄 것이다.

그 옛날 광개토왕이 평량을 정복한 것은 교역로의 안전과 차카염호라는 염수에 이르러 소금을 확보하려는 데 있었던 것 같다. 그뿐만 아니라 서역과 직접 교역로를 확보함으로써 국부(國富)를 증대시키려는 데 중점을 둔 것 같다. 그리고 고대사회에서 소금은 음식의 저장(절임)과 맛에 필수적이었으며 생활의 풍요를 가져왔고 건강과 장수에도 도움을 주는 재화로 거의 모든 국가에서 귀하게 여겨 생산과 유통을 국가가 직접 관리했다고 한다.

종합하면 〈광개토왕 비문〉 영락 8년의 토곡(土谷)과 청해(菁海, 현 칭하이성 靑海省) 장악, '영락 5년의 부산(富山)', 〈고구려사(초)략〉의 '부산(富山) 토벌'과 『태백일사』 〈고구려국본기〉의 '평량(平涼) 평정과 굴복' 등은 모두 교역로와 소금 확보를 위해 염수로 가는 길목을 표시한 지명들이라 본다.

광개토왕은 국부의 기본이 되는 소금 확보와 서역과의 교역로 확보를 위해 산시성(陝西省)과 간쑤성(甘肅省) 일대를 장악한 것으로 볼 수 있다.

광개토왕 비문의 행적은 영토 확장이나 상권 개척이 아니라 마한의 통상로를 이어 받은 기존의 상권을 복원하고 관리했다고 본다. 마한의 서역 교역로를 다시 한번 확인할 수 있는 계기라고 본다.

중국 대륙과 해양 무역을 개척한 번한(변한)

여기서는 '한백겸의 삼한론'이 아닌, '최치원의 삼한론'을 입증하려 한다.

조선 중기의 한백겸은 삼한론에서 **변한**은 한반도의 김해지역을 말한다고 했다.

한백겸 이전에 신라 말기 최치원은 백제가 **변한**을 이어갔다고 보고 있다.

필자는 **변한**의 왕험성을 중국 하북성의 난하 하류에 있는 낙정(樂亭, E118° 55′ N39°25′)임을 1장에서 밝혔다.

단군왕검은 삼한 중에 마한을 앞세워 서역을 상대로 하는 동서 무역에 치중하면서, 한편으로 번한을 앞세워 거대한 중국(중원) 대륙의 시장 개척을 구상하고 준비해 온 것을 다음 기록을 보면 알 수 있다.

이맥이 쓴 『태백일사』의 〈삼한관경본기〉에 나오는 '번한세가 상'을 보면, 단군왕검이 번한을 세우고 삼한을 정립하는 과정을 볼 수 있다.

"단군왕검은 치우(蚩尤)의 후손 가운데 지모가 뛰어나게 세상에 소문난 자를 골라 번한(番韓)이라 하고, 부(府)를 험독에 세우게 하였다. 지금도 역시 왕검성이라고 한다. 치두남(蚩頭男)은 치우천왕의 후손으로 지혜와 용기가 뛰어나게 세상에 알려졌다. 단군은 곧 불러 보시더니 이를 기이하게 여기시고는 곧 그를 번한으로 임명하고 겸직하여 우(虞)의 정치를 감독케 하였다. 경자년에 요(遼) 중에 열두 개의 성을 쌓았으니 험독·영지·탕지·용도·거용·한성·개평·대방·백제·장령·갈산·여성이 그것들이다(檀君王儉擇蚩尤後孫中有智謀勇力者爲番韓立府險瀆 今亦稱王儉城也 蚩頭男蚩尤天王之後也 以勇智著聞於世 檀君乃召見 而奇之即拜爲番韓兼帶監虞之政 庚子年築遼中十二城 險瀆·令支·湯池·桶

道·渠廊·汗城·蓋平·帶方·百濟·長嶺·碣山·黎城是也)[197]."

　단군왕검이 치우의 후손 치두남을 선택하여 번한으로 임명한 것은, 중국 대륙을 향한 번조선의 진출 방향이, 옛날 치우천왕이 신시에서 남진하여 산동반도 이남을 평정했던 고토와 일치하기 때문으로 본다.

　치두남을 번한으로 삼아 12개의 성을 쌓은 후, 번조선의 부(府)를 험독에 개설하면서 임명한 것으로 본다. 그런데 성(城)을 쌓으려면 성책(城柵)으로 두른 임시 성(城)이 아닌 이상 보통은 '3년 산성'이라 하듯 축성하는데 일정 기간이 소요된다. 단군왕검은 산동반도에서 우(虞)의 정치를 감독하고 있는 치두남을 만나 번한으로 내정하면서 12성의 축성을 감독케 한 것 같다.

　12개 성을 축성하는 지역이 단군왕검이 정사를 관장하는 진한의 도읍 진성(용성)에서 볼 때 멀리(500km=1,250리) 떨어진 요(遼)이고, 그로부터 2,000년 후 진(秦)·한(漢)의 도읍 서안에서 볼 때도 멀리(800km=2,000리) 떨어진 요(遼)로서 같은 지역으로 본다.

　12개 성이 있는 요(遼)의 지역을 살피면, 우선 눈에 띄는 개평(蓋平)성·대방(帶方)성·백제(百濟)성은 요수(遼水)의 서쪽 즉 요서에 있다고 본다. 그리고 험독(險瀆, 현 낙정)성·갈산(碣山, 현 갈석산)성·여성(黎城, 현 창려)은 패수(현 난하) 동쪽에 있는데, 요수(遼水)의 동쪽 즉 요동에 있다고 말할 수 있다.

　여기서 잠시 살필 것은 요동이니 요서는 요수를 경계로 하여 그 동쪽 지역이냐, 혹은 서쪽 지역이냐를 구분하여 붙인 명칭이라고 본다. 그런데 요수,

---

197) 임승국, 『한단고기』, pp.215-217.

요동, 요서에 쓰인 공통 글자는 바로 요(遼)인데, '멀다'는 의미가 부여되어 있다. '멀다'는 의미에는 시간상, 거리상 멀고 아득하다는 뜻에는 '변방'이라는 의미도 내포되었다고 본다.

그런데 요(遼)라는 명칭을 처음 명명한 세력이 누구인가?

사마천이 쓴 『사기』와 『한서지리지』에 요동이란 지역 지칭이 나온다.

이때가 BC2세기 무렵인데 기존의 명칭을 인용한 것으로 본다. 왜냐면 진·한의 변방 지역을 모두 요(遼)로 표기하지 않은 것으로 보아 요동과 요서는 특정 지역의 특정 명칭으로 본다.

그렇다면 요(遼)라는 특정 지역의 명칭을 처음 사용한 세력은 어디인가?

요에 12성을 축성한(BC2241) 단군왕검이라고 할 수 있다.

요수를 중심으로 요동과 요서로 나뉜다는 것은 요수라는 강이 '동서나 서동으로 흐르는 강이 아니라, 북남으로 흐르는 강'이 분명하다.

그런데 강물에 대한 명칭이 수(水)라는 점에서 하(河)와 강(江)과 비교할 필요가 있다.

중국 지도를 펼쳐놓고 보면, 강물은 수(水)로 표기한 지역, 또 하(河)로 표기한 지역, 그리고 강(江)으로 표기한 지역이 확연히 드러난다.

흑수, 요수, 대수, 패수, 압록수, 살수, 한수이(漢水)-고대 동이(東夷) 지역이다.

황하, 영정하, 조백하, 난하, 랴오허- 한(漢)족의 지배력의 확장 지역이다.

흑룡강, 장강, 시장강, 홍강(하노이), 한강(漢江, 베트남 다낭)-동이 또는 묘족 지역이다.

압록강, 대동강, 한강, 금강, 영산강, 낙동강- 한반도에 있는 강 이름이다.

여기서 요수의 수(水)로 보아 동이가 붙인 강 이름이다. 다시 말해 단군왕검 때 붙인 요(遼)의 땅에 흐르는 강 이름이다.

중국(중원) 대륙의 시장 개척은 단군조선 이전, 치우천왕 때에 본격적으로 개척되고 확장되었다.

치우는 왜 남쪽으로 영토를 확장했을까?

치우는 조족의 장삿길을 보호했다고 본다.

치우의 자손 중에서 치두남을 번한으로 임명하여 번조선을 다스리게 한 것은 환웅 조선의 전통과 유산을 이어간다는 의미가 있다.

번조선을 통해 중국(중원) 대륙과 교역의 증거는 여럿 있다.

국제무역 시장, 연경(燕京)의 시작점은?

연경의 어원은 어디에 있나?

제비 연(燕)에 그 해답을 찾을 수 있다.

모피를 전문적으로 취급하는 상인의 예를 들어보자.

봄이 되어 북방 초원길이 풀리면 서역에서 약대에 진귀한 물자를 실은 상단이 연경(燕京: 베이징)으로 몰려든다. 진·한 당시 연경은 국제무역 시장이다.

연경을 연나라 도읍으로 보는 시각은 연나라 역사의 한계를 벗어나지 못한다. 연 이전에, 단군왕검이 보는 요(遼) 지역에 12성을 쌓을 때(BC2301) 12성 중 백제(百濟, 온조의 백제가 아님)의 위치에 해당한다. 연경을 국제무역 시장이란 뜻을 지니고 있는데, 번한이 12성 중 백제성 지역인 요수(遼水·沽水) 강변에 국제무역 시장의 발판을 마련했다고 본다.

이는 단군왕검 조선(BC2333) 때 황성옛터인 단(檀)[198]이란 지명에 해당한다 → 번한(番韓) 임명과 12성 축성(BC2301) → 12성 중 백제(百濟)성의 위치(BC2301)와 번한의 무역로의 교두보 확보 → 번한(변한)의 쇠퇴와 연나라의 장악 → 연나라 도읍 관련 연경으로 불림 → BC18년에 소서노가 아들 온조를 앞세워 백제(百濟)성에 위례성(慰禮城)을 세우고, 국호를 백제(百濟)라 했다 → 그래도 당시 국제적으로 통용되는 명칭은 연경(燕京)이었다고 본다.

연경이란 국제 시장에는 중국 대륙의 상인만 있는 게 아니다. 이웃한 동호(조선)나 산융의 상인도 있고, 그보다 동쪽 동부여 상인도 있다. 티베트 쪽

---

198) 중국의 고지도를 총망라한 송본 〈역대지리지장도〉에 나오는 44개 지도 중, 43개는 지도이고 1개는 도표인데, 43개 지도 모두에 단(檀) 표시가 있다.

에서 오는 상인도 있다. 그밖에 뱃길로 월나라와 왜의 상인도 섞여 있을 것이다.

이들 상인들은 자기 나라에 필요한 물건을 확보하기 위해 물물교환을 직접 하거나 명도전[199], 포전 등의 매개체를 활용하여 교환을 성사했을 것이다.

이들 중에 모피(毛皮)를 취급하는 서역의 상인은 가지고 온 상품을 팔면서 한편으로 품질 좋은 모피를 찾을 것이다.

모피 상품은 처음 어느 계절, 어디서 만들어지는가?

1년 중 모피가 가장 많이 나오는 계절은, 산짐승들이 먹이가 부족하여 행동이 느려지고 이동 흔적을 남기는 추운 겨울이라 하겠다. 이때의 모피는 추위를 대비해 털갈이를 이미 초겨울에 한 것이라 보온성도 높다.

사냥꾼이 짐승을 포획하면 가죽과 육질을 해체하는 1차 작업을 마친다. 겨울철이므로 가죽(皮)은 어느 정도 물량을 확보할 때까지 건천에서 말릴 것이다.

만주의 동북부와 한반도 북부의 개마고원 지역에서 생산된 1차 작업의 모피는 푸순, 자강, 위연 시장에서 수집되며, 2차, 3차 가공 작업장이 있는 본점으로 이동된다.

모피가 2차, 3차 공정 과정을 거치면서 좋은 상품으로 완성될 때가 봄철이라고 본다. 모피를 취급하는 서역 상인은 봄철에 연경 시장을 중심으로 다량의 모피를 구입할 수 있을 것이다.

모피 상인은 봄에 찾아오지만 취급하는 상품에 따라서는 파시(罷市)의 굴비

---

199) 박선미, 『고조선과 동북아의 고대 화폐』, 학연문화사, p.221. '동북아시아의 명도전 분포 현황'

등 여름철이나 가을철이 될 수도 있다. 이렇게 때를 놓치면 아니 되는 계절 상품에 따라 이를 전문으로 취급하는 상인이 찾아오는 시기는 해마다 일정하였다. 그래서 철새의 대표적인 제비 연을 붙인 것이 아닌가 한다.

이번에는 북경을 중심으로 하는 국제무역 시장, 연경의 시발이 번한에서 백제로 이어진 점을 살피고자 한다.

첫째, 단군왕검이 요라고 명명하고 12성을 쌓은 지역이 후일 진(秦)·한(漢)에서 요동과 요서로 나누어서 보는 지역[200]이 같은 곳으로 본다. 그 요의 중심을 이루는 경계 즉 요동과 요서의 경계가 되는 요수는 지금의 조백하[201]이다.

진(秦)·한(漢)의 조정(朝廷)과 또 시안(西安)에서 역사를 기록한 사마천의 눈에 비친 요동과 요서가 어떠했길래 구분했을까?

요동과 요서의 공통점은 요(遼)인데, '요'를 경계로 해서 동서로 나누고 다르게 명명했다면, 필자뿐 아니라 다른 사가(史家)의 눈에도 단박에 '지배 세력이 다른 땅'으로 파악하게 된다. 이런 의미에서 조선(朝鮮)과 경계선이 되는 강을 요수라고 명명했을 개연성이 있다.

백제의 위례성은 조백하의 서쪽 연안에 있었다.

둘째, 〈석각본 우적도〉[202]에 나오는 고수(沽水)가 말해 준다. 이 지도에서 고수(沽水)는 북경의 옛 이름 단순(檀順=檀)을 지나 발해만으로 흐르는 강이다.

---

200) 요(遼)라는 지명 사용은 단군왕검이 멀리 떨어진 요(遼) 지역에 치두남(蚩頭男)을 번한으로 임명(BC2301)하고 12성을 축조했다는 기록(임승국,『한단고기』, p.217)으로 보아, 진나라 이전으로 본다.

201) 오운홍, 전게 논문. 2023.

202) 비림박물관 소장. 남송(1136) 때 모눈 방식으로 제작했는데, 매방절지백리(每方折地百里)라 적혀있다. 모눈 하나가 국토 100리에 해당한다.

석각본 우적도의 **고수**(沽水)가 지금의 무슨 강일까?

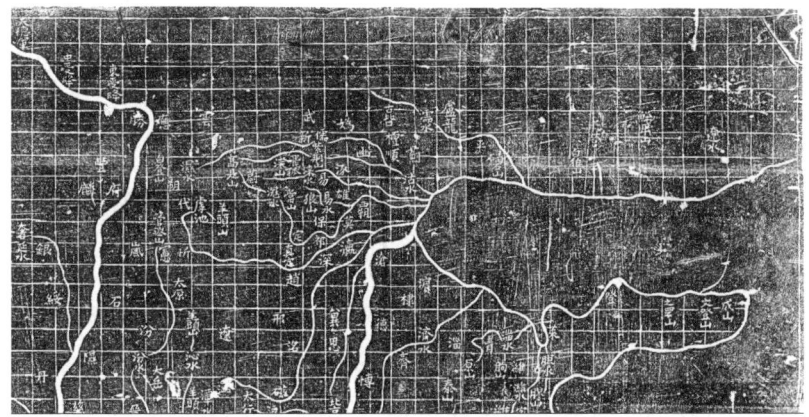
▲ (도16) 석각본 우적도에서 고수(沽水)와 황하(굵은 선)의 위치와 발해만과 산동반도

고수라는 강 주변에 보이는 幽(유주), 檀順(단순, 북경)²⁰³⁾, 薊(계)²⁰⁴⁾, 涿(탁)이라는 지명을 현대 지도에 맞추어 보면 북경을 감싸고 흐르는 조백하가 틀림없다. 그런데 이 조백하를 왜 고수라고 표기했을까?

고수(沽水)의 고(沽)는 '팔고 산다'는 매매의 뜻이 있는 글자이다. 그러므로 고수를 '강변 장터'로 본다. 당시 요동과 요서의 지배 세력이 달랐다면 고수 양안(兩岸)이 국제 장터라고 보는 해석이 가능하다.

바로 앞에서 살폈듯이 북경 옆을 흐르는 고수가 조백하이고, 고대사에 나오는 요수(遼水)이다. 요수의 동쪽은 요동으로 한때 변한(弁韓)의 영역이었으며, 중국대륙을 상대로 교역의 전진 기지라 할 수 있다.

서역을 오가는 전문 모피 수집상이 서역으로부터 가지고 온 진귀한 상품을

---

203) 〈대청광여도〉에서는 현 북경을 '순천부(順天府)'로 표시하고 있다.

204) 계(薊)를 연상도(燕上都)라 하고, 가까이 있는 이현(易縣)을 연하도(燕下都)라 한다.

팔 때, 고수의 동편과 서편, 어느 편에서 판매할까 하는 당시 상황도 상상할 수 있다. 고수의 서편에 백제 위례성이 있었다. 그러나 모피 수집은 동편에서 가능했을 것이다.

셋째, 기원전 7세기경, 춘추시대에 산둥반도에 있던 제(齊)나라 관중이 지은 것으로 알려진『관자(管子)』에서 조선과의 무역 거래를 볼 수 있다.

〈경중갑(輕重甲)〉 편, 환공과 관중의 대화 중에 환공이 관자에게 물었다. "내가 듣기로 세사에 일곱 가지 보물이 있다고 하던데 그것에 대해 들을 수 있겠소?" 관자가 대답했다. "음산의 연민이 하나요, 연나라 자산의 백금이 또 그 하나요, 발조선의 文皮(문피, 표범가죽) 역시 그중 하나입니다." 환공이 관중에게 이르기를 "내가 듣건대 해내(海內)의 옥폐(玉幣)를 얻는 방책이 일곱 가지가 있다고 하는데 그것에 대해 들을 수 있겠는가?"라고 하니, 관자가 "발조선(發朝鮮)의 문피(文皮)가 그 일책이요…"라고 답하였다.

산둥성에 자리잡은 제(齊)나라에서 볼 때, 해내(海內)는 발해(渤海) 연안을 말한다.

김용만은『모피와 한국사』(2012)에서, "모피는 제작 공정이 많은 시간과 노력이 요구되는 작업인 탓에 정성과 비용이 많이 든다. 그래서 모피는 그 자체가 희소할 뿐 아니라 복잡한 제작 공정을 거쳐야 했기 때문에 고가에 거래되었다. 따라서 모피는 권위와 신분을 과시하는 위신재(威身財), 국가 간의 무역 품목으로 선호되었다."고 한다.『관자』에 등장하는 문피는 제(帝) 환공이 주변 제후들을 거느리기 위해 공급하는 위신재로서의 역할을 했던 것이라 한다.

산둥반도에 자리잡은 제(齊)나라에서 모피를 확보하려면 연경이라는 국제무역 시장을 이용했을 것으로 보인다.

연경 자리에 백제 위례성이 있었는데 변한의 옛 땅이었다.

넷째,『후한서』와『삼국지』의 〈위서(魏書)〉 동이전(東夷傳)에 변진(弁辰) 12국 기록이 있다.

"한(韓)은 세 종족이 있으니, 하나는 마한(馬韓), 둘은 진한(辰韓), 셋은 변진(弁辰)이다. 〈중략〉 변진(弁辰)은 진한(辰韓)의 남쪽에 있는데, 역시 12국(國)이 있으며, 그 남쪽은 왜(倭)와 접(接)해 있다."

이 기사에서 변진 12국을 대륙과 상거래 진출 요충지로 본다.

다섯째,『삼국사기』제46권, 열전 제6 최치원 전(傳)에 보면, "고구려와 백제는 전성기에 강한 군사가 백만이어서 남으로는 오(吳)·월(越)의 나라를 침공하였고 북으로는 유주(幽州)와 연(燕)·제(齊)·노(魯) 나라를 휘어잡아 중국의 커다란 좀(위협)이 되었다(高麗百濟全盛之時 强兵百萬 南侵吳越 北撓幽燕齊魯 爲中國巨蠹)."라는 글이 있다. 이는 김부식이 삼국사기를 편찬할 때 최치원이 썼다는 문집에서 '당나라 태사 시중에게 올렸다는 장계(狀啓)'를 찾아 소개한 부분이다.

이처럼 최치원의 '백만대군 동원론'[205]에 나오는 당시 고구려, 백제가 국토의 경계를 전제로 하는 '강역국가(疆域國家)'가 아니고, 삼국(신라 포함)이 장삿길인 선으로 연결되는 '영역국가(領域國家)'임을 시사하고 있다. 다시 말해 중국 중원에서 동해안에 이르는 백성을 근거로 고구려나 백제가 각기 백만

---

205) 김부식 지음, 이재호 옮김, 전게서 2권, p.166.

대군을 소집하여 동원할 수 있다는 얘기다.

우리 고대사의 삼국이 존속하던 동시대에 중국에 존재했던 '위, 촉, 오의 삼국'이나 '수(隋)'와 '당(唐)'은 국토의 경계가 있는 강역국가였다. 반면 고구려, 백제, 신라는 고조선의 국가형태인 영역국가를 이어가고 있었다고 본다.

특히 백제는 중국 동부 지역에서 육로의 장삿길로 연결된 영역국가이면서 변한(번한)의 해상 교역의 장삿길도 이어받았다는 점이다.

여섯째, 백제는 변한을 이어받아 상업국가로 출발했다.

백제의 첫 도읍인 위례성과 변한의 왕험성과는 약 200㎞ 정도로 가깝다.

백제를 건국한 온조의 어머니, 소서노가 꿈꾼 상업국가는 부친 연타발 때부터 관장하던 해상교역 루트를 더욱 공고히 하는 일이었다. 해상 교역 루트는 막대한 이익이 보장되는 뱃길이다. 이 루트는 22담로국과 연결된다.

상업 국가의 특징은 국부와 이재가 우선인 장삿길로 이어진 영역국가이다. 안보를 지키는 군대는 최소화하되 예기치 못한 장소(장삿길)에서 발생하는 안위 문제는 돈을 주고 '맞춤형 용병'으로 해결했다.

'맞춤형 용병제'는 백제왕의 암살[206]을 불러오는 요인이 되기도 했다.

변한을 이어받은 백제의 22담로국은 해상교역 장삿길의 교두보로 본다.

---

206) 오운홍, 『무령왕릉의 비밀』, pp.152-166.

〈양직공도(梁職貢圖)〉에 나온 백제의 22담로는?

22담로를 찾는 일이 왜 중요한가?
22담로가 변한과 백제의 연결고리라고 보기 때문이다.
22담로의 출전은 〈양직공도(梁職貢圖)[207]〉에 있다.

백제사신도의 그림 옆에 설명하는 글 중에, "양나라 초에 부여태(동성왕)가 정동장군을 제수받았다. 얼마 뒤 고구려를 격파했다. 보통(普通) 2년(521)에 부여융(무녕왕)이 사신을 파견하여 표문을 올려 여러 번 고구려를 무찔렀다고 했다 백제는 도성을 고마(固麻)[208]라 하고 읍을 담로라 하는데 이는 중국의 군현과 같은 말이다. 그 나라에는 22담로가 있는데 모두 왕의 자제와 종족에게 나누어 다스리게 했다(梁初以太 除征東將軍 尋爲高句驪所破 普通二年 其王餘隆 遣使奉表云 累破高麗 號所治城曰固麻 謂邑檐魯 於中國郡縣 有二十二檐魯 分子弟宗族爲之)."는 글귀가 보인다.

이 그림의 주인공은 무령왕 21년(521) '겨울 11월에 사신을 양나라에 보내어 조공했다.'는 〈백제본기〉 기사에 나오는 사신으로 본다. 무령왕이 즉위한 지 20년이 지난 때인데도 오래전에 피살된 동성왕을 거명하면서 동시에 백제의 22담로(국)를 소개했다. 이는 동성왕까지 이어진 백제의 종주국 위상을

---

207) 〈양직공도〉는 양나라의 원제(元帝)인 소역(蕭繹, 505-554)이 제위(位)에 오르기 전인 형주자사(荊州刺史) 재임시 (526-539)에 편찬한 도서(圖書)이다. 양나라에 조공을 하러 온 외국인 사절의 모습을, 재능이 특출한 소역 스스로 자신과 사신들을 그려놓고는 각국에 대한 해설을 덧붙여놓았다.

208) 도성(도읍) 고마(固麻)는 동이어로 '곰'이다. 고마=곰=웅(熊) →웅진(熊津)으로 연결 지을 수 있다.

무령왕이 이어갔음과 22담로 체제를 인정한 것으로 볼 수 있다.

그런데 백제 22담로에 대하여, 우리 역사는 담로(檐魯)가 무엇을 하는 곳인지, 어디에, 언제부터 그리고 언제까지 존재했는지에 대한 기록이 없어 관심 밖의 역사가 되었다.

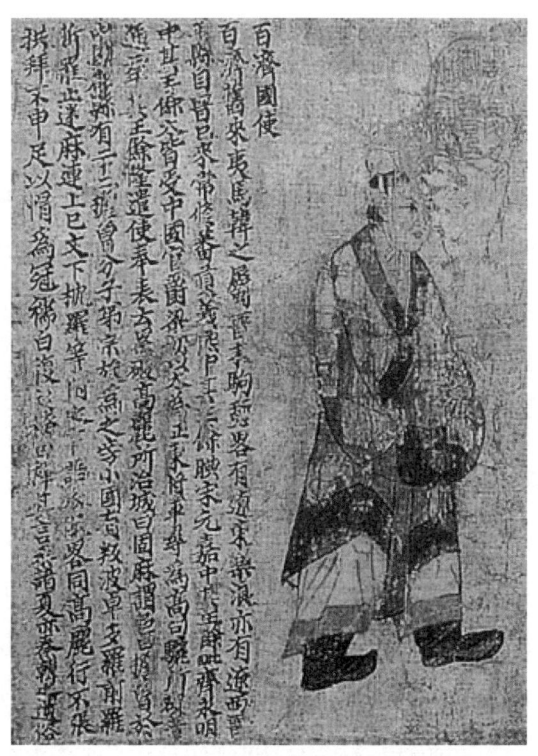

▲ (도17) 양직공도, 백제사신도

백제의 22담로에 대한 기록은 〈양직공도〉가 유일하다.

22담로의 개념을 명확히 하기 위해 다음과 같은 '22담로의 분석 틀'을 구상해 보았다.

〈표2〉 양직공도에 나온 22담로의 분석 틀

사실 확인 여부	주요 내용	분류기호
1. 확실	담로의 수 - 22곳 (무엇을)	1-A
	백제의 자제나 종친이 맡는다 (누가)	1-B
	규모: 읍(邑)에 해당, 중국의 군현(郡縣)과 동일 (어떻게)	1-C
2. 일부 확인	존재 시기: (?) → 무령왕 → (백제 멸망?) (언제부터?)	2-D
3. 미확인	22곳의 명칭: 모름 (무엇을)	3-E
	22곳의 위치: 모름 (어디서)	3-F
	담로의 설치 목적: 모름 (태수라는 행정 체계가 있는데?)	3-G

　양직공도 기록에서 확실히 알 수 있는 것은, ①담로가 모두 22개 소(所)라는 것(1-A)과, ②백제의 자제와 종친이 담로 책임자라는 것(1-B)과, ③'담로(檐魯)'라는 공통의 명칭을 사용하고 있다는 것이다. 그런데 ④22개의 담로의 명칭을 각각 알 수 없다(1-B)는 것과 ⑤22개 담로가 어느 곳(3-F)에 있었는지 위치를 모르며, 또 ⑥담로를 둔 목적(3-G)이 무엇인지 확실히 알 수 없다는 것이다. 그리고 담로라는 제도가 ⑦언제부터 시작되었고, 무령왕 이후 언제까지 존재했는지(2-D)도 불명확하다.

　이와 같은 분석 틀을 가지고 접근하기 전에, 담로(檐魯)라는 글자에 주목할 필요가 있다.

　담로의 표기를 보면 담(檐) + 로(魯)인데, '檐'을 자전에서 찾으면, '첨'으로 읽을 때는 '처마', '비탈진'의 끝을 의미하고, '담'으로 읽을 때는 담(擔)과 같이 '지다, 짊어지다'의 '책임과 과업'의 의미가 내포되어 있다.

　또 '魯'는 (물고기) 어(魚) + (햇빛) 일(日) 자(字)의 조합이다. 강변을 산책하다

보면, 유난히 강물이 반짝거리는 부분이 있다. 그 부분에 수많은 무리의 물고기가 집단으로 일광욕을 즐기고 있는데, 그 모습을 그린 글자이다.

물고기의 비늘이 반짝이는 모양을 해(日) 위에 물고기가 올라탄 모양으로 만든 상형문자인데 일광욕을 즐기는 물고기 떼를 보고, 거기에 그물을 던지는 魯(노)나라 사람들의 산업 현장을 보는 듯하다. 바다의 경우 물고기들이 많이 모이는 곳은 민물과 바닷물이 만나는 곳이다.

이것으로 '담로'는 지형적으로 바닷가, 혹은 물가에 자리 잡고 있지 않았나 추론할 수 있다. 그리고 첨(檐)을 붙여서 해석하면 비탈진 끝 바닷가에서 담수(淡水)[209] 확보가 가능한 곳을 선택하지 않았나 한다. 이런 점에서 '담로'라는 소리에는 담수를 찾아 정박하는 담로(淡路)가 포함된 것이 아닌가 한다.

---

209) 제주도 해안가에는 썰물로 빠져나간 자리에 단물(민물)이 샘솟는 샘을 발견할 수 있다. 이는 단층의 경사면을 따라 흐르는 지하수라 할 수 있다. 바닷가의 샘물은 바닷물(센물)에 비해 단물이라 한다.

백제의 22담로는 해양 교역로를 이은 것이다

〈양직공도〉에서 '담로'는 백제 관할(1-C) 읍(邑)이라 했다. 그리고 중국의 군, 현에 견주고 있다. 그렇다면 백제의 행정구역을 말함인가?

그렇지 않은 것 같다. 백제는 태수(太守)가 지역을 관장했다는 기록이 있다. 백제 24대 동성왕이 북위와의 전쟁에서 대승(490)한 지 4년이 지난 후(495)에 표문을 지어 남제에 올렸다는 기록이 있다.

『남제서』 58권 〈동남이열전〉 백제조에 '건무 2년(495)에 모대가 사신을 보내어 표문을 올려 말하기를 …중략… "지난 경오년(490)에는 험윤(獫狁, 북위)이 잘못을 뉘우치지 않고 군사를 일으켜 깊숙이 쳐들어왔습니다. 신이 사법명 등을 보내어 군사를 거느리고 거꾸로 쳐서 밤에 번개처럼 기습 공격하니, 흉리가 당황하여 마치 바닷물이 들끓듯 붕괴되었습니다. 말을 몰아 패주하는 적을 추격하여 베어 죽이니 그 시체가 평원을 붉게 물들이었습니다. 이로 말미암아 그 예기(銳氣)가 꺾이어 고래처럼 사납던 것이 그 흉포함을 감추었습니다. 지금 천하가 조용해진 것은 실상 사법명 등의 꾀이니 그 공훈을 찾아 마땅히 표창해 주어야 합니다. 이제 임시로 사법명을 행정로 장군 매라왕으로, 찬수류를 행안국 장군 벽중왕으로, 해예곤을 행무위 장군 불중후로 삼고, 목간나는 과거에 군공이 있는 데다 또 누선[臺舫][210]을 깨뜨렸으므로 행광위 장군 면중후로 삼았습니다. 부디 바라옵건대 천은을 베푸시어 특별히 관작을 주시기 바랍니다." 라고 하였다. 또 표문에 올리기를

---

210) 누선(臺舫船, 대방선)은 춘추 전국 시대에 처음 등장한 군사용 선박으로 배에 높은 누각을 세운 형태이기 때문에 대규모 병사의 수송이 가능하다. 배의 특성상 해전을 벌이기는 적합하지 않지만, 남북조시대에는 대장선 등 주력 전투선으로 활용되었다고 본다.

"신이 사신으로 보낸 행용양 장군 낙랑태수 겸 장사 신(臣) 모견, 행건무 장군 성양태수 겸 사마 신 왕무, 겸 삼군 행진위 장군 조선태수 신 장새, 행양무 장군 진명은 관직에 있어 사사로운 것을 잊어버리고 오로지 공무에만 힘써, 나라가 위태로운 것을 보면 목숨을 내던지고 어려운 일을 당해서는 자기 몸을 돌보지 않았습니다. 지금 신의 사신으로서 임무를 맡아 험한 파도를 무릅쓰고 바다를 건너 그의 지성을 다하고 있습니다. 실로 관직을 올려주어야 마땅하므로 각각 가행직에 임명하였습니다. 부디 바라옵건대 성조에서는 특별히 정식으로 관직을 제수하여 주십시오."라고 하였다. 이에 조서를 내려 허락함과 아울러 장군의 호를 내려주었다(建武二年 牟大遣使上表曰 -중략- 去庚午年 獫狁弗悛 擧兵深逼 臣遣沙法名等領軍逆討 宵襲霆擊 匈梨張惶 崩若海蕩 乘奔追斬 僵尸丹野. 由是摧其銳氣, 鯨暴韜凶. 今邦宇謐靜, 實名等之略, 尋其功勳, 宜在褒顯. 今假沙法名行征虜將軍邁羅王, 贊首流爲行安國將軍辟中王, 解禮昆爲行武威將軍弗中侯, 木干那前有軍功, 又拔臺舫, 爲行廣威將軍面中侯. 伏願天恩特愍聽除. 又表曰: 臣所遣行龍驤將軍樂浪太守兼長史臣慕遺, 行建武將軍城陽太守兼司馬臣王茂, 兼參軍行振武將軍朝鮮太守臣張塞, 行揚武將軍陳明, 在官忘私, 唯公是務, 見危授命, 蹈難弗顧. 今任臣使, 冒涉波險, 盡其至誠. 實宜進爵, 各假行署. 伏願聖朝特賜除正詔可, 竝賜軍號).'

낙랑태수, 성양태수, 조선태수 등 관직명이 보인다. 태수는 군현 중 군수에 해당한다. 그런데 담로를 중국의 군현에 비유했지만 중국 중원에 있는 행정 체계는 아닌 것 같다. '태수'라는 관직명을 백제가 사용했다는 것은 중화의 행정 체계를 따랐다는 것을 입증한다. 따라서 담로는 중국의 행정체제와 달라, 중원(中原) 밖의 다른 곳에서 찾아야 할 것 같다.

앞에서 담로(檐魯)를 해자 한 것 같이, 물고기가 많이 잡히는 담수(淡水 개천)

와 바다가 만나는 양자강 이남의 중국 해안선을 따라 내려가면서 '담로'와 어원이 비슷한 지명이 있지 않나 하고 찾아보게 된다.

이와 같은 발상의 배경에는, 첫째 담로(檐魯)라는 명칭이 6세기에 제작된 〈양직공도〉에 의해 표기되었다는 점, 둘째 담로(檐魯)를 해자 하는 과정에서 보듯, 처마(추녀) 첨(檐)과 물고기가 많이 잡히는 로(魯)의 조합이므로 담수(淡水)와 해수(海水)가 만나는 지점이라는 점, 셋째 22개 '담로'가 바닷가에 있다고 가정하면 이 지점을 거치는 선박이 기항할 때마다 챙겨야 하는 것이 우선 담수(淡水)라는 점이다. 넷째 그 해안가가 동이어로 통용될 수 있는 곳들의 연결선상에 있다면 담로(檐魯)로 표기되었더라도 동이어로 담(수)로(淡路)를 뜻하는 것일 수도 있다는 점이다.

다섯째 구가인이 쓴 『백의민족』에 의하면, "베트남의 동손문화(東山文化)는 청동기 시기(BC1000-BC100)에 베트남의 대표적인 문화로, 프랑스 고고학자에 의해 1920년대에 발굴되었는데, 유물 중에서 특이한 것으로 고도로 발달된 기술 수준을 보여주고 있는 청동복(동솥,동손), 동복(銅鍑)[211]이 있다. 이 청동복의 이름을 동손 청동복(Dong Son Drum)[212]이라고 하는데, 이 복(鍑, 솥)의 표면에 그려진 고난도의 정교한 그림은 당시의 고도로 발달된 문명을 대변해준다. 그림을 들여다보면 기하학적인 문양, '새들과 배에서 노를 젓는 사공(군인)' 등이 그려져 있고, 동일 문양의 신비로운 새들도 눈에 띈다. 청동

---

211) 동복(銅鍑)은 휴대용 청동 솥이다. 훈족(흉노족) 등 기마민족이 말잔등에 싣고 이동한다.

212) Daum 백과(동손문화, 2024.9.25.)에 의하면, 대량의 유물이 발견된 베트남 북부 마을 이름을 따서 동손문화라 부른다. 초기 동손 유물의 연대를 BC300년경 북쪽의 청동기 문화가 유입된 것으로 보고 있다. 이 시기는 변한이 멸망한 BC194년과 부여국에서 위만을 견제하고 대비하기 위해 연타발을 파견한 BC193년보다 이른 시기이다.

복에 그려진 그림들은 그 당시에 상당히 수준 높은 초정밀 기술문화가 존재 했음을 말해주고 있다."213)

청동복(동솥)에 새겨진 문양, 즉 '새들과 배에서 노를 젓는 사공(군인)'은 원 거리 항해선214)이 존재했음을 의미한다. 청동기시대에 이미 해안가를 따라 교역선이 존재했다는 실증이다. 이를 종합하면 철기 시대 보다 이른 청동기 시대, 특히 삼한 때 이미 존재했던 해상 교역로라고 말할 수 있다. (2-D)

여섯째, 중국 동남부 해안선을 따라 동남아 지역까지, 담로와 비슷한 음가를 가진 지명을 찾아보았다. 다음에 나오는 명칭 중 일부는 〈카페정보 역사스페셜〉의 [역사마을]을 참고하였다.

① 담마안(談馬顔)이라는 땅: 난세이제도에 있는 사키시마 제도 안의 석원도(石垣島: 이시가키섬)에 있다.

② 담모라국: 소진철 교수가 대만을 『수서』「백제전」에 나오는 담모라국으로 보고 있다.

③ 중국 광동성 혜주(惠州)의 혜양현: 담수장(淡水場)

④ 중국 광동성 뢰주(雷州)의 해강현: 담수채(淡水寨)

⑤ 중국 광시좡족자치구 흠주(欽州)의 광주만: 담수만(淡水灣)

---

213) 구가인, 『백의민족』, 지식공감, 2013. pp.33-34.
214) 청동복은 북방 기마민족의 유물이다. 기마민족의 터전은 해양이 아니라 초원인데 그중 유일하게 해양과 접한 래이(萊夷)족이 있다. 산동반도 동쪽 원주민 래이족은 아주 먼 옛날 바이칼 호수 주변에 살다 이주해 온 용맹한 유목민족이라 한다. 청동복이 래이 관련 문화적 유물인지 연구해 볼 과제이다.

⑥ 필리핀의 담수항(淡水港): 『동서양고』 권9 주사고에 따르면 루손섬 서북쪽의 비간(Vigan)의 밀안항 남쪽에 있다.

⑦ 월남(越南, 베트남)의 다낭(담안): 다낭시 한복판에 한자로 한강(漢江)이 흐른다.

⑧ 캄보디아의 담수양(淡水洋): 『동서양고(東西洋考)』에 나오는 동리살호(洞里薩湖, Tonle-Sap)의 톤레삽(Tonle-Sap)의 옛이름이다.

⑨ 말레이시아의 티오만(Tioman)이 남송 때 조여괄이 쓴 『제번지(諸蕃志)』에 단마령(單馬令)으로 불렸다. '단마'령의 '마(馬)'를 '말'로 읽으면, '단말'→'단물(淡水)'이 될 수 있다.

⑩ 싱가포르를 원(元)나라 때 왕대연의 『도이지략』에서 단마석(單馬錫)으로 불렀고, 17세기에 나온 『무비지』나 『동서양고』 및 『순풍상송』은 모두 단마석을 담마석(淡馬錫)이라 불렀다. 싱가포르가 주석 상품을 많이 취급하여 단마(單馬)에 석(錫)을 붙였지만, 앞의 경우처럼 단물 또는 담수의 의미가 있다.

⑪ 인도네시아 수마트라섬 중부에 있는 아루(Aru)를 원(元)의 『도이지략』에서는 담양(淡洋)이라 칭했고, 명(明)나라 마환의 『영애승람(瀛涯勝覽)』과 공진의 『서양번국지(西洋蕃國志)』에는 수마트라 중부의 아로국(阿魯國 : Aru)에 담수항(淡水港)이 있다고 나와 있다.

⑫ 인도네시아 보르네오섬 남부에 칼리만탄(Kalimantan)주가 있는데, 옛 이름이 담물란주부(淡勿蘭州府)라는 『순풍상송』의 기록이 있다. '담물난'은 '단물(淡水) 나오는'으로 읽힌다.

⑬ 또 담물란주부(淡勿蘭州府, E114°23' S3°38')에 담수항(淡水港)이 있다는 『순풍상송』 기록이 있다.

⑭ 인니와 호주 사이에 티모르섬(E125°19′ S8°33′)이 있다. 섬이 양분되어 서쪽은 인도네시아령이고 동쪽은 동티모르 공화국이다. 섬 이름 자체가 '담로'를 뜻하는 '타모르'와 발음이 비슷하다.

⑮ 인도와 방글라데시 사이에 서벵골(West Bengal)이 있는데, 그곳에 탐룩(Tamluk)이 있다고 송나라(남조)의 승려 법현(法顯)이 서기 399년 새로운 불경을 구하러 비단길을 따라 바라트로 여행을 떠난 뒤 서기 412년에 바닷길로 귀국하여 쓴 『불국기(佛國記)』에 나온다. '다마리(多摩梨)'제국(帝國, 인도 벵갈주)에서 배를 타고 송나라로 돌아왔다는 구절이 나오는데, 다마리는 탐므라립티(Tamralipti)의 음역으로 본다.

⑯ 인도 남동부에 타밀나두(Tamil Nadu, E78°40′ N12°11′)주가 있다. '타밀'은 '다밀', '다물', '단물'로 이어지는 언어적 맥락이 있다. 타밀나두주의 타밀어는 경상도 방언과 비슷하다.

⑰ 실론섬 북부의 담수마(淡水馬):『순풍상송(順風相送)』에는 석란산(錫蘭山: 스리랑카) 대안에 있는 석성초(石城礁)가 '담수마(淡水馬)'로 나온다. '수'를 '물'로 읽고 '마'를 '마을'의 줄임말인 '말'로 보면 '담수마'는 '담수마을' 또는 '단물마을'이라는 뜻이 된다.

⑱ 대만의 타이베이(臺北, E121°30′ N25°10′)가 담수항(淡水港)이다.

⑲ 대만 남서쪽의 가오슝(高雄, E120°21′ N22°38′)이 담수사(淡水社)라는 기록이 있다.

지금까지 찾은 담로의 개소(個所)가 22에 못 미치고 있는데, 앞으로 더 연구할 과제로 본다.

이들 담수항 또는 담수 마을을 연결해 보면 타이완해협에서 두 갈래(A와 B)

의 뱃길을 추론할 수 있다.

A는 타이완해협에서 중국 남동 해안을 따라 베트남 쪽으로 남행하는 뱃길 코스를 말한다.

B는 타이완섬의 동부 해안을 거쳐 필리핀 열도를 따라 남행하는 뱃길 코스를 말한다.

※ A 코스의 기항지를 보면,

타이베이(臺北) 담수항(淡水港) ↔ 가오슝(高雄)의 담수사(淡水社) ↔ 혜주(惠州)의 담수장(淡水場) ↔ 뢰주(雷州)의 담수채(淡水寨) ↔ 흠주(欽州)의 담수만(淡水灣) ↔ 월남(越南, 베트남)의 다낭(담안) ↔ 캄보디아의 담수양(淡水洋) ↔ 말레이시아 티오만(Tioman)의 단마령(單馬令) ↔ 싱가포르를 단마석(單馬錫),또는 담마석(淡馬錫) ↔ 방글라데시의 탐룩(Tamluk) ↔ 인도 남동부 타밀나두(Tamil Nadu)주의 '타밀'은 '다밀', '다물', '단물'의 언어적 맥락 ↔ 실론섬 북부의 담수마(淡水馬) 등이 있다.

B 코스의 기항지를 보면,

타이베이(臺北) 담수항(淡水港) ↔ 석원도(石垣島: 이시가키섬)의 담마안(談馬顔) ↔ 필리핀 비간(Vigan)의 담수항(淡水港) ↔ 싱가포르를 단마석(單馬錫), 또는 담마석(淡馬錫) ↔ 인도네시아 스마트라섬 아루(Aru)의 담수항(淡水港) ↔ 인도네시아 보르네오섬 칼리만탄(Kalimantan)주의 담물란(淡勿蘭) ↔ 인니와 호주 사이에 있는 티모르섬의 타모르(탐로, 담로) 등이 있다.

소서노는 백제 이전에 '22담로 상단'을 운영하였다

백제의 22담로로 보이는 지명이 당(唐), 원(元), 명(明)의 서적에 나온 것인데. '담마나, 단마나' 등의 어원을 보면 화하족 언어가 아니고 담수(단물)의 의미를 지닌 동이어로 보인다.

그런데 박창화의 필사본『백제서기』나 김부식이 편찬한『삼국사기』의 〈백제본기〉 어디에도 백제가 중국의 남쪽, 동남아 지역까지 군대를 보내어 진출했다는 기록이 없다.

그렇다면 22담로는 언제 형성된 것일까?

이에 필자가 '백제 건국 이전에 이미 담로가 형성되었다'는 가설을 주장한다.

이러한 가설은 다음과 같은 화두를 던지게 한다.

변한의 유산이 어떻게 백제로 이어졌을까?

아니, 백제가 어떻게 변한의 유산, 22담로를 이어갔을까?

이에 대한 궁금증이 어쩌면 백제의 건국 자금과 동력을 찾는 열쇠가 될 수 있다고 본다. 또 이에 대한 해답 속에서 그동안 미궁에 빠진 백제의 22담로를 푸는 실마리를 찾을 수도 있을 것이다.

앞서 고구려의 첫 도읍지 졸본(홀본)성의 위치가 지금의 청더(承德, E117°55′ N40°58′)라고 확연히 밝혀졌다.

『삼국사기』〈백제본기〉에 기록된 그대로, 소서노(召西弩)는 온조와 비류를 이끌고, 졸본성 동쪽을 흐르는 패수(난하)를 건너고 또 대수(요수)를 건너 온조는 위례성에, 비류는 미추홀에 자리 잡았다고 한다.

〈백제본기〉의 기록을 믿지만, 필자는 소서노가 두 아들을 앞세워 정착한 위례성과 미추홀이 우연히 정착한 곳인지, 아니면 계획하여 도착한 곳인지를 오랫동안 고민해 왔다.

그런데 고구려 졸본성의 위치가 정확해지고, 백제의 22담로국 실체가 밝혀짐에 따라 소서노가 위례성에 온조를 앞세워 의도적으로 정착했다고 본다.

요서에 있는 위례성(북경)에 정착하여 백제라는 나라를 건국(BC18)한 것은, '왕험성에 근거를 둔 변한의 교역 방식'에 따라 상업 국가 체제를 따르려는 계획에서 나온 것이라고 본다. 소서노의 해상무역 정책을 파악하려면 그녀의 부친 연타발(延陀勃)에 관한 기록부터 살펴야 한다.

범장이 쓴 『북부여기 상』에 보면, "2세 단군 모리수 2년(BC193) 단제께서 상장 연타발을 파견하여 평양에 성책을 설치하고 (1)도적 떼와 (2)위만의 무리에 대비케 했다. 이에 위만도 역시 싫증을 느꼈던지 다시는 침범치 않았다(戊申二年 帝遣上將延陀勃設城柵於平壤以備賊滿 滿亦厭苦不復侵擾)[215]."고 한다.

이때는 변조선의 마지막 기준(箕準) 왕이 위만에게 왕권을 잃은(BC194) 이듬해이다. 위만 세력을 견제하기 위해 단제 모리수가 상장 연타발(延陀勃)을 임명하고 '평양' 가까이에 배치하여 북부여 변방의 안정을 도모하도록 임무를 부여했던 것으로 본다. 더 구체적으로 살피면, 진한을 이은 북부여가 여전히 교역상품을 생산했는데 변한의 멸망으로 인해 중국 대륙으로 가는 장삿길이나 남방으로 가는 해상 무역로가 잠시 끊어졌거나 위협받던 시기이다. 그래서 '도적 떼와 위만의 무리에 대비'하는 임무를 연타발에 부여했던 것으로 본다.

---

215) 임승국, 『한단고기』, pp.129-130.

여기서 연타발이 위만 세력을 견제하기 위해 성책을 쌓고 부대를 주둔했던 '평양' 부근은 어디인가?

임승국 교수가 그의 책『한단고기』(p.130)에서 '평양'은 요동만의 해안 도시, 요녕성의 해남(海南)이라 했는데, 그렇게 본 것은 잘못이라고 생각한다.

연타발이 평양(부근)에 성책을 설치했다는 기록은 BC193년의 일이고, 황제의 동생 고진이 평양도의 해성에서 수비했다는 기록은 BC192년의 일이다. 이 두 기록은 다른 내용의 기록으로 본다. 그리고 임교수가 말하는 요녕성의 해남이라는 지명은 현대 지도에서 찾기도 힘들다.

필자가 보기엔, 위만을 견제하고 대비하기 위해 연타발을 파견(BC193)했다는 평양은 『사기』〈조선열전〉에 나오는 평양(平壤)이고, 황제(모리수 단군)의 동생 고진이 수비에 임했다(BC192)는 해성을 포함한 평양도(平壤道)는 모리수 단군의 도읍지[216] 중 하나로 본다.

이에 따라 필자는 다음과 같은 근거에서 연타발이 진지를 쌓은 곳이 발해만 (渤海灣)에 있는 북경시 북부의 발해(渤海, E116°31′ N40°25′)로 본다.

그 첫째가『사기』〈조선열전〉에, "괄지지에서 말하기를 고(구)려의 도읍인 평양성이다. 본래 한나라의 낙랑군 왕험성(括地志云高驪都平壤城, 本漢樂浪郡王險城)"이라 했으니, 왕험성=평양으로 본다는 것이다. 왕험성의 위치를 찾는 필자의 논문[217]에 의하면, 왕험성=평양=낙정(樂亭, E118°55′ N39°25′)이라 할 수

---

216) 『삼국사기』〈고구려본기〉동천왕 21년(247)조에 '평양성은 본래 선인(仙人) 왕검의 택(宅)이다. 또는 왕의 도읍을 왕험이라 한다(平壤城 本仙人王儉之宅也 或云 王之都王險).'는 기록에서 단제(단군)=선인=왕검이 동격이고, 왕검의 택=왕의 도읍=평양(平壤)이 같은 의미의 지명(땅)을 뜻한다. 여기 나오는 평양도(平壤道)는 한반도 평양이 아니고, 단군이 거했다는 의미의 평양이다.

217) 오운홍, '진·한대의 요수·패수와 험독현·왕험성의 위치 탐색', 『국경사 연구로 반도사관을

있다. 연타발이 임명될 당시 위만은 낙정(왕험성)에 있었고, 발해 진지(陣地)에서 200㎞ 거리이니, 넓은 의미에서 평양(왕험성)의 땅이라 볼 수 있다.

   그 둘째가 연타발의 군영 배치를 지정학적 관점에서 보면, 교역 상품 생산자인 진한을 이어받은 부여(夫餘) 역시 교역상품을 생산했으리라고 본다. 부여가 중국 대륙을 상대로 직접 교역하거나 변한을 거쳐 간접 교역을 하거나 중국으로 통하는 교역로를 보존하려는 방안으로 상장 연타발을 긴급히 파견한 것으로 본다. 발해(진지)는 그 교역로를 관리할 수 있는 중요한 위치라 할 수 있다.
   연타발은 변한의 해상 교역로도 복원해야 했는데, 준왕이 위만에게 쫓기자 재빨리 군권을 이용해서 변한의 해상 교역로를 이어받아 장악했던 것으로 보인다.

   그 셋째가 발해 인근에 군영 자리인 단영, 고려영이 있는 것으로 보아 발해(渤海, E116°31′ N40°25′)라는 명칭이 있는 지역도 군사적 요충지역으로 본다.

   그 넷째가 발해(渤海)의 발(渤)은 '갑자기 일어난 발(勃)'에 연유한 지명 표시로 본다. 갑자기 일어난 연타발 중심의 상권에 따른 발(勃)에서 연유한 것 같다.
   연타발(延陀勃)은 발해(渤海)안 연안에서 주둔하여 임무를 수행하면서 발해(渤海) 진지를 근거로 발해를 장악하는 해상 상단을 운영했을 것으로 유추할 수 있다. 연타발이 장악한 헤게모니는 상권, 즉 돈줄이다.

혁명한다』. 2023 대한국제학술문화제 논문자료집(2023.6.23.)

발해(渤海)만의 명칭이 발해(渤海) 지명과 연관 있음이 명백하다. 당시 발해(渤海)는 연타발(延陀勃)의 바다라 할 만큼 전역을 장악했을 것이다. 소서노가 운영했다는 해상 상단(商團)은 부친 연타발로부터 이어받은 것으로 본다.

그 다섯째, 소서노가 갑자기 나타난 유리왕자로 인해 위기감을 느끼고, 아들 비류왕자와 온조왕자를 고구려 졸본성에서 데리고, 남하하여 패수와 대수를 건넜다는 기록이 있다[218]. 소서노 일행이 자리 잡은 곳이 두 곳인데, 큰아들 비류가 자리 잡은 곳이 '미추홀'이고. 차자 온조와 함께 자신이 자리 잡은 곳이 '위례성'이다. 바닷가 미추홀에 터 잡은 까닭은 소서노의 장자 비류가 그의 외조부 연타발 때부터 운영해 온 해상 상단을 이어받기 위함이었다고 본다.

그리고 온조를 앞세워 자리 잡은 위례성은 연타발의 근거지로 보는 발해 진영과 50㎞ 정도로 가까운 곳이다. 소서노가 중국 대륙을 겨냥한 육상 상단의 출발 거점을 부친이 이룩한 발해 진영과 가까운 곳으로 잡은 것이라 할 수 있다.

백제의 첫 도읍지 위례성의 위치나 통치 방식을 보면, 백제는 변한의 왕험성과 연관이 깊다 할 수 있다. 백제가 변한을 이어받았다는 최치원의 삼한론과 맥을 같이 한다.

그 여섯째, 비류가 미추홀을 선택한 것이 역사서에는 자의적 선택으로 기록되고 있지만 실은 소서노가 장남에게 거는 기대가 스며있다고 본다. 소서노는 부친 연타발이 관리하고 정리해 온 22담로를 장남 비류에게 기대했던 것으로 보인다.

---

218) 김부식 저, 이재호 역, 『삼국사기』(2권), pp.279-280.

이번에는 '변한 때 이미 22담로가 있었다'는 가설을 제기한다.

그 근거로 ①백제가 개척했다는 기록이 없고, ②소서노가 부친 연타발의 상단을 이어받아 훗날 담로의 책임자로 백제의 자제나 종친을 내세웠다는 점, ③베트남 동손문화[219]의 유물, 동복(동솥)이 말해주듯 청동기시대에 이미 담로 중심의 해상교역이 있음을 보여주고 있다.

위의 근거①은 백제 역사에 기록이 없으니 더 말할 것이 없이 백제가 이어받은 것이니 변한 때에 존재했던 지명으로 볼 수 있고, 또 근거②의 연타발의 상단을 입증할 기록이 있어 소개한다.

이맥이 쓴 『태백일사』〈고구려국본기〉에, "연타발은 졸본 사람이다. 남북의 갈사(曷思)를 오가면서 재물을 모아 부를 이루어 거만금에 이르렀다. 은밀하게 주몽을 도와서 창업입도의 공을 세웠다. 뒤에 무리를 이끌고 구려하로 옮겨 수산업과 염전에 투자하여 이익을 남겼으며, 고주몽 성제가 북옥저를 칠 때 양곡 5,000석을 바쳤다(延佗勃卒本人 來往於南北曷思而利財致富累至巨萬 陰助朱蒙其創基立都之功居多 後率衆轉從九黎河而買漁塩之利及 高朱蒙聖帝伐北沃沮納穀五千石)."

이때는 연타발이 모리수 단군의 명을 받고(BC193) 변한의 교역망을 복원하고 사회적 입지가 안정된 때[220]라고 본다. 당시 거만금은 현대 재벌에 비

---

219) 베트남 북부 하노이 옆을 흐르는 홍강(홍하, 송꼬이강) 유역에서 발달하였다.
220) 연타발이 모리수 단군의 명을 받고 주둔군 사령관으로 부임한 때가 BC193년이다. 범장의 『북부여기 하』에 의하면, 고주몽이 대통을 이어받은 때가 BC58이라 한다. 이때 연타발의 나이가 80에 가깝다 했으니, BC193년과 비교하면 135년이란 연대차가 있다. 따라서 국사에 나오는 '연타발'을 '연타발 가(家)'로 봐야 할 것 같다. 상장 연타발을 Ⅰ세로, 고주몽을 도운 소서노의 부친 연타발을 Ⅱ세로 봐야 연대 문제가 풀린다. 국사학계와 함께 고민할 과제라고 본다.

교될 정도로 본다.

앞 전의 『태백일사』의 기록을 분석해 보면, '남북의 갈사(曷思)를 오가면서(來往於南北曷思)'로 보아, 남쪽과 북쪽에 갈사(曷思)라는 곳(장소 혹은 지명)이 존재했다고 본다.

또 '남북의 갈사(曷思)를 오가면서 재물을 모아 부(富)를 이루어 거만금에 이르렀다(來往於南北曷思而利財致富累至巨萬)'는 것으로 보아 두 곳을 왕래하며 장사(무역)를 했다는 것을 유추할 수 있다.

갈사(曷思)를 지명으로 하는 역사 기록이 있다. 범장이 쓴 『북부여기』에 〈가섭원 부여기〉가 있는데, "임오 28년(AD22) 여름(4월) 왕(대소)의 동생은 따르는 무리 수백 인을 데리고 길을 떠났는데, 압록곡(鴨綠谷)에 이르러, 해두왕(海頭王)이 사냥 나온 것을 보고 그를 죽이고서 그 백성들을 취하였고, 그 길로 갈사수(曷思水)의 변두리를 차지하고는 나라를 세워 왕이라 칭하니 이를 갈사(曷思)라 한다."[221] 이 기록을 다시 분석하면, 갈사국(曷思國)을 세운 때가 기원후 22년이지만 해두왕(海頭王) 때의 갈사수(曷思水)는 그 이전, 기원전부터 있었던 지명이라 할 수 있다.

갈사수의 위치에 대한 정확한 기록을 찾을 수 없지만, 가섭원부여(동부여)의 위치가 앞에서 밝혀졌으므로 추론이 가능하다. 〈가섭원 부여기〉를 쓴 범장이 '가섭원을 분릉(岔陵)'이라고 했는데, google지도에서 '岔'을 쓰는 지역이 요녕성(遼寧省) 관전현(寬甸縣)의 대서분(大西岔, E125°11′ N40°4′) 마을에서 압록강변을 따라 북동 방향으로 집안(集安)시에 이르는 지역이다. 이곳에서 압록곡(鴨綠谷)에 이르렀다면, 갈사수는 동부여의 서쪽 해변인 중국의 동해(황해)

---

221) 임승국, 『한단고기』, p.142.

북안(北岸)이나 발해만 북안으로 볼 수 있다.

그렇다면 남쪽의 갈사(曷思)를 어디로 보는가에 대한 추론이 필요하다.

필자는 앞에서 소개한 22담로로 본다. 이들 담로가 대륙 백제가 있었던 지역보다 훨씬 남쪽에 분포한다.

추론의 근거로 첫째, 남북의 갈사(曷思)라 했으니, 북쪽의 갈사수와 상대가 되는 남쪽에도 갈사가 존재했다고 본다.

둘째는 갈사의 갈(曷)이란 글자에 답이 들어있다. 갈(曷)[222]의 훈(訓)은 '어찌어찌하여'이고, 음(音)은 '갈(行), 간다'이다. 다시 말해 '겨우 찾아간다'는 의미를 내포한다. 여기에 22담로를 대입하면, 어찌어찌하여 겨우 찾아가는 곳이 된다. 22담로를 갈사(曷思)로 본다면, 북쪽의 갈사수(曷思水) 어귀에는 남쪽의 갈사로 출발하는 포구가 있지 않았을까 유추할 수 있다.

연타발은 남북의 갈사를 오가는 해상교역 상단 운영에 참여했거나 관리했던 것으로 보인다.

이번에는 앞에서 제기한 '변한 때 이미 22담로가 있었다'는 가설의 근거③이 '베트남 동손문화의 유물', 즉 동복(동솥)의 문양인 '새들과 배에서 노를 젓는 사공(군인) 등'인데, 이를 해상 교역선으로 보며 22담로의 연결망을 증명하는 유물로 본다. 이를 증명하는 고고학적 발굴자료가 있다.

〈중앙일보〉 "농업국가와 교역 국가, 남양사를 이해하는 두 가지 축 [김기협의 남양사(南洋史)"에서, 김기협은 1893년 하노이 동남방의 응옥루 마을에서 제방 공사 중 우연히 출토된 베트남의 국보 제1호는 응옥루(Ngoc Lu) 청동북에

---

222) 갈(曷)을 해자하면, ①어찌갈(何也), ②그칠갈(止也), ③벌레 이름갈(蝎也)로 보아 무더운 남쪽 지역이며, 日+匃(갈, 개)인데 개(匃)에는 ④청구할개(請求)와 ⑤행청(行請)이 있다.

대하여, "2백여 개 남아있는 동손(Dong Son) 청동북 중에서 가장 정교한 일품이다." 하면서 "기원전 6세기 이후 수백 년간 홍하(紅河, 홍강, 송꼬이강) 유역에서 만들어진 청동북은 덩치가 크면서 (1미터 가까운 높이에 100킬로그램 가까운 무게까지 있다.) 무늬가 정교해서 경탄을 자아낸다. 만들 당시의 용도는 악기이자 제기(祭器)였던 것으로 추정되는데, 후세에는 보물로 취급되어 중요한 교역 대상이 된 것 같다. 만들어진 곳으로부터 수천 킬로미터 떨어진 곳까지 남양 곳곳에서 발견되어 온 것은 그 때문이다."[223]라 했다.

▲ (도18) 동손 청동북이 발견된 곳(○●점 중 ●점인 곳),
출처: 〈중앙일보〉 김기협의 남양사(南洋史) 〈9〉 (2024. 4. 27)의 지도를 인용함.

---

223) 〈중앙일보〉 "농업국가와 교역국가, 남양사를 이해하는 두 가지 축 [김기협의 남양사(南洋史) 〈9〉]", 2024. 4. 27

앞 지도의 청동복 발굴이라는 고고학적 사실을 보면서, 청동복이 발견된 지점이 앞 절에서 소개한 22담로국을 연결하는 뱃길과 유사하다. 크고 화려한 청동복은 제기(祭器)로 썼을 가능성도 있으나 발견되는 수많은 지역에서 통일적으로 '제기로 사용하였다'는 것은 설득력이 부족하다. 크기가 작은 청동복은 본래의 기능 그대로 뱃길에서 청동 솥으로 사용했을 것으로 보인다. 또한 묵직한 무게는 항행 선박이 풍랑을 만났을 때, 이겨내는 평형석(平衡石)의 역할도 했으리라고 본다. 그리고 청동복이 동손문화의 중심지, 홍강 유역에서 집중적으로 발굴된 것으로 보아 청동복 생산지로 보인다. 이 지역 가까이에 구리산출 지역이 있을 것으로 본다.[224] 청동(구리 95%+주석 0.5%)의 재료인 소량의 주석은 말레이반도에서 뱃길 수송이 가능하다. 홍강의 동손(Dong Son) 지역은 남북 갈사(曷思)를 오가는 뱃길의 중간 지점으로서 청동복 수요가 높았을 것으로 보인다.

담로를 연결하는 여러 날의 뱃길에서 생선을 잡아 생식으로 식사를 한다 하더라도 마실 물이 없으면 연명할 수가 없다. 물을 얻기 위해서 아무 데나 기항할 수 없다. 임시 기항지가 샘물이 있다는 보장도 없거니와 안전도 보장되지 않는다. 따라서 정해진 기항지에서 상당량의 물을 싣고 출발해야 한다.
이런 실정에서 담로라는 어원에 담수라는 개념이 포함되지 않았나 한다.
담수로(淡水路) → 담로(淡路) → 담로(檐魯)로 변천된 것으로 본다.

당시 뱃길의 일정과 항행 속도를 가늠할 자료가 있다. 소진철 교수는 『수서』〈백제전〉에 나오는 **담모라**국을 지금의 대만(타이완)으로 보고 있다. 『수서』에

---

[224] 하노이 외곽 북부 하이두엉성 트루엉푸에 구리 케이블 공장이 있다.(《헤럴드경제》2024.1.3.)

'담모라국이 "남북 1천여 리요, 동서 수백 리"이며, 백제에서 남쪽으로 배를 타고 석 달이면 가는 곳'이라고 적혀 있다. 대만은 남북이 386km(965리, 거의 1천 리임)이고 동서가 144km(360여 리, 거의 4백 리임)여서『수서』의 기록과 일치하고, 녹항(鹿港)이 있다는 것도 일치한다고 보고 있다.

백제 도읍에서 대만에 이르는 일정이 석 달이라 하니, 약 90일 걸린다는 말이다. 이로써 배의 항행 속도를 가늠할 수 있다.

여기서『수서』에 나오는 백제는 어디인가? 수(隋)의 존립 연도는 581-618이다. 이때는 백제 성왕이 도읍을 사비로 옮긴(538년) 이후 사비성(소부리)에서 660년까지 백제가 존속했다.

사비성을 한반도 부여로 생각할까 하여 부연한다. 필자의『한반도에 백제는 없었다』의 141쪽에 의하면, 성왕의 사비성(泗沘城)은 현재 안휘성의 사현(泗縣=泗城, E117°50′ N33°30′)을 말한다. 그 옆을 흐르는 현 신수하(新濉河)와 신변하(新汴河)의 강이름 비(沘)를 사성(泗城)에 붙이면 사비성(泗沘城)이 된다.

뱃길의 일정을 다시 끌어오면, 사현 옆을 흐르는 현 신수하와 신변하를 따라 강소성에 있는 홍역호(洪澤湖)와 고우호(高郵湖)와 소백하(邵伯河)를 건너 리운하(里運河)를 따라 남쪽으로 항행하면 장강(長江, 양쯔강)에 이른다. 양쯔강을 따라 지금의 상해 앞바다에 나와, 거기서 남쪽으로 해안선을 따라가다 복건성 앞바다의 대만(타이완)에 이르는 시간이 3개월(90일)이 걸렸다는 항해 일정과 속도였다.

여기서 잠깐, 앞서 성왕의 사비성(泗沘城)은 현재 안휘성의 사현(泗縣=泗城)이라 밝혔다. 〈백제본기〉 기록으로는 다섯 번째 도읍이다. 이때 신라의 도

읍은 안휘성의 허베이(합비)²²⁵⁾인데, 두 나라 간 거리가 가까워져 전운이 감돌고 있었다.²²⁶⁾

백제 도읍의 천도를 보면,『북사』에 '백제의 동쪽 끝은 신라'²²⁷⁾이고, 서쪽과 남쪽은 모두 큰 바다를 한계로 했으며, 북쪽 끝은 한강에 접했다(北史云 百濟 東極新羅 西南俱限大海 北際漢江)'고 했다. 온조왕 14년(BC5)에 백제의 첫 도읍 위례성(지금의 북경)에서 남쪽으로 조하(한강)를 건너 두 번째 도읍 한성(1)으로 천도한 이후로 본다.(오운홍,『한반도에 백제는 없었다』)

이에 따라 백제의 세 번째 도읍, 한성(2)도 살펴보자. 한성은 〈백제본기〉 13대 근초고왕 26년(371)에 한수 남쪽 한산으로 옮긴 수도를 말한다.

이곳은 '24년(369) 11월에 한수 남쪽에서 왕이 친히 군사를 사열했는데, 기(旗)는 모두 황색을 썼다'는 군대 사열의 장소이고, 371년 천도한 장소이다. 이후 20대 개로왕까지 도읍을 천도했다는 기록이 없는 데다, 한성이 함락(475)되고 왕이 살해되었으니, 한성(2)는 100여 년간 존속했다고 본다.

---

225) 합비 동쪽에 (토)함산(E118°6′ N31°44′)이 있는데 탈해이사금 3년(59)에 토함산에 오른 기록이 있다. 1666년(현종 7)에 제작한 〈천하고금대총편람도〉에는 합비(허페이)에 경주(慶州) 표시가 있다.

226) 사현(泗縣=泗城)으로 천도함에 따라 신라 경주(합비)와의 거리가 180㎞ 정도 가까워졌다. 위기감을 느낀 신라는 변방을 강화하는 중에 관산성(管山城) 전투가 발발했고, 그 과정에서 성왕이 구천(狗川)에서 전사하는 일이 생겼다. 관산성을 지금의 강소성 관진(管鎭:E118°27′ N33°6′)으로 보는 근거가 사비성에서 홍역호(洪譯湖)를 지나가려면 신라군 진지가 걸침이 되므로 백제가 선공한 것으로 본다.

227)『수서』와『구당서』가 '신라의 위치는 한(漢)나라 때 낙랑 땅'이라 했다. 한나라의 낙랑은 한사군의 낙랑군을 말하며, 낙랑부를 둔 왕험성이 지금의 낙정(樂亭, E118°55′ N39°25′)이다. 〈신라본기〉 BC28년 낙랑 사람들이 변방에 있는 신라 마을에 야밤 탈취하려다 포기한 기록으로 보아 신라가 일어난 곳을 낙정의 변방으로 본다. 그곳은 백제 한성(1)에서 볼 때 동쪽이 된다.

한성(2)의 위치를 가늠할 수 있는 지명이 황하 중하류 유역에 남아있다. ①개로왕이 제방을 쌓았다는 사성(蛇城)[228]과 숭산(崇山)[229]이란 지명, ②'낙양이 전에는 하남', '황하는 전에 한수'로 불렀다는 명칭의 유래, ③하남성 정저우(鄭州)시 혜제구(惠濟區:E113°37′ N34°53′)를 중심으로 반경 100km 안에 제(濟) 관련 지명이 무수히 많다[230]는 것과 ④낙양 인근, 용문석굴의 석실 중에 백제계가 만든 석불이 남아있다는 것과 ⑤정저우 동편 카이펑(開封)이 신라 영역[231]인데 진쿠 황후의 첫 전투가 신라를 격파했다는 기록과 같다는 점, ⑥개봉 동북쪽, 황하 남안에 있는 동명(東明:E115°3′ N35°17′)이 백제 5도독부[232] 중 하나라는 점, ⑦동명에서 황하의 하류쪽으로 210km에 지난(濟南:山東省)시와 제양(濟陽)시가 있고, ⑧동명에서 동쪽으로 130km에 지닝(濟寧)시가 있고, ⑨낙양시에서 황하를 건너 북안에 제원(濟源)시가 있다. ⑩박창범 천문학 교수의 백제 일식 기록 분석에 의하면 ①-⑨등 지명이 부분 일식이 보이는 곳이며, 이들 지명의 분포로 보아 백제의 영역이며, 한성(2)을 정저우시 혜제구로 본다.

---

228) 숭산에서 흘러내리는 황하의 지류 접점에 '廣州蛇(뱀사)慶添'이란 명칭이 있다.

229) 현대 중국 지도에는 숭산(嵩山)으로 표기되어 있으나 동이어로 보면 훈과 음이 같은 글자이다.

230) 백제의 제(濟)를 google-map으로 찾으면, 濟衆診所(병원), 惠濟區教委, 濟善堂, 濟民東三店, 濟惠區檢察院, 濟康診所, 濟仁賢病医院, 濟生堂大藥房, 濟生堂診所(병원) 등의 명칭이 있다.

231) 『삼국사기』〈신라본기〉맨 끝에, 박혁거세의 모친 선도성모를 모신 우신관이 송나라 개봉에 있다.

232) 『삼국사기』〈백제본기〉맨 끝, 의장왕 20년 조에 '당나라는 웅진(熊津), 마한(馬韓), 동명(東明), 금련(金漣), 덕안(德安) 등 다섯 도독부로 나누어 통치했다는 기록이 있다.

다시 본론으로 돌아와 백제 당시 22담로의 책임자, 백제의 자제나 종친은 어떤 역할을 했을까?

교역선이 가지고 온 상품을 도매로 구입하는 방식으로 현지 상품과 교환했을 것으로 추론된다. 현지 상인이 물품 교환에 참여했을 때 약간 변화된 상업적 언어의 통역도 했을 것이다. 그리고 교역선을 위해 마른(건포) 식량과 충분한 물을 제공했을 것이다. 교역선이 떠난 후 현지인을 관리하는 백제의 자제나 종친은 지역의 치안을 관장했으리라 사료 된다. 그런데 통치의 한계가 있을 때, 안위의 문제는 '맞춤형 용병'[233]으로 해결했다고 본다.

이때만 해도 22담로는 백제의 자제나 종친이 통치하는 직할 영역(식민지)이라고 볼 수 있다. 그러나 백제가 멸망하고 책임자가 뒤바뀌는 과정에서 신라(新羅)를 거쳐 당(唐), 송(宋) 이후에는 점차 해외 무역기지로 변모했다고 볼 수 있다.

백제 이후의 22담로국을 살피면서 백제 이전의 22담로를 유추한다. 이는 변한의 22담로를 백제가 이어갔다는 역사적 사실을 추론하는 주요 근거가 된다.

백제의 첫 도읍지 위례성과 미추홀의 위치나 통치 방식을 보면, 백제는 변한의 왕험성과 연관이 깊다 할 수 있다. 백제가 변한을 이어받았다는 최치원의 삼한론과 맥을 같이 한다는 것을 재조명하는 것이다.

백제의 존재를 뜻하는 지명(濟南, 濟寧, 濟陽) 등이 산둥반도에 남아있다.

---

233) 오운홍, 『무령왕릉의 비밀』, 시간의물레, p.81.

박영호가 쓴 『산동이야기』[234]를 보면, 산동반도 동쪽 원주민인 래이족(萊夷族)은 아주 먼 옛날 바이칼 호수 주변에 살다 이주해 온 용맹한 유목민족이라 한다. 당시 요동반도 남쪽의 해협은 완전히 가라앉지 않아 옛 등주(登州)와 동북 지역이 육지와 연결돼있었다.[235] 그들은 남북으로 자유롭게 돌아다니다 혹한 지대에서 줄곧 남하하여 사계절이 분명하고 토지가 비옥한 산동반도 일대에 정착했다고 한다.

준마를 몰던 민족이 점차 뽕나무를 심고 경작하여 벼농사의 창시자가 됐으며 래(萊)나라를 세우게 된 것이다.

가장 흥성했던 시기의 래(萊)나라 영토는 매우 넓어 오늘날의 교동[236]반도 동쪽뿐만 아니라 서쪽으로 황하까지 남쪽으로는 태산에 이르렀다고 한다.

래국(萊國)은 춘추전국시대 주문왕의 봉건으로 태공망 강태공이 세운 제나라에게 BC567년(제양공 6)에 패망하고 만다. 그러나 래국은 산동반도 동쪽으로 이동하여 '동래(東萊)'라 불리며 용구(황현) 지역을 문화와 정치 중심지로 삼아 진시황이 통일할 때까지 존속했다.

래국 사람들이 동쪽으로 이동하기 이전을 서래(西萊), 지금의 교동반도로 옮겨간 이후를 동래(東萊)라고 부르는 것이다. 산동의 래이(萊夷)를 즉묵(卽墨)이라고도 불렀는데, 지금도 산동성 동쪽 교동반도에는 래이의 발자취를 알려주는 래주시(萊州市), 봉래시(蓬萊市), 옌타이(煙臺)의 래산구(萊山區),

---

234) 박영호, 『산동이야기』, 씨 에디터, 2019, pp.99-100.

235) 산동반도는 지질학적으로 침강과 융기를 심했던 곳이다. 〈나무위키〉, 산동성(2024.3.2.)에 의하면, 역사 이전에는 빙하기가 끝난 후 해수면이 높아졌을 때 반도 전체가 거대한 섬이었으며, 황하의 토사가 쌓이면서 이들 지대가 습지대로 변하면서 중국 대륙과 연결되었다고 한다.

236) 산동반도 동쪽 끝 지역을 교동(皎東)이라 한다.

래서시(萊西市) 등 지명에 레이(萊)가 남아있다.

　래이(족)의 래이국(萊國)은 BC567년에 멸망한 나라이다. 백제가 건국하기 550년 전에 멸망했으므로 래국과 백제의 연결은 있을 수 없다.
　그런데 왜 백제와 래이를 연결하였을까? 그리고 22담로까지 어떻게 연결된다는 것인가?

　현대 지도를 보면, 앞에서 언급한 중국 대륙 남방에 흩어져 있는 22담로를 연결하는 교역선이 갈사(수) 포구에 도착하려면 중국 동해안을 따라 북상하다가 산동반도의 동단에 있는 웨이하이(威海)를 거치고 옌타이(煙台)와 봉래(蓬萊)시를 지나서 래주만(萊州灣)을 건너야 곧바로 발해만에 도달할 수 있다. 다시 말해 중국의 연경과 중국 남방에 있는 22담로를 연결하는 해상 교역로에는 반드시 래이족이 살고 있는 산동반도의 동부지역을 거쳐야 한다는 점이다.(A코스)

　또 다른 뱃길로 산동반도를 관통하는 교역 통로가 더 있다.
　먼저 산동반도의 남단에 있는 청도(青島, E120°26′ N36°4′)시가 있는 교주만(胶州灣)에서 북쪽으로 뭍에 있는 강과 늪지대인 수로(水路, 운하)[237]를 따라 창읍(昌邑, E119°24′ N36°52′)시를 거쳐 반도 북단에 있는 발해(渤海)의 래주만(萊州灣)으로 관통하는 뱃길이 있다. 이 뱃길은 후일 송(宋)대까지 이용했다는 기록[238]이 있다.(B코스)

---

237) 현재의 산동반도가 형성되기 전, 반도 전체가 거대한 섬이었는데 그 후, 섬이 맞닿은 자리에 황하의 토사가 쌓이면서 습지대로 변한 곳으로 본다. 〈나무위키〉, 산동성(2024.3.2.) 참조.
238) 서긍이 쓴 『선화봉사고려도경(宣和奉使高麗圖經)』에 나오는 지명과 이곳 지점이 유사하다.

육지를 통과하는 또 다른 뱃길은 현 지닝(齊寧, E119°24´ N36°52´) 남쪽에 있는 남양(南陽)호와 소양(昭陽)호와 휘산(徽山)호를 연결한 거야택(巨野澤)과 그 북쪽 양산(梁山, E119°24´ N36°52´)의 (수호지의) 양산박(梁山泊)[239]과 습지대의 둥핑호(東平湖)를 지나는 운하가 황하 하류로 연결된다.(C코스)

이와 같은 A, B, C 코스 중, A의 산동반도 연안 코스는 항행 길이 멀고 풍랑 위험이 높으며 중간 기항지에서 상업적 수익도 비교적 낮은 지역이다.

B의 산동반도 횡단 코스는 항행 길이 짧고 순풍 항해이며, 통과하는 길목에서 교역 상품이 활발하게 매매될 조건을 갖추고 있는 지역이다. 그런데 래이 세력에게 주는 통관세가 부담이 될 수 있다.

C의 양산박과 거야택의 코스는 항행 길이 짧고 순풍 항해가 보장되나 이를 위협하는 주변의 다양한 세력의 출몰과 특히 북위(北魏)의 영향력이 미치는 지역이라 항해의 안전성이 보장되지 않는다고 본다.

당시 A, B, C 코스 중 래이족이 주축이 되거나 래이족이 통행을 보장했다면 B코스가 최적의 코스이며, 22 상단은 그 코스를 주로 이용했을 개연성이 높다.

22상단이 래이족과 매우 관련이 크다고 본다.

산동반도 지역에 살고 있는 래이족의 눈에는 남북을 오가는 수많은 교역선이 금은보화로 보였을 것이다.

초원을 달리던 용맹한 유목민족의 기질을 가진 래이족이지만 삼면이 바다로 둘러싸인 산동반도에 정착하고 보니, 막강한 수군을 보유하는 것이

---

239) 양산박(梁山泊)의 泊은 배를 댈 수 있다는 뜻이다. 이곳은 배가 지날 수 있는 수로임을 말한다.

필연이었을 텐데, 레이족이 황금으로 보이는 이들 수많은 교역선의 통과를 무심히 바라보았을까?(A형)

아니면 용맹성을 과시하며 교역선을 탈취하는 해적이 되었을까?(B형)

그게 아니라 탈취하면 교역로가 끊어지므로 통로를 장악하고, 통관세를 징수하는 길목의 깡패 역할을 했을까?(C형)

그도 아니면 돈이 되는 황금 뱃길이므로 레이족이 주도적으로 해상권을 장악했을까?(D형)

그리고 또 하나 경우는 주류 상단을 운영하면서 소규모 군소 상단을 C형처럼 통제하면서 D형과 병행하여 교역로를 운영했을까?(E형)

이에 대한 해답을 〈양직공도〉에서 유추할 수 있다.

백제 전성기(무령왕)의 22담로의 운영 상황을 적은 〈양직공도〉의 기록에 의하면, 백제는 '22담로가 있는데 모두 왕의 자제와 종친에게 나누어 다스리게 했다(有二十二檐魯 分子弟宗族爲之)'는 기록은 있는데, 〈백제서기〉에는 22담로국을 개척했다는 기록이 없다. 그런데 소서노가 고구려와 백제의 건국 자금을 충당한 것으로 보아, 이 상권을 장악하고 있었던 것으로 본다. 이를 종합하면, 백제 건국 이전에 래이족이 변(卞)한과 함께 22담로의 상권을 주도했을 것으로 유추할 수 있다.

이는 앞에서 분석한 D형과 E형에 유사한 구조라고 추론할 수 있다.

여기서 22담로와 래이의 연결을 설명할 수 있다.

필자는 래이와 22담로가 기원전에 이미 변한(번한)의 교역로와 연결된 관계로 보고 있다.

그렇다면 22담로와 래이가 어떻게 백제와 연결되느냐 하는 점이다.

앞에서 잠깐 연타발에 대해 소개한 바와 같이, 북부여의 2세 단군 모리수 '2년(BC193)에 상장 연타발을 파견하여 평양에 성책을 설치하고 도적 떼와 위만의 무리에 대비케 했다.'[240]

모리수 단군의 정책을 유추하면, 비록 변한의 왕험성은 위만에게 빼앗겼지만 자국(진한의 후신 북부여)에서 생산하는 상품의 유통 구조는 지키려 한 것으로 보인다. 이에 따라 연타발(延陀勃)이 먼저 발해(渤海)를 장악하고, 이어서 래이족과 연합하여 22담로로 연결되는 해상 교역로도 장악했을 것으로 유추할 수 있다.

연타발의 해상교역 상단을 이어받은 소서노가 주몽에게 지원한 군자금의 출처도 여기서 나왔다고 본다. 그리고 훗날 소서노가 온조를 앞세워 백제를 건국한 자금 출처도 상단에 있었다고 할 수 있다.

또 하나 연타발의 외손, 비류를 미추홀에 파견한 것도 소서노의 상단과 22담로로 이어지는 해상교역로를 관리하도록 책임을 맡긴 것이 아닌가 한다. 이후 22담로 운영권이 백제 왕위 승계를 따라 이어간 것으로 본다.

백제와 래이족과의 관계 맺음과 관련하여, 지금까지 전개한 22담로의 역사 논리를 요약하면,

① 연타발-소서노-백제로 이어가는 과정에서 해상교역로를 공유했다.

② 24대 동성왕의 도읍 웅진성이 있는 백제의 영토와 래이족의 영역이 겹쳐 있었다고 본다.

③ 동성왕이 북위가 이끄는 수십만의 기마병을 단숨에 물리친 데는 용맹한 래이족이 한몫한 것이 아닌가 한다.

---

240) 임승국, 『한단고기』, pp.129-130.

백제가 건국되고 세력을 확장해 갈 때, 래이는 백제의 일원이었다고 본다. 결국 22담로는 변한(변한)과 백제를, 그리고 백제와 래이를 이어주었다고 할 수 있다.

제4장

진한과 마한의 왕검성과
(신) 마한의 위치는?

제4장

진한과 마한의 왕검성과 (신) 마한의 위치는?

단군왕검의 첫 도읍지 명칭은?

이 책 〈발간사〉에서 밝혔듯이, 단군의 '왕검성'이 어디냐고 물으면, 〈고등학교 한국사〉가 대변하듯 강단사학계는 한반도 평양이라 한다.

준왕이 위만에 쫓겨 탈출했다는 '왕험성'이 어디냐고 또 물으면, 역시 평양이라 한다.

재야사학자들에게 마한의 왕검성이 어디냐고 물으면, 대동강이 흐르는 평양 혹은 인근의 '백아강(白牙岡)'이라 한다.

여기서 잠깐, 단군의 왕검성은 진한의 도읍이고, 준왕의 왕험성은 변한의 도읍이며, 마한의 왕검성은 대동강이 있는 백아강에 있어 서로 떨어져 있다.

생각해 보시라, 얼마나 무식한 대답들인가.

마한, 진한, 변한(번한)의 도읍지가 똑같이 한반도의 평양 인근이라면, 삼한이 무슨 평양에서 셋방살이라도 했다는 말인가.

『단군세기』에 기록된 단군왕검의 창업 과정에서 도읍지 아사달이 나온다.

"무진 원년(BC2333), 〈중략〉 개천 1565년 상월 3일에 이르러 신인 왕검이 오가의 우두머리로서 800인의 무리를 이끌고 와서 단목의 터에 자리잡았다. 〈중략〉 신시의 옛 규칙을 도로 찾고 도읍을 아사달에 정하고 나라를 세워

조선이라 이름했다(戊辰元年〈중략〉至開天一千五百六十五年上月三日 有神人王儉者 五加之魁率徒八百衆御于檀木之墟〈중략〉復神市舊規立都阿斯達建邦號朝鮮)."

이 기사에서 연도가 두 번 나오는데, 무진년은 BC2333년이고, 개천 1565년은 (BC2333+1565=) BC3898년을 말한다. 이때가 바로 환웅이 신시를 시작(개천)한 때이다. 단군이 조선을 건국한 해가 환웅이 개천 이후 1565년이 되는 해이다. 신인 왕검이 승전 선언과 동시에 조선 건국을 선포한 곳이 '단목의 터'라 한다. 왕검은 이곳에서 새로운 나라를 세우고, 도읍지가 '아사달(阿斯達)'이고, 국호를 '조선(朝鮮)'이라 불렀다는 기록이다.

아사달을 찾는 일은 단군조선의 실체를 규명하기 위해 6하(何)의 하나인 '어디'인지를 확실하게 하는 일이다.
그리고 첫 도읍 아사달이 왕검성이라는 것도 확인할 필요가 있다.
이맥이 쓴 『태백일사』〈삼한관경 본기〉에 보면, "신인 왕검이라 하는 이가 있었는데, 크게 백성들의 신망을 얻어 비왕이 되었다. 섭정하신 지 24년에, 웅씨의 왕은 전쟁하다가 붕어하시니, 왕검은 마침내 그 왕위를 대신하여 구환(九桓)을 하나로 통일하니 단군왕검이라 하였다. 곧 나라의 인물들을 불러 약속을 세워 가로되〈중략〉마침내 삼한으로 나라를 나누어 통치하시니, 진한은 스스로 천왕께서 친히 다스리시며 도읍을 아사달에 정하고 나라를 여시사 조선이라 하시니 이를 1세 단군이라 한다. 아사달은 삼신을 제사 지내는 곳인데, 후세 사람들은 왕검의 옛집이 아직 남아있기 때문에 왕검성이라 불렀다.(有神人王儉者 大得民望陞爲裨王 居攝二十四年熊氏王崩於戰 王儉遂代其爲統九桓位一 是爲檀君王儉也 乃召國人立約曰〈중략〉遂與三韓分土而治 辰韓天王自爲也 立都阿斯達開國號朝鮮 是爲一世檀君 阿斯達三神所祭之地 後人稱王儉城以王儉舊宅尙

存故也)²⁴¹⁾"

이 기록을 요약하면, 왕검이 천하를 통일하고 조선을 건국한 도읍지가 '아사달'이며, 삼한으로 나누어 그중 진한을 다스리는 도읍지 역시 '아사달'이라 한다. 또 '아사달'은 단군 사후에 단군을 포함한 삼신에게 제사 지내는 장소이며, 그 장소가 바로 왕검의 옛집이 아직 남아있기에 그 성을 가리켜 왕검성이라 불렀다는 것이다.

'단군조선의 도읍지'= 아사달= '진한의 도읍지'= 왕검성이란 등식이 성립된다. 다시 말해 '아사달'과 '단군의 왕검성'은 같은 지명을 말한다고 할 수 있다.

아사달=왕검성이란 역사적 사실을 밝혀냈지만, 지금에 와서 현실적으로 아사달(왕검성)의 위치가 어디인가 하는 궁금증은 여전히 남는다.

이를 해소하기 위해, 필자는 다음과 같은 가설을 도출하였다.

"진한(辰韓)이 다스리는 나라를 진국(辰國)으로 불렀다면, 진국의 도읍을 진성(辰城)으로 불렀을 것이고, 진성은 동이(東夷)식 이름이므로 같은 뜻인 '용성'으로 보면, 현대 지도에서 찾을 수 있다."

필자의 가설을 요약해, '아사달=왕검성=진성=용성'으로 보며, 다음, 다음의 장에서 '용성'의 위치를 찾고자 한다.

---

241) 상게서, pp.195-197.

아사달의 위치를 찾는 국내 학자들의 견해

『삼국사기』제46권 열전 제6의 최치원전에, "동해 쪽으로[242] 세 나라가 있으니, 그 이름은 마한, 변한, 진한으로 마한은 고구려요, 변한은 백제이며, 진한은 신라입니다. 고구려와 백제는 전성 시에 강한 군사가 백만이어서 남으로는 오(吳), 월(越)의 나라를 침입하였고, 북으로는 유주(幽州)와 연(燕)과 제(齊), 노(魯)나라를 휘어잡아 중국의 커다란 위협이 되었습니다.(伏聞東海之外 有三國 其名馬韓·卞韓·辰韓 馬韓則高麗 卞韓則百濟 辰韓則新羅也 高麗百濟 全盛之時 强兵百萬 南侵吳.越 北撓幽燕.齊.魯 爲中國巨蠹)."라 하면서 삼한과 3국의 연결을 말한다. 김부식은 권34-권37의 〈잡지(雜志)〉에 신라, 고구려, 백제의 지명을 수록했다. 이들 지명을 보면 한반도 지명과 같은 것도 있는데, 군(郡)에 소속된 현(縣)의 지명들을 맞추어보면 한반도 지명이 아니다. 이를 두고, 일부 학자들이 『삼국사기』에 나오는 지명이나 산, 강 이름이 중국과 비슷하고, 특히 황충(蝗蟲) 등 자연재해의 기록이 중국과 같아 한반도에서는 볼 수 없는 역사 기록이라며, 김부식을 가리켜 중국 중심의 세계관과 역사관을 가지고 삼국의 역사를 썼다고 비판하고 있다.

김부식과 『삼국사기』를 비판하는 일부 학자들은 '반도사관'에 갇혀 삼국의 위치는 물론 삼한의 위치 특히 아사달(진한의 도읍)의 위치도 한반도에서 찾고 있다.

'아사달'의 위치에 대해, 재야사학자들은 평안남도 평양 부근의 백악산

---

242) 외(外)는 중심에서 바깥쪽, 또는 타국의 의미도 있다. 東海之外를 동해 밖의 한반도로 해석하면, 이후의 글, 오(吳), 월(越), 유주(幽州), 연(燕), 제(齊), 노(魯)나라와의 관계 설정을 설명할 수 없게 된다.

또는 황해도 구월산이라고 한다. 검색어 '아사달'에 대한 〈나무위키(2022.12.3.)〉도 같은 견해이다. '나무위키'는 황해도 "안악군에 있는 구월산은 '아사달산'이라고도 한다. 〈단군신화〉와 관련된 전설이 전해지고, 환인·환웅·단군을 모시는 삼성사를 비롯하여 단군대·어천석 등이 있으며 구월산 아사봉 꼭대기에 신단수(수목숭배신앙)가 있었다고 전해진다. 실제로 구월산은 박달나무가 많은 산이다"라고 한다.

『한국민족문화대백과사전』에 의하면, "단군은 처음 평양에 도읍을 정하였다가 뒤에 백악산(白岳山: 지금의 九月山)으로 옮겨 1,500여 년간 나라를 다스렸다"고 한다.

백악산을 구월산(954m, E125°15′ N38°30′)으로 본다면, 구월산과 평양과의 거리가 대략 70㎞ 정도이니 쉽게 생각하면 비교적 가까운 거리니까 천도하기 쉬웠을 것이라 여기고, 그동안 역사학자들이 무난하게 해석하고 수용한 것 같다.

그런데 현실적으로 보면, 도읍지 조건에서 볼 때 강을 끼고 너른 평원에 많은 사람이 사는 것이 보편적이다. 구월산은 물도 귀하고 사람들도 별로 살지 않은 산악지대인데 그곳으로 도읍을 옮겼다는 것은 선뜻 수용할 수 없다.

온라인 〈위키백과(2022.12.3.)〉에 보면, "아사달(阿斯達)은 고조선(古朝鮮)의 수도로 전해지는 지명이다. 백악산 아사달(白岳山 阿斯達), 궁홀산(弓忽山) 금며달(今旀達)이라고도 한다.", 또 "아사달의 위치에 대하여 무엽산(無葉山), 백악(白岳) 등 산으로 이해하여 백주(白州, 지금의 황해도 연백군)로 비정하는 기록과 개성 동쪽의 백악궁(白岳宮, 현재는 위치 미상)으로 비정하는 기록을 함께 전하고 있다."고 한다.

백과사전 하면 상당히 신뢰할 만한 정보로 여기는 것이 우리들의 상식이다.

그런데 여기 나오는 지명, 즉 아사달은 우리가 지금 찾는 중이니까 제외하더라도 궁홀산(弓忽山)이니 금며달(今旀達), 무엽산(無葉山), 백악(白岳) 등에 대한 위치 정보가 없다. 글을 읽으며 뜬구름 잡는 이야기라고 느껴진다.

앞의 기록을 묶어 한 가닥 희망 줄을 얻고자 하여 아사달의 위치를 정리하면, ①평양 부근의 백악산이다, ②황해도 구월산인데, 구월산은 '아사달산'이라고도 한다, ③백악산 아사달(白岳山 阿斯達)은 궁홀산(弓忽山) 금며달(今旀達)이다, ④무엽산(無葉山), 백악(白岳)이다, ⑤백주(白州, 지금의 황해도 연백군)로 비정하는 기록이 있다, ⑥개성 동쪽의 백악궁(白岳宮, 현재는 위치 미상)으로 비정하는 등 다양하다.

정리한 것을 여러 번 읽어봐도 역시 뜬구름을 보는 듯 하다.

역사학계가 종잡을 수 없이 여기저기로 비정하게 된 까닭은 아마도 '왕검성이 평양이다'라는 잘못된 인식과 '구월산에 들어가 산신이 되었다'는 전설 등 잘못된 정보에 기인한 것이 아닌가 한다.

이같이 막연하고 모호한 개념을 비웃듯, 오래전 젊은 사학도들이 평양과 아사달(왕검성)에 대한 비판적 견해가 있었다.

국사계의 젊은 학자 중에 (고)조선의 개국을 BC2333년으로 확정한 대한민국 정부의 '교과서 집필 지침'에 반발한 일이 있었다.

"국가라는 것은 청동기 시대에나 발생하는 것인데, 한반도의 청동기 발생시기는 BC400년, 조금 길게 봐주면 BC700-800년, 아무리 길게 봐줘야 BC1000년 이후의 일이다. 따라서 단군이 단군조선을 건국했다는 BC2333년은 한반도가 신석기 시대에 불과하므로 당연히 국가가 발생할 수 없다. 그러므로 단군조선은 실체적인 것이 아니라 허구"라는 의견을 피력하면서 (고)조선을 인정하지 않고 있다.

이는 매우 민감한 사안으로 분석적으로 대처할 필요가 있다.
'단군조선의 실체가 허구'라는 지적에는 조건을 달고 있다. 국가 발생 조건 중에 청동기시대라야 한다는 것이다. 만약 단군조선의 첫 도읍지 아사달이 청동기 사용지역이라면 그 실체를 인정할 수 있다는 논리다.
젊은 학자들의 이와 같은 주장은 한반도의 평양을 단군 왕검성으로 설정하는 데서 비롯된 사단이다. 경청해야 하고 인정해야 할 주장이라 생각한다.
뒤집어놓고 보면 아사달의 위치가 청동기시대라고 확신할 수 있다면 국가를 인정할 수 있다는 것이다.

본 책 2장에서 홍산(랴오허)문명지로 보는 샤자뎬(夏家店)과 소하연(小河沿)에서 남쪽으로 가까운 요령성 건평현에 뉴허량(牛河樑)이 있는데, 이 유적지에서 옥기, **청동주조 유물**, 석기, 채색토기, 무문토기, 제사용 토기 등이 발굴되었음을 소개했었다.
이 지역 유물을 홍산문화(BC4,700-BC2,900)라 하며, 신석기와 청동기의 병용시기라고 보고 있다. 이 시기는 환웅이 도래한 BC3898년과 겹친다. 이를 근거로 한웅이 청동기 문명을 가져온 것으로 필자는 보고 있다.
여기서 '**청동주조 유물**'이란 뉴허량의 피라미드[243)에서 청동기를 만들 때 청동주물을 떠서 옮기는 도가니[감(坩)]와 청동찌꺼기[銅渣(동사, 슬래그)]가 발견된 것을 말한다. 만약에 이 지역과 가까운 곳에서 단군조선이 건국했다면

---

243) 크기가 60m×60m이며, 가장 오래된 이집트의 조세르 피라미드 보다 1,000년이나 앞선다.

인정할 수 있다고 봐야 한다.

또 본 책 1장에서 왕험성은 한반도의 평양이 아니라 중국 난하 하류의 낙정(樂亭) 부근이라는 것을 밝혀냈고, 왕험성(왕검성)[244]은 단제 임금이 거처하는 곳이 아니라 부단군인 번한(변한) 조선의 도읍이며, 단제 임금이 거처하는 임검성(왕검성)은 다른 곳임을 시사한 바 있다.

왕험성(낙정)과 랴오닝성 건평현(E119°37′ N41°21′)의 뉴허량(牛河樑)과의 거리는 약 200km 떨어져 있고, 조양에서 건평까지는 약 80km다. 만약에 단군조선의 왕검성(아사달)이 이보다 더 가까운 청동기 지역에 있다면 젊은 학자들이 단군조선을 인정하지 않을 수 없을 것이다.

---

244) 단군왕검이 치두남을 번한으로 삼고 부(府)를 험독에 세울 때, 왕검성이라 했다.(임승국, 『한단고기』, p.217. 그런데 왕험성은 지나(支那) 쪽에서 붙인 이름이다.《한서지리지》)

한반도 평양이 과연 단군조선의 왕검성인가?

앞 절에서 살펴본 젊은 학자들의 논리로 볼 때, 강단사학계의 '반도사관'도 그렇고, 재야사학자들이 주장하는 구월산론은 비논리적이며 비현실적이라 할 수 있다. 한반도 '평양이 **왕검성**인가'는 단군왕검과의 관계이고, '평양이 **왕험성**인가'는 한사군 중 낙랑군과의 관계에서 살펴볼 필요가 있다고 본다.

강단사학계가 주장하는 '평양이 **왕험성**'이라는 이론은 다음과 같다.
① 한사군 지도에서 낙랑군 치소는 평양에 있다.
② 평양 토성에서 낙랑 봉니가 발굴되었다.
③ 평남 용강군에서 점제현신사비가 발견되었다.
④ 평양성을 이루는 토성이 낙랑토성이다.
⑤ 평양 가까운 곳에서 낙랑 유적과 유물이 발굴되었다.
⑥ 『삼국유사』에 평양이 왕검성이라는 암시가 있다.
⑦ 력도원이 『수경주』에서 패수를 대동강에 비정했다.

재야사학자들이 주장하는 '평양이 **왕검성**'이라는 이론은 다음과 같다.
① 『사기』에 나오는 조선의 왕험성은 고(구)려 도읍 평양성이다.
② 『태백일사』에 22세 단군 색불루의 명을 받은 여원흥이 대동강 변의 왕검성을 장악했다.

북한계 학자가 주장하는 '평양이 **왕검성**(아사달)'이라는 이론은 다음과 같다.
① 1993년 평양 강동현 대박산 기슭에서 단군릉을 발굴했다.
② 〈조선왕조실록〉에 평양의 단군묘를 관리했던 기록이 있다.

이들 주장을 종합하여 표로 만들어 분석하면 다음과 같다.

〈표3〉 '평양이 왕검(험)성이다'라는 주장에 따른 주제별 타당성 분석표

주장하는 토론 주제	주장 학파			타당성	
	강단	재야	북한	진	위
1. 한사군지도에 낙랑군 치소는 평양에 있다	○			×	●
2. 평양 토성에서 낙랑 봉니가 발굴되었다	○			×	●
3. 평남 용강군에서 점제현신사비가 발견되었다	○			×	●
4. 평양성을 이루는 토성이 낙랑 토성이다	○			×	●
5. 『삼국유사』에 평양이 왕검성이라는 암시가 있다	○	○	○	△	●
6. 력도원이 『수경주』의 패수를 대동강에 비정했다	○			×	●
7. 『사기』에 조선의 왕험성은 고려 도읍 평양성이다	○	○	○	△	●
8. 『태백일사』에, 22세 단군 색불루의 명을 받은 여원흥이 대동강 변의 왕검성을 장악했다		○		△	●
9. 평양 근처에서 낙랑 유적·유물이 발굴되었다	○	○	○	△	●
10. 〈조선왕조실록〉에 평양의 단군묘를 관리했던 기록이 있다	○	○	○	△	●
11. 1993년 평양 강동현 대박산 기슭에서 단군릉을 발굴했다			○	△	●

※ 타당성의 진 란의 ×표시는 주장 자체가 처음부터 잘못된 것이고, △는 기록이나 사실은 인정하지만, 평양이 왕검(험)성과 관련 없을 때이며, 따라서 위(●)로 표시하였다.

앞 〈표3〉에서 필자가 타당성의 진위 여부를 분석한 데는 다음과 같은 근거가 있다.

1. 한사군 지도를 근거로 낙랑군 치소는 평양에 있다는 주장에 대해,

〈조선사〉를 이어받은 〈고등학교 한국사〉에서 낙랑군의 치소는 평양이라 하고 있지만 〈조선사〉가 위서라는 것이 밝혀진 이상 평양을 낙랑군 치소로

볼 수 없다.

본책 1장에서 보았듯이 '오운홍의 한사군 지도'에 의하면 낙랑군의 치소는 난하의 하류에 있는 '낙정(樂亭, E118°55′ N39°25′)'이다. 따라서 평양을 낙랑군 치소로 볼 수 없으며, 왕험성(변한)이나 왕검성(진한)이라 할 수 없다.

2. 평양 토성에서 낙랑 봉니가 발굴되었다는 주장에 대해,

봉니(封泥)란 옛날 중국에서 간책(簡冊)으로 된 문서 따위를 끈으로 묶고 나서 봉할 때 쓰던 것으로 아교질이 섞인 진흙 덩어리를 사용하여 해체하지 못하게 찍은 인장 표시이다.

일제가 한사군 설치의 증거로 내놓은 낙랑 봉니에는 낙랑군에 소속된 25개의 현(縣) 중에서 22개의 현 이름이 찍힌 봉니가 여기저기 흩어져 발견됐다고 한다. 그런데 22개 각각의 현에서 발견된 것이 아니라 같은 지역에서 모두 나왔다는 데서 의문을 제기할 수밖에 없다. 쉽게 말해 봉니들은 수신지(받을 사람이 있는) 22개 현에서 각각 발굴되어야 한다는 것이다. 그래서 봉니의 위조문제가 논란이 되고 있다. 왜냐면 봉니라는 것이 문서의 보안을 위해 보낸 자(발신자)의 직함과 같은 것을 인장으로 봉인하여 보내는 것이기 때문이다.

일제가 '역사는 실증주의다'라며 발굴한 고고학 유물인 봉니는 완전범죄(일제의 역사위조)를 기도하다가 성공시키지 못한 사례이다. 한 걸음 더 나아가 박물관에서는 '낙랑 봉니'를 폐기 처분할 것이 아니라 역사를 조작하기 위해 의도적으로 만든 위조물로 채택하고 보존해서 세계 고고학계의 인증을 받아야 한다. 따라서 가짜 봉니가 왕검성을 증거 할 수 없다고 본다.

3. 평남 용강군에서 (낙랑군) 점제현신사비가 발견되었다는 주장에 대해,

이마니시 류(今西 龍)가 1913년에 점제현신사비(秥蟬縣神祠碑)를 용강에서 발견해냈다고 제시했다. 점제현은 낙랑군의 25개 현 중 하나라며, 이 비를 가지고 낙랑군이 대동강 유역에 있었다는 역사의 증거물로 삼았다. 중국의 『한서』〈지리지〉에 '낙랑군에 점제현이 속해 있다'는 기록을 교묘하게 이용한 것이다. 이를 근거로 '점제현의 우두머리가 백성을 위해 산신제를 지냈다'는 내용이 새겨져 있다는 비석을 그가 제시한 것이다.

북한의 '조선고고학연구(제4호 1995)'에서 "비의 기초에 시멘트를 썼다.", "비석 돌 성분이 요동지역의 화강석과 똑같다."고 발표했다.[245]

역사 조작의 결정적 증거는 비석 돌의 화학적 성분이다. 은(Ag)은 주위 3개 지역의 화강석보다 2-4배, 납(Pb)은 3배, 아연(Zn), 텅스텐(W), 니켈(Ni), 인(P)은 각각 2배가 많은 반면 바륨(Ba)은 주위 화강석의 6분의 1 이하로서 다른 지역(요동지역 성분과 일치함)에서 가져온 비석(돌)이란 분석이다.

북한의 주장처럼 이 비는 일제 때, 요동에서 옮겨와 시멘트 기초 위에 세워진 것이며, 이마니시 류의 날조 작품이라고 보고 있다.

하나 더 필자가 의문을 제기하는 것은 비석의 글자가 음각이 아닌 양각인데, 기원전 당시 금속기술로 보아 경도가 높은 화강암에 양각으로 글자를 새긴다는 것은 불가능한 일이다. 따라서 날조된 비석으로 이곳을 낙랑군 옛터라고 증거할 수 없으므로, 평양이 왕험성이라고 말할 수도 없다.

---

245) 〈한겨레신문〉 2009. 6. 9. 이덕일, '주류역사학계를 쏘다, 유적 유물로 보는 한사군.'

4. 평양성을 이루는 토성이 낙랑 토성이라는 주장에 대해,

토성에는 흙을 주로 사용한 풍납토성처럼 선사시대의 성곽이 있고, 또 하나는 토성 위에 석축의 성을 쌓는데 기초가 되는 기존 토성이 있다. 평양성은 후자에 속한다.

평양의 토성을 낙랑토성이라 부를만한 특별한 근거는 낙랑과의 관련성이다. 그런데 앞에서 살폈듯이 가짜 봉니를 '낙랑 봉니'로 이름을 붙이고 나서, 이곳에서 낙랑 봉니가 나왔다고 했으니 가짜이므로 '낙랑'과 관련이 없어진다. "거짓말도 자주 하면 진실이 된다"는 레닌의 말처럼 〈고등학교 한국사〉에서 낙랑토성이란 명칭이 결국 참말로 들려서 마치 낙랑 땅을 증거하는 것처럼 보이지만, 토성 자체가 낙랑과 무관하여 일제가 명명한 낙랑토성으로는 왕검성에 대한 증거가 될 수 없다.

5. 『삼국유사』에서 평양이 왕검성이라는 암시에 대해,

일연스님이 쓴 『삼국유사』 〈기이편 상〉, 고조선(古朝鮮) 왕검조선(王儉朝鮮) 조에 왕검성 관련 기록이 있다.

단군왕검은 '요임금이 왕위에 오른 지 50년인 경인년(요임금의 즉위 원년은 무진이니 50년은 정사이지 경인은 아니다. 아마 그것은 사실이 아닌 것 같다) 평양성에(지금의 서경西京)도읍을 정하고 비로소 조선이라 불렀다〔以唐高卽位五十年庚寅(唐高卽位元年戊辰 則五十年丁巳 非庚寅也 疑其未實) 都平壤城(今西京) 始稱朝鮮[246]〕.'

---

246) 일연 지음, 이재호 옮김, 『삼국유사』, 솔, 2008. p.71.

이 기록으로 인해 평양이 왕검성으로 둔갑하고, 일제가 식민사관을 심기 위해 왕검성인 평양에 낙랑군을 설치했다고 주장하는데 근거를 마련해 주었다고 본다. 일연(스님)은 왜 뜬금없이 한반도 평양(서경이라 못 박다)에서 단군왕검이 즉위했다고 보았을까?

그가 한반도 전역을 살피며 불교 역사 흔적을 찾는 중에 평양 인근에 있는 '단군묘'를 보고 참배했을 개연성이 있다. 그는 평양 일대를 단군 성역으로 본 것이 아닌가 한다.

그가 『삼국유사』(1285)를 쓰기 전에 100여 년 전에 출간된 『삼국사기』(1145)를 분명히 읽었을 것이다. 〈고구려본기〉 동천왕 21년(247)조에 '평양성은 본래 선인(仙人) 왕검의 택(宅)이다. 또는 왕의 도읍을 왕험이라 한다(平壤城 本仙人王儉之宅也 或云 王之都王險).'는 기록을 읽었을 것이다. 이 기록에서 단제(단군)=선인=왕검이 동격이고, 왕검의 택=왕의 도읍=평양이 같은 의미의 지명(땅)을 뜻한다는 것도 파악했을 것이다. 그래서 평양을 왕검성으로 본 것일까?

그가 본 단군묘는 삼한 중 어느 단군의 묘인지 파악한 것이 아니라고 본다.

그리고 이곳을 단군왕검이나 마한의 웅백다의 마한 왕검성으로 보기에는 무리가 있다고 본다.

6. 력도원이 『수경주』에서 패수를 대동강에 비정했다는 데에 대해,

국사학계는 "『수경주』를 편찬한 력도원(酈道元, 469-527)이 패수(浿水)를 한반도의 대동강에 비정했다"고 믿고 있다. "력도원이 자신의 주장에 대한 근거로 『사기』〈조선열전〉, 『수경』, 『한서』〈지리지〉, 『설문해자(說文解字)』, 『십삼주지(十三州志)』의 기록을 인용하고, 또 고구려 사신에게 묻고 들은 대화도

자신의 주장을 합리화하는 근거로 제시했다"고 보고 있다. 이들은 력도원의 글에서 패수를 찾는 것이 아니라 대동강을 미리 정해 놓고 그의 글을 읽었으니 불행하게도 엉뚱한 해석이 나온 것으로 본다.

〈수경〉의 글 "浿水出樂浪鏤方縣, 東南過臨浿縣, 東入于海(패수 상류는 낙랑 루방현이고, 동남으로 흘러 임패현을 지나, 동쪽으로 흘러 바다에 이른다)."에 보완한 『수경주』의 글 "許慎云, 浿水出鏤方, 東入海. 一曰出浿水縣(허신의 『설문해자』를 보면, 패수는 루방현에서 나와 동쪽 바다로 흘러간다.)"도 모두 강물이 서쪽에서 동쪽으로 흐른다 하니, 한반도 평양을 지나는 대동강의 흐름과 정 반대다. 력도원의 『수경주』에 나오는 패수와 한반도의 대동강은 전혀 다른 강이다. 따라서 평양을 가지고 왕검성이라 말할 수 없다고 본다.

7. 『사기』에 조선의 왕험성은 고(구)려 도읍 평양성이라 했는데.

사마천의 『사기』와 그에 대한 주석서(注釋書), 〈사기삼가주(史記三家注)〉에 보면, "(주석)【집해】에서 서광이 말하기를 창려(昌黎)에 험독현(險瀆縣)이 있다. 【색은】(당의 사마정 주석)에서 위소가 말하길 옛 도읍 이름이다. 응소가 주석하기를 〈한서지리지〉에서는 요동군에 험독현이 있는데 조선 왕의 옛날 도읍이다. 또 주석하기를 왕험성(王險城)은 낙랑군 패수의 동쪽에 있다고 신찬이 말했다 한다.【정의】(당나라 장수절의 주석) 조선은 2음(절)이다. 괄지지에서 말하기를 고려의 도읍인 평양성이다. 본래 한나라의 낙랑군 왕험성이다.(【集解】徐廣曰 昌黎有險瀆縣也 【索隱】韋昭云 古邑名 應劭注地理志云 遼東有險瀆縣 朝鮮王舊都 瓚云 王險城在樂浪郡浿水之東也 【正義】潮仙二音. 括地志云高驪都平壤城, 本漢樂浪郡王險城)."

이 기록에서 주목할 것은 '왕험성이 패수(난하) 동쪽에 있다'고 말한 신찬의 말과 당(唐)나라 장수절이 '고구려의 평양을 왕험성으로 본다'는 주석([정의])이다. 또 험독현[왕험성]과 창려(E119°10′ N39°41′)는 가까이 있다고 한다. 창려가 없는 한반도에서 평양은 이 기록과 다르고, 또 왕험성이라 할 수도 없다.

8. 『태백일사』에 22세 단군 색불루의 명을 받은 여원흥이 대동강변의 왕검성을 장악했다는 기록이 있다.

『태백일사』에 22세 단군 색불루가 "여원흥에게 명하여 마한이 되어 막조선을 통치케하고, 〈중략〉 여원흥이 이미 대명을 받아 대동강을 장악하니 역시 왕검성이라 한다(命黎元興爲 馬韓治莫朝鮮 〈중략〉 元興旣受大命鎭守大同江亦稱王儉城)."

이 글을 읽은 재야학자들이 여원흥이 장악했다는 '대동강'을 '한반도 평양의 대동강'으로 보고, 그들이 그려낸 삼한 지도에는 마한이 평양 주변에 있다. 그래서 마한의 왕검성도 평양에 있다 하는 것이다.

필자가 이 장의 끝부분에서 마한의 왕검성이 산시성(산서성)의 다퉁(大同)임을 증명하겠다. 그 당시 대동 옆을 흐르는 강을 대동강이라 불렸는데 지금은 상간하(桑干河)라 부르고 있다. 한반도 대동강과 평양이 마한의 왕검성이라는 주장은 잘못 비정한 오해에서 비롯된 것으로 본다.

낙랑 고분이 아니라 '신마한(新馬韓)의 고분'이다

9. 평양 가까운 지역에서 낙랑 유적과 유물이 발굴되었다는 주장이 있다.

일제가 식민사관과 함께 구상했던 반도사관을 합리화하기 위해, 대동강의 평양을 (고) 조선의 중심지 왕검성(*)으로 정해 놓고, 왕험성(**)[247]을 함락시킨 한나라가 그곳에 Colony(식민)화를 목적으로 낙랑군 치소를 두었다는 가정 아래 유적과 유물 발굴을 공개하였다.

일제가 공개한 대표적 유적과 유물은 ①낙랑군 '점제현신사비', ②'낙랑 봉니', ③평양의 고분 발굴 유적과 유물 등이다.

앞에서 살폈듯이 ①낙랑군 '점제현신사비'와 ②'낙랑 봉니'는 일본 학자들에 의해 조작된 유물임이 밝혀졌다. 그렇지만 ③평양의 고분 발굴 유적과 유물에 대해서는 다른 각도에서 검토할 가치가 있다. 다만 일본 고고학자들의 해석 상의 시각을 지적하고자 한다.

일인들은 '평양 고분군'을 아예 '낙랑 고분군'으로 이름 붙이고, 그곳에서 발굴되는 청동기를 비롯한 유물을 낙랑군 치하의 유물로 해석하였다는 데에 문제가 있다고 본다.

필자가 보기에는 '낙랑'의 고분군이 아니고 '신마한(新馬韓)'의 고분으로 본다. '신마한'이라는 용어는 국사학계에서 처음 듣는 새로운 개념이다. 한마디로 말하면 위만에 쫓긴 기준왕이 바다의 섬, 마한도(馬韓島)[248]에서 건국했다는

---

247) 학계는 왕검성과 왕험성을 구분없이 혼용하는 사례가 많다. (고) 조선의 중심지일 때는 진한의 '왕검성'이고, 한나라에게 멸망 당했다는 성은 번(변)한의 '왕험성'이다. 서로 다른 곳에 있다.

248) 현재는 황해 북안 서한만, 중국령 대왕가도와 석성도이다.

마한을 말한다.

『후한서』〈동이열전〉에, "당초 조선 왕, 준(準)이 위만에 패했을 때 남은 무리 수천 명을 이끌고 바다로 달아나 마한(馬韓)을 공격하여 깨트리고 한왕이 되었다(初 朝鮮王準爲衛滿所破 乃將其餘衆數千人走入海 攻馬韓 破之 自立爲韓王)."는 기록이 있다.

일연의『삼국유사』〈기이편 상〉에도 마한(馬韓)에 대한 기록이 있다.
"『위지』에 이런 말이 있다. 위만이 조선을 치니 조선왕 준(準)은 궁인(宮人)과 좌우의 신하를 거느리고 바다를 건너갔다. 남쪽으로 가서 한(韓)의 땅에 이르러 나라를 세우고 마한(馬韓)이라 했다(魏志云 魏衛滿擊朝鮮 朝鮮王準 率宮人左右 越海而南 至韓地 開國號馬韓)."[249]

이 두 기록을 종합하면 기준왕이 위만에게 패하고 바다로 달아나 (마한) 섬에서 마한(馬韓)을 건국하고 한왕(韓王)이 되었다는 기록이다.

여기서 분명히 짚고 넘어가야 할 것은 (1) 마한이라는 국호를 내세웠는데 웅백다를 시조(BC2333)로 하는 삼한의 마한과는 다르다는 점, (2) 삼한의 마한은, 마지막 왕 36대 맹남이 을묘년(BC366)에 즉위한 후 연나라의 침입을 받아 이미 멸망했다는 점, (3) 마한을 다시 건국한 기준은 삼한 중 변한(번한)의 마지막 왕이라는 점, (4) 기준이 위만에 패할(BC195) 당시 진조선은 이미 해모수(북부여의 시조)에 의해 멸망(BC239.4.8)된 후라는 점, (5)기준이 마한이라는 국호와 한왕이라는 칭호를 사용하는데 당시 주변 정세로 보아 중복되거나

---

249) 일연 지음, 이재호 옮김, 『삼국유사』1, 솔, p.80.

거칠 것이 없었다는 점이다.

그런데 기준(箕準)이 마한이란 이름으로 건국했지만 웅백다가 건국(BC2333)한 마한과 구분하기 위해, 필자는 '신마한(新馬韓)'으로 부르고자 한다.

'신마한'을 손에 잡히는 6하의 원칙으로 나타내면,

① 누가(who) ················· 번한의 마지막 왕 기준이
② 언제(when) ················· BC194년에
③ 어디서(where) ············· 마한도(馬韓島)[250](?)에서
④ 무엇을(what) ··············· 마한(馬韓)**이란 국호**를 내세우고
⑤ 어떻게(how) ··············· 한왕(韓王)이 되어 **통치를 이어갔다**
⑥ 왜?(why) ······ 표면(表面) ····· **변한의 장삿길 유지**를 위해
　　　　　　······ 이면(裏面) ····· **위만의 추격을 피하고 설욕하기** 위해

이렇게 6하의 원칙에 따라 기술하면, 지금까지 막연하게 생각했던 기준왕의 행적이 손에 잡히는 역사가 된다. 그런데 ③항, 어디서(where)의 물음에 대한 답, [마한도(馬韓島)?]의 구체적 위치가 궁금하다.

일연의 기록으로 해석하면, '월해'라 했으니 바다를 건너 한반도의 남부지역을 떠올리게 한다.

다행히『삼국유사』를 쓴 일연이 인용한 원사료(原史料)의 출처를 밝혔다.

출전인『위지』의 기록을 찾아보면 일연이 쓴『삼국유사』의 '월해'가 잘못되었음을 알 수 있다.

---

[250]『후한서』〈동이열전〉에 의하면, 바다에 있는 섬이 마한이라 했으니, 잠정적으로 '마한도'라 명명함.

"준(準)은 위만(衛滿)과 싸웠으나 감당하지 못했다. 좌우 측근과 궁인들을 거느리고 바다로 들어가 한(韓)의 땅에 거처하게 되었고 스스로 한왕(韓王)이라 불렀다(準與滿戰 不敵也 將其左右宮人走入海 居韓地 自號韓王)."고 한다.

'월해'가 아니라 '입해'라고 한다. 어느 쪽이 맞을까?
그것은 당연히 원사료(原史料)가 맞는다고 본다.
바다를 건너지 않고 '입해' 했다는 기록이 국내의 다른 사서에도 있다.
범장[251]이 쓴 『북부여기』'상', 2세 단군 모수리(慕漱離) 조에 "정미 원년(BC194) 번조선 왕은 오랫동안 수유(須臾)에 있으면서 항상 많은 복을 심어 백성들이 매우 풍부하였다. 뒤에 떠돌이 도적(위만) 떼에 패하여 망한 뒤 바다로 들어가더니 돌아오지 않았다(丁未元年 番朝鮮王箕準久居須臾嘗多樹恩民皆富饒 後爲流賊所敗亡入于海而不還)"하여, '바다로 들어갔다'했으니 '위지(魏志)의 입해(入海)'라는 기록과 같은 표현이라고 볼 수 있다.
'바다로 들어갔다', '입해(入海)했다'는 말은 '(마한도) 섬'에 있었음을 말한다.

『삼국지』〈위지〉'오환 선비 동이전'에서 소개하는 "『위략(魏略)』[252]에 이르기를 준(準)의 아들과 부모는 조선(왕검성)에 머물렀는데, (준왕이) 성을 바꿔 한씨(韓氏)라 했다. 준왕이 바다 가운데 (섬에) 있을 때 조선과 서로 왕래하지 않았다(魏略曰 其子及親留在國者 因冒姓韓氏 準王海中 不與朝鮮相往來)."고 했다.

---

251) 범장(范樟)의 생몰 연대는 불명이나 자는 여명(汝明)이고, 호는 복애(伏崖)이다. 고려의 국운이 다하자 벼슬을 버리고 두문동(杜門洞)에 은거하여 충절을 지킨 두문동72현 중 한 사람이다. 사후 후덕군(厚德君)에 봉해졌으며, 시호는 문충(文忠)이다. 묘는 고향인 현 광주광역시 광산구 덕림동 복만마을에 있다.(출처: 안경전 역, 『청소년 환단고기』, p.262)
252) 『위략(魏略)』(50권)은 위(魏)나라 때 관리(官吏)를 지냈던 어환(魚豢)이 쓴 책으로 중국의 삼국 중 위(魏)나라를 중심으로 쓰여진 역사서이다.

준왕(準王)이 바다 가운데(海中)라는 뜻은 섬에 있음을 말하는 것인데, 준왕은 바다를 건너간 것이 아니라 섬에 거처했다고 본다.

그렇다면 '그 섬', '마한도'는 어디에 있는 섬인가?

진서(晉書) 〈장화전〉에 보면, 282년에 신미제국 등 20여 국이 처음으로 사신을 보냈다는 기록이 있다. 참고로 고구려의 서천왕(270-292) 때에 해당한다. "『진서(晉書)』 권36 〈열전제6 장화전(張華傳)〉에, 동이(東夷) 마한에서 새롭게 일어난 여러 나라(신미제국, 新彌諸國)는 산에 의지하고 바다에 싸여있는데(依山帶海), 거리는 유주(幽州)로부터 4천여 리이다(去州四千餘里). 과거에 외교가 없던 20여 국이 함께 사신을 파견하여 조공을 바쳤다(卷三十六 列傳第六 張華傳 東夷馬韓 新彌諸國 依山帶海 去州四千餘里 曆世未附者二十余國, 並遣使朝獻)."는 기록이 있다.

이는 국내에 소개된 기존 마한사에 새로운 해석의 필요성을 제기한다.

'동이 마한 신미제국(東夷馬韓新彌諸國)[253]"이라 했으니, 신미제국(新彌諸國)은 마한의 또 다른 명칭이다. 필자가 주장하는 신마한(新馬韓)론은 신미제국을 말한다. 이 기사에서 산을 의지하고, 바다로 둘러싸인 땅이 과연 어디일까?

『산해경』 제18권 〈해내경〉에 위나라 "곽박(郭璞)이 주석하기를 조선의 그곳은 지금(위나라 때)의 낙랑군[254]에 속한다. 참고로 조선이 있는 그곳은 다른 곳과 달리 북두칠성 모양의 섬이 있다(郭璞云: 朝鮮 今樂浪郡也 珂案; 朝鮮已見海內北經)." 하였다.

---

253) 신미제국을 '영산강의 고대왕국(KBS 2001.9.22. 방영)'으로 본 것은 잘못된 비정이다.

254) 곽박이 주석한 낙랑군은 낙랑부가 설치된 낙정(구 왕험성)을 말한다.

이런 내용이 이승휴가 쓴 『제왕운기』(1287년)에도 있다. 장도(長島, E120°45′ N37°55′)관련 기록인데, 장도는 산동반도와 요동반도 사이에 있는 묘도군도(廟島群島)[255]에 속한 섬이다.

"요동에는 따로 별천지가 있으니 북두칠성(모양의 섬)과 더불어 중국과 (준왕의) 조선을 둘로 구분하고 있다. 넓은 파도 수만 이랑이 삼면을 둘렀고, 북쪽으로는 육지로 끈(선)처럼 연결되어있다. 그곳을 중심으로 사방 천리가 조선이다. 강산(풍경)은 절경이라 그 이름이 세상에 펼쳐진다.(遼東別有一乾坤 斗與中朝區以分 洪濤万頃圍三面 於北有陸連如線 中方千里是朝鮮 江山形勝名敷天)."

이승휴가 말하는 중·조(中朝)의 경계선에 있는 두(斗)는 예부터 북두칠성(北斗七星)의 섬을 말하며, 북두칠성 별자리 모양으로 늘어선 묘도군도(廟島群島)를 일컬음이다.

이승휴와 위나라 곽박이 말하는 내용이 일치한다.

이를 근거로 하여 준왕이 거하는 조선의 중방(中方, 마한도)은 장도를 경계로 하여 동쪽 바다에 떠 있는 섬이라고 보아, 현대 지도에서 찾아보았다.

묘도군도 동쪽에 장도와 대왕가도와 석성도가 있다.

중국의 현대 지도, China Road Atlas(산동성지도출판사, 2006)에 대왕가도(大王家島, E123°10′ N39°20′)가 나온다. 눈이 번쩍 뜨인다.

그 바로 옆에 석성도(石城島, E123° N39°30′)가 있다. 석성도에는 명칭 그대로

---

255) 묘도군도는 지도상으로 E120°30′-121°, N37°50′-38°30′ 사이에 있다. 2,000년 전에는 묘도군도는 장도(長島, 북장도 포함), 묘도(廟島), 대흑산도(大黑山島), 대흠도(大欽島), 소흠도, 대죽산도(大竹山島), 소죽산도, 고산도(高山島), 북황성도(北隍城島, 남황성도 포함) 등 일곱 개의 섬으로 이루어졌다. (China Road Atlas p.124)

석성의 자취가 남아있다. 섬에 석성이 있는 까닭이 무엇일까?

아마도 대왕가도에 거하고 있는 한왕(韓王)을 호위하는 군대가 전진 배치되었던 곳으로 보인다.

랴오둥반도 남안 중앙에 주앙허시(莊河市)가 있고, 그 남쪽 바다 가운데 석성도(Shicheng Dao)와 대왕가도(Dawangjia Dao)가 있다. 지금은 두 개의 섬으로 나눠 있지만, 지구과학 이론으로 추정하여 보면 2,000년 전에는 하나의 섬으로 연결되었다고 볼 수 있다.

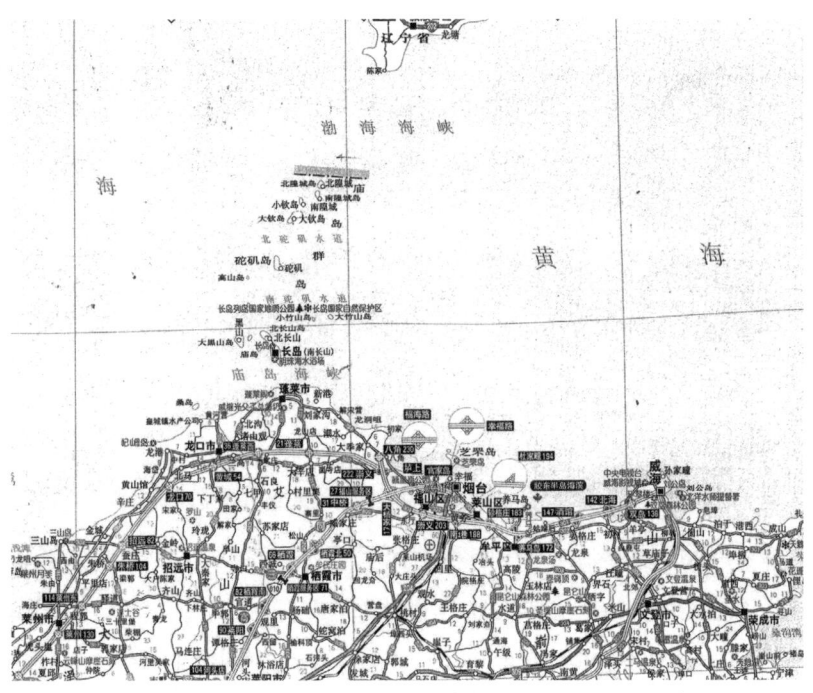

▲ 〈도19〉 산동반도와 요동반도 사이, 묘도군도(출처: China Road Atlas, p.124)

대왕가도에서 북쪽을 향하여 바라보면, 석성도 너머 요동반도 남단의 해안 도시 주앙허(庄河)시가 보이고, 그 뒤로 장백산맥을 이은 천산산맥(千山山脈) 산악이 병풍처럼 보인다. 대왕가도에 가려면 주앙허시에서 배를 타서 건너가야 한다. 『진서』 장화전에서 말했듯이 유주(幽州)로부터 4천여 리(去州 四千餘里)의 거리에 있다. 『진서』에 나오는 '산에 의지하고 바다에 싸여 있다 (依山帶海)'는 풍경이 되는 그 자리라고 본다.

이 자리가 기준왕이 입해하였다는 마한도(馬韓島)로 본다.

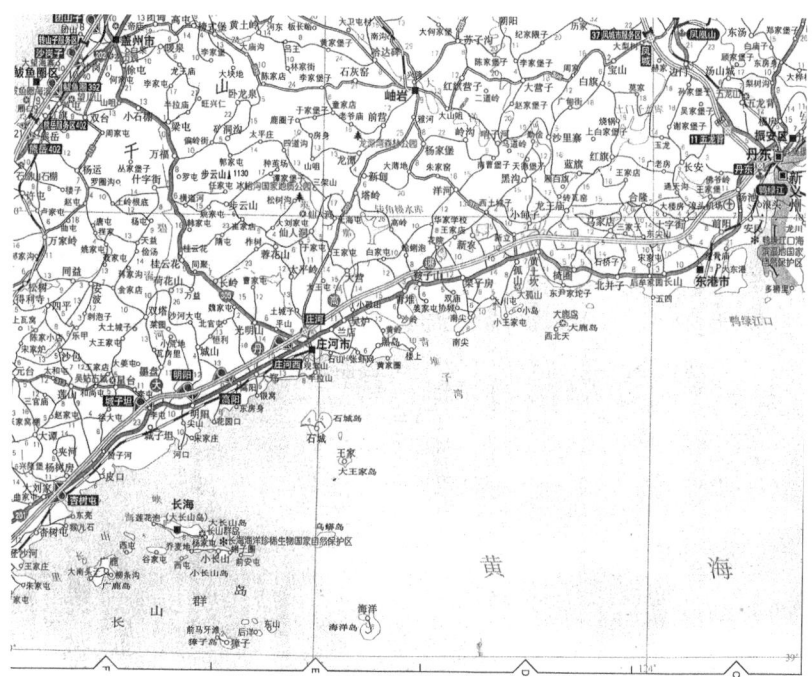

▲ (도20)황해 북안에 있는 석성도와 대왕가도(China Road Atlas, pp.56-57)

평양 인근의 유물들이 왜 낙랑풍(樂浪風)일까?

그런데 신마한의 고분이 왜 평양 근처에 있을까?

이에 대한 답으로, 첫 번째로 살필 일은 대왕가도를 중심으로 보는 마한도(馬韓島)의 크기이다. 20세기 해저지도[256]를 펼쳐놓고 보면, 석성도(Shicheng Dao) 주변 평균 수심이 5m이고, 대왕가도(Dawangjia Dao) 주변 수심이 17m이다. 대왕가도에서 남쪽으로 40km 떨어진 해양도(海洋島, Haiyang Dao: E123°10′ N39°5′) 주변[257] 수심이 28m이다.

황해 바다의 침강 속도를 감안 한다면 2,200년 전에는 이 섬들은 물론 와이장산수도(WAICHANGSHANSHUIDAO)의 다른 섬들까지 연이어진 드넓은 면적(200×60km)[258]이 E122°-124°, N39°-39°40′의 지역 안에 있었다고 본다.

준왕이 자리 잡았을 당시는 상당히 넓은 땅이라고 유추할 수 있다.

이승휴가 말한, "그곳을 중심으로 사방 천리가 조선이다(中方千里是朝鮮)"에서 중심이 마한도로 보며, 그 주위에 한왕의 영향력이 미치는 섬까지 포함하여 '사방 천 리'라고 본 것 같다.

한왕(준왕)의 무덤은 마한도에 있었다고 본다.

필자의 추론은 여기까지다.

이 지역에 대해 중국의 협력을 얻어 해저 유물을 탐색할 필요가 있다고 본다.

---

256) 해저지도, 국립해양조사원 해도(K-2010), 한국해양(주)

257) 중국에 의해 '외국선박 항행 금지 구역'으로 접근이 금지된 지역이다.

258) 제주도의 면적은 1,845km²이다. 제주도의 약 5~6배 정도의 넓이라 볼 수 있다.

두 번째로 살필 일은 기준왕이 건국했다는 (신) 마한의 존속 연대이다. 중국의 『진서(晉書)』〈동이열전〉 마한(馬韓) 조에 의하면, "무제 태강 원년(280)과 2년(281)에 그들의 임금이 자주 사신을 보내 토산물을 조공하였다. 7년(286)·8년(287)·10년(289)에도 자주 왔다. 태희 원년(290)에는 동이 교위 하감(何龕)에게 와서 조공을 바쳤다. 함녕 3년(277)에도 왔고, 이듬해(278)에 또 내부를 청하였다(武帝 太康元年·二年, 其主頻遣使入貢方物, 七年·八年·十年, 又頻至. 太熙元年, 詣東夷校尉何龕上獻. 咸寧三年復來, 明年又請內附)."는 기록이 있다.

우선 여기에 나오는 마한은 앞서 소개한 '산에 의지하고 바다에 싸여있는데(依山帶海), 거리는 유주(幽州)로부터 4천여 리이다(去州四千餘里)'라는 신미제국 즉 마한도에 있는 한왕(기준왕)의 영역이다. 필자가 주장하는 신마한(新馬韓) 세력을 말한다.

백제 온조왕 26년(8) 10월에 마한을 습격하여 국읍(國邑)을 병합했다는 구(舊) 마한의 잔국(殘國)과는 분명히 다르며 위치 또한 다른 곳이다.

남당의 필사본 〈고구려사략〉에, 13대 서천왕(西川王) "13년(282) 추9월, '졸본에서 동명제를 지냈다.'[259] 장화가 사신을 보내 입조하자 마한은 장화를 따라서 함께 왔다(十三年壬寅 秋九月 行東明祭于卒本 張華遣使来朝 馬韓及附於華)."[260] 고구려의 서천왕이 동명제를 지낸다 하니, 장화가 사신을 보내는 운송편에 이웃에 있던 마한이 함께 동승한 것으로 본다. 이때가 282년의 일이다.

---

259) 동명제를 지낸 졸본성(E117°55′ N40°58′)은 지금의 하북성 청더(承德)이다. 그곳에 동명왕릉이 있었다고 보는데, 최근 북한이 개건했다는 평양의 동명왕릉은 가짜라고 본다.

260) 박창화 찬술, 김성겸 번역, 『고구려의 숨겨진 역사를 찾아서』, 지샘, p.288.

'진서'에 따르면, 276-291년 사이에 낙양에 있는 서진[261]이 동이 마한(東夷馬韓)과 교류했다고 한다. 모두 9번에 걸쳐 사신단이 파견되었는데 적게는 3국(277년), 많게는 11국(289년) 등 여러 소국이 사신단에 동참하였다고 한다.

진서의 기록에 나온 통상을 근거로 헤아려보면, 신마한이 건국(BC194) 연도에서 290년까지 484년 이상 존속했다고 추론할 수 있다.

《청주한씨세보》에 따르면 "기자조선(箕子朝鮮)을 건국한 기자(箕子)의 후예인 마한(馬韓) 9대 원왕(元王)의 세 아들 우성(友誠), 우량(友諒), 우평(友平)이 각각 기씨(奇氏)·한씨(韓氏)·선우씨(鮮于氏)가 되었다"고 한다.

한씨세보에서 '기자조선'과 '9대에 걸친 왕위의 기간'이 '마한(삼한 중 하나)의 존속 연대'와 어긋나 사료의 가치가 떨어진다. 삼한 중의 마한은 단군왕검이 위촉(봉)하고 웅백다로 시작한 마한이며, BC2333에서 BC323까지 약 2010년간 36대 왕이 존속했던 나라이다. 그리고 기자가 주(周) 무왕의 '봉조선'을 거부하고 은거에 들어간 해가 BC1046년이다. 9대에 걸친 왕위가 넉넉히 잡아도 400-500년인데, 〈마한세가(역사)〉에 기자 후예가 왕을 했다는 기록이 없다.

이번에는 〈번한세가〉에서 찾아보면, 기자의 후예, 기후(箕詡)가 왕이 되어 기준(箕準) 왕까지 6대를 이어간 기씨왕조(箕氏王朝)의 기록이 있다. 그렇다면 '청주한씨세보'에 나온 9대 원왕은 누구인가?

한씨 세보에서 말하는 '마한'은 『위지』에서 말하는 기준(箕準) 왕에 세운(신) 마한이며, 9대 왕들은 한왕(기준왕)을 포함한 아홉 왕들이다.

---

261) 265년-316년, 4대 51년. 국호는 진(晉)이지만 대중적으로는 '서진'으로 불리며, 간혹 북진(北晉), 사마진(司馬晉)이라고도 한다. 수도는 낙양(265년) → 업(304년) → 낙양(304년) → 장안(304년) → 낙양(305년) → 장안(311년) 순으로 옮겼다.

《청주한씨세보》의 기록이 사료적 가치를 얻으려면, '기자조선(箕子朝鮮)[262]을 건국한 기자(箕子)의 후예인 마한(馬韓) 9대 원왕(元王)'을 '기씨조선(箕氏朝鮮)의 마지막 기준(箕準)의 후예인 (신) 마한(馬韓) 9대 원왕(元王)'으로 고쳐 읽어야 사료적 가치를 얻을 수 있다. 따라서 '청주한씨세보'에 나오는 마한(馬韓)은 필자가 주장하는 신마한(新馬韓)을 말하며, 9대 원왕(元王)까지 이어갔음을 알 수 있다. 신마한 왕의 평균 즉위 연도가 53년 정도라고 말할 수 있다.

'청주한씨세보'는 1대 한왕(기준, 箕準) 이후, 9대 원왕(元王)의 세 아들 우성(友誠), 우량(友諒), 우평(友平)이 각각 기씨(奇氏)·한씨(韓氏)·선우씨(鮮于氏)가 되었다고 한다. 그런데 필자가 보기에는 위만에게 쫓긴 기준(箕準)이 마한도에 정착하면서 기씨(箕氏) 성을 버리고 한씨(韓氏)라 개명한 것으로 본다.

『삼국지』〈위지〉'오환 선비 동이전'에서 소개하는 "『위략(魏略)』[263]에 이르기를 준(準)의 아들과 부모는 조선(왕검성)에 머물렀는데, (준왕이) 성을 바꿔 한씨(韓氏)라 했다. 준왕이 바다 가운데 (섬에) 있을 때 조선과 서로 왕래하지 않았다(魏略曰 其子及親留在國者 因冒姓韓氏 準王海中 不與朝鮮相往來)."고 했다. 한왕(韓王)으로 개명한 배경에는 삼한(三韓)의 적통을 이어받았다는 표면적 이유도 있었겠지만, 이면(裏面)에는 기자조선의 뿌리를 자르려는 위만 세력의 암살 위협에서 표적을 바꾸는 방책일 수도 있다고 본다.

그 이상의 과제는 후학에게 넘기겠다.

세 번째로 살필 일은 마한도의 (지구과학적) 침강이다.

---

262) 기자조선(箕子朝鮮)은 중국 사서나 역사 연대표에 없는 유령의 국호이다.

263) 『위략(魏略)』(50권)은 위(魏)나라 때 관리(官吏)를 지냈던 어환(魚豢)이 쓴 책으로 중국의 삼국 중 위(魏)나라를 중심으로 쓰여진 역사서이다.

현재 대왕가도라는 섬의 규모는 매우 작다. 그 섬에서 과연 '마한 왕국'이 존립할 수 있었을까?

황해에 있는 섬들이 해마다 침강하여 왔다.

해수면의 변화에 대해, 지구과학 이론을 빌려서 한반도 주변의 지각운동으로 2,000여 년 전 섬의 크기를 유추해 낼 수 있다.

맨틀대류설(convection current theory: mantle 對流說)에 의하면, 한반도와 황해는 유라시아판(Eurasian Plate) 위에 놓여 있는데, 황해 바닥은 1년에 대략 1cm씩 가라앉고, 반면 한반도의 동해안은 1cm씩 솟아오른다.

한반도 역시 1cm 정도씩 남동쪽으로 이동하는데 이에 따라 몇 년에 한 번씩 단층이 생기는 지진을 유발하고 있다. 이런 수치를 대입시켜 계산하면 황해의 수심은 100년이면 1m이고 1,000년이면 10m, 2천 2백 년[264] 전이면 22m에 가까운 침강 수치가 나온다. 여기에 빙하가 녹아 해수면이 높아지는 수치를 더하면 22-30m 정도 깊어졌다고 볼 수 있다.

여기에 가끔 생기는 지진으로 인한 대규모 침강까지 계산하면 30m 이상의 침강(침몰) 현상이 생겼을 것으로 보인다.

이런 침강 현상을 신마한 존속 시기에 연결해 보면, 기준왕이 건국한 지 484년이면 대략 '신마한의 말기'라고 보며, 건국할 때에 비해 해수면이 5m 정도 높아졌다고 추론할 수 있다. 해수면이 수직으로 5m이면 비스듬한 수평구조를 가진 해안선은 대단한 면적이 해수면 아래로 침몰하는 현상이 발생하게 된다. 그리고 〈고구려본기〉 서천왕 19년(288)에 지진 발생 기록이 있다. 이때가 신마한 말기라고 본다.

---

264) 준왕이 위만에게 쫓긴 BC194년은 지금부터 2,218년 전 일이다.

네 번째로 검토할 일은 침강에 따른 탈출 방향이다.

필자는 신마한의 쇠락 원인을 마한도를 비롯한 황해 바닥의 침강이라고 본다. 신마한의 산업구조는 상업과 운수업이 압도적이고, 다음으로 수산업이고 약간의 농업으로 이뤄졌을 것으로 본다.

패수(지금의 난하) 하구에 있는 왕험성이 변(番)한의 지위를 유지하면서 해상무역 상단(商團)을 관장하고, 중국 대륙을 상대로 육로 상단을 운영하던 변한의 귀족 내지 지배 계층이 위만의 침입을 받았을 때 기준왕을 따라 마한도에 와서 정착하였을 것이다. 말하자면 왕험성에 있던 본사를 마한도로 옮긴 것이다.

이에 따라 상단에 연결된 다수의 종사자들도 상업과 운수업자로 나누어 볼 수 있다.

그다음으로 수산업 종사자들도 꽤 있었을 것으로 본다.

『산해경』 제18권 〈해내경〉에, (중국) "동해(황해)의 안쪽, 북해(발해)의 모퉁이에 하늘이 다스리는 조선이라는 나라가 있다. 그 사람들은 물(섬)에서 살며 사람을 아끼고 사랑한다(東海之內北海之隅 有國名曰朝鮮, 天毒, 其人水居, 畏人愛人…)"는 기록이 있다.

여기서 '북해(발해)의 모퉁이에 하늘이 다스리는 조선이라는 나라가 있다(北海之隅 有國名曰朝鮮, 天毒)'함은 발해에 인접한 변한의 왕험성으로 본다. 이들이 물에 산다는 것은 발해에서 수산업에 의존했다는 의미도 들어있다. 그런데 이들 중 기준왕을 따르는 사람들이라면 '마한도'에서도 수산업에 종사했을 것으로 보인다.

『진서(晉書)』 〈동이열전〉 마한조에, "무제 태강 원년(280)과 2년(281)에 그들의 임금이 자주 사신을 보내 토산물을 조공하였다(武帝 太康元年·二年, 其主頻遣 使入貢方物)"는 기록이 있다.

여기에 나오는 토산물 중에는 신마한에서 생산되는 고급 수산물도 포함되었을 것으로 본다.

이번에는 마한도의 농업에 대해 살피고자 한다.

마한도로 자리를 바꾸었지만, 과거 변한의 생활 구조와 같이 상단(商團)을 운영하는 상업과 운수업의 지배구조였고, 주민들의 수산업 종사 외에 자급자족해야 하는 채소류 등을 재배하였다고 본다. 왕험성이 있던 험독현에서 했던 방식 그대로 곡식은 돈을 주고 구입했을 테고, 의복 재료와 금은 세공의 보석도 돈을 주고 수입하여 해결했을 것으로 본다.

그러나 푸성귀의 공급은 왕검성의 험독현에서 이뤄졌던 산업구조와 비슷했으리라 유추할 수 있다. 그런데 마한도에서 푸성귀를 재배하던 농업인들에게 해안가의 가옥과 농토의 침몰은 심각한 문제가 되었을 것이다.

서서히 침강하는 마한도에 사는 사람들은 과거와 오늘을 비교하면서 비극적인 내일(미래)을 예측했을 것이다.

언젠가 때를 놓치지 말고 이곳을 탈출해야 한다는 절체절명의 과제를 안고 있었다. 그런데 탈출 방향은 구성원에 따라 달랐을 것으로 본다.

젊고 활동이 왕성한 세대는 중국 대륙의 해변에 두었던 상단의 지사에 마한도의 본사를 이전하여 교역의 근거를 보존하는 과제를 안고 중국 동해안으로 진출했을 것이다.

이들과 다른 탈출이 있다.

신마한의 귀족들은 중국 대륙이나 해안으로 진출할 경우 정치 세력간 충돌 발생 우려 때문에 이동 방향에 한계가 있었다.

당시 마한의 왕은 정치, 군사적 헤게모니 유지 및 확충을 위해 중국 동해안에 자리 잡기보다 경쟁이 덜한 한반도 서해안의 대동강 변으로 진출하는 게 더 유리하다고 판단했을 것이다. 그래서 소수의 귀족들이 평양 근처로 이동하여 거주했을 것으로 본다. 신마한 고분이 평양 근처에 남아있는 이유다.

다섯 번째로 해석할 일은 신마한의 문화유산 자체가 낙랑풍이라는 점이다.

마한도를 비롯한 인근 도서의 침강으로 인한 탈출이 시급한 것은 아니라 해도 예정되고 계획된 이주였다고 본다.

마한도에서 대동강의 뱃길을 따라 평양 근처로 이동하는 사람들은 거주지를 미리 마련할 수도 있고, 가족과 함께 귀중품을 안전하게 옮겨갈 수도 있었다.

이들의 자취가 평양 인근의 고분군에 남아있는 것이고, 20세기 초에 일본 고고학자들에 의해 발굴되었다고 본다.

일본 고고학계는 평양 근방의 고분에서 발굴되는 벽화나 도자기, 금제대구 등의 유물이 낙랑풍(樂浪風)이라며 '낙랑고고학'을 성립시켰다.

앞에서 살펴본 대로 '낙랑 봉니'나 '점제현신사비'는 한사군 위치를 왜곡하기 위해 조작된 사실이 밝혀졌지만, 평양 인근의 고분에서 발견되는 낙랑풍의 유물들은 사실이고 Fact check가 가능하다.

그런데 문제는, 낙랑군 자리도 아닌데 신마한 유물들이 왜 낙랑풍인가?

이 문제를 풀기 위해 '낙랑(樂浪)'에 대한 개념을 명확히 할 필요가 있다.

낙랑이란 지명 혹은 용어는 한사군의 낙랑군(樂浪郡)에서 비롯된 것이 아닙니다.

낙랑이라는 지명이 역사에 등장한 것은 "23세 단군 아홀(阿忽) 갑신 원년(BC 1237년)에 단제 숙부인 고불가(固弗加)에게 명하여 낙랑홀을 통치토록 하였다(二十三世 檀君 阿忽 在位 七十六年 甲申 元年 命皇叔固弗加 治樂浪忽)"[265]는 기록이다. 낙랑은 BC1237년 이전에도 이미 사용되던 지명이라고 본다.

낙랑(樂浪)을 해자 하면 즐거운 낙(樂)과 물 이름 랑(浪), 즉 온천수를 뜻한다.
박지원의 『열하일기』에 '청나라 황제들의 여름 별장이 있다'는 열하성은 바로 청더(承德)를 가리킨다. 이곳 청더가 상고 시대에도 온천지였다는 기록이다.

온천지서 100여km 거리에 북경이 있다. 북경은 예전에 연경(燕京)이라 했다. 연경은 무역 상품에 따라 철(계절)이 되면 전문 무역상이 철새[燕]처럼 찾는 국제 무역 시장이다. 상인이 가져온 물건을 팔고, 가져갈 물건을 구매하는 상업적 체류 기간에 잠시 휴식을 취하는 곳이 낙랑(홀)임을 유추할 수 있다. 당시 이곳 낙랑은 화려한 문화가 있었을 것이다.

평양 인근의 고분에서 나온 신마한의 유물이 왜 낙랑풍인가를 증명해야 할 차례가 되었다.

낙랑홀(청더)과 왕험성은 패수(지금의 난하)라는 강으로 연결된 동일 낙랑 문화권이다. 왕험성을 함락시킨 한나라가 그 자리(험독현)에 낙랑군이라는 이름의 치소를 둔 까닭도 낙랑문화권으로 보았기 때문이다.

---

265) 임승국 번역, 『한단고기』, 정신세계사, 2016. p.101.

낙랑문화권인 왕험성에서 피신한 귀족들이 마한도를 거쳐 평양 인근으로 이동했다면, 그들이 남긴 유물에서 화려한 낙랑풍을 느낄 수 있는 것은 당연한 일이다. 그런데 일제는 이런 낙랑풍을 낙랑군(한사군)에 짜 맞추려 했으니 역사가 왜곡될 수밖에 없었다. 그리고 평양 고분에서 낙랑풍을 찾았다 해서 단군왕검의 도읍(왕검성)이거나 준왕의 왕험성이라고 말할 수는 없는 일이다.

평양의 단군묘는 왕검 계열이 아닌 기씨(한왕) 계열이다

10. 〈조선왕조실록〉에 평양의 단군묘를 관리한 기록에 대하여 살펴보면,

〈조선왕조실록〉의 성종실록, 중종실록, 숙종실록, 정조실록, 고종실록 등에 단군묘 참배와 제사를 올린 기록이 나온다.

그 중, 정조 10년(1786) 8월 9일 기록을 보자. 강동 현감이 관할 고을에 단군릉이라고 전해져 오는 묘에 대해 나라에서 관리할 것을 요청하는 상소를 올리자 (정조) 임금께서 다음과 같이 하교하였다.

"비록 믿을 만한 사적은 없지만 고을의 노인들이 이미 가리키는 곳이 있으니, 군졸을 두어 수호하거나 비석을 세워 사실을 기록하는 등 근거할 만한 타도(他道)의 사례가 한둘이 아니다. 더구나 이곳의 사적이 읍지(邑志)에 분명하게 실려 있다고 한다. 그런데도 비석을 세우지 않았을 뿐만 아니라 수호하는 사람조차 없으니 이는 매우 잘못된 일이다. 이미 들은 이상 관리하는 일이 없을 수 없다. 연대가 오래되었고 또 완전히 신뢰할 만한 기록이 없으니, 비록 제사는 설행(設行)하지 않더라도 나무꾼과 목동의 출입은 금지해야 할 것이다. 그대가 연석(筵席)에서 아뢴 말에 대해 거조(擧條)를 내어 해도(該道)의 감사가 순시할 때 직접 지형과 환경을 살펴 무덤 부근의 민호(民戶)로 하여금 영원히 지키게 하고 본읍(本邑)의 수령이 봄가을로 직접 나아가 살펴 감영에 보고하는 것을 정식으로 삼아 시행하라."

『신증동국여지승람(新增東國輿地勝覽)』 권55에 강동현 고적 조 대총(大塚)에는 "하나는 현의 서쪽 3리에 있으며, 둘레가 4백10자로 전해오는 말에 단군묘라 한다. (또) 하나는 현의 북쪽 30리에 있으며 도마산(刀亇山)에 있는데 전해오는 말에 옛 황제의 무덤이라 전한다" 하여 평양 강동면에 큰 무덤이 2개가 있다.

북한의 발표에 의하면 평양시 강동군 강동읍 북서쪽에 있는 대박산의 동남쪽 사면에 위치하며, 고구려 양식의 반지하식 돌칸흙무덤, 즉 석실분이다.

필자는 단군묘로 보는 2개의 무덤을 '신마한' 말기의 단군으로 본다. 신마한의 단군이라면 기준왕, 즉 한왕의 후예라 할 수 있다. 그리고 무덤의 조성 시기도 '신마한'의 존속 시기에 맞추어 볼 때 3세기 말이 아닌가 한다.

단군묘의 호칭도 변한의 기준왕의 후예로서 마한을 이어갔으니 인정할 수 있으나, 2개의 단군묘가 있다고 해서 단군왕검(BC2333)의 도읍지 왕검성이라고 말할 수는 없는 일이다.

11. 북한이 평양 강동현 대박산 기슭에서 단군릉을 발굴했다는 데 대해,

북한의 언론매체에 의하면 1993년 개천절을 며칠 앞둔 9월 28일, 북한 학계가 평양 근처에서 단군릉을 발견했다는 소식을 보도하였다.

언론 발표 며칠 뒤인 10월 2일에 북한 사회과학원은 〈단군릉 발굴 보고〉라는 첫 공식 보고문을 발표했으며, 10월 12일과 13일 이틀에 걸쳐 평양의 인민대학습당에서 단군 및 고조선에 관한 학습발표회를 개최하였다. 이를 계기로 단군은 역사적 실존 인물로서 공식적으로 부각되었다.

이듬해 10월에는 단군릉 복원을 기념하는 제2차 학습발표회가 열렸다.

1998년 3월 11일 로동신문과 조선중앙통신은 북한 역사학계가 평양 일대의 고대문화를 '대동강문화'로 명명했다는 내용의 보도를 했다. 그해 10월 2일에는 평양의 인민문화궁전에서 '대동강문화에 관한 학습발표회'를 개최했다.

이 학술회의의 핵심주제는 '단군릉 발굴을 비롯한 고고학적 발굴과 조사 연구에 의해 우리나라의 첫 고대국가 (고) 조선이 기원전 30세기 초에 섰다는 것이 확인됐다'는 것과 이에 따라 '대동강문화가 세계 5대문명의 하나로 된다는 것을 확증해 준다'는 것이다.

대동강문화가 세계 5대문명의 하나로 본다면 '대동강문명'으로 표현해야 한다.

필자가 보기에는 '대동강문명론' 성립은 허구라고 본다.

첫째, 4대 문명 혹은 5대 문명 지(地)가 되려면 주변에도 질적, 양적으로 명실공히 선진 문명이 있어야 한다. 그렇게 되려면 많은 인구가 거주해야 가능한 일이다. 많은 수의 사람은 수많은 생각과 다양한 생각의 보고(寶庫)이고 여기서 문명의 창조가 속도를 얻게 된다.

둘째, 많은 인구가 살 수 있게 큰 강을 끼고 있어 식수 해결은 물론이고, 광범위한 평지와 기름진 옥토로 의식주가 쉽게 해결돼야 한다. 대동강은 동부가 산악지역으로 강의 흐름이 짧고 수량이 적으며, 겨울에는 강물이 얼어붙어 식수 해결에도 용이하지 않다.

셋째, 4대 문명지는 교통이 동서남북 사방으로 뻗어 있어, 교역을 통해 문명 발전의 영양소가 계속 유입되는 곳이어야 한다. 이런 차원에서 볼 때 대동강 유역은 아니라고 본다.

넷째, 평양 인근의 단군묘를 가지고 '(고) 조선이 기원전 30세기 초에 섰다는 것이 확인됐다'고 하는데, 국가가 성립되려면 최소한 청동기시대로 접어들어야 한다. 평양 인근에서 발굴되는 청동 유물들이 기원 전후로 보는데, 탄소측정을 했다는 보고도 없는 실정이다. 북한 사회과학원에서 단군릉에서 나온 인골을 '전자스핀(SPIN) 공명법'으로 측정하여 1993년 기준으로 5,011 ±267년[266]이면, 5011-1993년=BC3018년인데 이 시기는 단군조선(BC2333)이 아니라 그 이전인 환웅 천왕, 12세 주무신(州武愼) 환웅 때에 해당된다. 따라서 단군조선의 어느 단군과도 연관이 없다고 본다. 연대 측정의 신뢰도가 낮다고 볼 수 있다.

다섯째, 평양은 본 책에서 밝히는 그대로, 변한의 왕험성(낙정)도 아니고, 진한의 왕검성(다음 절·차오양)도 아니고, 마한의 왕검성(4장·다퉁)도 아니다. 인근에서 발견된 단군묘는 필자가 앞에서 소개한 대로 신마한 말기 한왕(마한왕)의 묘로 보며, 기원 후 3세기 말에 조성된 것으로 본다.

여섯째, 일제가 평양에 낙랑군 치소가 있었다며 '낙랑 봉니'니, '낙랑토성'이니, '점제현신사비'니 하며 이름을 붙였지만 모두 조작된 허구로 드러났다. 일제가 낙랑을 평양에 끌어들인 이유가 '낙랑군을 둔 것이 왕험성을 함락시킨 결과'라며, 단군을 인정하지 않으면서도 만약에 존재한다면 이곳에서 시작했다면서 우리 역사를 반도사라는 우물에 가두려는 저의가 깔려 있다.

그런데 (고) 조선의 역사를 제대로 알게 되면 왕험성은 변한의 도읍이 분명하고, 단군왕검의 도읍인 왕검성은 아닌 것이다. 또 평양은 변한의 왕험성도 아니고 진한의 왕검성도 아니라는 사실이다.

일곱째, 필자의 이런 지적에 대해, 북한 측은 일연의 『삼국유사』에 단군의 왕검성은 평양이라는 기록이 있다며 반론을 제기할 수도 있다. 그렇게 되면,

---

266) 유홍준, 『나의 문화유산답사기 4』, ㈜창비, 2019, p.125.

평양은 변한의 도읍(왕험성)도 되고, 진한의 도읍(왕검성)도 되는 모순에 빠지게 된다.

앞서 잠시 소개한 바가 있는데, 평양 근처에 있는 단군묘의 인식 때문에 단군왕검의 왕검성과 구분하지 못하고 평양을 왕검성으로 본 것이다.

상고사를 전반적으로 살펴볼 때, 평양은 왕검성이 될 수 없었다. 그런데 마한도(馬韓島)에 자리 잡은 기준(箕準) 왕의 후예가 마한도 침수 직전에 마지막으로 평양에 정착했음을 배제할 수는 없는 일이다. 여기서 다시 한번 평양의 단군묘는 신마한 말기에 조성된 것임을 확인할 필요가 있다.

여덟째, 북한이 주장하는 '대동강문명'이 4대 문명과 견줄만한 선진문명지가 되려면 그에 걸맞게 청동 유물 말고도 도자기나 집터 등 유물이 여기저기 출토되어야 하고, 평양을 정점으로 하여 그 근방, 즉 평안남북도, 황해도와 함경남도 일대에 그 문명에 버금가는 문명 유적이 밀도 있게 발굴되어야 하는데 한반도에는 그런 유적을 찾아볼 수 없다.

북한이 단군, (고)조선을 중심으로 한 대동강문화(문명)를 지속적으로 강조하고 나서는 배경에는 정권의 역사적 정통성을 강조하려는 의도가 깔렸다고 보는 분석이 많다. 일각에서는 남한과 벌이는 체제경쟁 구도에서 우위적 명분을 확보하려는 의도가 있다는 주장도 있다. 결론은 역사적 근거가 부족하고 공허한 주장에 불과하다 하겠다. 끝으로 단군릉이 있는 평양이 단군왕검의 왕검성은 아니라고 할 수 있다.

봉조선(封朝鮮)의 오해와 기자조선이란 망령의 본색

상고사를 쓸 때마다 신경이 쓰이는 부분이 있다.

그 첫째가 일연 스님이 『삼국유사』에서 평양을 왜 왕검성이라 했을까, 그리고 왕검성과 관련하여 기자조선을 왜 끌어들였을까 하는 물음이 가시지 않는다. 어떤 의도나 연유가 있지 않았을까 한다.

그 둘째가 유적으로 남은 평양 기림리의 기자사(箕子祠)와 기자묘다. 기자를 모신 사당도 그렇지만 기자묘가 진묘인가에는 또 다른 논란이 따른다.

그 셋째가 한백겸이 쓴 『동국지리지』에서 평양에 기자조선이 실재했다고 기록한 까닭은 무엇인가?

상고사를 논할 때, 위와 같은 문제가 엄연히 존재하고 있는데, 이를 기피하거나 도외시하고 피해 가면서 상고사 이론을 전개한다면 고대사의 곪은 부분을 영원히 덮고 가게 된다. 이 문제는 상고사 연구를 위해 반드시 짚고 넘어가야 할 한국사의 과제라고 본다. 더 나아가 국사학계에서 평양을 기자(箕子)와 연관 짓는 까닭을 찾아내어 밝혀야 한다.

기자동래설(箕子東來說)에 대하여, 우리 학계는 기자의 종착점이 조선이고, 그 조선의 도읍 왕검성을 평양으로 보고 있다. 기자가 '동쪽으로 왔다는 동래'는 (이씨) 조선에서 볼 때, 평양과 기자를 연관 지은 것 같다. 그런데 평양이 왜 왕검성이냐고 물으면 기자동래설을 근거로 든다. 이같이 서로 두 요소를 묶어 왕검성이나 기자동래설이 서로의 근거라고 전가하는 사고방식은, 논리적 사고 수준보다 낮은 현상론적 사고 수준에 머물러 있는 발상이라 볼 수 있다.

『상서대전(尚書大傳)』[267]과 사마천의 『사기』〈송미자세가(宋微子世家)〉의 기록을 보면, "이에 주나라 무왕(武王)이 기자(箕子)를 조선에 봉했다. 기자는 신하 되기를 거부(而不臣也)했다(於是武王乃封箕子于朝鮮而不臣也)."

기자가 조선을 건국[268]한 것이 아니라 '조선후(朝鮮侯)에 봉해졌다'는 것이다. 이는 일본이 (이씨) 조선을 지배하고 왕궁이 있던 한양에 조선총독부를 둔 것처럼, 주나라가 상나라 '그 땅에 제후로 봉했다'는 것이고 조선(국)으로 가는 것이 아니라, 상나라 땅에서 유민을 다스리기 위해 위임 통치를 하라는 부탁이다. 상(殷)이란 명칭(을 없애고) 대신에 '조선'이란 명칭을 붙여, 상나라[269]의 도읍지 은허(하남성 안양)에서 조선후(朝鮮侯)로서 위임 통치를 해 달라는 것이다. 무왕이 기자를 그 땅(은허)에 앉혀서 조선후(조선왕이 아님)로 봉하려 했지만 기자는 거절했다. 기자조선이 성립되려면 한반도 평양이 아니라 하남성 안양(은허)에 있어야 한다. 이 부분은 강단사학계가 수용해야 할 대목이다.

명나라 함허자(涵虛子)는 "『주사(周史)』에서 기자는 중국인(상나라 유민) 5,000명을 이끌고 (고)조선으로 들어갔다(周史云, 箕子 率中國五千人 入朝鮮)."고 했다. 기자는 자신을 은허 땅에 '봉조선(封朝鮮)', 즉 제후로 봉하려는 무왕의 제안을 거절하고, 그를 따르는 상(殷)나라 유민(5,000명)을 이끌고 그들의 뿌리

---

267) 서한 초기 복생(伏生)이 『상서(尚書)』(혹은 『서경(書經)』)28편을 전한 것을 제자인 구양생(歐陽生)과 장생(張生)이 편찬한 책이다. 『상서』에 하, 상, 주 3대 성군들의 정치에 관한 기록이 수록되어 있다.

268) 단군조선 건국은 BC2333년이고, 무왕이 기자를 조선후에 봉한 것은 이로부터 1,287년 후의 일이다.

269) 상(商, BC1600년경-BC1046년경)나라는 역사적으로 실제 했다고 여기는 최초 중국 왕조다. 제20대 반경(盤庚)이 마지막으로 옮긴 수도가 은(殷)이기 때문에 은나라로 부르기도 한다.

조선 땅을 찾아갔으니 '조선후(朝鮮侯)'는 성립하지 않는다.

함허자가 말한 '상나라 유민 5천 인을 거느리고 입조선(入朝鮮)'했다는 것을 어떻게 해석해야 할까?

기자가 만약 은허(안양)에서 북쪽에 있는 3조선 즉 진조선(진한), 막조선(마한), 번조선(번한) 중 어느 곳으로 5,000명이 일시에 진입하였다면 전쟁 기록으로 『단군세기』에 기록되었을 것이다. 또 이맥이 쓴 『태백일사』 〈마한세가〉나 〈번한세가〉에도 기록된 것이 없을뿐더러, 삼한의 도읍도 본 책(1장, 4장)에서 밝혀진 대로 중국 대륙에 있으니, 한반도 평양은 아닌 것이다. 따라서 평양으로 왔다는 기자동래설은 성립되지 않는다.

기자의 상(은)나라와 조선의 관계를 알 수 있는 기록이 이맥이 쓴 『태백일사』 〈삼한관경본기〉의 '번한세가 상'에 있다.

"백전(伯佺, 13대 번한)이 죽은 뒤 을미(BC1826)년에 둘째 아우 중전(仲佺, 14대 왕)이 즉위했고, 그가 죽자 신묘(BC1770)년에 아들 소전(少佺, 15대 왕)이 즉위했다. 갑오(BC1767)년에 장군 치운출(蚩雲出)을 파견하여 탕(湯, 상나라 첫 임금)을 도와 걸(傑, 하나라 마지막 임금)을 치게 하였다. 을미(BC1766)년에 묵태(墨胎)를 파견하여 탕(湯) 임금의 즉위를 축하했다.²⁷⁰⁾"

번조선 15대 소전왕이 상나라 건국을 도왔다는 기록과 은허 지역에서 발굴되는 유물을 근거로 유추하면, 상(은)은 조선(번한)과 동이라는 뿌리가 같다고 볼 수 있다.

따라서 함허자가 말한 '5,000명을 이끌고 (고)조선으로 들어갔다'는 말은, 주(周)의 입장에서 보면, 기자가 은허를 떠난 뒤에 주(周)의 통치에 반발하여

---

270) 안경전, 『청소년 환단고기』, p.390.

은허를 떠나 흩어졌거나 이웃 땅인 회(淮)나 래(萊) 지역 등으로 이주한 주민이 5,000에 이른다고 봐야 할 것 같다.

앞서 말한 상나라(탕이 즉위하는) 건국에서 상나라의 최후까지 상(은)나라와 조선과의 관계 기록들이 더 있다.

번조선의 20대 왕 진단(震丹)이 BC1554년에 즉위하자 은나라 왕 태무(太戊, 9대)가 방물을 바쳤고, 22대 소밀(蘇密, BC1548 즉위)이 은나라가 조공을 바치지 않으므로 은의 수도 북박(北亳)을 치니 은나라 왕(12대) 하단갑(河亶甲)이 사죄하였다.(『태백일사』의 '번한세가')

진조선의 21대 소태단군이 BC1333년에 소정(小丁)을 29대 번한으로 임명하자, 은나라 왕 무정(武丁)이 전쟁을 일으키려 하니 막조선의 고등(高登)이 상장 서여(西余)와 함께 은을 격파하였다.(『단군세기』)

이렇게 상(은)은 초기부터 조선의 영향력에 있었다고 봐야 한다.

『단군세기』에 기자(箕子)의 행적 관련 기사가 있다. 25세 단군(솔라) '정해 37년(BC1114) 기자가 서화(西華)에 옮겨가 있으면서 인사받는 일도 사절하였다(丁亥三十七年 箕子徒居西華謝絶人事).'

이 기사는 BC1114년의 일이다. 상나라가 멸망했다는 BC1046년 보다 68년이 앞선 시기이다. 기자가 주나라 무왕을 만나기 전에 감옥에 있었는데, 기자가 무왕에 의해 석방된다. '무왕이 주려는 조선후로 봉함을 거절(武王乃封箕子於朝鮮而不臣也)'하고 조선으로 들어갔다는 땅이 서화인지, 연대 기록의 오류인지 앞으로 더 연구할 과제로 보인다.

『태백일사』〈마한세가〉에 "아실(21대)이 죽으니 동생 아도(22대)가 즉위했다.

기묘년(BC1182)에는 은나라가 망했다. 3년 뒤의 신사년(BC1179) 아들 서여(胥餘)[271]가 거처를 태행산맥 서북의 땅으로 피하여 가니 막조선(마한)은 이를 듣고 모든 주(州)와 군(郡)을 샅샅이 조사하더니 열병(閱兵)을 하고 돌아왔다" 는 기록이 있다.

이 기록에서 얻을 수 있는 정보는 은나라 멸망 시기(BC1182)와 당시 마한이 국경을 관리했다는 철벽 안보 체계의 일면이다. 또 앞서 소개한 『단군세기』에 나온 기자행적의 연대와 장소, 서화(西華)를 다시 보게 한다.

기자가 정착했다는 서화(西華), 그곳이 어디인가?

『대청일통지(大淸一統志)』[272]에 서화의 위치가 나온다. '서화(西華)는 옛 기(箕)의 땅이다. 개봉부(開封府) 서쪽 90리에 있다. 처음 기자가 송나라 기(箕) 의 땅에서 살았기 때문에 기자라고 한 것이다. 지금 읍 가운데 기자대가 있다(西華故箕地 在開封府西九十里 初聖師 食宋箕故 稱箕子 今邑中有箕子臺[273]).'

이 기록으로 보면 서화는 기(箕)의 땅이고, 기자가 처음부터 살았다면 고향 같은 곳이라고 본다. 그렇다면 『단군세기』의 BC1114년의 기사는 무왕을 만나기 전에 서화에 있었던 기록이라고 할 수 있다. 개봉부(開封府)는 현재 허난성 카이펑(開封)시를 말한다. 서화(西華)가 현 개봉시 서쪽에 있다고 본다면, 개봉부의 서쪽 90리는 36km에 해당한다. 현 개봉시가 아니라 옛 개봉을 기점으로 삼으면, 현 개봉시와 정주시 사이에 있는 소도시, 중모(中牟,

---

271) 기자는 이름이 서여(胥餘)이며, 고대 중국 상(商)나라의 28대 왕 문정(文丁)의 아들이다. 기(箕)나라에 봉해졌기 때문에 기자라고 부른다.

272) 중국 청나라의 영토를 상세히 기록한 책이다. 1743년에 356권이 간행되었고 1842년에 '가경중수일통(嘉慶重修一統)'이라고 불리는 500권이 완성되었다.

273) 〈大淸一統志〉 권172 許州. 임승국, 한단고기(p.103) 재인용.

E114°2′ N34°47′)의 지경으로 본다. 서화(西華)를 〈대청광여도〉[274]에서 찾을 수 있는데, 그 위치가 개봉시 남쪽 90리에 통허(通許, E114°28′ N34°28′)가 있고, 그 옆에 서화(西華)가 있다. 중모와 통허라는 장소가 개봉부를 기점으로 해서 90리 정도 떨어져 있는 공통점이 있다. 이와 같은 공통점을 참고할 때, 역사가 기록되고 옮기는 과정에서 방향의 착오가 생긴 듯하다.

서화의 위치가 현 중모든 통허든 은허(현 안양, E114°20′ N36°6′)를 기점으로 볼 때 남쪽에 있는 것은 사실이다. 따라서 기자는 평양으로 동래(東來)한 것이 아니라 고향 땅으로 남향(南向)하여 은둔한 것으로 본다.

〈수경주〉의 기록에 의하면, '두예(杜預)가 말하기를 양국(梁國) 몽현(蒙縣)의 북쪽에 박벌성(薄伐城)이 있는데, 성안에 은나라 탕(성탕, 成湯[275])임금의 무덤이 있고, 그 서쪽엔 기자의 무덤이 있다(杜預曰 梁國蒙縣北 有薄伐城 城內有成湯塚 其西有箕子塚[276]).'고 하였다.

박벌성이 현대 지도에는 나와 있지 않으나 산동성에 있는 조현(曹縣, 曹城)[277]으로 보고 있다. 조성(曹城, 조현)은 하(夏)나라를 무너뜨리고 상(商)나라를 세운 탕왕(湯王)이 도읍을 삼았던 곳으로 박(亳)이라 불렀다. 기자묘는 조현읍(E115°33′ N34°50′) 서남쪽에 왕성두촌이라는 작은 마을에 있는데, 그 마을 들판 한가운데에 작고 초라한 모습의 기자묘가 있다.

은태사기자지묘(殷太師箕子之墓)라는 묘비명 앞에는 기자 연혁을 새긴 묘

---

274) 청(淸)의 강희년간(1663-1722)에 채방병이 판각한 것을 1785년 왜종 나가쿠보 세키스이가 교정함.

275) 탕왕(湯王)의 다른 이름.

276) 〈수경주〉 권23 汲水 濩水 (확수). 임승국, 한단고기(p.104) 재인용.

277) 안경전, 『청소년 환단고기』, 상생출판. 2012. p.243.

지석이 있다. 이 묘지석에는 기자묘의 위치(N34°47'11.9″, E115°30'02.5″)[278]가 상세히 표시되어 있다. 중국의 문화혁명 때 많은 문화재가 훼손되거나 소실되는 것을 보고 양심있는 사람들이 묘의 위치를 표시해 놓았다고 한다.

기자묘가 있는 조현읍은 서화(西華)에서 볼 때, 동쪽에 있다. 하남성의 동쪽 성계(省界)를 넘으면 곧바로 조현에 닿을 수 있다. 조현은 산둥성에 있다. 산둥성 지도를 펼쳐놓고 보면, 래(萊)자가 붙은 지명이 유난히 많다는 것을 알아보게 된다. 산둥반도는 래이족(萊夷族, 본책 3장 16절 참조)이 사는 땅이다.
기자가 서화에서 동쪽에 있는 조현으로 갔다면, 箕子東來(기자동래)가 아니고 箕子東萊(기자동래)로 표기해야 한다.
강단사학계가 주장하는 '기자동래(箕子東來)설'은 잘못 전해졌거나 조작된 가짜 이론이라 할 수 있다. 봉조선(封朝鮮)을 거부하여 정치에서 손을 뗐고, 당시 비슷한 연대에 기자로 시작된 기자조선이 존재했다는 역사가 어디에도 없는 것으로 보아 중국 땅에서 은둔한 것에 확신이 든다. 이에 따라 한반도 평양에 있는 기자묘는 어떤 상황에서인지, 후일에 조성한 가묘로 본다.

필자의 이런 주장에 대해, 평양의 기자조선을 주장하는 학자들은 박은식의 기자동래설 등을 내세워 자기네가 주장하는 근거를 강화하려 한다. 그리고 한 수 더 떠서 요하(랴오허강) 변에 있던 기자가 압록강을 건너 평양으로 거처를 옮겼다는 이론이다. 백암(白巖) 박은식이 쓴 『한국통사』의 기록을 살펴보자.
"은나라 태사 기자가 주나라를 피해 따르는 이 5000명과 함께 동쪽 조선으로 올 때, 거주한 곳은 지금의 중국 봉천성[279] 광녕현(심양 서쪽 랴오허강변)이었다.

---

278) 이 위치는 산둥성 조현(曹縣)읍과 하남성 상구(商丘)시 사이에 있다.

279) 백암이 독립운동을 할 당시 청말(淸末)에는 현 랴오닝성(遼寧省)의 성도(省都) 선양(瀋陽)을 봉천(奉天)으로 불렀고, 현 랴오닝성을 봉천성(奉天省)으로 불렀던 것으로 본다.

단군을 그대로 따라(仍) 국호를 '조선'이라 했고, 백성들에게 예의를 가르치고 8조의 법금을 세운 바, 백성들은 서로 도둑질하지 않아 바깥문을 닫지 아니했으며, 부녀자들은 지조가 곧고 신의가 있어 음란하지 않았다. 이처럼 어질고 현명한 덕화가 있는 고로, 주나라가 쇠잔할 때 공자가 그 땅에 가서 살고 싶어 했더라.(殷太史箕子避周東來從者五千, 居今奉天廣寧縣. 仍國號朝鮮, 以禮敎民, 設八條之禁, 民不相盜, 外戶不閉, 婦女貞信不淫. 有仁賢之化, 故周衰孔子欲居之)"

백암이 말하는 기자(箕子)가 5,000명을 이끌고 현 랴오허강 변 광령현(廣寧縣)에서 기자조선을 건국했다고 한다. 평양의 기자조선을 주장하는 학자들은 이런 학설에 덧붙여 다시 압록강을 건너 남쪽으로 이동하면 평양인데 그곳에서 단군왕검의 조선을 이어갔다는 것이다. 그들의 주장을 듣다 보면 고서(古書)의 근거도 없이 요소요소에 군더더기가 너덜너덜하여 억지로 꿰어 맞추는 느낌이 든다. 공자가 말하는 그 땅은 봉천(奉天)성 광령현이 아니라 공자가 잘 아는 산둥(山東)성의 동래(東萊)지역, 조현으로 본다.

이들이 자신들의 주장이 논리적 공감대를 얻으려면, 필자가 제기하는 몇 가지 의문에 답을 할 수 있어야 한다.

첫째 기자가 은허에서 은나라 백성 5,000명을 이끌고 번한(낙정, E118°55′ N39°25′)과 진한(조양, E120°23′ N41°36′)을 통과하여 봉천 광녕현까지 1,200km(3,000리)를 무사히 도착할 수 있을까?

당시 번한과 진한에서는 국경의 안보를 위해 50명 정도의 무리도 통과를 허용하지 않았을 것이다. 5,000명의 이동은 통과 지점마다 전쟁 상황이 벌어졌을 텐데, 『단군세기』나 『태백일사』의 〈번한세가〉에 이와 관련된 기록이 없다. 앞에서 소개한 대로, 『태백일사』 〈마한세가〉에 은나라가 망하고, 서여(胥

餘, 기자)가 거처를 태행산맥 서북의 땅(마한의 영역)으로 피하여 가니 막조선
(마한)은 이를 듣고 모든 주(州)와 군(郡)을 샅샅이 조사했다는 기록으로 보아
국경의 안보를 철저히 했음을 알 수 있다.

따라서 기자가 5,000의 무리를 이끌고 3,000리를 이동하여 광녕현에 이르
렀다는 것은 현실성이 없다 하겠다.

둘째, 당시 단군조선이 신생 주(周)나라의 지배를 받았다면 무사히 통과했을
가능성도 있다고 본다. 그런데 『주사(周史)』나 『단군세기』에 그런 기록이 없다.

셋째, 만주에 있던 기자가 압록강을 건너 평양으로 남하할 이유가 뭘까?

평양의 기자조선을 주장하는 학자들은 요하 강변에 자리를 잡고, 기자조
선을 건국했던 기자 일행이 다시 압록강을 건너 남쪽으로 이동하여 평양에
서 단군조선을 이어갔다는 것이다. 기자가 압록강을 건너 평양으로 남하한
이유를 평양에 있는 단군조선의 정권을 탈취하기 위함으로 보고 있다.

그런데 본책 4장에서 밝히겠는데, 단군조선의 도읍, 진성(辰城)은 현 조양
시(E120°23′ N41°36′)로 본다. 한반도의 평양에는 단군조선이 없었다.

또 단군조선의 '진한왕조'가 1대 왕검(BC2333.10)에서 47대 고열가(BC239.
4.8)까지 2,094년간 왕조의 기록에서 기자(箕子)가 끼어들거나 이어간 기록이
없다. 기자조선이 단군조선을 이어갔다는 주장은 새빨간 거짓말로 본다.

넷째, 평양에 기자가 왔다는 고고학적 증거를 찾을 수 없다.

나무위키(2024.8.24.)의 검색어 '기자조선'에 의하면, "1945년 광복한 이후
부터 고고학이 본격적으로 수용되어 실증적 연구가 진행되었고, 오늘날까지
발굴된 사료들이나 고고학적 연구 방법에 따라 나온 유물들에 따르면 기자

조선이라 할만한 외래 세력이 고조선 지역에 들어왔다고 볼 증거가 없다는 게 대세가 되었다. 만일 기자를 비롯한 상나라 유민들이 조선에 왔다면 갑골문이나 황하 문명의 청동기 유물이 출토되어야 정상인데, 만주나 한반도에서는 갑골문이 출토된 바가 없고 청동기 자체도 황하계와는 다른 북방계이기 때문이다. 따라서 국내 학계에서는 그(기자조선) 실체를 부정하고 있다."

다섯째, 주(周) 무왕이 주는 조선후(朝鮮侯)의 작위를 거절할 만큼 정치에 환멸을 느껴 운둔 생활에 들어간 기자(箕子)가 다시 조선을 건국하여 정치를 시작했다는 주장은 설득력이 부족하다 할 수 있다.

여섯째, 기자조선이 실재했다면 중국의 '역사연대표'에 은나라 말(末)을 이어가거나, 또는 주(周)와 병행하여 표기됐어야 하는데, 연대표에 없다는 것은 곧 기자조선이 존재하지 않았다는 것이다.

일곱째, 평양에 있는 기자묘를 가묘로 본다.
기자묘에 대해 Daum백과의 「한국민족문화대백과사전」에 의하면, ①'평양의 기림리(箕林里)에 소재하고 있는 정자각(丁字閣)과 중수기적비(重修記蹟碑)가 기자묘로 연결된다.'했고, 또 ②'중국의 사서(史書)인 『사기』송세가(宋世家) 두예조(杜預條)의 주에는 현재의 중국 허난성(河南省)의 양국몽현(梁國蒙縣)에 기자총(箕子塚)이 있었다는 기록이 있다'고 한다.
먼저 ②의 양국몽현(梁國蒙縣)을 현 안휘성의 몽성(蒙城, E116°35′ N33°16′)으로 본다. 앞서 기자묘를 소개하는 과정에서 나온 산둥성의 조현읍(E115°33′ N34°50′)과는 약 180km 정도 떨어져 있다. 중국의 문화혁명 때 문화재가 훼손되거나 소실되는 것을 본 양심 있는 사람들이 기자묘의 위치를 표시해 놓았다는 표지석의 위치, N34°47′11.9″, E115°30′02.5″는 몽성(몽현)과 조현 사이에 있다. 사마천이 『사기』를 기록할 때 몽성(몽현)이 하남성에 속한 것으로 보면, 2,000년 전의 기록과 현대의 기자묘 표지석의 위치가 일치하는 것으로 보아, 기자의 진묘(眞墓)로 볼 수 있다.

반면 ①의 평양의 기림리(箕林里)에 소재하고 있는 기자묘는 앞선 여러 가지 필자의 반론 주장에 비추어볼 때 가묘(假墓)로 볼 수 있다.

여덟째, 백암(白巖) 박은식은 기자조선을 세운 후, "백성들에게 예의를 가르치고 8조의 법금을 세운 바, 백성들은 서로 도둑질하지 않아 바깥문을 닫지 아니했으며, 부녀자들은 지조가 곧고 신의가 있어 음란하지 않았다. 이처럼 어질고 현명한 덕화(德化)가 있는 고로, 주나라가 쇠잔할 때 공자가 그 땅에 가서 살고 싶어 했더라."고 했다.

이와 같은 백암의 주장은 이다음에 필자가 서술하는 (이씨) '조선' 국호 선정 명분과도 맥을 같이 한다. 다시 말해 조선 초기에 있었던 '기자동래설'이란 역사론의 분위기를 말하는 것 같다. 이런 분위기는 조선 중기 이후 실학자들의 역사 인식과 궤를 같이 하고 있다.

덕화(德化)를 가져온 기자의 동래를 은나라 멸망(BC1122) 이후로 보며, 그때 8조 법금을 세웠다는 것이다. 그런데 『태백일사』 〈번한세가〉에 보면, 진조선의 22대 색불루 단군 4년(BC1283)에 칙서 속에 '금팔법(禁八條)'을 넣어 선포했다는 기록이 있다. 이는 은나라 멸망(BC1122)과 이에 따른 기자의 행적보다 60여 년이 앞선 일이다. '8조 법금'을 기자와 연결하여 보려는 시각은 사대주의 사상이며 잘못된 일이라고 본다.

지금까지 8가지 물음을 종합하면 '기자조선'은 존재하지 않는 허구라는 것이다.

이번에는 기자조선이 아니라 기씨 왕조란 개념으로 살피고자 한다. 기자의 자손이 번조선에서 기씨 왕조를 이어갔다는 사실이 있다.

『태백일사』의 〈삼한관경본기〉의 번한세가 하(下)를 보면, '무술년(BC323)에 수한(水韓)이 죽었는데 후사 없음에 이에 기후(箕詡)가 명을 받아 군령을 대행하였다. 연나라는 사신을 보내 이를 축하하였다. 그해 연나라도 왕이라 칭하고 장차 쳐들어오려고 하였으니 기후도 역시 명을 받아 번조선 왕이라 칭하고 처음에는 번한성에 머무르며 만일의 사태에 대비했다(戊戌水韓薨無嗣於是箕詡以命代行軍令燕遣使賀之 是歲燕稱將來侵未果箕詡亦承命正號爲番朝鮮王始居番汗城以備不虞)²⁸⁰⁾.'는 기록이 있다.

기(箕)씨가 번한(땅)에서 기씨왕조(번조선-변조선)를 수립하였다는 기록이다. 이같이 번조선과 변조선을 이룬 뿌리는 다르지만, 번한(변한)이라는 줄기로 기후(箕詡)가 번조선의 왕을 이어감(BC323)에 따라 번과 변이 혼용되었다고 본다. 국사학계에서도 삼한 중 번한을 변한이라 보는 것도 기(箕)씨에 연유한 것이다. 변(弁)이라 부르게 된 연유는 본책 3장 6절에서 소개한 바 있다.

기후(箕詡)가 처음부터 번조선의 왕위를 노린 것은 아니었다고 본다. 『태백일사』의 〈번한세가 하〉에, '신사년(BC340)에 (해인의) 아들 수한이 즉위했다. 임오년(BC339)에 연나라 사람 배도(倍道)가 쳐들어와서 안촌골(安村忽)을 공격했다. 또 험독에서도 노략질하니 수유의 사람 기후가 자식과 제자들 5,000인을 데리고 와 싸움을 도왔다. 이에 군세가 떨치기 시작하더니 곧 진한과 번한의 병력이 협격하여 이를 대파하고, 또 한쪽으로 군사를 나누어

---

280) 임승국, 전게서, pp.227-228.

파견하여 계성(薊城, 연나라 수도)의 남쪽에서도 싸우려 하니, 연나라가 두려워하며 사신을 보내 사과하매 연나라의 대신과 자제를 인질로 삼았다.'281)는 기록이 있다.

이와 같은 사태는 진한의 역사를 기록한 『단군세기』에도 있다. 45세 단군 여루(余婁) 17년(BC380) 연의 침입, 32년(BC365) 연의 배도(倍道) 침입, 33년(BC364) 연의 침입, 54년(BC343) 연나라가 해마다 침공해 옴, 46세 단군 보을(普乙) 원년(BC341) 번조선 왕 해인이 연나라 자객에게 시해당했고, 19년(BC323)에 읍차 기후가 병력을 이끌고 입궁하여 번조선 왕이라 자칭하며 사람을 보내 윤허를 구하매 허락하고 연나라에 대비케 했다.

이러한 국제 상황에서 기후가 번한의 권력을 이어갔고 기씨 왕조가 설립된 것으로 볼 수 있다. 기씨 왕조는 기후에서 기준왕까지 6대를 이어갔다.

정리하면, 기자가 봉조선을 거부함으로써 중국 하남성 은허(지금의 안양) 중심의 기자(후)조선은 설립될 수 없었으며, 기자 후예 중 기후로부터 시작된 기씨 왕조는 중국 하북성의 난하 하류에 있는 왕험성(지금의 낙정)에서 이뤄진 것으로 볼 수 있다. 그렇지만 기씨 왕조가 기씨 조선은 될 수 있어도 기자조선은 아닌 것이다.

그런데 왜 한반도 평양에서 기자조선을 찾으려 한 것일까?

첫째는 이성계의 조선 건국(1392)에서 찾을 수 있다. 명(明)과 정도전의 영향으로 조선이란 국호를 정함에 있어, '조선이라는 나라의 시조는 단군인데, 그때는 나라를 세우기는 하였지만 제대로 된 도덕이나 법이 없다가 기자가

---

281) 상게서, pp.226-227.

조선에 오면서 비로소 예의와 도덕이 생기고 법치도 시작되었다는 것이다. 그러므로 이 말은 짐승 같은 단군 시대가 비로소 사람의 시대가 되었다는 것이다. 그렇기에 조선 초기 관리들은 비록 건국은 단군이지만 교화는 기자로부터이기 때문에 기자를 더 중시한 것이다.'[282]

이와 같은 배경에는 새로운 나라, '조선'은 전 조(朝, 고려)에 비해 '예의와 도덕과 법치의 나라'라는 명분을 강조하는 의도를 깔고 있지만, 새로운 문제가 생겼다. 명나라 사신들이 난징(南京)에서 북행하여 압록강을 넘어 조선(한양)으로 오는 길에 평양을 지날 때, 그들은 미리 조선 역사를 공부하고 왔을 터라 봉조선(封朝鮮)에 따라 조선을 세운 기자 유적이 어디에 있느냐고 물었을 것이다. 이러한 질문과 요구는 명나라가 망할 때(1662)까지 계속되었을 것이다. 이 과정에서 '세종 10년에 (명을 위해) 기자의 사당을 관리하였다[283]'고 한다.

둘째는 일연 스님이 『삼국유사』(1280대 초)를 쓰면서 '평양을 왕검성이라 하고 기자의 종착점'으로 본 것이다. 현대 학자들은 일연이 송나라 소동파(蘇東坡, 1036-1101)의 영향을 받았다고 말한다. 송본 〈역대지리지장도(44圖)〉의 43개 지도에 요수(遼水)가 지금의 북경 인근에 있는 반면, 소동파가 만든 〈화이도(華夷圖)〉 하나가 '한반도 지도'를 그려 넣고 평양을 표시하였으며, 요수를 지금의 요하 위치에 표시하였다.

---

282) 유한택의 『동국지리지 연구』 서문 중(p.7) '한국 상고사와 『동국지리지』의 기자와 평양'(복기대 저) 인용 부분을 재인용.

283) 평양성 밖 기림리(箕林里) 기자묘 옆에 기자사(箕子祠)가 있다. 1102년(고려 숙종 7) 정당문학 정문(鄭文)의 건의로 1107년에 처음 건립되었다. 이후 고려의 잡사(雜祀)에 포함되어 명종 때는 제사를 위한 토지 50결이 지급되었고, 공민왕 때는 두 차례에 걸쳐 수리되었다. 그 뒤 조선시대에는 숭유정책으로 기자가 존숭되면서 기자사도 더욱 중시되었는데, 세종 때에는 묘정비(廟庭碑)를 세우고 참봉 2인을 두어 관리하게 하였다.

소동파는 유별나게 왜 이런 〈화이도〉를 그렸을까? 당시(11세기) 소동파의 정보력은 한반도 평양에 기씨 단군묘(앞 절에서 필자는 3세기 말 조성으로 봄)의 존재를 파악했으리라 추측한다. 한편 일연스님도 한반도 전역을 돌면서 사찰과 유적을 살피는 과정에서 단군묘를 현장에서 확인했을 것이다. 일연스님은 기씨 단군묘의 존재 혹은 기자조선의 존재를 나름대로 유추했을 것으로 본다.

지금까지의 역사적 정보를 종합하면 대강의 연유가 그려진다.

앞 절에서 평양의 단군릉은 기준왕이 세운 신마한의 마지막 한왕의 묘라는 사실을 확인할 수 있었다. 그런데 한왕의 묘가 어떻게 기자조선의 묘로 변신한 것일까?

구두(口頭)로 전달되는 전설 같은 명칭은 전달되는 횟수를 더할 때마다 신비스럽고 위대한 쪽으로 방향을 선회한다. 예를 들면, '한왕(韓王)의 묘'가 → '기준왕이 세운 마한 왕의 묘'로, → '기자 후손 기준왕의 묘'로 → '기자 후손 마한 단군묘'로 → '기자 단군묘'로 와전되는 개연성이 충분히 있다. 이같이 와전되어 온 전설은 3세기 말에 조성된 신마한의 한왕릉 이후의 일이라고 본다.

그로부터 800년이 지난 11세기의 소동파나, 그 후 13세기 일연 스님에 의해 '기자 단군묘'로 확인되고 기록되었을 것이다. 14세기 말에 고려 왕조가 멸망하고 조선이 건국하면서 국호를 '조선'으로 결정하는 근거에 '기자 문명'을 이어받았다는 명분이 결국은 명나라 사신의 요구에 따라 기자 사당(箕子祠)을 개수하고 관리하기에 이르렀다고 본다.

또 하나 살필 일은 한민족 고유 사서를 이단이라 하여 태종 12년(1412)에 서운관에 보관되어 있던 고유 사서를 공자의 가르침에 어긋난다고 하여 소각한 사례가 있고, 세조(1457.5월), 예종(1469.9), 성종(1469.12) 3대에 걸쳐 사서 수거령을 내렸고, 사서를 숨긴 자를 참형에 처하는 유시를 내리기도 했다.

이는 (이씨) 조선 건국 이념 혹은 국시(國是)에 위배 된다고 본 것 같다.

이와 같은 시대적 상황에서, 조선 중·후기의 학자들이 기자조선의 틀에 갇히게 된다. 한반도 북부 평양에 기자조선이 있었고, 그전(前)에는 단군조선이 있었으며 반도 남부에는 삼한이 있었다는 역사소설을 쓰게 된 것이다. 『동국지리지』[284]를 쓴 한백겸이나 『동사강목』[285]을 쓴 안정복이나 『아방강역고(我邦疆域考)』[286]를 쓴 정약용도 그들 중 한 사람이라 할 수 있다. 이들이 쓴 역사서는 당시 수준으로 보아 지식이나 정보의 한계를 넘지 못했다고 본다. 이들 시대에

---

[284] 중국 및 한국 사서를 인용해 삼조선 이래 고려 왕조까지 한반도에 존재한 역대 국가들의 수도나 영토 변천 및 각지의 주요 방어거점, 그곳에서 벌어진 전쟁들에 대해 위치를 고증하고 자신의 사론적(史論的) 성격의 견해를 우안(愚按)이라는 표현으로 덧붙였다. 부족국가에 대한 기록은 전한서(前漢書) 조선전(朝鮮傳), 후한서(後漢書)의 고구려전(高句麗傳)·동옥저전(東沃沮傳)·예전(濊傳)·부여전(扶餘傳) 등의 원전을 약간 생략하여 거의 그대로 인용하였으며, 그 밖에 위씨춘추(魏氏春秋)·통전(通典)·동관서(東觀書) 등이 인용되고 우리나라 자료는 인용되어 있지 않아 '단군조선'에 대한 서술이 없다. 그리고 상고사(上古史)의 전개를 한반도에서 남·북의 이원적인 체계로 상정하고 삼한의 위치를 마한-호남·호서, 진·변한-영남지역에 비정하였다. 이로 인한 문제로 유형원(柳馨遠), 신경준(申景濬) 등은 북의 진국(辰國)과 남의 삼한(마한-진·변한)-백제·신라·가야로 이어지는 계승 관계와 '삼마한설(三馬韓說)'을 제시하여 한백겸의 삼한설을 보충하면서 역사 왜곡은 더욱 벌어졌다. 『동국지리지』는 '삼한(삼조선)'과 '단군조선'과의 동질성을 파악하지 못한 부실한 역사서라고 본다.

[285] 본편 서술에서 기자(箕子)가 동으로 와서 조선후(朝鮮侯)에 봉해졌다는 기사를 첫 사건으로 강에서 다루고, 단군에 대한 내용은 그 아래의 목에서 기술하고 있다. 이것은 서두의 전세지도(傳世之圖)나 편찬자의 문집 등에 단군과 기자라는 말을 쓴 표현과 차이가 나는데 이익의 주장이 작용했기 때문인 듯하다. 즉 정통 왕조를 기자조선, 마한, 통일신라, 신라 멸망 뒤의 고려로 파악하고, 마한이 멸망한 뒤의 삼국시대는 정통 국가가 없는 시대로 파악했다. 한사군의 역사도 '고조선'의 역사 속에서 다루었으며, 삼국 초기는 마한의 예속하에 있는 것처럼 기술한 것과 기자 동래에 중점을 둔 것은 잘못이다.

[286] 기자조선(箕子朝鮮)에서 발해에 이르는 우리나라 강역의 역사를 중국 및 우리나라의 문헌을 들어서 고증하고, 저자의 의견을 별도로 첨부하여 그 내력을 자세히 밝히고 있다. 마한·진한·변한 등 삼한에 관한 내용이 있기는 하나 대부분은 한사군(漢四郡)·발해·북로(함경도)·서북로(평안도) 등 북방에 대한 강계를 밝히는 지리서이다. 기자조선 등 이씨 조선 건국 정서(국시)를 벗어나지 못했다고 본다.

쓴 역사서들이 '위사(僞史)'가 된 까닭을 확실히 밝혀냈다고 본다. 따라서 신채호가 쓴 『조선상고사』의 '삼한설'[287]도 근거를 상실하게 될 것이다.

조선의 『동국통감』[288]이 부실한 데다, 그 이후에 발간된 역사서들이 한백겸의 『동국지리지』를 인용했거나, 근거 없는 기자동래설을 근본으로 하여 한백겸 이후에 발간된 실학자들의 역사서들이 왜곡된 위사(僞史)가 되었다.

〈한국사〉의 원로라고 자처하는 학자들이 〈조선사〉는 물론이고 조선 실학자가 써낸 역사서를 근거로 하고, 사마천의 『사기』까지 끌어들여 '한반도의 기자조선의 존재'를 변호하려 한다. 『사기』의 기록을 아전인수로 해석하며 고집하는 모양새를 보면서 연민의 정을 느낀다고 생각해 보시라.

우리 상고사는 이렇게 엉뚱한 방향으로 전개된 것이다.

정치와 권력에 환멸을 느껴 '봉조선(封朝鮮)'을 거부하고 중국 고향 땅에서 은둔 생활을 했던 기자에게 '기자조선'을 붙인 것은 역사의 날조다. 최근에는 기씨왕조와 기자조선을 구분하지 못하는 '역사교과서'가 나와서 몹시 당혹스럽다. 우리 사학계는 평양에 있지도 않은 가짜 기자조선이라는 사슬에 발목이 묶여 한 발짝도 나아가지 못하고 있음을 이제라도 깨달아야 한다.

---

287) 신채호의 삼한설은 '종족 및 지명 이동설'을 내세워 삼한의 형성을 조선족(朝鮮族)의 남하라는 관점에서, 고조선에까지 소급하여 한반도 남부로 조선족이 이동하면서 그들이 살던 지명도 따라서 이동했다는 이론이다. 중국과 만주에 있던 삼한이 족속별로 식솔들을 데리고 보따리를 싸서 한반도 남쪽으로 이동하여 뒤섞이지 않고 마한지역, 변한지역, 진한지역으로 자리를 찾아가 형성됐다는 이론이 증명돼야 한다. 이는 탁상공론에 불과하다.

288) 『동국통감』은 (세조) 왕명으로 편찬되었다. 〈외기〉에 단군조선과 삼한을 별도로 인식했고, 평양에 도읍을 정했다는 것이나 단군이 비서갑의 딸(주몽의 모) 사이에 낳은 아들이 부루(夫婁)라든지, 엉뚱하고 모호하여 상고사로서 인용할 가치가 없다고 본다.

첫 도읍지 아사달은 지금의 차오양(朝陽)이다

단군조선의 아사달에 대해 김성겸은 하북성의 관성(關城, E118°28′ N40°36′) 동쪽 조양으로 보고 있는데, 필자는 다음과 같은 근거에서 현 조양시로 본다.

첫째 근거로, '아사달(阿斯達)'은 '아사(阿斯)'와 '달(達)'의 합성어라고 본다. 여기서 아사는 조(朝)을 말하고, 달은 들(野, 땅), 양지(陽地)라는 땅이니 말 그대로 직역하면 조양(朝陽)이다.

'아사'는 '아침'이라는 고대 만주 · 발해어[289]라 본다. 고대어가 남아있는 일본에서는 아침 조(朝)를 아사(あさ)라고 읽는다. '아침 해(朝日)'를 아사히(해) 를 'あさひ'라 한다. 아사달(阿斯達)로 표기된 아사(阿斯)는 이두식 표현이다. 아침을 가로막는 언덕(阿)에 오르면 어둠에서 아침(해)가 떠오르자 눈에 보이는 것들을 가리킬(斯[290]) 수 있다는 의미를 담고 있다.

'달(達)'은 무슨 뜻인가?

달(達)이 '달성(達成)'처럼 수식적으로 쓰일 때는 통달하다, 영향을 미치다, 나오다, 자라다, 깨닫다, 생기다, 통하다, 엇갈리다 라는 시간적 도달점으로 쓰이지만, '도달(到達)'처럼 목적적으로 쓰일 때는 '다다르다'의 도착지, 곳(장소), 땅의 의미가 있다.

---

289) '아사'와 '아침'은 '아' 음(音)으로 시작되지만 어미는 '사'와 '침'으로 다르다. 우리말 '아침'은 아시+ㅊ+ㅁ이다. 'ㅁ'은 '점심(點心)'과 같이 명사화 될 때 'ㅁ'이 붙은 것으로 보인다. 'ㅊ'은 새참, 찬(饌:제주어 ㅊ · ㄹ래) 등 식사를 나타낸다. 결국 '아침'은 '아 시(時)'에 먹는 식사(ㅊ)의 이름꼴(ㅁ)이 된다. 이런 해법으로 보면, '점심'은 '점(점) 시(時)'가 이름꼴이 되어 점심이 된 것으로 본다. 옛날 식량 사정이 해결되기 전에는 하루 2식이었고 점심 식사는 없었다고 한다. 그런데 우리말에 '아침'은 있어도 같은 뜻의 '아사'는 찾기 힘들다. 고대어가 그대로 남아 있는 제주어(濟州語)에도 없다. '아사'는 한반도를 경유하지 않은 것 같다. 이암은 발해사(渤海史)가 담긴 조대기에서 '아사달'을 인용한 것 같다. '아사'라는 말은 발해의 언어로서 연해주를 떠나 사할린과 홋가이도를 거쳐 혼슈로 전파된 언어로 본다.

290) 사(斯)는 사물을 가리키는 대명사로 쓰인다.

'아사(あさ)와 들(들판, 野)'로 보면, '해가 뜨는 동쪽에 있는 땅'이름 그대로 이다. 중앙아시아 국가 이름 끝에는 '-스탄'이 붙어 있다. '-스탄'은 '-의 탄'이며, '-의 탄'은 '-의 딴' 또는 '-의 따(地)' 혹은 '-의 달(達)', '-의 땅'이다. 이처럼 아사달의 달(達)은 '땅, 지(地), 곳(장소)'을 의미한다.

현 차오양(朝陽)의 차오(朝)는 '아침(아사)'이며, 양(陽)은 '따뜻한 양지(陽地)'라는 의미로 '땅'을 말한다. 조양(朝陽)은 '아침(동쪽)의 땅', 더 나아가 '아사(朝)의 달(達, 陽地)'이니 바로 차오양(朝陽)이다. 아사달과 차오양(朝陽)은 같은 의미, 같은 장소로 볼 수 있다.

조양이란 지명이 현 중국 대륙에서 찾으면 여러 곳에 있다.

책보고는 유튜브 콘텐츠 '왜곡된 한국사 복원 구글맵'에서 조양 관련 지명을 찾아보면, 산서성의 대동과 양원 고개와 항산(恒山)이 이루는 삼각지 안에 **조양북로(朝陽北路)**가 있고, 운성시(運城市) 남북에 **조양산(朝陽崗)**과 **조양장촌(朝陽庄村)**이 있다고 한다. 또 운성시 서쪽을 흐르는 황하가 있는데 강을 넘어 섬서성의 강변 쪽에 **조양촌(朝陽村)** 등 조읍(朝邑)이 있다고 덧붙였다.

이렇게 조양 관련 지명이 여러 곳이 있지만, 본 장(4장-1절)에서 언급한 단국(북경) 터에서 동쪽에 있는 단목(조양) 터로 보는 조양은 아무 데나 있는 것이 아니다. 요녕성 대릉하 변의 조양을 왕검성으로 보는 이유 중의 하나다.

둘째 근거로, 조양(朝陽)은 비파형 동검 발굴의 밀집 지역에 있다.

(고) 조선의 유물 중에 비파형 동검(琵琶形銅劍)과 세형(細形)동검이 있다. 당시가 청동기시대임을 말해주는 유물로서 청동기시대 전기의 검이 비파형 동검이라면 후기의 검은 세형동검이다. 그리고 비파형 동검은 단군조선 전기에 해당하는 지표유물로서 가치가 있다.

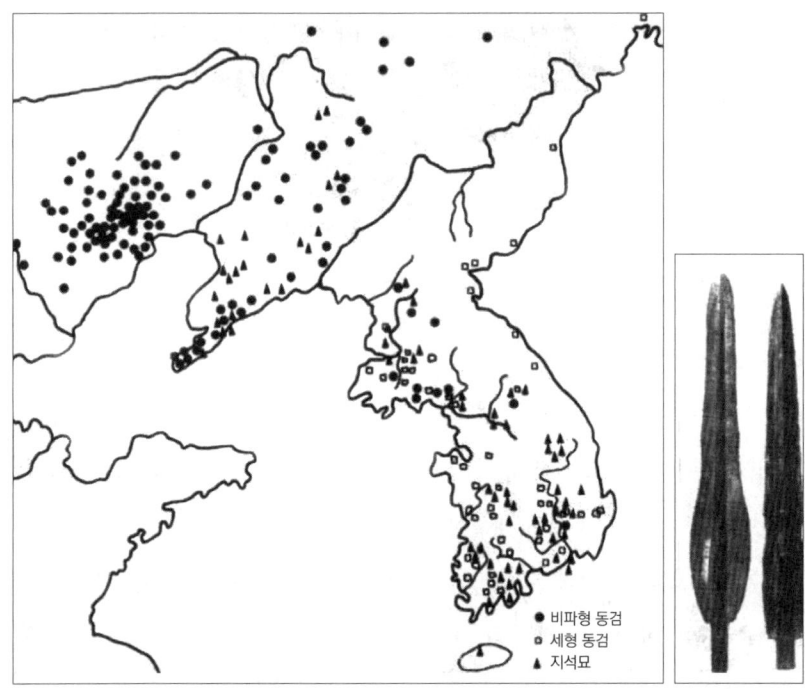

▲ 〈도21〉〈단군조선 유물과 유적 발굴 분포도〉

　〈도21〉의 유적과 유물 발굴 분포도에서 보듯 비파형 동검은 위쪽이 가늘고 아래쪽이 두꺼운 모습이 현악기인 비파를 닮았기에 붙여진 이름이다. 고고학자들은 단군조선 전기의 대표적 유물로 보고 있다. 예전에는 요령 지방에서 많이 출토된다 하여 '요령식 동검' 또는 '만주식 동검'이라고 부를 정도로 발굴 밀집도가 편중되어 있다.

　비파형 동검 발굴 분포도에서 발굴 밀집도가 높은 지역은 대릉하 유역이며, 그 중심에 조양시가 있다. 발굴 밀집도가 높다는 것은 많은 사람이 자주 사용했다는 것이고, 단군조선의 중심지 혹은 도읍지, 또는 요새 말로 수도권 지역이 아닌가 한다. 조양을 조선의 아사달로 보게 된 근거이다.

셋째, 다음 5장(章)에서 열거하겠지만, 명도전(明刀錢) 발굴로 보는 조양의 위치이다. 명도전이 (고) 조선의 화폐냐, 연나라의 화폐냐는 다음 장에서 다루겠지만 (고) 조선 영역에서 사용한 것은 사실이다.

차오양에서는 명도전 외에도 포전 등 다양한 화폐를 사용한 흔적이 발견되는데 이들 역시 지역에 따라 발굴되는 종류가 다르다. 그리고 같은 명도전이라도 뒷면의 문양은 발견되는 지역에 따라 각각 다르다.

그런데 차오양(朝陽)을 중심으로 한 대릉하 유역은 명도전 출토 상황이 다른 (발굴) 지역과 다르다는 점이다. 다음 5장에서 밝히겠지만 대부분 명도전 발굴 지역이 저장 매납 형태인 데 반해 대릉하 유역은 생활유적이며, 출토되는 명도전도 다양하여 백화점식 발굴이라 할 수 있다. 아마도 단품 거래가 아니라 다양한 상품의 거래가 시내에서 이루어졌다는 추론이 가능하다.

따라서 차오양을 중심으로 한 대릉하 유역이 단군조선의 수도권 지역으로 보며, 물산의 집산지 혹은 가공 수공업의 본점이 아닌가 한다.

넷째, 오사구(烏斯丘) 단군이 조양시 옆을 흐르는 대릉하에 조선소를 설치했다는 기록이 있다.

『단군세기』에 보면, 오사구 단군(4세) "경인 7년(BC2131)에 배 만드는 곳(조선소)을 살수(薩水) 상류에 설치했다(庚寅七年設造船于薩水之上)"는 기록이 있다.

여기서 잠깐, 과거 우리가 배운 한국사에서 살수는 한반도의 청천강이라 배웠는데, 중국 랴오닝성에 있는 대릉하로 갑자기 바뀐 데 대하여 어리둥절할 것이다. 본책 1장 '한(漢)의 사군(四郡)은 살수 남쪽에 있었다'의 절에, 살수(薩水)는 한반도의 청천강이 아니라 만주(滿洲)의 대릉하임을 밝히고, 한국사의 오류를 지적한 바 있다.

단군왕검이 건국(BC2333)한 이래 그의 현손(玄孫) 오사구 (4대) 단군까지 도읍을 천도한 기록이 없으니 아사달에 오사구 단군이 거처했을 것이라고 본다. 역사의 기록대로 살수(대릉하)에 조선소를 설치했다면, 살수로 밝혀진 대릉하 유역에서 아사달(왕검성)을 찾아야 한다.

살수 조선소로 찾아내어 아사달로 보는 차오양(朝陽)은 앞에서 탐색한 첫째 진국 터에서 보는 '동쪽의 땅'이라는 조양, 둘째 비파형 동검 밀집 지역, 셋째 명도전의 백화점식 발굴 지역과 일치한다.

따라서 살수의 아사달을 현 조양으로 본다.

다섯째, 조양의 옛 이름 용성(龍城)은 진한의 진성(辰城)의 같은 뜻, 다른 이름이다. 현 조양시 북부에 용성구(龍城區)가 있다.

조양시는 산과 강이 어우러져 있고 넓은 평지가 있어 한 국가의 도읍지로 적합한 곳이다. 전연(前燕)의 도읍지 용성(龍城)이 바로 조양을 말한다. 연나라 모용황이 341-342에 도읍을 용성(龍城, 현 조양시)으로 옮겼고, 모용준이 353년에 도읍을 화북지방에 있는 업(鄴)으로 옮기기 전까지 전연의 도읍지로 쓰인 곳이다.

조양을 왜 용성이라 불렀을까?

진한(辰韓)의 진(辰)을 자전(字典)에서 찾으면, '때(시) 혹은 별진'의 의미라 한다. 중국이나 국내 학자들이 이와 같은 의미로 읽고 있다. 그런데 우리네 삶에서 띠(출생 연도)를 비교할 때, 또 십이지(十二支)로 읽을 때는 진(辰)을 용(龍)으로 읽을 수 있어 용성으로 부른 것 같다.

진한(辰韓)은 국호를 뜻하기도 하지만 한(韓)은 汗(한), 馯(간), 旱(한)과도 통하는 말로 'Khan 또는 Han'[291]은 고대의 삼한(三韓) 사회에서는 수장(帥長)을

---

291) 몽고족(蒙古族) 쿠릴타이(Khuriltai) 회의에서 선출된 황제를 간[干(Khan) 또는 汗(Han)]이라 했다.

칭했으며, 동북아시아 민족 사이에서는 군주를 부르는 공통어였다. 따라서 '진한'은 우두머리 혹은 군주를 뜻하기도 한다. 이러한 관점에서 볼 때, 진한이 거(居)하는 성(城, 도읍)을 '진성(辰城)'으로 보았을 것이고, 우리말로 '용성'이라 불렀을 것이다. 다시 말해 용성 혹은 진성으로 불렸던 조양(朝陽)을 진한 즉 (고) 조선의 도읍지로 보는 데는 이의가 없다고 본다.

여섯째, '살수(대릉하)가 동서무역 교통로로 쓰였다'는 점이다.

단군왕검이 건국할 당시 구상한 국정의 중심은 동서무역의 상업국가였다. 상업국가를 경영하려면 교통이 편리한 곳을 물색하게 된다.

화물을 운송하기 위해서는 말이나 약대로 실어나르거나 사람이 등짐을 지고 도보로 걸어가거나 배나 뗏목으로 실어나르거나 해야 한다. 당시 수레는 발달 되지 않았으며, 평탄한 길이 있어야 하므로 매우 한정적이었다. 이들 교통수단 중 제일 좋은 것은 배로 실어나르는 것이었다.

또한 운송선은 많은 수량을 운반할 수 있으며, 불특정 지역에서 출몰하는 약탈자들을 회피하기 쉽다고 하겠다. 살수는 당시 최선의 교통수단을 도울 교통로가 되었을 것이다.

일곱째, 조양은 청동기 문명 유적지와 가까운 곳이다.

몇 년 전 젊은 학자 중에, 국가란 청동기시대에나 발생한다며, (고) 조선 개국을 BC2333년으로 하는 정부의 '교과서 집필 지침'에 반발했던 일이 있다.

현 조양시는 홍산(랴오허)문명 지역에 있으며, 인근에서 청동기 유물이 발굴되기도 하였다. 이런 점을 고려해서 젊은 학자들은 종래의 주장을 거둬들이고 단군왕검이 (고) 조선 건국 가능성을 인정해야 할 일이다.

마한의 도읍 왕검성은 어디인가?

앞에서 진한의 도읍 아사달이 현재 랴오허성의 조양(朝陽, E120°23′ N41°36′)시임을 일곱 가지 근거로 입증했다. 이는 강단사학계가 강조하는 실증주의의 접근 방식이다.

"BC2241년에 마한(馬韓)과 번한(番韓)과 진한(辰韓)이라는 삼한, 즉 3조선으로 구획했다."292)는 기록이 『단군세기』에 있다.

본책 1장에서 번한(변한)의 도읍 왕험성이 현 하북성의 낙정(樂亭, E118°55′ N39°25′)임을 밝혔으니 마한의 왕검성 위치를 찾아야 할 차례다.

〈마한세가〉 중 마한의 위치와 관련된 자료를 바탕으로 왕검성의 위치를 찾으면 다음과 같이 요약된다.

① 신시(神市) 이전에 구황의 하나인 묘환(苗桓)이 **백아강**(白牙岡)에 살았다.
② 신시 가르침으로 백아강에 봉조가 모였는데 그중에 **헌원**(軒轅)이 있었다.
③ 치우가 일어나 헌원과 탁록에서 싸웠다. 그 탁록 장소가 명나라 행정구역상 산서성 **대동부**(大同府, E113°36′ N40°2′)라 한다.
④ 단군왕검이 웅백다(熊伯多)를 마한(馬韓)에 봉했다. 웅백다가 달지국에 도읍했는데, 그곳이 **백아강**이다.
⑤ 웅백다가 **마한산**(馬韓山)에 올라 하늘에 제사를 지냈다.
⑥ 왕검이 배달신을 시켜 마한산에 있는 **혈구**(穴口)에 삼랑성(三郎城)을 쌓고 제천의 단(壇)을 **마리산**(摩璃山)에 만들었다.
⑦ 21세 단군 소태 때, 고등이 우현왕 직을 요구하듯 오른쪽 방향에 있었다.
⑧ 22세 단군 색불루의 명을 받은 여원흥이 왕검성과 **대동강**을 장악했다.
⑨ 『삼국사기』〈신라본기〉 시조 혁거세거서간 39년(BC19)에 마한을 **서한**(西韓)이라 했는데, 지금도 다퉁(대동) 서남쪽에 **서한령**(西韓嶺)이 있다.

---

292) 임승국 번역, 『한단고기』, 정신세계사, 2016. p.61.

※ ①-⑨를 종합하면 마한의 백아강=대동(대동강)=왕검성이란 등식이 성립
된다. 마한의 도읍 왕검성은 지금의 다퉁(대동, E113°36′ N40°2′)으로 본다.

①-⑨의 자세한 설명과 출전은 다음과 같다.
① 이맥이 쓴 『태백일사』〈삼한관경본기〉'마한세가 상'에 보면, '신시(神市)
이전, 구황(九皇)의 하나인 묘환(苗桓)이 백아강(白牙岡)에 살았다.'고 한다.
백아강의 강(岡)은 물 강(江)이 아니라 '산등성이 언덕'을 말한다.
당시 사람들이 왜 '산등성이 언덕'에 살았을까?
신시 이전이라 했으니, BC3898년 이전이니 신석기시대라고 볼 수 있다.
이때는 주로 유목 생활을 했고, 거주할 경우 앞의 2장에서 소개했듯이 모기
의 피해를 줄이기 위해 상대적으로 높은 지대를 택했다.
그런데 왜 백아(흰白, 어금니牙)란 이름을 붙였을까?

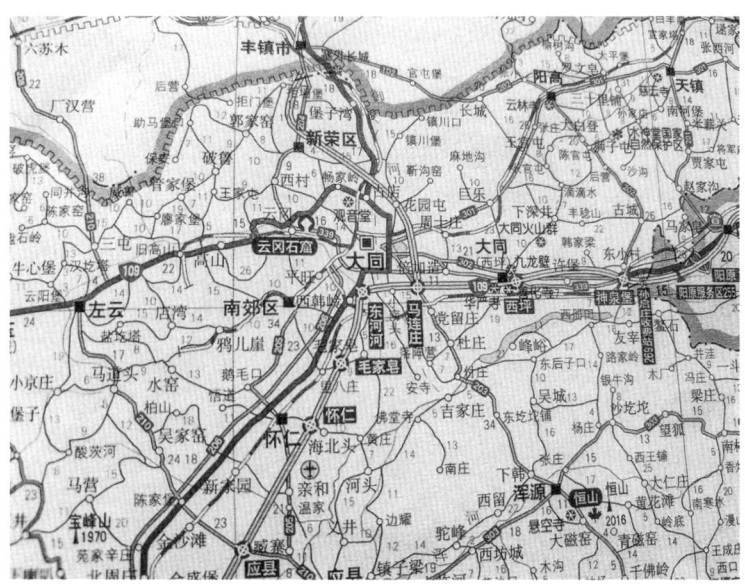

▲ (도22) 산서성 대동시 (출전: 『China Road Atlas』, 산동성지도출판사)

지도에서 대동시 서북쪽에 있는 운강석굴(云岡石窟)이나 대동시 동남쪽 항산(恒山) 절벽에 매달려 있는 현공사(寺), (도-22)지도를 보면, 대동을 중심으로 상당히 넓은 지역이 석회암 지대임을 알 수 있다. 그래서 백아강이라 했을까? 아니면 〈대청광여도(大淸廣輿圖)〉를 보면, 대동(大同)의 동쪽에 백등산(白登山)이 있고, 서쪽에 백양산(白羊山)이 있으며, 남동쪽에 항산(恒山, 태백산)이 있다. 3개의 백산(白山)을 보고 백아강(白牙岡)이라 했을까?

백아강은 신시 이전에 이미 많은 사람이 사는 지대가 높은[293] 도시였다고 한다. 지도에는 대동(大同)이 두 곳에 있고, 서로 25㎞ 정도 떨어져 있다. 서쪽에 있는 큰 도시 대동의 현재 시청은 평성구(平城區)에 있음으로 보아, 이곳이 북위(北魏) 때 수도 평성(平城)으로부터 발전했음을 알 수 있다. 북위 이전에는 동쪽 대동(大同)이 마한의 도읍이었음을 미루어 짐작할 수 있다.

삼한 때, 대동에서 동쪽으로 난 양원(陽原)길[294]이 있고 이 길을 지나 청더(홀본성, 나중에 고구려의 졸본성)를 거쳐 조양(진한의 진성)으로 이어진다.

반대로 대동에서 서쪽으로 가는 길은 지도에서 보듯, 신시가지(사거리)에서 3곳으로 나뉜다. 북쪽으로 가는 길은 (나중에 만리장성이 건설되었지만) 고갯길을 넘어 몽골을 거쳐 북방 초원길로 이어지고 서역에 이른다. 서쪽으로 가는 길은 좌운(左云)을 지나 황하(黃河) 중상류를 건너 오르도스와 둔황을 거쳐 서역으로 가는 길이다. 또 남쪽으로 가는 길은 서한령(西韓岭) 고개를 넘어 태원(太原) 시를 거쳐 중국 중원의 서부 지역으로 간다.

---

293) 대동(大同) 지역의 평균 해발고도는 1,000~1,500m 이다.

294) 고구려 24대 양원(陽原)왕(545~559)이 주요 활동 거점이었다.

이와 같은 사거리의 길은 마한을 중심으로 한 통상교역의 길이었다고 본다.

② 신시의 가르침이 있은 다음, 백아강에는 봉조(鳳鳥, 인재)가 모여들었다는데, 이때가 삼한 이전인 환웅 시대를 말한다.

"사람과 문물이 어느덧 풍숙(豊熟) 하였으니, 때마침 자부(紫府) 선생께서 칠회제신(七回祭神)의 책력을 만드시고, 삼황내문(三皇內文)을 천폐(天陛)[295]에 진상하니 천왕께서 이를 칭찬하였다. 삼청궁(三淸宮)을 세우사 그곳에 거하시니, 공공(共工), 헌원(軒轅), 창힐(倉頡), 대요(大撓)의 무리가 모두 와 여기서 배웠다"[296]고 한다.

③ 비슷한 시기에 치우천왕이 일어나 구야(九冶, 대장간)를 만들어, 광석을 캐내 철을 주조하여 병기를 만들고, 또 돌을 날리는 기계도 만들었다. 이에 천하는 감히 그에게 대적하는 자가 없었다. 이때 헌구(軒丘, 헌원)가 굴복치 않으니 치우는 몸소 군대를 인솔하여 이를 정벌코자 하여 탁록에서 헌원과 크게 싸웠다. '탁록은 지금의 산서성 대동부(大同府, E113°36′ N40°2′)'라 한다.[297]

④ 단군왕검이 천하를 평정한 후, 삼한으로 나누어 웅백다(熊伯多)를 마한(馬韓)에 봉했다(BC2333). 웅백다가 달지국에 도읍했는데, 그곳이 백아강이다.

⑤ 웅백다가 마한산(馬韓山)에 올라 하늘에 제사를 지냈다.

---

295) 궁전의 섬돌(계단)

296) 임승국 번역, 『한단고기』, 정신세계사, 2016. p.198.

297) 이맥이 본 지금이란 때는 1520년으로 명나라 때의 산서성 대동부를 말하며, 탁록 전투의 시작은 탁(涿: 涿州탁주시, E115° 58′ N39° 28′)이지만 산서성 대동부까지 확대된 것으로 본다.

마한산은 백아강 인근에 있다고 보며, 천왕(단군왕검)이 하늘에 제사 지냄
을 좋게 보아 조서를 내릴 정도였다.

⑥ 왕검이 무오 51년(BC2283)에 운사(雲師) 배달신(倍達臣)을 시켜 (마한산에
있는) 혈구(穴口)에 삼랑성(三郞城)을 쌓고 제천의 단(壇) 마리산(摩璃山)을 만
들었다 한다.

여기서 잠시 논의할 것은 '제천의 단'과 '마리산'을 동격으로 볼 것인가, 아
니면 '마리산에 제천의 단을 만들었다'로 볼 것인가를 고민하게 한다.

또 다른 논점은 앞의 '⑤웅백다가 마한산(馬韓山)에 올라 하늘에 제사를 지
낸 산'과 '왕검이 배달신을 시켜 만든 제천의 단이 있는 산'이 같은 산인가,
다른 산인가 하는 점이다.

또 하나 궁금한 것은 혈구(穴口)에 삼랑성(三郞城)을 쌓았다고 했는데 그 혈
구가 어디, 무엇인가라는 점이다.

앞에서 소개한 '대동시 주변 지도'를 보면, 옛 마한의 도읍(대동) 북편에 '대
동화산군(大同火山群)'이 있다. 이들은 기생화산처럼 분화구가 있는데 이를
혈구로 본 것인지, 아니면 백아강 일대가 석회암 지대이니 석화암 동굴이
있을 수 있는데 그것을 혈구로 보는 것인지 탐색할 일이다.

필자는 전자로 본다. 이유는 석회암 동굴은 음혈(陰穴)이고, 화산분화구는
양혈(陽穴)이다. 하늘에 제사를 올렸다면 양혈에서 지냈을 것이다. 따라서
웅백다가 제사 지낸 마한산과 왕검이 만든 제천의 단(壇)도 같은 곳으로 봐
야 한다. 마리산도 마한산 중에 머리에 해당하는 봉우리라고 본다.

『단군세기』 단군왕검 51년 조에 "設三郞城于穴口築祭天壇於摩璃山今塹

城壇是也"[298]를 '혈구에 삼랑성을 짓고, 제천의 단을 마리산에 쌓았으니 지금의 참성단이 바로 그것이다.'로 해석할 수 있다.

웅백다가 천제를 지냈다는 마한산은 대동의 북편 '대동화산군'과 연관이 있을 것으로 본다.

⑦ 21세 단군 소태 49년(BC1289)에, "개사원(蓋斯原)의 욕살(褥薩) 고등(高登)이 몰래 군사를 이끌고 귀방(鬼方)을 습격하여 이를 멸망시키니 일군국과 양운국 두 나라가 사신을 보내 조공을 바쳤다. 이때 고등이 많은 군대를 손에 넣고 서북의 땅을 공격하여 차지하게 되니, 그 세력이 매우 강하였다. 이에 여러 차례 (소태 단군에게) 사람을 보내와 우현왕으로 임명해 줄 것을 청하였다. 그러나 단제는 이를 위태롭게 여겨 허락하지 않으려 했는데 거듭하여 이를 청하매 마침내 이를 허락하여 두막루라 부르도록 하였다."[299]

위 기록에서 '개사원(蓋斯原)'은 지명이고, '욕살(褥薩)'은 관직명이고, '고등(高登)'은 사람 이름이다. 욕살은 지방의 관직이니 예를 들면 '강원도(江原道) 도지사 겸 그 지역 군대의 사령관'이라고 보면 이해하기 쉽다. 다시 말해 고등은 개사원이란 지역의 책임자라고 볼 수 있다.

그런데 개사원(蓋斯原)이 어디에 있는 지명인지 궁금하다.

개사원의 사(斯)는 어조사이니 '개(蓋)의 원(原)' 정도로 보면, 궁금증에 대한 열쇠가 보인다. '개(蓋)'로 표기하는 지역이 있다.

력도원이 쓴 『수경주』 권14의 '패수' 관련 글 중에, 패수라는 물이 "개(蓋)라는

---

298) 임승국, 전게서. p.59.

299) 상게서, p.97.

고을(蓋)에서 나와 그 현(縣)의 남쪽으로 곧바로 질러가면 루방현이다(蓋出其縣南逕鏤方也)."라 했다.

'개(蓋)'는 개마고원 등 높은 지대의 지명 표기에 쓰인다. 개(蓋)라는 고을을 수원지로 본 것이다. 패수(지금의 난하)의 상류 지역을 말한다.

패수의 상류가 하북성의 청더(承德)에서 서북쪽에 있는 네이멍구자치구의 둬룬(多倫)에 이르는 지역인데 이 지역을 '개(蓋)'로 보는 것이다.

만약에 고등(高登)이 관할하는 개사원(蓋斯原)이 이 지역이라면, 또 하나의 증거가 추가될 수 있다.

고등이 귀방을 습격했다 했는데, 귀방[300]의 주)를 자세히 보면 그 위치가 개사원과 이웃한 땅임을 알 수 있다. 개사원의 위치가 선명해졌다.

고등이 우현왕을 주장하는 이유를 설명할 수 있다.

앞의 절에서 진한의 도읍이 조양으로 밝혀졌고, 또 앞 장에서 진한에서 생산하는 교역상품이 마한과 변한을 통하여 진출하고 있는데, 조양에서 보면 고등의 위치가 우현(오른쪽)에 있음이 분명하다.

⑧ 22세 단군 색불루의 명을 받은 여원홍이 **왕검성과 대동강**을 장악했다는 기록의 연유는 다음과 같다.

단군 소태 52년(BC1286) "우현왕 고등이 죽으니, 그의 손자 색불루(索弗婁)가 세습하여 우현왕이 되었다. (그때) 단제께서 〈중략〉 늙어서 제위를 지키기가 어렵다 하시며 정치를 서우여에게 맡기고 싶어 하셨다. 이에 살수(薩水, 지금의

---

300) 귀방(鬼方)은 상(은)나라 때, 현재의 섬서성 동부, 산서성 북부, 내몽골 자치구의 서부에 존재했으며, 황제와 인척 관계를 맺은 씨족인 대외씨(大隗氏)가 기원이라고 한다.(출전: 나무위키, 2024.1.23.)

대릉하)³⁰¹⁾의 땅 백리를 둘러보시고 이를 그에게 봉하고 섭주로 하여 기수라 부르게 하였다.

우현왕(색불루)이 이를 듣고 사람을 보내 단제에게 권하여 이를 중지케 하였으나 단제는 종내 이를 듣지 않으셨다. 이에 우현왕은 주변의 여러 사람과 사냥족 수천을 이끌고 마침내 부여의 신궁에서 즉위하였다.(BC1286)

단제(소태 단군)도 어쩔 수 없이 옥책과 국보를 색불루에게 전하고 서우여는 폐하여 일반인이 되게 한 후, 아사달에 은퇴하여 마침내 붕어하셨다(BC1286)"

이 과정에서 마한왕(19대) 아라사(阿羅斯)가 소태 단군을 돕고자 군대를 이끌고 나아가 해성에서 싸웠는데 전사하였다.(BC1286)³⁰²⁾

마한 자리가 공백이 되자, 색불루의 명을 받은 여원흥이 대동강과 왕검성을 장악하여 막조선을 통치하였다.³⁰³⁾

⑨ 『삼국사기』〈신라본기〉 시조 혁거세거서간 39년(BC19)에 '마한³⁰⁴⁾ 왕이 세상을 떠났다. 어떤 사람이 임금을 설득해서 말했다. "서한(西韓) 왕이 전에

---

301) 본책 1장에 나온다.

302) 임승국, 전게서. pp.208-209.

303) 상게서, pp.211-212.

304) 『삼국사기』에 마한(馬韓) 이야기가 나오는데, 〈신라본기〉 혁거세거서간 조 38년(BC20)과 39년(BC19)에 나오고, 〈백제본기〉 온조왕 조 10년(BC9), 24년(6), 25년(7), 26년(8)에 나온다. 이때 나오는 마한은 『후한서』〈동이열전〉에 '한(韓)에는 마한(馬韓), 진한(辰韓), 변진(弁辰)의 3종(種)이 있다. 마한(馬韓)은 서쪽에 있는데 54개국이 있다(韓有三種 一曰馬韓 二曰辰韓 三曰弁辰 馬韓在西 有五十四國).'는 54개국 중 하나로 본다. 54개국은 단군왕검으로부터 위촉받은(BC2333) 웅백다(1대)의 마한이 약 2010년간 존속하다가 36대 맹남 때 멸망(BC323)한 후, 마한의 잔존 세력으로 본다. 여기 나오는 마한은 신라나 백제와 외교 관계가 이뤄졌다는 점에서 다퉁(大同)이란 옛 도읍을 차지한 54개국 중 하나인 마한이 종주국(宗主國)의 위치를 유지한 것으로 본다.

우리 사신을 욕보였으니, 이제 그 임금의 상을 당하였으니 그곳을 치면 그 나라는 평정할 수 있겠습니다.'"

여기서 서한(西韓)은 마한을 말한다. 『후한서』〈동이열전〉에 "마한은 서쪽에 있다(在西馬韓)"와 같은 말이다.

지도에서 보듯 마한의 도읍으로 보는 다퉁(대동) 서남쪽에 서한령(西韓岭, E113°15′ N40°)이라는 고개가 있다. 삼한 때, 마한과 진한을 상대로 교역하던 상단이 이 고개를 넘으면 서한에 당도한다는 뜻이 담겨있는 지명으로 본다.

다시 말해 지금까지 남아있는 서한령이란 지명이 서한(마한)의 도읍 왕검성이 현재 다퉁(대동)임을 확인할 수 있는 확실한 증거가 될 수 있다.

신라의 위치에 대해, 혁거세거서간 39년(BC19) 경, 신라의 위치는 진한을 이어받았다(최치원)고 했고, 『구당서(舊唐書)』〈동이편〉에 "신라국은…한(漢)나라 때 낙랑의 땅이었다. 동남쪽으로는 큰 바다가 있고, 서쪽으로는 백제(위례성-현 북경)와 접해 있으며, 북쪽에는 고구려(졸본성-현 청더)가 있다. 동서로 1천 리, 남북으로 2천 리이다. 성과 읍, 촌락이 있었다. 왕이 있던 곳은 금성(金城)이다(新羅國…其國在漢時樂浪也. 東及南方俱限大海. 西接百濟. 北隣高麗. 東西千里. 南北二千里. 有城邑村落. 王之所居曰金城)."

한나라 때 낙랑 땅은 낙랑부가 설치되었던 지금의 낙정(E118°55′ N39°25′)이니, 서한(현 대동)에서 동쪽으로 400km 정도 떨어진 곳이다. 당시 신라가 서한을 쳤다면 서역으로 가는 장삿길의 교두보를 확보할 수 있었을 것이다.

지금까지 논의했던 ①-⑨를 종합하면, 마한의 백아강(白牙岡)= 대동(大同)=왕검성(王儉城)이란 등식이 성립된다. 마한의 도읍 왕검성은 지금의 산서성에 있는 다퉁(大同, E113°36′ N40°2′)이라 할 수 있다.

단군왕검, 진한의 단제(임금) 연표

〈표4〉 단군 명칭 및 즉위 년도

순(대)	단군 이름	즉위 년·월	재위기간	등극 과정	기타
1	왕검(檀君王儉)	BC2333.10	93년	창업	3한을 둠
2	부루(扶婁)	BC2240	58	태자	
3	가륵(嘉勒)	BC2182.5	45	태자	
4	오사구(烏斯丘)	BC2138.9	38	태자	살수 조선소
5	구을(丘乙)	BC2100.6	16	양가(羊加)[302]	순수 중 병사
6	달문(達門)	BC2084.7	36	우가(牛加)	
7	한율(翰栗)	BC2048.	36	양가(羊加)[303]	
8	우서한(于西翰) 또는 오사함(烏斯含)	BC1994.	8	태자	
9	아술(阿述)	BC1986.	35	태자	
10	노을(魯乙)	BC1951.	59	우가(牛加)	
11	도해(道奚)	BC1892	57	태자	송화강변 신청사 건설 BC1846
12	아한(阿漢)	BC1835	52	우가(牛加)	
13	흘달(屹達) 또는 대음달(代音達)	BC1783	61	우가(牛加)	
14	고불(古弗)	BC1721	60	우가(牛加)	
15	대음(代音) 또는 후흘달(後屹達)	BC1662	51	태자	
16	위나(尉那)	BC1611	58	우가(牛加)	
17	여을(余乙)	BC1553	68	태자	
18	동엄(冬奄)	BC1485	49	태자	

---

305) 안경전, 『청소년 환단고기』(상생출판, p.219)에 의하면 계가(鷄加) 출신 구을(丘乙)이라 함.

306) 상게서, p.223에 의하면 계가(鷄加) 출신 구을(丘乙)이라 함.

19	구모소(緱牟蘇)	BC1436	55	태자	
20	고홀(固忽)	BC1381	43	우가(牛加)	
21	소태(蘇台)	BC1338	52	태자	
22	색불루(索弗婁)	BC1286	48	찬탈, 우현왕(마한)	녹산성 천도 BC1285
23	아홀(阿忽)	BC1238	76	태자	
24	연나(延那)	BC1162	11	태자	
25	솔나(率那)	BC1151	88	태자	
26	추로(鄒魯)	BC1063	65	태자	
27	두밀(豆密)	BC998	26	태자	
28	해모(奚牟)	BC972	28	자	
29	마휴(摩休)	BC944	34	태자	
30	내휴(奈休)	BC910	35	제	
31	등올(登屼)	BC875	25	태자	
32	추밀(鄒密)	BC850	30	자(아들)	
33	감물(甘勿)	BC820	24	태자	
34	오루문(奧婁門)	BC796	23	태자	
35	사벌(沙伐)	BC773	68	태자	
36	매륵(買勒)	BC705	58	태자	
37	마물(麻勿)	BC647	56	태자	
38	다물(多勿)	BC591	45	태자	
39	두홀(豆忽)	BC546	36	태자	
40	달음(達音)	BC510	18	태자	
41	음차(音次)	BC492	20	태자	
42	을우지(乙于支)	BC472	10	태자	
43	물리(勿理)	BC462	36	태자	피난 중 병사
44	구물(丘勿)	BC426	29	장수들이 추대	대부여로 국호 변경
45	여루(余婁)	BC397	55	태자	

46	보을(普乙)	BC342.9	46	태자	후사 없음
47	고열가(古列加)	BC296	58		
		BC239.4.8	멸망	해모수의 난	북부여가 됨

※ 출처: 이암의 『단군세기』와 안경전의 『청소년 환단고기』, 송부웅의 『개천 5901년』 참조

마한왕의 연대와 진한의 단제 연대와의 비교

이 표(표5)는 임승국의 『한단고기』와 안경전의 『청소년 환단고기』에 나오는 이암의 『단군세기』와 이맥이 쓴 『태백일사』의 〈마한세가〉를 인용하여 작성하였다.

순	마한 이름	즉위연도	등극과정	비고	진한과 비교
1	웅백다(熊伯多)	BC2333	위촉받음	단군왕검이 봉함	1대 단군왕검(BC2333)
2	노덕리(盧德利)	BC2279	자		2대 부루(BC2240)
3	불여래(弗如來)	BC2229	자		3대 가륵(BC2182)
4	두라문(杜羅門)	BC2180	자		〃
5	을불리(乙弗利)	미상	자		4대 오사구(BC2138)
6	근우지(近于支)	BC2136	자		〃
7	을우지(乙于支)	BC2107	자		5대 구을(BC2100) 6대 달문(BC2084)
8	궁호(弓戶)	미상	제	후손이 없음	7대 한율(BC2048) 8대 우서한(BC1994)
9	막연(莫延)	BC1993	종친	4대 두라문의 동생 두라시의 증손	9대 아술(BC1986) 10대 노을(BC1951)
10	아화(阿火)	BC1939	제		11대 도해(BC1892)
11	사리(沙里)	BC1864	자		12대 아한(BC1835)
12	아리(阿里)	BC1806	제		13대 흘달(BC1783) 14대 고불(BC1721)
13	갈지(曷智)	BC1716	자		15대 대음(BC1662)
14	을아(乙阿)	BC1633	자		16대 위나(BC1611) 17대 여을(BC1553)
15	두막해(豆莫奚)	BC1550	자		18대 동엄(BC1485)
16	자오수(慈烏漱)	BC1483	자		19대 구모소(BC1436)

17	독로(瀆盧)	BC1412	자			20대 고홀(BC1381)
18	아루(阿婁)	BC1371	자			21대 소태(BC1338)
19	아라사(阿羅斯)	BC1323	제	반역 색불루 군대를 진압하다 전사		〃
20	여원흥(黎元興)	BC1285	임명	색불루가 임명		22대 색불루가 찬탈함 (BC1285)
21	아실(阿實)	BC1232	자			23대 아홀(BC1238)
22	아도(阿闍)	미상	제			24대 연나(BC1162)
23	아화지(阿火只)	BC1091	자			25대 솔나(BC1151)
24	아사지(阿斯智)	BC1055	제			26대 추로(BC1063) 27대 두밀(BC998)
25	아리손(阿里遜)	BC934	조카			29대 마휴(BC944) 30대 내휴(BC910)
26	소이(所伊)	미상	자			32대 추밀(BC850)
27	사우(斯虞)	BC754	자			35대 사벌(BC773)
28	궁홀(弓忽)	BC677	자			36대 매륵(BC705)
29	동기(東 禾己)	미상	자			37대 마물(BC647)
30	다도(多都)	BC588	자			38대 다물(BC591) 39대 두홀(BC546)
31	사라(斯羅)	BC509	자			40대 달음(BC510)
32	가섭라(迦葉羅)	미상	자			41대 음차(BC492) 42대 을우지(BC472)
33	가리(加利)	BC427	자	우화충의 반란을 막다가 진성에서 전사		43대 물리(BC462)
34	전내(典奈)	BC426	손자			44대 구물(BC426)
35	진을례(進乙禮)	미상	자			45대 여루(BC397)
36	맹남(孟男)	BC366	자		BC365년 연나라와 전투	46대 보을(BC342)
	맹남(孟男) 졸	연대미상	『한단고기』 p.214 →		BC323까지 존속했다는 기록이 있다	

제4장 - 진한과 마한의 왕검성과 (신) 마한의 위치는? 329

연(燕)나라는 BC414년 무공(武公, 재위 BC414-BC406)이 동부 평원에 있는 고(顧, 지금의 河北省 定州)로 이동하여 새 도읍을 정하고 정치와 군사 제도를 정비하면서 이웃한 (고) 조선과 충돌이 잦아졌다.

연나라 침범(BC380)은 장수 묘장춘(苗長春)이 막아내고, 연나라 배도 침입 때(BC365) 진조선, 막조선, 번조선이 연합하여 막아냈고, BC364년 연나라 침입은 우문언이 쫓아냈으나, BC221년 연의 장수 진개(秦開)가 서쪽 변두리 땅을 침략하여 만번한(滿番汗)을 국경으로 삼았을 때 마한은 이미 멸망한 후였다.

번(卞)한왕의 연대와 진한의 단제 연대와의 비교

이 표(표6)는 임승국의 『한단고기』와 안경전의 『청소년 환단고기』에 나오는 이암의 『단군세기』와 이맥이 쓴 『태백일사』의 〈마한세가〉를 인용하여 작성하였다.

순	번(卞)한 이름	즉위연도	등극과정	비고	진한과 비교
1	치두남(蚩頭男)	BC2241	선발임명	치우천황의 후손	1대 단군왕검(BC2333)
2	낭야(琅邪)	BC2251	자		2대 부루(BC2240)
3	물길(勿吉)	BC2238	자		
4	애친(愛親)	BC2187	자		3대 가륵(BC2182)
5	도무(道茂)	미상	자		4대 오사구(BC2138) 5대 구을(BC2100)
6	호갑(虎甲)	BC2098	자		6대 달문(BC2084)
7	오라(烏羅)	BC2072	자		7대 한율(BC2048)
8	이조(伊朝)	BC2015	자		8대 우서한(BC1994)
9	거세(居世)	BC1975	제		9대 아술(BC1986)
10	자오사(慈烏斯)	BC1960	자		10대 노을(BC1951)
11	산신(散新)	BC1946	자		
12	계전(季佺)	BC1893	자		11대 도해(BC1892)
13	백전(伯佺)	BC1864	자		12대 아한(BC1835)
14	중전(仲佺)	BC1826	중제		13대 흘달(BC1783)
15	소전(少佺)	BC1770	자		
16	사엄(沙奄)	BC1727	자		14대 고불(BC1721)
17	서한(棲韓)	미상	제		
18	물가(勿駕)	BC1664	자		15대 대음(BC1662) 16대 위나(BC1611)

19	막진(莫眞)	BC1600	자		
20	진단(震丹)	BC1554	자		17대 여을(BC1553)
21	감정(甘丁)	BC1548	자		
22	소밀(蘇密)	BC1548	자		18대 동엄(BC1485)
23	사두막(沙豆莫)	미상	자		
24	갑비(甲飛)	미상	계부		
25	오립루(烏立婁)	BC1441	자		19대 구모소(BC1436)
26	서시(徐市)	미상	자		
27	안시(安市)	BC1393	자		20대 고홀(BC1381)
28	해모라(奚牟羅)	BC1352	자	즉위 년도에 세상을 떠났다	21대 소태(BC1338)
29	소정(小丁)	BC1333	소태가 출보, 임명	고등의 견제를 받음 서여의 자객에 죽음	
30	서우여(徐于餘)	BC1282	색불루가 임명	재혁명 시도에 따른 색불루와 거래 성사	22대 색불루(BC1285) 23대 아홀(BC1238)
31	아락(阿洛)	BC1225	자		
32	솔귀(率歸)	BC1184	자		24대 연나(BC1162) 25대 솔나(BC1151)
33	임나(任那)	BC1137	자		
34	노단(魯丹)	BC1105	제		
35	마밀(馬密)	BC1092	자		
36	모불(牟弗)	BC1074	자		26대 추로(BC1063)
37	을나(乙那)	BC1054	자		
38	마유휴(麻維庥)	BC1014	자		
39	등나(登那)	BC1012	아우		27대 두밀(BC998)
40	해수(奚壽)	BC979	자		28대 해모(BC972)
41	물한(勿韓)	BC962	자		29대 마휴(BC944)
42	오문루(奧門婁)	BC942	자		30대 내휴(BC910)

43	누사(婁沙)	BC894	자	진성에 들어가 왕자와 지낸 노래 있음	31대 등올(BC875)
44	이벌(伊伐)	BC866	자		32대 추밀(BC850)
45	아륵(阿勒)	BC840	자		33대 감물(BC820)
46	마휴(麻休)	BC812	자		34대 오루문(BC796)
47	다두(多斗)	BC785	자		35대 사벌 (BC773)
48	내이(奈伊)	BC752	자		
49	차음(次音)	BC722	자		
50	불리(不理)	BC712	자		36대 매륵 (BC705)
51	여을(餘乙)	BC676	자		
52	엄루(奄婁)	BC647	미상		37대 마물(BC647)
53	감위(甘尉)	BC643	자		
54	술리(述理)	BC613	자		
55	아갑(阿甲)	BC603	자		38대 다물 (BC591)
56	고태(固台)	BC588	미상		
57	소태이(蘇台爾)	BC574	자		
58	마건(馬乾)	BC556	자		39대 두홀 (BC546)
59	천한(天韓)	BC545	미상		
60	노물(老勿)	BC535	자		
61	도을(道乙)	BC520	자		40대 달음 (BC510)
62	술휴(述休)	BC505	자		41대 음차 (BC492) 42대 을우지 (BC472)
63	사량(沙良)	BC471	자		43대 물리 (BC462)
64	지한(地韓)	BC453	자		
65	인한(人韓)	BC438	자		44대 구물 (BC426)
66	서울(西蔚)	BC400	자		45대 여루 (BC397)
67	가색(哥索)	BC375	자		46대 보을 (BC342.9)

68	해인(解仁)	BC341	자	연나라 자객에 살해됨	
69	수한(水韓)	BC340	자	연나라 침공을 기후의 도움으로 모면	
70	기후(箕詡)	BC323	추인	수한이 후사가 없어 군령을 대행, 추인	
71	기욱(箕煜)	BC315	자		47대 고열가 (BC296)
72	기석(箕釋)	BC290	자		
73	기윤(箕潤)	BC251	자		해모수에 의해 진한이 BC239.4.8 멸망
74	기비(箕丕)	BC232	자		북부여
75	기준(箕準)	BC221	자	위만에게 패망 BC194 탈출함	

마한과 번한은 제후국인가, 혹은 진한과의 공동체인가?

독자들은 앞의 연표를 보고 놀라움을 금치 못할 것이다.

먼저 진한의 단군과 마한, 번한이란 부단군의 명칭과 즉위 연도를 보면 까마득한 상고사인데, 어떻게 기록으로 남길 생각을 했느냐 하는 점이다.

이렇게 기록할 수 있었던 데에는 '조상의 제사(祭祀)[307]'를 외우고 기록하는 문화'가 있었기 때문으로 본다. 다시 말해, 중국의 성씨(姓氏)[308] 개념과는 다르게, '환국의 제사 문화'[309]를 가지고 온 환웅과 이를 이은 단군조선의 지배층은 제사 문화를 가진 '남성 중심의 씨족 문화'를 갖고 있었다고 보아진다.

또 하나는 기원전 24세기라는 이른 시기인데 무슨 방법으로 기록할 수 있었느냐 하는 점이다. 그것은 '한자가 동이의 글자'[310]이기 때문에 기록에 충

---

307) 진(秦)의 주체 세력이 분서갱유 이후 동이의 글자를 자기네 언어의 도구로 활용하면서 가장 이해할 수 없었던 부수가 보일示(시) 변이었다고 한다. 보일 시示는 하늘(一) 아래 빛(川)이 있고, 하늘 위에 무엇인가의 존재(·)가 있는데 그가 바로 보일示(시) 변이 말하는 신(神)이라는 것이다. 빛이 있어 보인다는 뜻과 함께 귀신이라는 의미도 함께 한다. 옥편(玉篇)에서 보일시 변을 찾아보면, '제사 祀(사)', '봄제사 祠(사: 사당 사)', '제사 祭(제)' 등 제사를 지내라는 암시가 여러 곳에 들어 있다.

308) 성씨는 어느 나라나 마찬가지로 씨족 및 혈통의 구분을 위해 탄생했다. 다만 중국의 성씨는 요즘과는 달리 춘추시대까지만 해도 모계(母系) 표시의 성(姓)과 부계(父系) 표시의 씨(氏)의 구분이 분명했다. 최초의 성(姓)은 女 부수를 사용했는데 그 예로 강(姜)이 있다.

309) 앞(2장 5절)에서 소개한 대로 환국을 중앙아시아로 볼 때, 그 서남쪽의 수메르 문명(수밀이국, 우르 지역)에서 파미르와 만주 지역과 멕시코의 아스텍 문명을 이으면, 상투나 언어문화가 비슷하다. 또 수메르의 우르 3왕조 시대에 갈대아 우르를 출발한 아브라함과 성경에 나오는 족보와 〈레위기〉와 〈민수기〉 등을 보면 제사에 관한 것이다. 북아메리카의 아스텍 문명에도 우리와 같은 제사 문화가 있다.

310) 오운홍, 『고대사 뒤집어 보기』, 시간의물레, pp.273-283.

실할 수 있었다고 본다. 한자의 발달과정으로 보는 '갑골문자'가 하남성의 안양 은허(殷墟)에서 발굴되었고, 갑골문자(BC1200)보다 1,000여 년 앞선 '골각문자'가 산동성 창려현에서 발견되었다. 이들 지역은 주(周)나라가 통치하기 이전에 이미 오랜 시일에 걸쳐 동이의 영역이었다.

필자의 『고대사 뒤집어 보기』(pp.273-283)에 '한자가 동의 글자'임을 과학과 역사 기록 등 실증이란 근거를 들어 소상히 정리해 놓았다.

이제, 주제로 돌아와서 마한과 번한은 제후국인가, 혹은 진한과의 공동체인가를 살펴보자.

삼한의 존립 연대를 보면 각기 다르다.

진한(BC2333.10-BC239.4.8)은 2,094년간, 마한(BC2333-BC323?)은 약 2,010년간, 번(변)한(BC2241-BC194)은 2,047년간 존속하였다.

우선, 마한과 번한을 제후국으로 보는 근거로는, 진한이 단제(檀帝) 혹은 천왕으로 호칭되고 있다는 점이다.

마한의 웅백다가 '마한산에 올라 하늘에 제사하니 천왕께서 조서를 내렸다(登馬韓山祭天天王下詔)'는 기록, 또 '단제 붕어하시고 태자 솔나 즉위 하다(帝崩太子率那立)'는 방식의 기록에서 보듯 천왕과 임금(帝)을 동일 선상으로 보고 있다.

마한과 번한을 제후국(왕)으로 보는 경우, '번조선 왕 해인(番朝鮮王解仁)' 등 왕으로 기록되어 있어 천왕이나 임금(帝)보다 낮은 등급으로 칭하고 있다. 단군왕검이 천하를 평정(BC2333)한 후 웅백다를 마한에 봉한 것이나, BC2241에 치두남(치우의 자손)을 골라 번한으로 임명한 것은 천자가 제후를 임명한 것이며, 따라서 제후국으로 본다.

단군왕검의 건국 후, BC1285년에 반역으로 정권을 창출한 색불루 단군의 경우를 보면, 『태백일사』〈삼한관경본기〉에 색불루가 "여원흥에게 명하여 마한(馬韓)이 되어 막조선(莫朝鮮)을 통치케 하고, 서우여로 하여금 번한(番韓)을 삼아 번조선(番朝鮮)을 통치케 하였다. 이를 통틀어 이름하여 단군의 관경이라 한다. 이것이 곧 진국의 역사, 단군조선이라 함은 이것이다(命黎元興爲馬韓治莫朝鮮 徐于餘爲番韓治番朝鮮 總之名曰檀君管境是則辰國史稱檀君朝鮮是也)."[311]

색불루 단군이 관제를 개정하는 차원에서 기존의 마한과 번한을 대신하여 새로 임명하였다는 것은 중앙집권 세력의 강화로 본다.
삼한관경(三韓管境)을 강조한 것은 초기 단군왕검 때와 같이 역할 분담을 통한 유기적 관계를 유지하면서도 중앙세력 중심의 운용 체제 복원을 노린 것으로 본다.

제후국이란 시각과 달리 삼한(三韓)을 공동체로 보는 근거는 다음과 같다.
주(周)나라의 경우를 보면, 제후들이 오월(吳越)의 쟁패처럼 양육강식과 적자생존의 경쟁은 결국 전국칠웅(戰國七雄, 진·초·연·제·한·조·위)으로 살아남을 만큼 제후국 간에 전쟁이 치열하였다. 그런데 조선의 삼한의 경우 내부 반역은 있어도 서로 간에 경쟁이나 전쟁을 한 기록이 없다.

---

311) 임승국, 전게서, pp.211-212.

연나라 배도가 번한을 침입했을 때 삼한이 공동으로 대처했던 기록이 있다. 『단군세기』에서 45세 단군 여루(余婁) 조에 보면, "병진 32년(BC365) 연나라 사람 배도(倍道)가 쳐들어와서 요서를 함락시키고, 운장(雲障)에 육박해 왔다. 이에 번조선이 대장군 우문언에게 명하여 이를 막게 하고, 진조선·막조선도 역시 군대를 보내어 이를 구원하여 오더니, 복병을 숨겨두고 공격하여 연나라·제나라의 군사를 오도하에서 쳐부수고 요서의 여러 성을 남김없이 되찾았다(丙辰三十二年 燕人倍道入寇陷遼西逼雲障 番朝鮮命上將于文言禦之 眞莫二朝鮮亦派兵來救 設伏來攻破戀齊之兵於五道河遼西諸城悉復)."[312]

마한사를 보면, 19대 아라사(阿羅斯) 왕이 소태단군(21대)에게 반역한 색불루 군대를 진압하다 전사한 기록이 있고, 33대 가리(加利) 왕이 물리단군(43대) 때 우화충의 반란을 막는 전투에 참가했다가 진성(辰城)에서 전사한 기록이 있다. 이는 주군을 지키려는 충속(忠屬) 관계로 볼 수 있다.

『태백일사』〈삼한관경본기〉에 "5월 제도를 개정하여 삼한을 삼조선이라 한다. 조선이란 관경을 말한다. 진조선은 천왕이 몸소 다스리고 땅은 곧 옛날의 진한대로 하고 정치는 천왕이 친히 다스리도록 하니, 삼한이 모두 하나같이 명령에 복종하였다(五月改制三韓爲三朝鮮 朝鮮謂管境也 眞朝鮮天王自爲而地則仍舊辰韓也政由天王 三韓皆一統就令也).

이와 같은 삼한의 기록을 종합적으로 볼 때, 마한과 번한이 제후국의 성향보다 진한을 중심으로 한 삼한공동체의 성향으로 볼 수 있다.

---

312) 상게서, p.116.

그렇다면 마한과 변한이 왜 독자적 독립성을 취하지 못했을까 하는 연구과제를 떠올리게 한다.

마한(대동-왕검성)과 변한(낙정-왕험성)의 경제와 장삿길을 유지하는 안보는 앞 (3)장에서 밝혔듯이 진한의 생산품을 판매하는 장삿길로 이어져서 삼한의 공동체는 '경제공동체' 내지 '안보공동체'로 이어진다고 할 수 있다.

어찌 보면 지역의 독자적 생존체제이지만 진한과 연결된 공동체가 밑바탕에 깔려 있었다고 본다.

제5장

명도전,
누구네 화폐인가?

제5장

명도전, 누구네 화폐인가?

명도전을 제작했다는 장소가 '명도전 거푸집' 발굴로 밝혀졌다.

그곳이 연나라 옛터라는 이유로 일인 학자는 물론이고 국내 학자 중에도 명도전은 연나라 화폐라고 주장하며 명도전을 빌미로 연나라가 한반도 일부를 지배했다는 이론에 동조하고 있다.

한편 명도전 발굴 지역이 대부분 (고)조선의 청동검 발굴 지역과 일치하므로 (고)조선의 화폐라고 주장하는 학자가 있다. 이들 주장은 국내 학계에서는 통하나 중국이나 일본에서는 외면당하고 있다.

필자가 제5장을 마련하여 명도전 이론을 전개하는 이유는 '명도전에 대한 제3의 이론'을 전개하려 함에 있으며, 필자의 이론을 뒷받침하는 근거를 밝히고 제시하는 것이 본 장의 주요 내용이다.

명도전 발굴과 명칭의 유래

명도전이 1920년대 요령성 부근에서 일본 고고학자들에 의해 발굴되었다. 발굴 당시 일제강점기라는 시대적 상황과 일인(日人)들의 사관에 의해, 요령성 일부 및 한반도 서북부까지 세력을 뻗친 국가, 즉 연나라의 화폐로 여김에 따라 지금까지 연나라 화폐로 인지되어왔다. 당시는 한반도의 조선을 통치하는 '조선총독부'가 단군조선을 말살하고, 조선의 역사를 한반도 안으로 끌어들여 '반도사관'을 골자로 하는 〈조선사〉를 편찬하기 위해 '조선사편수회'를 조직하던 때라 (고) 조선의 화폐보다는 연나라 화폐로 보고 싶었을 것이다.

명도전은 다음 그림에서 보듯, 둥근 구멍(원절)이 있는 고리와 자루(손잡이)는 비슷하지만 머리 부분이 각기 다르다. 뾰족한 머리의 첨수도(尖首刀), 더욱 뾰족한 침수도(針首刀), 뭉툭 잘린 둔수도(鈍首刀)의 명도전(明刀錢)이 있는데, 명도전의 몸통 부분, 즉 칼 등과 배 중앙에 명(明) 자로 보이는 문양이 있다 하여 명도전이라 이름 붙인 것이다.

다시 말해, 명도전(明刀錢)은 글자 그대로 '밝을 명(明)이란 문양이 있는 칼 도(刀) 모양의 돈 전(錢)'이라고 한다.

▲ (도23)원절식 첨수도, 침수도, 둔수도의 명도전[313]

---

313) 〈출처〉 명도전 그림은 히스토리의 역사산책 https://blog.naver.com/joonho1202/221245231284에 나오는 그림들을 인용하였다.

제나라 『관자(管子)』에 보면 도폐(刀幣)에 대한 기록이 있다.

'황금, 도(刀), 포(布)는 민간에서 통용되는 화폐다. (이중) 도폐는 가볍게 여기며 황금은 중하게 쓰인다.'하였는데, 제나라 민간에서 통용되었다는 도폐는 명도전과 같은 모양이 아닌가 한다.

도폐는 다른 화폐보다 가치가 낮았다고 기록하고 있다.

앞의 그림에서 손잡이에 딸린 구멍이 둥근 원절식(圓折式) 명도전을 보면, 칼날과 칼등 사이에 보이는 문양이 해를 상징하는 일(日←ㅇ)과 월(月)로 보았고, 이 조합을 명(明)자로 보고 있다.

명도전 모양이 푸줏간에서 고기를 자를 때 칼을 내리쳐서 쓰는 '손도끼칼'과 닮았다. 필자가 청소년 시절 산간 지대에서 나무를 찍어 자르고 장작을 만들어 등짐 지어 나를 때 사용했던 둔수도(鈍首刀)와 닮았다.

그때 둔수도는 '낫(폭7cm×길이35cm)[314]'과 닮았다.

본문에서 탐색하는 명도전의 실제 크기는 일반적으로 길이 12.4-13.5cm, 너비 1.5-1.9cm이고, 무게는 12-19g 정도이다. 칼 모양은 틀림없는 데 실제로는 칼로 쓸 수 없는 장난감 정도의 상징적 손칼이라 할 수 있다.

명도전을 아무리 살펴보아도 화폐의 기능과 용도로 볼 때, 통용 화폐라 보기에는 거리가 있다고 본다.

학자 중에는 기마족의 유래에서 명도전의 단서를 찾고자 하는 이도 있다. 앞의 그림에서 보듯, 손칼의 기능이라면 원절식 명도전보다 첨수도가 마상

---

314) 제주도에서는 '기역(ㄱ)'자 모양의 낫을 호미라 부르고, '호미'를 '골괭이'라 한다. 둔수도(鈍首刀) 모양(폭 7cm×길이 35cm)의 손도끼를 낫이라 호칭했다.

(馬上)에서 더 쓰임새가 있다고 보는 학자도 있다.

서울시립대 박선미[315] 박사에 의하면 '도폐는 북방의 어렵(漁獵)과 수공업 지역의 생활필수품 중 하나인 손칼(삭도, 削刀)에서 발전하였다. 도폐 중에서 가장 이른 시기의 것은 북경시 서북쪽 외곽에 있는 연경(延慶) 군도산(軍都山) 옥황묘(玉皇廟)에서 출토된 손칼과 첨수도이다. 옥황묘는 산융(山戎)의 유적인데 이곳에서 실제 손칼과 꼭 닮은 도폐가 출토되었다. 이 도폐는 둥근 고리와 칼자루의 골무늬 등 손칼의 특징을 그대로 갖고 있었다. 학계는 이를 기준으로 하여 공구로서의 손칼의 특징을 가장 많이 보존하고 있는 도폐(刀幣)일수록 고식(古式)으로 본다'고 했다.

중국 고고학자인 중국사회과학원 장보취안(張博泉) 교수가 『북방문물』이라는 학술지(2004년 후반)의 「명도폐연구속설(明刀幣研究續說)」에서, "기원전 7세기부터 기원전 3세기 무렵까지 만주 지역에는 3종의 화폐가 있었다고 한다.

즉 ①농기구 모양의 첨수도, ②원절식 도폐, ③방절식 도폐가 그것이다.

첨수도는 끝이 뾰족한 것이고, 원절식은 몸체가 둥근 형태이고, 방절식은 몸체가 각진 형태로 된 것을 말한다. 이들 화폐 가운데는 첨수도는 고죽 또는 기자 관련 족이고 원절식은 (고)조선의 화폐이며 방절식은 연나라 화폐"라 한다.

농경구 모양의 포전은 농경이 발달한 황하 중류 유역에서 사용되었고, 손칼 모양의 도폐는 주로 북방 목축경제가 발달한 지역에서 유통되었다. 이들 화폐는 춘추시대까지만 해도 포전과 도폐의 사용 권역이 구분되어 있었고 분포 범위도 요하를 넘지 못하였다고 한다.

---

315) 박선미, 『고조선과 동북아의 고대 화폐』, 학연문화사, 2009. p.216.

▲ (도24)구멍이 방절식인 명도전

 명도전은 일제강점기에 단군조선의 강역이 무시되던 시기에 붙여진 이름이었다. 필자는 앞의 장에서 밝혔듯이 삼한을 포함한 단군조선의 영역이 지금의 중국 산서성, 하북성 및 내몽고자치구와 요령성 등 동북 3성에 이르는 광대한 지역에 이르렀었다고 밝혀냈다. 그런데 우리 사학계는 명도전이 춘추전국시대의 (古)조선과 지리적으로 가까웠던 연나라와 제나라의 화폐였다고 정리하고 있다. 이 때문에 '(古)조선 지역에서 출토된 명도전은 (古)조선에서 통용된 연나라 화폐로 볼 수 있는가'라는 화두에서 출발한 명도전의 논의가 국내 학자들에 의해 계속 제기되고 있다.

명도전이 연나라 화폐인가?

국내 학자들의 문제 제기에도 불구하고 일본 및 중국학자들은 여전히 연나라 화폐라고 주장하고 있고, 우리나라 역사 교과서나 백과사전에도 단군조선이 아닌 연나라 화폐라고 서술하고 있다.

우리가 일제강점기에 있던 1940년대, 일본인 후지다 료사쿠(藤田亮策)는 〈조선 고고학 연구〉에서, "압록강(鴨綠江)·청천강(淸川江)·대동강(大同江)에서 발굴된 명도전(明刀錢)은 전국시대(戰國時代) 말(末)부터 중원(中原)의 혼란을 피해 이동한 연(燕)·조(趙) 등의 한족(漢族)들이 유입시킨 것이다. 그러므로 한군현(漢郡縣) 설치 이전부터 중국(中國)이 한반도(韓半島)를 식민(植民)한 증거"라 했다. 한족의 유입에 따라온 것이라면 명도전이 통용 화폐로 쓰인 것으로 본다는 뜻이다.

후지다 료사쿠가 의도하는 바는 명도전 발굴(사용지역)과 한군현 설치를 연관 지어 한반도 식민정책의 정당성을 부여하고자 하였던 것 같다.
압록강, 청천강 유역은 명도전 발굴 수량이 어느 지역보다 많다. 그러나 대동강 유역은 매우 소량이므로 그의 이론을 적용할 때 명도전 수량을 가지고 지금의 평양에 한(漢)족이 유입되었다고 볼 수 없는 일이다.

필자가 보기엔 대동강뿐만 아니라 압록강, 청천강은 물론 요동 반도에도 한(漢)의 주체로 보는 하화(夏華)족이 유입되지 않았다고 본다. 한족이 유입되었다면 한나라 화폐도 같은 장소에서 출토돼야 한다.
춘추전국시대를 통일한 진시황이 가장 먼저 착수한 일은 도량형과 문자와 어순(語順)의 통일이다. 이는 중앙집권적 황제 지배 체제를 완성하기 위한 통일 정책의 일환이다. 진시황은 각 지역과 과거 나라마다 달랐던 화폐를 통일했는데 이 화폐가 바로 반량전이다. 진을 이은 한나라 역시 진나라의 화폐와 도량형의 기준을 따랐다. 그런데 한무제는 23년(BC119) 반량전(半兩錢)에 대한 화폐개혁으로 오수전을 주조했다.

그런데 이상한 것은 한나라가 (고)조선을 굴복시키고 그 땅에 한사군을 설치했음에도 왜 랴오둥반도와 한반도 북부 지방에서 한나라의 화폐가 출토되지 않느냐 하는 점이다.

왜 그럴까? 답은 간단하다. 한사군은 한반도 북부나 랴오둥반도에 없었다. 필자는 1장에서 한사군이 북경시 동북부 지역임을 밝힌 바 있다.

일본 학자 세키노 다케시(關野雄)는 『도전고(刀錢考)』(1965)에서 '중국 동북부와 한반도 서북부에서 발견되는 명도전(明刀錢) 유적은 (연燕 화폐의) 퇴장유적(退藏遺蹟)[316]'이라 했고, 아키야마 신고(秋山進午)는 『중국 동북지방의 초기 금속기문화의 양상(樣相) 하(下)』(1968)에서 '랴오둥반도(遼東半島) 루상(樓上) 무덤에서 출토(出土)된 명도전(明刀錢)은 연(燕)이 동북지방으로 진출했던 시기의 것'이라 했다.

그런데 이들 이론, 즉 연나라의 동북 진출이 맞지 않음을 지적할 사료가 있다.

범장이 쓴 『북부여기 상권』 해모수 단군 조에, '기해 38년(BC202) 연나라의

---

316) 명도전을 묻어둔 장소가 마을과 가까운 생활유적 주변이었다면 '재화의 저장'이란 의미를 붙여서 '저장매납(貯藏埋納)'이라 분류하고, 인적이 드문 외진 곳이라면 '재화를 숨기기' 위한 것으로 보아 '퇴장매납(退藏埋納)'이라 했는데, '퇴장매납'이 유적으로 발견된 것이다.

노관(BC 247-?)이 다시금 요동의 옛 성터를 수리하고 동쪽은 패수(浿水)로써 경계를 삼으니 패수는 곧 오늘의 난하(灤河)다(己亥三十八年 燕盧綰復修遼東古 塞東限浿水 浿水今灤河也).'[317]라 했다.

연나라는 지금의 난하를 넘지 못했다는 역사 기록이다. 연나라와 고조선의 경계가 난하라는 점이다. 실제로 난하 동쪽 지역에서 한반도에 이르기까지 명도전 말고는 연나라 유물로 볼 수 있는 유적이나 유물이 발굴된 적이 없다. 필자가 보기엔 연이 랴오둥반도나 한반도의 서북부까지 진출한 적이 없다고 본다.

사실 연나라 역사를 보면 중국 중원으로 진출하는 것이 그들의 국정 방향이지, 난하 동쪽 지역은 관심 밖이었다고 볼 수 있다.

일부 학자들이 명도전 발굴을 빌미로 삼아, '명도전이 연의 화폐라는 가설'을 엮어 만든 또 하나의 '(연에 의한) 청천강 이북 지배설'이란 이론을 내놓았다. 이들 학자들은 명도전 말고 그 외 다른 유물로 연나라가 한반도에 진출했다는 것을 증명하지 못하고 있다. 만약 명도전이 연의 화폐가 아니라고 명백하게 밝혀진다면 이들 이론은 자연히 소멸될 것이다.

'청천강 이북 지배설'이란 이론을 받아들인 국내 학자가 있다.

이들 이론을 근거로 한국 고대사를 쓰고 국사 교과서를 집필하고 있다.

아래는 다음(daum) 백과사전의 설명이다.

"명도전은 청동 도자(刀子)를 본떠서 만든 도자형 동제 화폐로 중국 허베이성(河北省)과 한국(한반도 서북부)에서 많이 출토되고 있다. 전국시대 초기

---

317) 임승국, 전게서, p.128.

도전(刀錢)인 첨수도(尖首刀)에서 전화된 것으로 연(燕)나라 때 주조된 화폐이며, 표면에 명(明)자 또는 역(易)자 비슷하게 표시되어 있어 명도전이라 불린다. 뒷면에는 숫자·간지(干支)·좌(左)·우(右)·행(行)·제화(齊化) 등의 문자가 있는데, 그 종류는 다양하다. 길이 12.4-13.5㎝, 너비 1.5-1.9㎝, 무게 12-19g 정도이며 손잡이 끝에는 3줄의 직선 문양이 길이로 나 있다. 우리나라에서는 시중 노남리 집자리유적, 평양 정백동 무덤 유적에서 적은 양이 출토되었고 영변 세죽리, 위원 용연동, 강계 길다동 유적 등에서 수백·수천 매씩 묶어 항아리 속에 넣어 둔 것이 출토되었다. 특히 명도전 유적이 대체로 청천강 이북 지역에 분포하고 있는 점으로 보아 연나라 세력의 동방 진출과 관계가 있음을 시사한다. 명도전은 돗자리, 무늬 항아리 및 철제품과 함께 발견되고 있어 유적 연대 추정에 좋은 자료가 된다."

연나라 세력이 청천강 이북까지 진출했다는 그들의 주장에 대해 지도를 펼쳐놓고 살펴보자. 명도전이 발견된 장소가 대부분 산골짜기다.

청천강 이북이라면 평안북도에 해당한다. 당장 눈에 띄는 것이, 평야 지대에서는 명도전이 발견되지 않고 해발 1,500m가 넘는 낭림산맥 지대에서 다량으로 발굴되고 있는 점이다.

이 이론에 동조하려면 국내 학자들이 한반도 지형 지도를 가지고 반박했어야 한다. 연나라 화폐 옹호론자들은 답변이 궁해지자 명도전이 생활 화폐가 아니고, 특수 물품 구입용이라 변명할 수 있다. 그런 변명 자체가 연나라는 한반도 서북부를 지배하지 않았다는 반증이 된다.

연나라가 제비 연(燕) 자를 쓰는 까닭

연나라 화폐인가를 제대로 규명하기 전에 연나라를 좀 더 알아볼 필요가 있다.

중국의 나라 이름(秦, 齊, 趙, 燕, 漢, 晋, 唐, 明, 淸)들을 보면, 지명이나 상징적인 이미지가 떠오른다. 그중에 유독 눈에 띄는 나라가 제비 연(燕)을 쓰는 연나라이다. 제비라니? 연나라가 철새의 대명사 제비를 상징한다니?

연나라의 내력을 찾아보면, "주 무왕 희발(姬發)이 은(상)나라를 멸망시키고 그의 동생 소강공(召康公) (희) 석(奭)을 연(燕)의 제후에 봉했다. 그러나 주나라 연나라의 초기 역사에 모르는 것이 많다. 하남성(河南省) 지역에 연나라가 있어서, 구별하기 위해서 하남성 지역의 연나라를 남연(南燕)이라 칭하고, 소공석의 연나라를 북연(北燕)이라고 호칭하였다. 당시에는 연(燕)이 아닌 언(匽, 郾)이라는 한자로 표기하였다. 소공석의 후손들은 산동성(山東省) 지역의 제후로 봉해졌지만, 주(周) (2대) 성왕(成王; BC1042-BC1021)의 치세에 (힘입어) '현재의 북경 부근'으로 옮겼다."(출처: 위키백과)

무왕이 동생 석(奭)을 연의 제후로 봉하기 전에 이미 연이라는 명칭이 하남(성) 지역에 있었다고 했다. 이때 연과 언(匽)이 비슷한 발음으로 불린 것 같다. 언이란 한자 표기로 보아 언의 세력이나 족속이 본색을 드러내지 않고 정착했음을 엿볼 수 있다. 주나라와 연나라의 국성(國姓)이 희(姬)인 점을 볼 때, 연나라도 주나라와 같은 족속으로 보인다.

주(周)나라는 BC11세기 중엽, 시안(西安)의 서쪽에 있는 웨이수이강 분지에서 세력을 확대하다가 은나라를 무너뜨리고 중화의 천자로서 중원(中原)을 지배했던 나라다. BC771년 견융이 주나라를 침략하여 유왕을 살해하자, 제후들이 그의 뒤를 이어 평왕을 옹립했고, 곧이어 호경(鎬京, 현 시안 부근)에서 부도(副都) 낙읍(洛邑, 현 뤄양)으로 수도를 옮겼다. 이를 기준으로 이전을 서주 (BC1046-BC771), 이후를 동주(BC770-BC256)로 구분한다. 주 무왕이 동생 희석을 북연(北燕)의 제후로 봉한 때는 은나라를 무너뜨린 직후라고 할 수 있다.

주나라가 은(상)을 멸망시키고 도읍을 호경에 옮겨, 그들의 중심 세력이 동쪽으로 이동했을 때, 주(周)가 있던 웨이수이강 분지에는 후일 춘추전국시대를 종료하고 천하를 통일한 진(秦)나라가 자리하게 되었다.

서주(西周) 시절, 서융들이 주(周) 조정에 반기를 들어도 진(秦)은 주 조정에 협조적이었다. 강족(羌族)이나 진시황을 배출한 진(秦)도 처음에는 서융으로 불리던 유목민이었다. 옮겨 다니던 유목민이 정착하는 사례를 말하고 있다.

유목민들이 정착하기 전에는, 그들의 집(게르: 몽골식 등)을 싣고 옮겨 다녔다. 이들과 달리 농경 생활이나 수렵 생활을 하는 사람들은 일정한 지역에서 활동하며 식구들과 함께 생활하는 붙박이 주거 공간(집)이 있다. 이에 비해 유목민은 농경 족속이나 수렵 족속, 그 밖의 다른 족속들을 연결해 주며 물물교환이란 상거래를 할 수 있었다. 후일 이들 유목민에서 서역을 오가는 원거리 중계 상인이 출현할 가능성이 높다 하겠다.

남연(南燕)이나 북연(北燕) 세력들도 이들 유목민의 후예로 볼 수 있다.

필자의 시선은 두 가지 질문에서 출발한다. 그 하나는 왜 철새의 대명사 제비 연(燕)을 쓰는가? 그 두 번째는 하남 지역에 연이 분명히 존재하는데 그

연을 남연(南燕)이라고 이름을 고쳐 부르면서 왜 이와 구별하여 굳이 북연(北燕)이라는 명칭을 쓰고자 했을까?

두 가지 질문이지만 하나의 답으로 두 가지 질문에 공통으로 답을 할 수 있다면 그것이 더욱 근접한 답일 수 있다. 왜냐면 남연이나 북연이 같은 동류항으로 보이기 때문이다.

북연이나 남연이 모두 장사꾼이라고 본다.

취급하는 물품에 따라, 특정 계절이 되면 찾아오는 '서역의 상인'이라는 말이다. 생산지와 소비지를 연결하려면 정해져 있는 계절이 있게 마련이다.

예를 들어 모피를 취급하는 상인의 경우를 살펴보자.

봄이 되어 북방 초원길이 풀리면 서역에서 약대에 진귀한 물자를 실은 상단이 연경(燕京: 베이징)으로 몰려든다.

당시 연경은 국제 무역 시장이다. '연경(燕京)'이 우리에게 알려진 것은 박지원의 『열하일기(熱河日記)』이다. 연암(燕巖) 박지원이 건륭제 70회 생일 사절단으로 1780년(정조4) 5월 25일부터 10월 27일까지 중국 연경(燕京, 북경)을 거쳐 열하(熱河, 承德)까지의 기행문이다. 청나라 때 북경의 별칭인 것 같다. 학자들은 북경이 연나라 도읍이었기 때문에 연경으로 보고 있다.

그런데 필자의 주장은 번한(番韓)이 단(檀, 북경)의 동부를 흐르는 고수(沽水, 요수) 양안에 국제무역 시장을 개설(BC2241)하면서 상품별 전문 상인이 찾아왔고, 계절처럼 정확히 찾아오는 상인을 가리켜 제비 연(燕)이라 지칭했을 것으로 본다. 연(燕)으로 불리던 상인이 세력을 키운 것은 BC200년 경의 일이다. 정리하면, 이들 상인(燕)이 점차 중국에서 터전을 잡고 세력을 키워 BC202년에 연(燕)나라를 세웠지만, 연경(燕京)이란 이름은 그 이전에 붙여졌다고 본다. 이처럼 연경에는 계절 따라 상품을 구입하고, 가져온 상품을 팔기 위해 무역상인들로 붐비는 도시였다고 말할 수 있다.

이들은 가지고 온 상품들을 팔아야 하는데 일정한 시일과 시간이 필요하다.
연경(燕京)이란 국제시장에는 중국 상인만 있는 게 아니다. 이웃한 동호나 산융의 상인도 있고, 그보다 동쪽 부여 상인도 있다. 티베트 쪽에서 오는 상인도 있다. 그밖에 뱃길로 월나라와 왜의 상인도 섞여 있을 것이다.
이들 상인들은 자기 나라에 필요한 물건을 확보하기 위해 물물교환을 직접 하거나 명도전, 포전 등의 매개체를 활용하여 교환을 성사했을 것이다.
이들 중에 모피를 취급하는 서역의 상인은 품질 좋은 모피를 찾을 것이다.

모피 상품은 처음 언제, 어디서 만들어지는가? 1년 중 모피가 가장 많이 나오는 계절은, 산짐승들이 먹이가 부족하여 행동이 느려지고 이동 흔적을 남기는 추운 겨울이라 하겠다. 이때의 모피는 추위를 대비해 털갈이 한 것이라 보온성도 높다.
사냥꾼이 짐승을 포획하면 가죽과 육질을 구분하는 1차 작업을 마친다. 겨울철이므로 어느 정도 물량을 확보할 때까지 건천에서 말릴 것이다.
이러한 털가죽(皮)이 수집상에 의해 2차, 3차 공정 과정을 거치면서 좋은 상품으로 완성될 때가 봄철이라고 본다. 모피를 취급하는 서역 상인은 연경 시장에서 다량의 모피를 봄철이 되어야 구입할 수 있다.
이 상인은 이곳으로 올 때 가지고 온 상품(진귀한 물품 포함)을 모두 처분한 후에 모피 상품을 약대에 싣고 서역으로 떠나야 한다. 그리스나 로마 등지에 늦어도 초가을 전에 도착하려면 연경에서 여름이 오기 전에 떠나야 한다. 목적지 서역에는, 가을이 지나서 늦게 도착하게 되면 겨울용 모피가 철 늦은 바겐세일 상품이 되기 때문이다.

모피 상인은 그곳 서역에서 겨울이 지나기 전에 다시 연경을 향하여 떠나야 한다. 그래야 봄에 도착할 수 있기 때문이다.

중국에서 볼 때, 이들 상인이 계절이 되면 으레 나타나는 모양새가 철새에 비유되기 때문이다. 모피 상인은 봄에 찾아오지만 취급하는 다른 상품은 여름철이나 가을철이 될 수도 있다. 그렇지만 찾아오는 시기는 해마다 일정하였다. 그래서 철새의 대표적인 제비 연을 붙인 것이 아닌가 한다.

그런데 제비 연을 옥편에서 찾아보려 하면 불화(火) 변에서 찾아야 한다. 제비와 불은 어떤 관계인가?

제비 연(燕)은 왜 불화(灬) 변을 쓰는가?

서역을 오가는 연나라 상인은 유목민에 뿌리를 둔 장사꾼이다.

이들 연나라 상인은 움직이는 돈줄이고 정보(情報)통이다.

그들은 세상의 수요와 공급의 불균형을 잘 알고 있다. 그들이 수요와 공급의 불균형을 찾아 장사할 때마다 그들의 돈줄이 더욱 굵어지고 단단해진다.

또 하나 그들은 비싼 정보를 사고팔기도 한다. 정치·외교·군사적 정보가 있는가 하면, 과학과 기술의 정보도 소유한다. 그 과학과 기술에는 철기 문명이라는 고급 정보도 있다.

예를 들어 청동기나 철기 제련기술 정보는 돈으로 이어진다.

서역으로 가는 장사 길에서 히타이트(Hittite)의 철기 문명을 접했을 것이다.

현재 터키 반도를 가리켜 예전에는 아나톨리아(Anatolia) 반도라고 한다. 그곳에 BC1700-BC1200(500년) 동안 제국을 건설하며 철기 문명의 꽃을 피웠던 히타이트 왕국[318]이 있었다. 히타이트는 BC1275년 철제 무기를 앞세워 시리아를 정복하려는 이집트의 람세스 2세 군대를 막아 전투를 끈질기게 벌일 정도로 강대국이었다.

제철 기술의 핵심은 청동 기술에 비해서 선광(選鑛)과 높은 온도를 내는 풍구(風鞴)에 있다. 히타이트 제국이 멸망한 후에 '비밀의 제철 기술'이 페니키아 상인들에 의해 전파되었다고 한다.

이러한 제철 기술의 고급 정보가 서역을 오가는 연나라 상인을 통해 동북아시아에도 유입된 것 같다.

---

318) 히타이트 제국은 구약성경(창10:15, 창23:16-18)에 나오는 헷 족속이며, 왕국의 수도 핫투사는 현 터키의 수도 앙카라의 동쪽 200㎞, E30°30′ N40° 지점에 있다.

중국이 전국(戰國) 시대로 들어서고, BC334년경[319]에 사마천의『사기』소진열전(史記 蘇秦列傳)에 의하면 "연(북연)은 동쪽으로 조선과 요동, 북쪽으로 임호와 누번, 서쪽으로 운중과 구원이 있고, 남쪽으로 호저와 역수(易水)가 흐른다. 영토가 사방 이천여 리이며, 무장병력이 수십만이고 전차 6백승(乘), 기병 6천기(騎)를 낼 수 있으며 군량은 몇 년을 지내기가 족하다. 남에 갈석과 안문의 풍성함을 끼고 북에는 대추와 밤 수확이 있어서 백성의 전지 농사가 아니더라도 대추와 밤으로 자급이 되니 천연의 보고이다(燕東有朝鮮遼東 北有林胡樓煩 西有雲中九原 南有呼沱易水 地方二千餘裏 帶甲數十萬 車六百乘 騎六千匹 粟支數年 南有碣石雁門之饒 北有棗栗之利 民雖不佃作而足於棗栗矣 此所謂天府者也)."

위 사료에서 눈에 띄는 부분이 '전차(戰車) 6백 승(乘)'이다. 당시 전차는 말이 끄는 수레에 철판을 두른 장갑차이다. 전투병까지 올라타면 상당히 무거울 것이다. 수레바퀴와 바퀴를 연결하는 축이 무게를 감당하려면 강철에 가까워야 한다. 상당한 제철 기술이 있어야 할 것이다. 중국의 철기 문명이 가장 앞선 곳이다. 이런 강력한 군사력에 힘입어 연나라가 전국칠웅(戰國七雄)의 하나로 대우받은 것이다.

'고조선의 철기시대는 중국보다 빠른 BC10 세기경에 시작됐다'[320]고 한다. 한·러 국경(두만강)에서 블라디보스토크 쪽으로 70km 떨어진 러시아의 '바라바시 마을'에서 초기 철기시대인 BC7-BC5세기의 '철기가공작업장'이 발굴됐다는 것이다.

---

319) BC334년 경은 후문공(侯文公, BC361-BC333)의 시대이다. 문공의 아들 역왕(易王, BC332-BC321)이 지금까지의 제후의 시대를 끝내고 왕정인 연나라 시대를 열어나갔다.
320) 〈경향신문〉, '고조선의 철기시대는 중국보다 빠른 BC10 세기경에 시작됐다' 1997.4.7.(1면)

조사 지역에서 400m와 200m 떨어진 지점에서는 각각 발해유적도 발견되어 이 유적이 한반도와 깊은 관련을 맺고 있음을 증명하고 있다.

이보다 앞서, 한반도에서의 발굴 사례가 있다.

'강원문화재연구소는 국도 확장 공사 구간인 홍천군 두촌면 철정리 일대 12만 6,509㎡를 지난해(1969) 2월부터 발굴 조사한 결과, 청동기 시대 주거지에서 소형 단조 철기 1점을 수습했다고 21일 밝혔다. 지현병 연구실장은 "이 소형 철기는 제58호 주거지에서 무문토기 등 유물을 수습한 뒤 바닥을 조사하는 과정에서 찾아냈다."면서 "주거지에서 수거한 목탄(숯)을 시료로 서울대 기초과학공동기기연구원에 탄소연대 측정을 의뢰한 결과 BC640-BC620년으로 통보받았다"고 말했다.'[321] (출처: 서동철 문화전문기자)

강원도 철정리에서 발굴된 철기가 중국의 철기시대를 앞지른다는 것이다.

위의 두 기사를 종합할 때 두만강 너머 간도 지방, '바라바시 마을'에 '철기가공작업장'을 만들고 철기문명을 전수한 서역의 상인은 서역-중국이란 문명 전달 루트가 아니라 중국을 거치지 않고 직접 서역-연해주 루트를 이용했음을 말해주고 있다. 이 철기 문명이 한반도에 전래된 것으로 보인다.

필자가 철기 문명 도입을 소개하는 의도는 제비의 연이 불화 변에 포함될 만큼 서역 상인이 불을 다루는 데 능숙하다는 점을 부각시키려 함에 있다.

혹자는 중국을 뛰어넘어 이해할 수 없는 유적의 발굴이라 한다.

고정관념의 틀로 역사를 이해하거나 해석할 수 없다.

BC10세기 경에 철기 문명이 발아할 수 있는 토양이 중국에는 없었다.

---

321) 〈서울신문〉, 'BC7세기 철기유물 강원도 홍천서 출토', 1970.1.2

다시 말해 노천 철광이 있어야 한다.

한반도에는 노천철광인 무산 광산이 있다.

두만강에서 70㎞ 떨어진 '바라바시 마을'에서 초기 철기시대인 BC7-5세기의 '철기가공작업장'이 발굴됐다는 것은 무산 노천광산과 두만강을 따라 연결된다. 국경(두만강)에서 블라디보스토크 쪽으로 70㎞ 떨어진 러시아의 '바라바시 마을'에서 초기 철기시대인 BC7-5세기의 '철기가공작업장'이 발굴됐다.

여기서 불 화(火)변과 제비 연(燕)의 관계를 찾고자 한다.

불화 변에서 찾을 수 있는 생물체는 제비(燕)와 까마귀(鳥) 뿐이다.

불 화(火=灬)의 넉(4)점에 대해, 설문해자(說文解字)는 4다리 혹은 꼬리를 뜻한다 했다.

그렇다면 불 화(灬)변을 제비나 까마귀의 꼬리로 본 것인가?

그런데 꼬리에 '불이 붙은 제비'나 '불에 탄 까마귀'는 상식적으로 이해할 수 없다. 제비와 까마귀는 생물이기 때문이다.

우리가 잘 아는 기초 한자 중에 몇 자(字)가 떠오른다.

말 마(馬), 물고기 어(魚), 새 조(鳥), 제비 을(鳦), 봉황 봉(鳳) 등이 있다.

이들 글자에 있는 넉 점(灬)은 불화(火) 변이 아니고, 말 마(馬)변, 물고기 어(魚)변, 새 조(鳥)변 그 자체이다. 제비 을(鳦), 봉황 봉(鳳)도 새이므로 새 조(鳥) 변을 쓴다.

옥편에서 자연보호(自然保護)의 '연(然)'을 찾아보면 불화 변을 쓴다. 훈(訓)을 보면 (불) 사를 연(燒也), 그럴듯할 연(如也)이다.

然을 해자 하면, '고기(肉)를 얻기 위해 개(犬)를 불(灬)로 그을리는 모양'의 상형문자이다. 개와 불의 연결이다. 이때는 개를 생물로 보지 않고 음식 재료로 본 것이다.

강희자전[322]에 보면, 생물체에 불을 연결시키는 것은 제비(燕)와 까마귀(烏) 뿐이다. 까마귀는 온통 깃털이 까맣다. 그래서 까맣게 탄 것처럼 보여 현조(玄鳥)라 부른다. 그런데 제비의 날개는 까맣다. 하지만 가슴과 배는 유난히 희다. 제비를 불화변에서 찾는 것은 이해하기 힘든 일이다.

'제비와 불'은 얼른 연관 짓지 못하지만, '제비와 연'나라, '연과 불'을 다루는 기술은 연관 지으면 이해할 수 있다. 다시 말해 '제비-연(나라)-불'이란 연결이 성립된 것으로 본다.

이와 같은 연결 식이 성립될 수 있는 배경에는 연경(燕京: 베이징) 지역이 불을 다루는 기술의 종합체라 볼 수 있다.

그런데 더 놀라운 것은 연나라 성립 이전에도 불을 사용했던 지역이라는 점이다.

이형구의 『코리안루트를 찾아서』에 의하면, 뉴허랑 유적 중 잔산쯔(轉山子)에서 확인된 피라미드에서 청동기를 만들 때, 청동 주물을 떠서 옮기는 도가니[감,坩]와 청동 찌꺼기[동답,銅澘; 슬래그]가 발견됐다. 이를 두고 중국의 저명한 야금학자인 한루빈(韓汝玢)은 기존 중국의 청동기 시대 시작연대(BC2000 설)보다 1,000년 이상 앞선 BC3500-BC3000년 사이, 홍산(紅山)문화(BC4700-BC2900)시대에 청동기시대가 이미 시작되었다고 주장했다.[323]

---

322) 청나라 제4대 황제 강희제의 칙명으로 편찬한 강희자전(康熙字典)은 한자 사전이다. 당대 유명 학자들을 초빙해 5년에 걸쳐 저술하여 강희 55년(1716)에 완성하였다. 이때 제비 연(燕)을 연(燕)나라의 燕과 동일시 하여 불화 변에 燕을 정리한 것으로 본다.

323) 이형구, 전게서, pp.136-138.

환단고기에 보면, 환웅이 동방에 진출한 때(BC3897)와 비슷한 시기이다. 뉴허랑 유적 중 청동기 도가니와 슬래그 유물이 나왔다는 잔산쯔의 피라미드는 E119°10′ N41°10′에 있으며, 연경(베이징)에서 약 250㎞ 떨어진 거리에 있다.

『환단고기』〈삼성기전 하편〉의 신시역대기(神市歷代記)에 나오는 환웅 배달국 시대(BC3897-BC2333)는 청동기를 다룰 줄 아는 청동기 문명이라 할 수 있다.

이곳에서 불을 잘 다루는 연나라가 번성했다는 것도 우연이 아닌 것 같다.
상인들에게 기본 가르침이 있는데, '새 점포를 열 때는 유사 업종을 따라 그 인근에 열어라.'라는 말이 있듯이, 불을 잘 다루는 연나라 상인들이 불 장사를 하기 위해 업종이 비슷한 지경(地境)에서 문을 연 것이다.

계절 따라 찾아오는 연나라 상인, 불을 잘 다루는 연나라 사람들의 집단에게 불 화변의 제비 연을 붙인 것은 매우 의미 있는 명칭이라고 본다.

명도전은 구리와 주석으로 만든 청동이 재질이다. 다량의 명도전을 끊임없이 생산하려면 가까이에 구리광산이 있었을 것으로 본다.
일본침략기에 제작된 중국 대륙의 전국 광산지도(全國鑛産圖)[324] 가 있다. 분포된 광산(鑛産)지역은 선양과 하얼빈을 잇는 만주 지역과 선양과 베이징을 잇는 발해 연안과 베이징에서 쉬저우(徐州)를 잇는 산둥 서부지역이다. 이들을 잇는 광맥(鑛脈)에 따라 구리[325]광산이 존재할 수 있다. 이들 지역 중심에

---

324) 광산(鑛山)은 광물을 캐내는 곳이고, 광산(鑛産)은 쇳돌이 만들어진 분포를 말한다.
325) 구리는 마그마가 냉각될 때, 화성암(火成巖)체에서 쫓겨난 수증기와 휘발성 성분이 기존 암석 틈을 따라 이동하는 동안 온도가 낮아지면서 그 틈에 여러 가지 광물을 침전시켜 광상(鑛床)을 만드는데, 이를 열수광상이라 한다. 이 광상은 주로 석영맥을 만들며 그중에

불을 다루는 연나라 수도 연하도가 베이징시 서남쪽 변두리에 있다.

　제비 연(燕)을 쓰는 연나라가 불을 잘 다루어서 청동으로 주조된 명도전을 찍어낸 것이 아니라 연이 있었던 지역이 예부터 불을 잘 다루던 지역이라는 것을 말하고 있다. 그 한 예로, 북경에서 동북쪽으로 250km 떨어진 잔산쯔의 피라미드(E119°10′ N41°10′)에서 BC3500-BC3000년 사이로 보이는 청동 주물과 도가니와 청동 찌꺼기가 발견됐다는 것으로 보아 연나라(BC4경) 이전에도 청동 주물 제작이 가능했다는 이야기다. 이곳 역시 앞서 소개한 전국광산지도에 나온 광산 구역에 속한다.
　따라서 명도전을 찍어냈다 하여 연나라 화폐라고 단정 짓기에는 무리가 있다는 점이다.

　금, 구리, 연, 아연, 은을 수반한다. 이와 같은 접촉교대광상은 석회분이 있는 암석과 접한 곳에 생성된다. 우리나라의 경우 석회암 지대에 있으며 텅스텐을 생산하는 상동광산이 좋은 예이다. 구리광산은 열수광상에 해당한다.

명도전이 고조선 화폐라는 주장

칼모양의 도폐(刀幣)가 명도전만 있는 것은 아니다.
제도폐(齊刀幣)도 있고 조도폐(趙刀幣)도 있고 첨수도도 있다.
제도폐란 제나라의 도폐라는 뜻이고, 조도폐란 조나라의 도폐라는 뜻이다.
명도전과 두드러진 차이점은 이들 도폐에는 '명(明)'자 문양이 없다는 것이다.
제도폐의 '齊'라는 문양이 제나라를 가리키는 것처럼, 명도전의 '明'이란 문양도 밝음을 추구했던 (고) 조선(朝鮮)의 '朝'를 대신하는 표시가 아닌가 하는 주장도 있다.

고고학적으로 볼 때, (고)조선 시대의 대표적인 출토 유물로는 빗살무늬토기와 미송리 토기와 같은 토기류, 비파형 동검이나 세형동검 같은 청동검, 고인돌과 돌무지무덤과 같은 무덤 유적, 다뉴세문경이라는 잔줄무늬 청동거울 등이 있는데, 이러한 유물들의 출토 지역을 통해 (고)조선의 영역을 추정하고 있다.
이렇듯 (고)조선의 영역과 관련해서 (고)조선 유물이 출토되는 지역을 살펴보면 중국의 하북성과 요령성·길림성·흑룡강성의 동북삼성, 내몽고자치구 및 한반도 전역이다.
여기서 특히 칼처럼 생겼다고 해서 '명도전(明刀錢)'이라고 불리우는 고대 청동 화폐도 (고)조선 관련 주요 유물 출토 지역과 정확하게 일치하고 있기 때문이다.

성삼제는 『고조선, 사라진 역사』에서 명도전이 '(고)조선의 화폐'라고 주장하고 있다. 그 이유로, 천재교육(검인정 교과서)에서 '북경이 (고)조선과 연나라의 국경'이라면 '명도전은 연나라의 화폐'가 되기 어렵다. 명도전의 발굴 지역 대부분이 (고)조선의 강역이기 때문이다. 그리고 (고)조선 영토에서는 명도전 이외의 (고)조선 화폐는 지금까지 단 한 개도 발굴되지 않았다. 명도전이 (고)조선 지역에서 발굴된 것이고, (고)조선 지역에서 유통되었다고 볼 수 있다. 명도전이 (고)조선의 화폐일 수밖에 없는 첫째 이유다.

둘째 이유는 (고)조선의 청동기 문화가 다른 고대국가들과 비교해도 전혀 손색이 없다는 것이다. 우리나라에서 출토되는 청동검은 매끈하고 디자인이 세련되었으며, 청동거울은 고도의 기술을 요하는 난이도 높은 제품이다. 이런 기술을 가지고 (고)조선이 청동 화폐를 만들지 않았다면 이상한 일이다.

셋째 이유는 연나라가 (고 조선과 병행하여) 존속했던 기간은 불과 100년 남짓인데 비해 광대한 (고)조선 지역에서 출토되는 명도전 화폐량이 너무 많은 것이다. 고조선이 2,000년 동안 사용한 (고)조선 화폐라고 해야, 명도전 출토량이 많은 것을 설명할 수 있다.

넷째 이유로는 당시 연나라는 (고 조선과) 100년 동안 지속된 역사에서 (고)조선(BC2333-BC426)의 계승국가인 대부여(BC425-BC238)와 80년간 전쟁을 치룬 적대국이었다. 대부여가 자국 화폐 없이 적국의 화폐를 사용했으면 국가 경제는 성립할 수 없다는 것이다. 진시황은 BC221년에 중국 역사상 최초로 통일제국을 완성한 후, 각 지방마다 달랐던 화폐를 '반량전'으로 통일했다. 그러나 당시 (고)조선과 대부여를 계승한 북부여 지역에서 반량전을 대량으로 사용한 흔적이 없다. 적국의 화폐인 까닭이다.

또 명도전이 고조선 출토 지역과의 연관성을 강조하는 학자가 있다. 러시아 학자 부찐이 쓴 '고조선 역사-고고학적 개요'에 그려진 (고)조선 영토는 기원전 3세기 전까지는 서쪽으로 북경 서북쪽 난하에 이르렀고, 기원전 3세기 이후 요하 지역까지 밀렸다고 보고 있다.

박선미[326]는 명도전 유적의 위치를 표시한 지도를 소개하면서 요하 동쪽의 유적은 연나라의 유적이 아니고 (고)조선 고유의 유물일 가능성이 높다고 설명하고 있다. 박선미의 '명도전 출토지역 분포도'와 부찐의 (고)조선 영역 지도는 거의 일치하고 있다. 명도전은 연나라가 아닌 (고)조선 영토의 전역에 걸쳐 고르게 출토되고 있다. 그리고 난하 이남에서는 남쪽으로 갈수록 발굴 양이 희소해진다고 했다.

앞서 소개한 장보촨(張博泉) 교수는 "기원전 7세기부터 기원전 3세기 무렵까지 만주 지역에는 3종의 화폐, 즉 첨수도, 원절식 도폐, 방절식 도폐가 있었는데, 이 중에 '첨수도와 원절식 명도전은 (고)조선 화폐'라는 주장이다.(출처: 재외동포신문)

(고)조선과 연나라 경계가 주요 쟁점인데, 고지명인 패수의 정확한 위치에 대해, 러시아 학자 부찐은 기원전 3세기 (고)조선의 서쪽 국경을 북경 위쪽 '난하(灤河)'라고 설명한다. 그런데 박선미는 '패수는 요하(遼河)'라고 주장한다. 강단사학자 중에는 청천강(淸川江)을 (고)조선의 서쪽 국경이라고 말한다. 이들 학자가 보는 (고)조선의 서쪽 국경은 각각 다르다.

---

326) 박선미, 전게서. p.221.

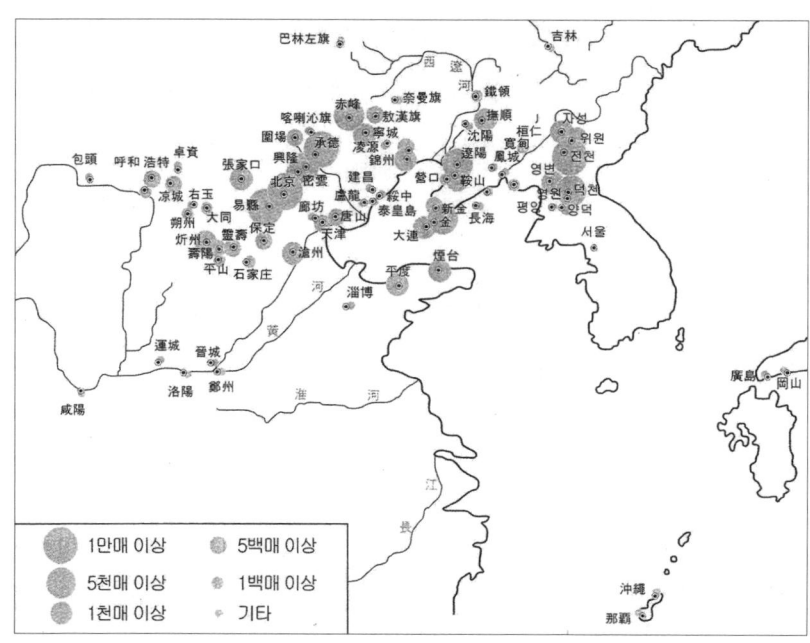

▲ (도25) 동북아시아의 명도전 분포 현황, 『고조선과 동북아의 고대 화폐』 p.221.

한국사를 제대로 해석하려면 한국사의 기준점을 명확히 해야 한다는 중요성을 깨닫게 한다.

앞에서 소개한 바와 같이 범장이 쓴 『북부여기 상』에는 해모수 단군 기사 말미에, "기해 38년(BC202) 연나라의 노관(BC247-?)이 다시금 요동의 옛 성터를 수리하고 동쪽은 패수(浿水)로써 경계를 삼으니 패수는 곧 오늘의 '난하'다(己亥三十八年 燕盧綰復修遼東古塞東限浿水 浿水今灤河也)."라는 기록이다. (고)조선과 대치했던 연나라가 난하를 넘지 못했으니, 난하 동쪽에 있는 랴오둥반도나 한반도의 서북부를 지배한 일이 당연히 없을 수밖에 없다고 본다.

이는 국사계의 강단사학자들이 주장하는 '연나라의 청천강 이북 지배설'을 정면에서 부정하는 결정적 주장이 될 수 있다.

앞의 지도, 동북아시아의 명도전 분포 현황에서 북경(北京) 동편 옆에 있는 밀운(密雲)과 청더(承德) 사이에 흐르는 강이 패수(浿水), 즉 지금의 난하(灤河)이다. 패수가 지금의 난하라는 사실을 본 책 1장에서 이미 결론이 난 상황이다.

패수를 경계로 동쪽이 (고)조선이고, 강 건너 서쪽이 연나라이다. 그런데 명도전 사용 범위를 보면, (고)조선 쪽이 더 광범위하지만 난하의 서쪽 연나라 영역으로 보이는 북경, 이현, 보정 등 난하의 서쪽 지역에서도 명도전이 다량으로 출토되고 있는데, 이런 발굴 현상을 어떻게 해석해야 할 것인가.

이 글 후반에서 명도전 거푸집과 관련하여 다시 살피기로 하겠다.

명도전 사용 용도가 분명한 낭림산맥 시장

박선미 교수는 명도전 발굴 현장 분석을 위해 ①생활유적인가? ②매납유적인가? ③기타 유적인가로 분류하였다.

박 교수가 매납(埋納)에 대하여, "하나는 생활유적 주변에 위치하여 일종의 '재화의 저장'을 의미하는 '저장매납(貯藏埋納)'이다. 다른 하나는 인적이 없는 외진 곳이나 산기슭 등에 위치하며 주변에 아무 시설이 없이 화폐만 매장되어 있는 경우로 '재화를 숨기기' 위한 '퇴장매납(退藏埋納)이다."

이에 대하여 필자는 다른 각도에서 몇 가지 의문을 제기하려 한다.

첫째, 매납을 재화의 저장이나 숨기는 것으로 보고 있다는 것은 명도전을 재화로 보고 있다는 것이다. 그런데 명도전이 재화라면, 낭림산맥 너머 동쪽 지역에서는 명도전 사용 흔적이 없는데 이를 어떻게 설명할 것인가?

둘째, 퇴장매납의 경우 산기슭 등 외진 곳을 택하였다고 했는데, 무엇 때문에 그런 장소를 선택했는지 밝혀내지 못했다.

셋째, 대체로 퇴장매납의 경우는 한 종류의 화폐만 출토되는 경향이다. 그리고 생활유적에서는 다른 종류의 화폐도 섞여서 발굴되고 있다. 그런데 생활유적이라고 분류된 유적지 중에 단일 화폐만 출토된 경우가 꽤 있다. 지금은 인근에 주택이 있어서 생활유적으로 보이지만 매납 당시에도 그랬었는지 의문이다.

이러한 의문을 해소하고 명도전의 사용처를 확인하기 위해 발굴 현장을 찾아 살펴보려 한다.

앞의 지도, 동북아시아의 명도전 분포 현황에서 눈에 띄는 것은 한반도의 서북부 자성, 위원, 전천, 영변, 영원, 덕천, 양덕이고 어마어마한 발굴 수량이다. 이들 지명의 위치는 낭림산맥 서쪽 기슭에 있으며, 한마디로 말해서 산맥을 넘지 못해 고갯길을 앞둔 곳이라 할 수 있다.

평안북도에 있는 자성은 가능령(해발 1,411m)을, 위원은 아득령(1,479m)을, 진천은 덕유대령(1,535m)을, 영변은 적유령(969m)을, 평안남도 영원은 검산령(1,131m)을, 덕천은 아흔아홉 고개를, 양덕은 마식령(788m)을 넘기 전의 지점으로, 이들 지점을 지나야 낭림산맥을 넘을 수 있다. 다시 말해 모피를 파는 장사꾼이 낭림산맥을 넘어와서 닿는 첫 번째 맞는 지점이라 할 수 있다.

이들 지점을 퇴장매납지로 볼 수 있겠다.

이들 지점 중 위원(渭源)의 경우를 살펴보자.

아득령 고개를 앞둔 곳, 평북 위원(渭源) 용연동(龍淵洞) 유적 발굴 사례는 시사하는 바 크다.

국립중앙박물관 큐레이터(김상민)에 의하면, "용연동 유적은 자강도 위원읍 압록강의 지류인 한백천(漢栢川) 일대에 위치합니다. 1927년 4월 압록강 중류지역인 평안북도 위원군 숭정면 용연동 일대에서 도로 확장을 위해 도랑을 파다가 명도전 한 무더기를 발견하였습니다. 그리고 그해 9월 명도전이 출토된 지점의 주변이 도굴되면서 10여 점의 철기가 수습된 이후 여러 차례에 걸쳐 발굴조사 되었습니다. 하지만 안타깝게도 발굴조사에 대한 구체적인 기록은 남아 있지 않습니다. 그해 11월 조선총독부에서 공식적인 발굴조사를 진행하였고, 1938년 후지다 료사쿠(藤田亮策)가 『사학논총(史學論叢)』에 소개하며 세상에 알려지게 되었습니다. 그런데 실제로 발굴조사를 실시한 사람은 조선총독부에서 파견한 고이즈미 아키오(小泉顯夫)였습니다. 유물들이 출토된 일대를 1척(약 30cm) 정도 파 내려가자 그 아래 냇돌로 쌓인 돌무지[積石] 구조를 발견하였는데, 그 크기가 12척(약 360cm)이었다고 합니다. 고이즈미 아키오는 정식 조사 이전에 확인된 명도전, 철기 등의 여러 유물과 본인이 조사한 돌무지 구조와의 관계는 알 수 없었다고 하면서도 이 유물들을 돌무지무덤[積石塚]의 껴묻거리로 추정하였습니다. 더불어 1947년에 발간된 보고서에서 보고자인 우메하라 세이지(梅原末治)는 한반도 금속 사용의 초기 문물을 알 수 있는 중요한 자료로 평가하였습니다."라고 소개하고 있다.

용연동은 위원군 숭정면(崇正面)에 있다. 면 소재지는 용연동이다. 숭정면은 동남쪽으로 숭적산·백암산·천불봉(天佛峰, 1,639m)·수참령(水站嶺, 1,409m)·봉전산(蓬田山, 1,286m)·삿갓봉·가곡령(架谷嶺, 1,046m)·백고덕산·삼암덕산·고봉산(高峯山, 1,066m)·임전령(林全嶺, 1,112m) 등의 높은 산들이 산재해 있다.

앞서 큐레이터가 소개한 바와 같이 유적 발굴 장소가 고갯길을 오르는 오솔길을 확장하는 과정에서 발견된 곳이다.

일제강점기 때 평안북도 위원 용연동에서 이 명도전 항아리 유적을 직접 조사한 일본인 고이즈미 아키오(小泉顯夫)의 수기(手記)에 의하면, '당시 이 지역은 산을 따라 이어진 작은 비탈길이 유일한 통로인데, 그 길을 넓히는 과정에서 명도전 항아리가 나왔다'는 것이다.

이곳에서 명도전과 철기 유물이 발굴된 것이다.

필자는 이 지점이 '물품 수집 (대리) 상인'과 '생산자 혹은 대리 상인'이 대면하는 곳, 시장(市場)이라고 본다.

이곳을 시장으로 보는 첫째 이유는 물품 수집 상인이 수레나 대규모 운송 수단을 이끌고 있을 텐데 오솔길을 앞두고 더 전진할 수 없는 경계라는 점이다.

둘째 이유는 낭림산맥을 넘어 동쪽 지역에서 명도전이 발견되지 않는다는 점이다.

낭림산맥 서쪽 지역에서 발굴된 명도전 수량을 보면, 자성은 2,000매, 위원은 51매+잔편 1,276조각, 전천은 10,950매, 영변은 약 3,000매, 영원은 수백 매, 덕천은 4,280매이고 양덕은 소량이다.[327] 이렇게 엄청난 수량이 발굴되었는데 낭림산맥 동쪽 지역에서는 전혀 발굴되지 않는 실정이다.

왜 그럴까?

낭림산맥 동쪽에서 고개를 넘어온 '물품 생산자 혹은 대리 상인'이 물품을 팔고 받은 명도전을 가지고 되돌아가지 않았다고 본다. 그곳에서는 명도전을 화폐로 사용하지 않았다는 반증이다.

낭림산맥을 넘나드는 '물품 생산자 혹은 대리 상인'은 아마도 생활과 생산에 도움이 되는 물품과 약간의 치장품도 샀을 것이다.

이를 근거로 유추하면 명도전이 전국 통용 화폐가 아니고 한정된 지역에서 사용된 보조 화폐로 봐야 할 것 같다.

평북 위원(渭源) 용연동(龍淵洞) 유적에서 발굴된 유물이 국립중앙박물관에 전시되어 있다.

---

327) 박선미, 전게서. pp.109-112.

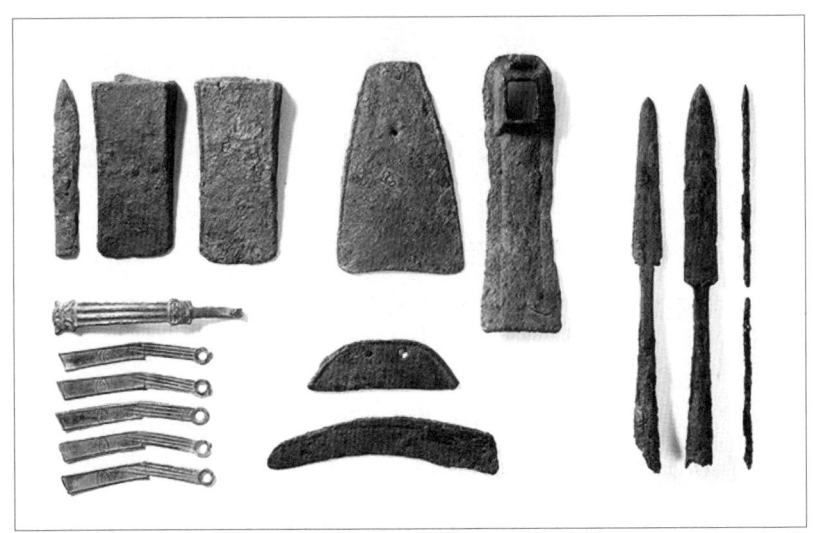

▲ (도26) 용연동(龍淵洞) 유적에서 발굴된 유물

용연동 유적에서는 금속제품만 출토되었다. 청동제품은 완전한 형태의 명도전 52점 외에 744점의 명도전 조각과 청동화살촉[銅鏃], 청동허리띠고리[銅帶鉤]가 있다.

철기는 10점이 출토되었는데 쇠창[鐵鉾] 두 점을 제외하고 모두 농·공구이다. 사다리꼴 모양의 쇠호미[鐵鋤]와 직사각형 모양의 쇠괭이[鐵鍬], 쇠도끼[鐵斧] 두 점이 있다. 반달모양 쇠칼[半月形鐵刀]과 쇠새기개[鐵鉈]도 보인다.

이들 유물을 다시 분류하면, 수렵용으로 청동화살촉과 청동허리띠고리, 쇠창, 쇠칼, 쇠새기개(철사: 덫 용)이고, 농기구로는 쇠호미, 쇠괭이, 쇠도끼, 쇠칼, 쇠새기개이다. 쇠칼, 쇠새기개는 용도가 다양하다. 청동허리띠고리도 수렵할 때 사용하지만 치장품으로도 가치가 있었을 것이다.

매납 유물에는 포함되지 않아 출토되지 않았지만 가볍고 부피가 작으며 고가(高價)의 사치품은 '수집 (대리) 상인'이 별도로 휴대하고 있었을 개연성이 있다.

한마디로 용연동 시장은 물물교환 시장이라고 할 수 있다. 다만 1:1 물물교환이 어렵기 때문에 물물교환의 보조적 수단으로 명도전이 쓰였다고 본다.

잠시 여기서 짚어볼 부분이 있다.
명도전이 산악지역에서는 발견되지만 같은 평안북도의 평야 지대에는 발견 사례가 없다. 우선 생각되는 것이 전국적 통용 화폐는 아니라고 본다. 다음으로 생각되는 부분은 평야 지대의 쌀과 잡곡 등 곡식은 명도전으로 구매하는 취급 물품이 아닌 것 같다. 용연동 시장에서 사용한 것으로 보아 특정 물품을 수집·구입 하는 데 사용된 것 같다.

명도전은 물물교환의 보조 화폐이다

위연 용연동 유적 유물로 보아 위연의 명도전 시장은 수렵과 관련된 모피 시장이 아니었나 한다. 평북 자성도 위원의 범주를 벗어나지 않았을 것 같다.

그런데 전천의 명도전 발굴 수량이 많음에 관심이 간다. 이 지역 발굴 수량이 다른 지역과 비교하지 못할 만큼 많은 1만 1천 매에 이른다.

물품 '수집 (대리) 상인'은 왜 이같이 많은 수량의 명도전을 준비해 두어야 했을까?

아마도 위원이나 자성과는 다른 물품을 취급하였을 것으로 본다.

위원이나 자성이 아득령이나 가능령을 넘어 개마고원 일대에서 사냥꾼이 생산한 모피라면, 전천은 덕유대령을 넘어 장진, 함주, 길주를 거쳐 청진, 회령에 도달하여 채취한 흑요석을 취급하였을 것으로 본다.

흑요석은 당시 고가의 상품이다. 우선 화살촉으로 쓰인다. 석재나 금속제 화살촉보다 가벼워 멀리 날아가며 명중률도 높다. 다음은 육포 생산에 날카로운 칼날로 쓰인다. 그리고 모피 가죽을 생산할 때 가죽 안쪽의 육질을 얼마만큼 얇게 벗겨내느냐 하는 기술이 모피의 값어치를 높인다. 이때에도 흑요석이 필요하다. 아마도 전천은 흑요석 시장이 아닌가 한다. 고가로 취급되는 흑요석에 따라 명도전의 수량도 늘어났다고 본다.

그렇다면 영흥을 거쳐 한반도 동해안으로 나갈 수 있는 영원, 덕천, 양덕 시장은 어떤 상품을 취급했을까?

아마도 동해안에서 생산하는 건어물을 취급했을 것으로 유추할 수 있다.

한반도 동해안이 생산자라면 소비자는 어디인가?

상고시대에 부를 축적한 곳은 중앙아시아로 본다. 본책 2장의 (표1) '세계 문명사의 중심축 이동'에서 보듯, 중세는 지중해 중심이고 고대에는 중동지역 중심이었는데 그 전, 선사시대에는 중앙아시아 중심이라고 본다.

한반도 동해안에서 서쪽으로 가는 풍시(東西) 화물의 품목 중에 황태, 건미역, 건오징어를 상정할 수 있다. 건어물 황태의 쓰임은 '황태해장국'과도 연결된다.

'해장국'이 왜 필요한가?

그들은 문명과 문화의 중심지에서 부(富)를 축적함에 따라오는 향락과 낭만의 파티를 자주 즐겼을 것이다. 그들이 음주 뒷날 숙취를 해소하려 해장국이 필요했을 것이다.

실제로 북어(황태) 해장국은 지금도 한반도의 전통적 해장국이다. 황태해장국의 주원료가 황태(명태)와 건미역이다.

인근에 흑해와 지중해라는 바다가 있다. 그곳 바다에서 미역을 채취할 수 있다 하더라도 한류를 따라 이동하는 명태(황태)는 난류에 해당하는 지중해나 흑해에서 맛볼 수 있는 어종이 아니다. 또 황태는 명태를 특수한 기후조건에서 재생산한 특별 상품이다. 특히 해장국 재료인 황태와 건(乾) 미역은 부(富)를 축적한 사람들에게 인기가 높았을 것이다.

강원도 양양에서 출토된 흑요석은 어포 생산에도 쓰였을 것으로 보인다.

필자는 오래전부터 여름철이 되면, 강원도 동해안에 휴가를 갈 때마다 고성 문암리에 들려 지세를 관찰하고 분석하곤 했다. 이곳 신석기 유적에서 BC6000년경으로 보이는 옥결이 발굴되었기 때문이다. 남해안 여수 안도리 유적에서도 BC4000-BC3000년으로 보이는 옥결이 발견되었다.

문암리 유적지는 방파제 같은 구릉의 언덕 서편에 있어 동해안의 파도를 막을 수 있는 지형이다. 지금부터 8,000년 전이라면 이곳 문암리는 썰물 때나 건널 수 있는 섬인데 당시 어떻게 그런 보물을 사랑하는 여인에게 선물할 수 있었을까?

오랜 필자의 의문이 낭림산맥 서편 명도전 시장에서 말끔히 해결할 수 있었다.

명도전 시장이 섰던 BC3세기 전후의 시기와 비교할 때, 수암(岫岩)[328]에서 만들어진 옥결을 구입한 시기는 무려 6,000년의 차이가 있다. 옥결이 만들어진 시기는 단군왕검이 조선을 건국하기 이전의 일이다.

그때도 낭림산맥 서쪽 시장에는 명도전이란 화폐는 없었지만 어떤 매개체를 이용해서라도 동해안의 건어물과 옥결(玉玦, 옥 귀고리)의 물물교환이 이뤄졌을 것으로 보인다.

이를 간접적으로 입증하는 증명이 있다. 동양의 한자 발생 시기를 대략 4,000년에서 4,500년으로 보고 있다. 문암리 옥결은 이보다 1,500년이 이른 시기이다.

한자가 정착되기 전의 일이다. 당시 물품이나 화물은 대게 동에서 서쪽으로 이동되는 것이 상례다. 고성리의 대표 상품이 이렇게 한반도 동해안에서 낭림산맥을 거쳐 중국의 땅을 통과하여 서역으로 갔을 것이다. 동쪽에서 서쪽으로 이동한다는 똥시(東西)가 바로 물품이나 화물을 뜻한다. 중국에서 물

---

328) 수암은 요동반도의 천산산맥에 있다. 홍산(랴오허)문명 중 싱륭와(興隆洼)문화(BC6200-BC5200) 지역에서 세계 最古의 옥결(玉玦)이 발굴됐다. 성분 분석 결과 수암옥으로 밝혀졌다. 이 시기는 청동기 이전이므로 옥을 가공하는데 흑요석이 쓰였을 것이다.

건이나 화물이 동쪽에서 서쪽으로 이동하는 이미지를 형상화 한 말이고 글자를 의식한 한자의 조합에서 나온 단어이다.

낭림산맥 서편 시장에서 출발하는 뚱시는 명도전 이전에도 있었다고 할 수 있다.

여기서 잠시 생각해 볼 것은, 명도전 사용 시장을 이은 '상업 문명 변방 라인'이 존재한다는 사실이다. 명도전 출토로 본 '요하 강변의 철령(鐵嶺)과 무순(撫順)'과 '압록강변의 환인(桓仁)과 콴뎬(寬甸), 한반도 쪽의 자성과 위원', '낭림산맥 서편의 전천, 영변과 영원, 덕천, 양덕'으로 이어지는 '상업 문명 변방 라인'을 확인할 수 있다. 이 라인을 중심으로 할 때, 서쪽은 문명이 발달한 곳이고 장사꾼이 물물교환 또는 매매를 위해 출입이 가능한 곳이고, 라인의 동쪽은 길이 험하거나 인구밀도가 매우 낮은 문명의 소외지역으로 볼 수 있다.

본점과 수집상을 잇는 솽랴오·푸순 시장

명도전 발굴이 비교적 많은 푸순(撫順 E123°50′ N41°50′)과 솽랴오(雙遼 E123°30′ N43°30′) 시장은 장백산맥(長白山脈) 서북쪽 요하 유역에 있다.

솽랴오는 명도전이 발견된 랴오허강 유역의 유적 중 최북단이다. 솽랴오시 서북쪽 모래 구릉에서 발견되었다. 하지만 정확한 수량은 확인되지 않고 있다.[329] 솽랴오는 그 동쪽에 있는 창춘(長春), 지린(吉林)과 함께 작잠(柞蠶) 생산지역이다.

주채혁은 『떡갈나무 작잠(柞蠶) 고구려 비단』에서 '만주 대흥안령(산맥)의 드넓은 언덕에 어마어마한 작군(柞群; 떡갈나무 군락)이 자생하고 있는데, 이 잎을 먹는 누에를 작잠이라고 한다. 눈(嫩)강[330] 언저리 수림의 바다를 이룬 떡갈나무들은 자라는 환경은 거센 태평양 설한풍이 매섭게 휘몰아치는 생태환경이다. 온대의 뽕나무 잎을 먹고 자라는 누에, 상잠(桑蠶)을 대신할만한 떡갈나무 누에, 작잠(柞蠶)이 있다. 작잠을 천잠(天蠶)이라고도 하는데 상잠가잠(家蠶)에 비해 품질이 뛰어나고 가격이 수배 이상 비싸게 매겨졌다' 한다.

『후한서』〈동이열전〉의 서(序)에, "동이는 거의 모두 토착민으로서 술 마시고 노래하며 춤추기를 좋아하고, 변(弁, 고깔)을 쓰고 금(錦)으로 만든 옷을 입었다(東夷率皆土著 憙飮酒歌舞 或冠弁衣錦)."

---

329) 박선미, 전게서. p.99.

330) 중국의 넌장(嫩江 E125°20′ N49°10′)을 우리는 눈강(嫩江)으로 읽는다. 눈(雪)을 눈(嫩)으로 읽는 순우리말 지명 중의 하나다. 그곳은 1년의 절반을 눈과 눈이 녹은 강물로 영향을 주는 지역이다. 한자가 도입되기 전에 눈 문화가 지배하던 지역이다. 嫩을 해자 하면, 눈이 오는 날 여자(女)는 경계(敕)하고 삼가야 한다는 의미로 글자가 조합된 것 같다.

여기서 '금(錦)'이란 비단옷을 말한다.

윤명철의『고조선 문명권과 해륙활동』에 의하면, 원래 가장 유명하고 우수한 비단은 만주 제품이다. 누에가 내뱉는 남색 실크가 빛에 따라 색이 변화무쌍하므로 '천잠(天蠶)'이라 칭송받았다. 중국 학자들은 원조선과 부여의 중심지였던 지린(吉林)시 쑹화(松花)강가의 서단산 문화를 '천잠명주(天蠶絲綢)문화'라고 부를 정도다.

『후한서』〈동이전〉에는 '삼한 지역에서 기자(箕子)가 동래 하기 이전부터 누에를 키우고 비단 천을 생산했다고 기록했다. 고구려 고분벽화나 중국 기록들을 보면 고구려인들은 옷, 모자(임금이 쓰는 백라관, 신하가 쓰는 청라관 등), 장식품 등에 다양한 종류의 비단을 사용했다'고 한다.

'쑹랴오 명도전 시장'의 주요 품목이 명주실과 비단 천이었다고 볼 수 있다.

이와 달리 '푸순 명도전 시장'은 한반도의 개마고원과 백두산에 이르기 전에 장백산맥으로 가는 길목에 있다. 이들 산악지역은『관자』에도 나오는 문피(文皮) 생산지라고 본다. 당시 모피는 상당히 고가로 팔렸다고 한다.

강인욱 부경대 교수는 한국고대사학회 학회지인 '한국고대사연구'에서 고조선은 모피 무역의 중심지였다고 발표했다. 강 교수는 중국 춘추시대 제나라의 정치가인 관중이 지은 것으로 알려진 책『관자(管子)』에 등장하는 문피 기록, 동물 뼈와 고대 화폐 명도전 출토 지역 등 고고학적 자료를 바탕으로 고조선이 모피 무역의 중심지였음을 증명해냈다. 강 교수는 동물 뼈 자료를 분석해 모피류 동물이 현재의 산지인 백두산 일대보다 훨씬 더 광범위하게 압록강 중상류 지역에 널리 분포했음을 밝혀냈다. 또 압록강 중상류 일대에서 발굴된 명도전 출토 유적을 모피 무역과 관련된 중계무역의 증거물로 제시했다.

푸순 두 곳에서 발굴된 명도전의 (50여근+40kg) 수량[331]을 환산[332]하면 대략 4,600매가 된다. '푸순 명도전 시장[333]'에서는 주요 품목이 모피 상품이었다고 본다.

주요한 모피 동물인 담비, 삵, 스라소니들은 하나같이 인적이 아주 드문 한대(寒帶)의 산속에서만 산다. 그런데 푸순에서 거래되는 모피는 완성품이 아닐 것이다. 값비싸고 좋은 모피가 되려면 모피 가죽에 붙어있는 육질을 최소화하여 가볍고 냄새가 나지 않아야 한다.

사냥꾼은 1차로 짐승의 가죽만 걷어낼 것이다. 이것을 피(皮)라고 한다.

가죽을 2차, 3차로 가공할 곳이 푸순이라고 보기는 어렵다.

모피 시장은 푸순만이 아니고, 앞서 소개했듯이 낭림산맥 기슭도 있고 만주의 다른 지역도 있다. 예를 들어 만주의 푸순이나 환인(桓仁), 한반도의 자강이나 위연 등은 '물품 수집 (대리) 상인'이 진출한 곳이다. 이곳의 현실은 계절이나 '생산자 혹은 대리 상인'의 취향과 선택에 따라 수집되는 물품 수량의 변화가 크다. 이런 곳에서 2차, 3차 가공 시설을 갖춘다는 것은 힘들고, 좋은 품질을 보장할 수도 없다.

모피를 전문적으로 취급하는 본점이 있을 것이며, 집산지에서 그곳으로 모이면, 그곳에서 2차, 3차 가공이 이뤄질 것이다.

3차 가공 장소로는 다양한 명도전이 발굴되는 대릉하 중상류지역이며, 그 중심에 진한의 도읍으로 보는 조양이 있다.

---

331) 박선미, 전게서. p.100.

332) 명도전의 평균 무게(12-19g)를 15g으로 보고 계산함. 1근을 600g으로 보고 있다.

333) 푸순에서 관전과 환인으로 이어지는 장백산맥 서북 기슭은 가섭원부여로 모피생산이 많았다.

서역과 직교했던 요동 반도의 어시장

박선미의 '동북아시아의 명도전 분포 현황(지도)'에 의하면, '요동 반도의 서쪽(발해 연안)의 와방점시(瓦房店市)에서부터 서남쪽으로 해안선을 따라서 반도의 끝인 여순구구(旅順口區)를 돌아, 반도의 남단에 있는 대련(大連)을 지나 동쪽 장해(長海)와 주앙허시(庄河市)까지 화폐 유적은 반도의 해안선을 따라 분포한다. 이 분포지가 내륙 하천에 연결해 있는 경우가 많다.

명도전 출토 수량은 와방점에서 120매, 신금현(新金縣)에서 다수, 금현(金縣)에서 6,600여 매, 대련에서 400여 매, 장하시에서 다수가 발굴되었다. 명도전이 아닌 화폐, 즉 포전(布錢), 오수전(五銖錢), 반량전(半兩錢), 일화전(一化錢), 원전(圓錢), 제도전(齊刀錢) 등도 매납 유적에서 소량으로 발굴되었다.'[334]

학자 중에는 이와 같은 명도전 발굴 수량을 보고, 랴오둥반도의 (고)조선과 산둥반도의 제나라가 묘도열도(廟島列島)를 통한 교역자금으로 보는 이도 있다. 이에 필자는 동의할 수 없다고 본다.

그 이유는 첫째, 요동반도에서 뱃길이 닿는 산둥반도의 봉래시(蓬萊市)는 물론 묘도군도에서도 명도전이 발견되지 않는다. 둘째 랴오둥반도의 해안선을 따라 명도전이 발견된다는 곳은, 교역항로로 보는 대련시와 멀리 떨어져 있어 제나라 교역자금으로 볼 수 없다. 다시 말해 랴오둥반도 해안선을 따라 발굴되는 명도전은 두 나라 간 교역자금과는 무관하다고 본다.

그렇다면 랴오둥반도에서 명도전은 무엇을 하는 데에 사용했을까?

---

334) 박선미, 전게서, pp.103-105.

앞서 낭림산맥 시장과 푸순, 솽랴오 시장은 물품 수집의 전진 기지로 볼 때, 랴오둥반도의 명도전 시장도 어떤 물품을 수집하는 전진 기지라 할 수 있다.
황해안을 끼고 있다는 점에서 황해에서 나오는 해산물이 아닌가 한다.
우선 굴비와 같은 건어물과 젓갈 등이 떠 오른다.

박선미 교수는 명도전 등 화폐 유적은 랴오둥반도의 해안선을 따라 분포한다고 했고, 이 분포지가 내륙에 위치할 때 하천에 연해 있는 경우가 많다고 했다.
하천에 연해 있는 곳에서 명도전이 발견되었다는 것은 해산물을 싣고 온 배가 머물 수 있는 어항이기도 하다.
박선미는 랴오둥반도 29곳에서 화폐가 출토되었는데 생활유적(7곳)보다 매납 유적(22곳)이 압도적이라 했다. 또 한 퇴장매납의 경우 해안가나 섬에도 다수 존재한다[335]고 했다.
해안가나 섬에 퇴장 매납한 것으로 보아 특정 시기의 한때에 열리는 파시(波市)[336]를 연상케 한다. 랴오둥반도의 명도전 시장은 해산물이 주요 품목인 것으로 보인다.

연평도 조기잡이와 파시, 그리고 굴비와 명도전 어시장이라는 그림이 떠 오른다.
앞에서 한반도의 동해안에서 생산되는 건어물 중 황태포의 경우, 동시의 화물로서 수요자의 필요에 따라 서쪽으로 이동한 교역상품 사례를 소개한

---

335) 상게서. p.107.
336) 고기가 한창 많이 잡히는 때에 바다 위에서 열리는 생선 시장.

바 있다. 만주에서 초원길을 따라 중앙아시아까지 이동하려면 생물이 아닌 건어물이라야 한다. 조기가 아닌 마른 굴비도 교역상품이 가능하다.

황해의 조기잡이는 봄이 풀리면서 흑산도에서 시작된다. 1차 파시가 흑산도 주변에서 형성된다. 조기 떼는 난류의 흐름을 따라 칠산 앞바다로 북상하는데 여기서 두 번째 파시가 형성된다. 조기 떼는 계속하여 북상하고, 3차 파시가 열리는 격렬비열도 주변에는 조기잡이 '닻배'의 수도 늘어난다. 이때가 계절로는 곡우(4.20) 때이다. 이때쯤 조기는 알이 실해지고 토실토실하여 맛이 좋아진다. 조기는 알을 낳기 위해 계속하여 북상하여 연평도 주변에 닿으니 이때가 입하(5.5) 사리 때이다. 알을 낳은 조기는 그 이상 북상하지 않고 남하할 채비를 한다. 그 유명한 연평 조기잡이 파시가 열리는 때다.

이때 잡히는 조기는 상품으로 취급된다. 요동반도 해안에 자리 잡은 굴비 전문상인들은 연평도 파시에서 조기를 구했을 것이다. 조기 잡는 '닻배의 만선'을 찾는 이곳의 상고선(商賈船)은 작은 어선이 아니라 시설 갖춤새가 다른 어선이다. 파시가 열릴 때면 계절풍인 남풍을 따라 하루 낮밤이면 요동 반도 남단에 이를 수 있다.

생선 조기가 굴비가 되기까지는 상고선에서 내리는 동시에 소금물(기원전에는 해수 이용)에 담갔다가 건조하는 방식인데 이런 것을 '물 굴비'라고 한다. 연평도 파시의 상고선은 처음 운반 중에는 '물 굴비' 방식으로 건조를 시작하지만 요동반도에 도착하면 전문 업자에 의해 소금 간을 하여 하루 이틀 재워두었다가 그늘에서 건조하는 '석간' 방식을 취한다.

이 방식은 최고의 굴비 상품을 만드는 제작 방식이다. 당시 천일염 개념이 없던 시대라, 그때의 소금은 서역 상인이 중국 서부 청해(靑海) 등지에서 가져온 소금이 아닐까 한다.

　석간의 소금기가 빠지고 선들바람이 부는 계절인 처서(處暑, 8.23)에 이를 때, 중국의 추석(9월, 음8.15) 명절[337]을 앞두고 굴비 상품을 출하한다.
　이때 서역에서도 굴비 취급 전문 상인이 도래한다. 연경에서 볼 때는 가을에 오는 철새처럼 연(燕)에 해당한다. 이들 상인은 극동지역의 추위보다 영향이 다른, 따뜻한 멕시코 만류의 영향으로 추수감사절(11월)이 늦은 유럽 시장의 판로를 위해 연경으로 모인다.
　조기잡이는 봄철, 가을철 두 차례가 있는데 비슷한 패턴이므로 여기서는 지면관계로 생략한다. 그리고 유라시아 대륙을 건너는 초원길에 해산물로는 건어물 외에 염장한 젓갈류도 있었을 것으로 본다.

　요동반도의 명도전 출토 지점으로 보이는 건어물 시장은, 차오양이나 베이징(연경)을 거쳐 서역으로 운반되었을 것이다.
　이 해산물들이 중국에서 소비할 것이라면 공급라인을 단축시키기 위해서라도 해산물 수집 기지가 랴오둥반도에 밀집할 것이 아니라 중국 동해안에 흩어져 있어야 한다. 사실, 중국 동해안에서는 명도전을 사용하지 않았다 뿐이지 건어물은 물론 생선까지도 거래가 되었을 것이다.
　이런 점을 미루어 볼 때, 명도전은 중국의 내국 상인이 사용한 것이 아니라 서역 상인 혹은 서역 상인과 연관된 (고) 조선 상인으로 봐야 한다.

---

337) 제사상에서 어동육서(魚東肉西)의 어동은 북망산천(북두칠성) 쪽으로 진설하는 것을 전제로, 공자가 살던 곡부나 그 전 (고)조선에서 볼 때 동쪽 바다 황해에서 잡히는 비늘 있는 굴비를 말하는 것이다.

명도전의 명(明) 자는 발행처인가, 사용처인가?

지금까지 명도전의 사용처와 사용 목적을 살펴보았다.

명도전 유물을 판독하는 과정에서, 이홍식 편저의 『새국사사전』(교학사)에 보면, 명도전에 대한 설명이 있다.

"고대 중국의 청동 화폐의 하나. 표면에다 명(明)자를 새겼는데 그 뜻은 자세히 알 수 없으며 뒷면에도 여러 가지 글자를 새겨 수백 종에 달하는데 특히 우(右)자, 좌(左)자, 행(行)자가 가장 많이 나타나고 있다."

명도전의 국적에 대해, (고) 조선을 빼는 대신 연나라도 빼고 고대 중국의 청동 화폐라고 정리해 놓았다. 그러면서 명도전 뒷면에 새겨 놓은 글자가 수백 종에 달한다고 한다.

먼저, 명도전의 앞면과 뒷면을 구분할 필요가 있다.

앞에서 언급한 그대로 명도전은 손칼에서 유래되었다고 본다.

칼자루를 손에 쥘 때, 대부분 오른손으로 칼을 들게 된다. 이는 오른손잡이가 왼손잡이보다 많아 오른손잡이 문화이기 때문이다. 오른손으로 쥐었을 때 눈에 보이는 칼날 부분이 앞면이고, 당장 보이지 않는 면이 뒷면이다.

명도전의 경우 앞면에는 명(明)자를 새겼고 뒷면에는 여러 가지 글자가 새겨 있는데 글자의 종류가 수백 종이라는 거다.

명도전 뒷면에 새겨진 여러 가지 글자와 문양에 대해 중국 학자들이 한자(漢字)의 모양을 가지고 해독하지 못하는 실정이다. 이런 가운데 한국의 역사저술가 허대동은 그의 저서 『고조선 문자(2011년)』에서 명도전 화폐에 새겨진 문자는 (고) 조선 문자라고 주장했다.

물론 중국 학자들이 일부 해독한 문양을 제외하고 나머지 부분에 대한 판독과 해석이다.

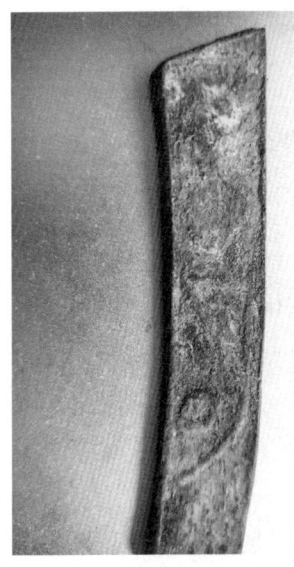

▲ (도27) 명도전 앞면의 문양

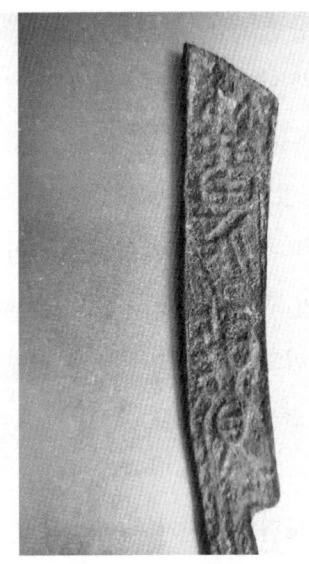

▲ (도28) 명도전 뒷면의 문양

『고조선의 명도전과 놈』의 저자 이찬구 박사는 '돈(don)'자에 이어 이번에 유사 한글인 '놈(nom)'자가 새겨진 '外놈' 명도전을 발견했다고 밝히고, 이 '外놈' 명도전을 연구한 결과 연나라 이외 지역에서 주조된 것이 확실하다고 주장했다. 이 '外놈'의 '놈'자는 비한자(非漢字)로서 중국학자들도 해석하지 못하는 불명문자(不明文字)로 알려져 왔다. '놈(者)'은 '님'과 같은 어원을 갖는 말로 지금도 제주에서는 아들을 '놈'이라고 한다.

필자는 도폐의 문양을 일일이 판독하는 일도 중요하지만 판독자에 따라 가치관이 달라서 통일된 문자 해독이 우리 시대에는 어렵다고 본다.

그래도 가능한 부분이 있다면 발행처(도범, 刀范 발굴지역)에서 보는 방향성이다. 다음의 그림은 제나라 화폐의 앞면 문양이다.

제나라의 첨수도 표면에 '명(明)'자 대신에 '제화(齊化)'니, '제화공금(齊化共金)'이니 '제화이십(齊化二十)' 등의 글자가 새겨 있다.

이들의 공통점, '齊'라는 선명한 문양이 제나라를 표시한 것으로 보인다. 그러나 발견된 양은 많지 않다.

학자 중에는 '明'이란 문양이 없다는 이유로 명도전 이전의 화폐라고 주장하는 이도 있다.

필자가 보기엔 도폐의 앞면에 새겨진 '명'이나 '제'는 화폐가 사용될 지역으로 갈 방향성을 뜻한다고 보아 진다. 명도전 뒷면에서 보이는 우(右)자, 좌(左)자, 행(行)자가 가장 많이 나타나고 있는데, 이것도 구체적으로 사용되는 지역을 나타낸다고 본다.

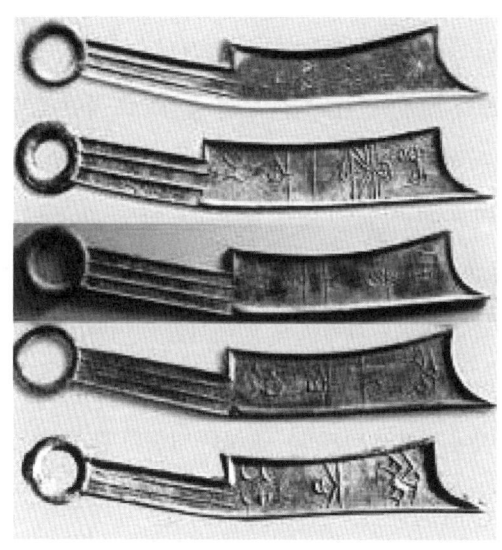

▲ (도29) 제(齊) 문양 표시가 있는 도폐

명도전 거푸집이 연하도(燕下都)에서 발견되었다.

연하도는 허베이성의 이현(易縣, E115°30′ N39°20′)에서 동남쪽 북이수(北易水)와 중이수(中易水) 사이에 있다. 이곳에는 명도전의 거푸집을 볼 수 있는 '연하도문물보관소(燕下都文物保管所)'와 '연하도공작참(燕下都工作站)'이 있다.

연(燕)나라가 처음에 자리 잡은 도성 계(薊)는 현 베이징(北京) 시내의 남서 지역인 팡산구(房山區)인데 전국시대 후반에 이곳(이현)으로 도읍을 옮긴 것이다. 연의 하도(下都)라 한 것은 계(薊)를 상도(上都)로 보는 데서 연유한 것이다.

이곳 이현의 공작참에서 명도전을 찍어낸 것으로 보고 있다.

또 하나 이곳 땅이름 이현의 이(易)는 무역이나 교역을 뜻한다. 이곳 연경(燕京)이 서역 상인이 오고 가는 국제 시장이므로 이현(易縣)은 이런 연유에서 붙여진 이름이 아닌가 한다.

명도전을 제조하였던 거푸집(금형)이나 공방과 장소들이 대부분 중국의 북경 근처와 하북성 북부 및 중부 그리고 랴오닝성(遼寧省) 서부지역에 있다.

명도전을 발행(찍어낸)한 연하도(燕下都)를 중심으로 하여 볼 때, 앞면이 명(明)자인 도폐는 북동 방면의 사용처로, 제(齊)자가 붙은 도폐는 남쪽 시장으로 간 것 같다. 그리고 뒷면의 우(右)자, 좌(左)자, 행(行)자 등의 글자가 새겨진 도폐는 명(明)자 도폐 사용 지역에서 다시 세분된 지역으로 본다.

이는 사용처(使用處)의 관점에서 보고 해석한 것이다.

도전(刀錢) 앞면에 새겨진 명(明)과 제(齊)를 발행처 관점에서 보면, 주장하는 이론 전개가 달라진다.

명도전의 앞면에 새겨진 명(明)자를 역 또는 이(易)으로 보는 학자도 있다.

이(易)란 글자는 명도전을 찍어낸 연하도가 이현(易縣)의 이(易)며, 그 당시 연나라 왕이 역왕 혹은 이왕(易王)으로 불렸기 때문이다.

이렇게 보아 명(明)자를 이(易)자로 보는 학자도 있는데, 이(易)자로 본다면 명도전 앞면은 화폐의 발행처 표시로 봐야 한다.

그런데 그런 시각이라면 제나라 도폐의 거푸집은 제나라의 옛 땅에서 발굴되어야 한다. 그런데 제나라 도폐로 보는 거푸집이 이현(易縣)에서 발견된 것은 발행처라는 가설을 부정한다.

또 명(明)자 혹은 이(易)자로 보는 명도전 거푸집이 연나라 영역이 아닌 곳에서도 발굴되었는데, 연나라 등 발행처로 보기에는 한계가 있다고 본다.

명도전 앞면에 새겨진 명(明, 易으로 읽는 학자도 있음)자가 사용처인가, 발행처인가는 후학들이 계속해서 연구의 과제로 삼기를 기대한다.

명도전 뒷면 문양에서 화폐 발행 주체를 찾다

앞서 살핀 것처럼 명도전 뒷면에 새겨 있는 수백 종의 글자 문양을 어떻게 해석할 것인가 하는 논의다.

글자 문양이 일정한 발굴 장소에서는 같지만 다른 곳과 비교하면 달라진다. 다른 이유를 파악하는 일은 매우 힘든 일이다. 당시 이들 명도전을 화폐로 사용했던 상인들을 만나볼 수 없는 상황에서 당시 시장 상황을 추론할 수밖에 없다.

모피 상품 하나를 예로 든다면, 집산지인 조양(朝陽)시가 있는 대릉하 유역이나 연경에 본사를 둔 물품 수집상이 생산자와 만나기 위해 현지에 나갔다고 보는 푸순이나 낭림산맥 시장에도 서역과 교역하는 상인이 명도전 매납 현장에서 1차 피혁(皮革)을 구입했을 것이다.

서역뿐만 아니라 티베트, 남만의 왜와 월나라 상인도 있었고 연경 북쪽의 조선을 포함한 산융(山戎)[338]과 동호의 상인도 있었을 것이다. 이같이 다양한 이들이 사용하는 언어만큼 글자의 기호도 다양했을 것으로 본다. 그렇다면 '도폐 뒷면에 나오는 수백 종의 글자 문양은 사용자의 주문 제작을 암시하고 있는 것'이 아닐까 하는 가설을 제기한다.

명도전을 어디서 찍어냈느냐 하는 것은 거푸집 발굴로 밝혀졌다.

이현에서 발굴된 거푸집을 중심으로, 질문할 것은 '명도전을 찍어내는 일'

---

338) 산융은 단군조선을 말한다. 춘추시대에 연나라의 기록에, BC664년에 북방의 산융에게 공격받았을 때, 당시 군주였던 장공(莊公)은 이웃 나라인 제나라 환공(桓公)에게 원군을 청하였고, 산융군을 격퇴했던 적이 있다(출전: 다음 위키백과). 한편 『단군세기』에 보면, BC707년 35세 단군 사벌이 조을 파견하여 연나라 서울을 돌파하고 제나라 군사와 임치 남쪽 교외에서 승리했으며, BC653년 36세 단군 매륵이 수유(須臾)의 군대와 함께 연나라를 정벌했다는 기록이 있다. 이후에도 BC396, BC365, BC343, BC341 등 충돌 기록이 있다.

이 연나라 조정의 통제를 받았느냐, 아니면 상인 그룹이나 개인이 필요에 따라 발행 수량을 관리했느냐 하는 내용이다.

이 논점은 명도전의 발행 주체를 밝히고, 명도전이 어느 나라 화폐인가를 밝히는 단서가 될 것이다.

필자는 명도전이 연나라 조정의 통제를 받지 않고 발행되었다고 본다.

연나라가 명도전 주조에 대한 세금을 징수하려면 발행 수량이나 사용처를 통제할 수 있어야 한다. 만약 통제했다면 연나라 화폐로 볼 수 있다.

연나라가 명도전 주조를 통제했다면, 이현(易縣)이 아닌 다른 장소에서는 만들 수 없었을 것이다. 명도전 거푸집 발견 장소가 이현 외에 스좌장(石家 壯)과 장자커우(長家口), 청더(承德)의 나가청촌(羅家淸村)[339] 등에도 있다.

이곳에도 과연 연나라의 통제가 가능할까? 역사 기록으로 보면 청더(承德) 등 연나라 영역 밖에 있는 곳도 있다.

연나라 밖에서도 명도전이 만들어졌다면, 연나라가 통제하지 못했다는 반증이다. 불을 잘 다루는 서역 상인은 구리 광석만 있으면 다른 곳 어디서라도 주조가 가능하다는 것을 보여준다.

이런 논리로 볼 때, 연나라 조정에서 주조를 통제하지 않았다고 보며, 명도전은 '연나라 화폐'가 아니라 '사용자의 돈'이라 할 수 있다.

현대의 대부분 국가는 '화폐 발행처'와 '사용처'가 동일한 나라이다.

지금은 우리나라 화폐를 한국은행 조폐공사가 제조하고 발행하지만, 1962년 화폐개혁 당시 극비 보안을 위해 '새 화폐(지폐)'를 영국에 있는 토마스

---

339) 박선미, 전게서. p.219. 박선미 교수는 연나라의 영역으로 보았으나 『북부여기』를 쓴 범장은 연이 패수(난하)를 넘지 못했다고 하였다.

드라루(Thomas De La Rue)사에서 제조하였다.

그때 그 화폐가 영국에서 제조되었으니 '영국 화폐'라고 불러야 하나? 아니라고 본다. 화폐 사용국 혹은 주문(注文)한 대한민국 화폐가 틀림없다. 명도전도 주문자에 따라 주조했다면 연나라 화폐라 할 수 없다.

성삼제는『고조선, 사라진 역사』에서 "고조선과 연은 전쟁을 치뤘다. 전쟁을 계속하려면 국가 차원에서 막대한 물자를 조달해야 하는데, 고조선이 전쟁 중인 연나라의 화폐를 받고 물자를 공급했다는 이야기가 된다. 화폐 이론에 비춰봐도 고조선 지역에서 발굴되는 막대한 양의 청동 화폐가 연나라의 화폐라는 것은 설득력이 떨어진다"고 의문을 달았다.

이와 같은 성삼제의 주장은 명도전이 현대의 화폐처럼 통용 화폐라는 가정 아래 세운 이론이다.

성삼제는 연나라 화폐라고 주장하는 학자들에게 모순이 무엇인지 지적하고 있다. 실제로 조연 전쟁 때 화폐의 통제는 일어나지 않았다. 왜냐면 명도전이 연나라 화폐가 아니기 때문이다.

명도전이 연나라 화폐가 아니라고 보는 결정적 이유는 명도전 뒷면에 새겨진 다양한 문양에 있다.

연나라가 주도적으로 주조했다면 이렇게 다양한 문양을 쓸데없이 새겨 넣을 이유가 없다. '다양한 문양은 다양한 주문자들 각자의 요구에 따라 새겼을 것'이라는 가설을 제기한다. 명도전 주문자가 독특한 문양을 새겨 넣기를 희망하여 '사용자의 돈' 표시를 했다고 본다.

그 주문자(사용자)는 지정된 사용처에서 특정한 물품을 수집 구매하는 수단으로 사용했을 것이다. 다시 말해 '내 돈'이란 표시라고 추론할 수 있다.

특정 지역에서 물물교환을 돕는 누구네 사폐(私幣)이다

앞의 글, '낭림산맥 시장'을 모색하는 중에 명도전이 산맥 동쪽에서는 발견되지 않는다고 하였다. 생산자가 고갯길을 넘어 '낭림산맥 시장'에서 가지고 온 물건을 팔아 생긴 명도전을 하나라도 자기 집으로 가져가지 않았음을 알 수 있다.

생산자가 물품을 판 돈(명도전)을 가지고, 수입상의 옆에 있는 다른 가게에서 생필품이나 사치품 등 '신상품'을 구입하는 데 모두 사용했을 것으로 유추할 수 있다. '신상품'으로 농기구나 수렵기구, 그 밖의 생산기구와 치장(治粧) 상품 등을 구입하여 돌아갔을 것으로 예상된다.

수집 상품에 따라 거래 상황이 종료되고, '신상품'을 판 상인에게는 가지고 온 상품은 없어지고 대신에 수북이 쌓인 명도전 뿐이다.

신상품을 판매한 상인과 물품 수집 상인이 한 팀이라면 문제가 없을 것이다. 그러나 모피를 수집한 상인이 다르고 신상품을 판매한 상인과 수집 상인이 다른 팀이면 문제가 생긴다.

앞서 소개했듯이 가령 낭림산맥의 전천 시장에서 모피수집상과 흑요석 수집상과 신상품 판매상이 혼재하거나 이웃하고 있다면, 명도전 (돈) 주인이 뒤섞이게 마련이다. 이렇게 되면 장사가 끝난 뒤에, 명도전 뒷면의 문양을 보고 주인을 구분할 수 있다. 이때 주인별로 분류하여 별도 계산을 하게 될 것이다.

명도전(문양)의 주인은 자기의 명도전을 돌려받는 대신 그에 상응하는 (수집 구매된) 물품이나 어음을 그 (신상품) 상인에게 주어야 한다.

특정 문양이 새겨진 명도전이 특정 사용처에서 쓰이는 현장 상황을 스케

치한 것이다. 이러한 정산(定算) 구도는 명도전이 특정 지역에서 사폐(私幣)로서의 기능을 다하는 모습이다. 또 물물교환을 원활히 하기 위한 보조화폐로서의 제한적 기능을 보여주는 것이다.

정산을 마친 모피수집상의 경우, 상품 구입 시기가 끝나 본점이나 본국으로 돌아가기 전에, 다음 해를 기약하면서 명도전을 특별히 감추어 묻어두어야 한다.

이렇게 묻어둔(매납) 명도전이 훗날, 우리에게 유적과 유물로 나타난 것이다. 그 당시 묻어둔 장소가 마을과 가까운 생활유적 주변이었다면 '재화의 저장'이란 의미를 붙여서 '저장매납(貯藏埋納)'이라 분류됐고, 인적이 드문 외진 곳이라면 '재화를 숨기기' 위한 것으로 보아 '퇴장매납(退藏埋納)'이라고 분류되어 고고학계에서 명명하였을 것이다.

이같이 매납된 도전(刀錢)이 발굴된 후, 명도전이라 명명되고 해석되는 과정에서 화폐의 국적에 대해 '연나라 화폐'라고 잘못 정리된 것이다.

명도전이 '연나라 지역에서 주조되었다'는데 대해 누구도 부인하지 못할 것이다. 그런데 '연나라 화폐'라고는 말할 수 없다. 명도전 뒷면에서 보듯 발행처의 통일된 문양이 아니기 때문이다.

또한 '(고)조선의 화폐'라고도 말할 수 없다. 고조선의 전 지역에 통용되는 화폐가 아니기 때문이다. 또 (고) 조선 관련 기록에서 명도전이나 도폐를 사용했다거나 통제했다는 기록을 찾을 수 없다.

명도전은 특정 지역에서 발굴되는 특정 문양을 근거로 해석하자면, '사용자 표시를 특별 주문하여 한정된 지역에서만 통용된 사폐(私幣)'라 할 수 있다.

(도26)의 동북아시아의 명도전 발굴 분포 현황(지도)을 보면, 중국 전역이 아니라 서역 상인의 유목적적(有目的)으로 활동한 지역에 편중되어 있다.

명도전은 '(물품 수집) 상인의 주문에 따라 주조되었다'고 본다.

연나라 화폐도 아니고, (ㄱ) 조선 영역에서 사용했다 해서 (ㄱ) 조선 화폐라고 할 수도 없다. 현대에 와서 특정 지역에서 통용되는 '지역 화폐'도 아니다.

정확히 말하면 특정 지역, 특정 상인의 물물교환을 돕는 '한시적 보조 화폐'라 할 수 있다.

요약하면, 명도전의 비밀 문양은 발주자의 암호이다.

명도전은 '연나라 화폐'가 아니다.

그렇다고 '(ㄱ) 조선 화폐'도 아니다.

명도전을 사폐(私幣)로 보는 이유는

① 명도전이 통용 화폐가 아니라 '특정 지역의 한시적 보조 화폐'라는 점
② 명도전 뒷면의 문양에 나온 '주문자 혹은 사용자 표시의 화폐'라는 점
③ 명도전을 주조한 연나라가 (ㄱ) 조선의 화폐 질서를 통제하지 못했다는 점
④ 이듬해 파시까지 보관해 둘 정도로 통용 화폐로서의 가치가 없었다는 점

등으로 보아 명도전은 특정 지역에서 물물교환을 돕는 사폐(私幣)로 본다.

명도전을 연구하는 학자들은 풀어야 할 과제가 많다. 거기다 차오양(朝陽)을 중심으로 한 대릉하 유역에서 발굴되는 명도전은 다른 지역과 다른 특징을 갖고 있다.

박선미는 『고조선과 동북아의 고대 화폐』에서 '대릉하 유역의 화폐 유적의

지정학적 위치를 보면 생활유적과 매납유적 모두 교통의 요지이다. 인적이 드문 산간지대라는 특징이 나타나지 않는다. 일찍부터 이 지역에 발달한 도시를 중심으로 분포하고 있다(p.96). 첨수도 등 다양하고 생활유적에서 포전, 명도전, 오수전 등 전(全) 시기의 화폐가 고루 출토되었다'고 한다(p.97, p.156).

이를 두고 한마디로 '백화점식 출토'라고 말한다.
이는 명도전이 발견되는 생활유적지나 매납유적지의 명도전은 한가지 문양인데, 이에 대비되는 개념이다.
명도전 뒷면의 다양한 문양이 한 지역에서 백화점식으로 출토되는 대릉하 유역에는 진한(辰韓)의 첫 도읍지 진성(辰城=龍城)이 있었음을 앞 4장에서 살펴보았다. 이곳은 '삼한 중 진한 지역이며, 교역상품의 생산지이자 생산을 위한 원자재의 집산지'임을 짐작할 수 있다.
명도전은 특정 지역에서 사용되는 보조 화폐이기 때문에 '돈 주인' 구분(표시)이 반드시 있어야 할 화폐였다고 할 수 있다.

명도전이 요령성 부근에서 처음 발굴(1920년대)된 지 100년이 되었다. 그동안 명도전 국적에 대한 수많은 학자의 연구와 주장이 있음에도 불구하고, 명도전 뒷면의 다양한 수백 종의 문양 때문에 아직도 이렇다 할 결론을 내리지 못한 실정이다.
필자가 내놓은 가설, '명도전은 특정 지역에서 한시적으로 물물교환을 돕는 누구네 사폐(私幣)'라는 것이 입증된 만큼, 그동안 한·중·일 학자들이 내놓은 명도전 국적에 대한 첨예한 대립이 봄눈 녹듯 단숨에 사라질 것으로 본다.

본 장, 서두에서 필자가 밝힌 '명도전에 대한 제3의 이론'이란 '①명도전은 국적이 없다'는 것과 연(燕)의 화폐가 아니므로 '②당시 연나라가 난하를 넘지도 못했고, 한반도 북부 평안도를 지배한 일도 없다'는 주장이다. 이는 '연나라의 청천강 이북 지배설'을 백지화시킬 수 있는 이론이 될 것이다.

그동안 중국과 일본이 명도전을 가지고 식민사의 증거가 되는 양, 우리를 옥죄어 왔는데, 이제는 역사 전쟁에서 논리적 완승이라 할 수 있다. 그리고 명도전에 얽힌 우리 고대사의 난제를 명확하게 교통정리 했다고 생각한다.

후기

편집 후기

우리 사학계 중 강단사학계가 주류라고 자처하며 두 가지 이론을 내세운다. 하나는 '반도사관'인데, 평양에 고조선과 기자조선이 있었고, 말기에 기준왕을 몰아낸 위만이 한 무제의 침공을 받아 멸망하면서 한반도 북부에 한사군이 설치되었다는 이론이다. 또 하나 주장은 '식민사관'으로 한반도 남부에 고대부터 '임나일본부'가 지배하여, 조선은 역사의 시작부터 식민사회로 시작됐다는 거다. 이러한 〈한국사〉에 대해 대다수 국민이 실망하고 수치스럽게 생각한다.

이에 필자는 작년(2023)에 발간한 『가야인, 나라 세우러 온 것 아니다』와 올해 발표한 〈일본의 '임나일본부'는 허구적 이론이다〉라는 논문을 통해, 신공황후가 백제의 용병으로서 활동한 것은 사실이지만 한반도가 아닌 황하 유역이며, 따라서 '한반도의 임나일본부'설이 성립될 수 없음을 밝혔다. 이로써 강단사학계가 주장하는 '식민사관'을 말끔히 걷어낸 것이 된다.

이제 남아있는 '반도사관'은 고려조의 일연과 조선조의 한백겸, 안정복, 정약용 등 실학자들이 써낸 역사서를 근거로 한다. 필자가 이들, 실학자들의 역사관이 '왜곡된 사이비 역사'라는 것을 본 책 4장 4-7절에서 밝혀냈다.

말하자면 이들 학자가 '기자동래설'과 평양의 '단군릉'과 '기자묘와 사당' 그리고 '기자조선'을 믿고 왜곡된 역사를 쓴 것이다. 필자는 기자(箕子)가 주(周) 무왕의 '봉조선(封朝鮮)'을 거부하고 은허와 가까운 고향에서 은거했으니, '기자동래설'과 '기자조선'이 성립되지 않았음을 밝혔다. 또 평양의 '단군릉'은 기준왕이 세운 (신) 마한의 마한도(島)가 후일 바닷물에 잠기면서 평양으로 이주한 마지막 왕릉임을 밝혀냈다. 그리고 세종 때, 명나라 사신을 위해 '기자 사당'을 정비한 것과 '기자묘'도 가묘임이 밝혀졌다.

따라서 강단사학계가 믿었던 평양의 기자조선과 그 전에 있었다던 단군조선의 위치까지 무너지게 됐다. '반도사관'과 '임나일본부'가 백지화된 마당에 강단사학계는 발붙일 곳이 없어졌다. 이제는 '사이비 역사학자'가 된 것이다.

잃어버린 역사가 대륙에 있음이 선명해졌다. 따라서 〈동북아역사지도〉가 백지화될 것이고, 중국의 〈동북공정〉도 모래성처럼 무너질 것이다. 강단사학자들이 물러나게 되면, 한국 고대사 복원이 쉬워질 것으로 본다.

이에 따라 '대륙의 역사'에 대한 반대급부, 즉 한반도에는 어떤 역사가 있었는지 밝히는 일도 필자에게 주어진 또 하나의 과제로 여긴다.

■ 찾아보기

번호

2
22담로 221, 232, 237, 239, 245
22담로국 220

9
9려(九黎) 65
9환(九桓) 64, 67, 91

한국어

ㄱ
가섭원(迦葉原) 186, 192
가섭원부여 238
가섭원 부여기 186, 192
갈사(曷思) 238
갈사수(曷思水) 238
갑골문자 336
강역국가(疆域國家) 219
개(蓋) 36, 322
개사원(蓋斯原) 321
거야택(巨野澤) 248
거푸집 391
견아성 175
견아성(犬牙城) 50
계성(薊城) 29
계현(薊縣) 29
고구려현 201
고려영(高麗營) 58, 202
고수(沽水) 217
고조선(古朝鮮) 70
고진(高辰) 183
골각문자 336
관자(管子) 159, 218, 344
광개토왕 비문 206
국내성 202
금팔법(禁八條) 303
기씨왕조 304
기씨왕조(箕氏王朝) 280
기자(箕子) 293, 296
기자동래설 293
기자묘 302
기자사(箕子祠) 293
기준(箕準) 72, 233, 272
김부식 257

ㄴ
나만기(奈曼旗) 105, 107, 121, 123
낙랑(樂浪) 39, 172, 286
낙랑고고학 285
낙랑군(樂浪郡) 43, 286
낙랑부(樂浪府) 47
낙랑토성 266
낙랑풍(樂浪風) 285
낙랑홀(樂浪忽) 204

낙정(樂亭) 45, 152, 264
낙정주 45
난하(灤河) 30, 32, 35, 40, 349, 367

ㄷ

다퉁(大同) 155, 176
단(檀) 24, 67, 214
단국(檀國) 167
단군(檀君) 65
단군묘 288, 292
단군세기 71, 146, 296
단군왕검 62, 64, 71
단군조선 62, 139
단순(檀順) 24
단영(檀營) 24, 149, 168
단웅(檀雄) 63, 82, 167
단제(檀帝) 336
달지국(達支國) 146
대동(大同) 318, 324
대동강 155, 322
대동부(大同府) 319
대동화산군 320
대릉하(大淩河) 50, 52, 313
대무신왕(大武神王) 49, 56, 185
대수(帶水) 203
대왕가도(大王家島) 275
대청광여도 23, 318
돌궐(突厥) 180
돌무덤[塚] 141
동국지리지 308
동국통감 309

동복(銅鍑) 227
동북공정 18, 58
동북아역사재단 18
동사강목 308
동손문화(東山文化) 227
둔수도(鈍首刀) 343
둬룬(多倫) 34
딩기르 66
똥시(東西) 133, 171, 375

ㄹ

라마동(喇嘛洞) 188, 190
래국(萊國) 246
래이족(萊夷族) 246
력도원(酈道元) 31, 35, 267
루방현(鏤芳縣) 34, 35

ㅁ

마늘(蒜) 83, 87
마리산(摩璃山) 320
마야문명 79
마자수(馬訾水) 21
마한(馬韓) 146, 151, 271
마한도(馬韓島) 270, 277, 278, 292
마한산(馬韓山) 319
막조선(莫朝鮮) 146, 165
막한(莫韓) 152
맞춤형 용병 245
맨틀대류설 282
명도전(明刀錢) 313, 343, 363
모용황 190

모한(慕韓) 151
묘환(苗桓) 317
무령산(霧靈山) 200
밀운(密云) 148
밀운수고(密雲水庫) 23

ㅂ

박벌성(薄伐城) 298
반도사관 342
발조선(發朝鮮) 160
발해(渤海) 34, 218, 235, 250
백산 120, 122
백석수고(白石水庫) 52
백아강(白牙岡) 72, 317, 324
백제(百濟)성 211
번조선(番朝鮮) 150, 165
번한(番韓) 146, 151, 173, 210, 214
범장 41, 186, 348
변(弁) 174
변진(弁辰) 172
변한 173
봉니(封泥) 53, 105, 107, 264
봉조선(封朝鮮) 294, 299, 306
부여(夫餘) 189, 235
북경(北京) 27
북두칠성(北斗七星) 137
북부여(北扶餘) 186
북위(北魏) 318
분릉(岔陵) 186, 192, 238
불리지(弗離支) 183
불함문화론 113, 117

비류(沸流) 203
비서갑(斐西甲) 64
비왕(裨王) 63
비파형 동검 140, 311

ㅅ

사마르칸트 177
사비성(泗沘城) 242
사서 수거령 307
사폐(私幣) 394, 396
사현(泗縣) 242
삭족(Saks 색족) 93
산해경 44
산해관지(山海關志) 51
살수(薩水) 52, 313
살수 언덕 50, 175
삼국사기 257
삼랑성(三郞城) 320
삼위(三危) 98, 109, 110
삼한(三韓) 337
삼한관경(三韓管境) 164, 337
삼한론 176
상건수(桑乾水) 28
상두(上斗) 137
상서대전(尙書大傳) 294
상업 문명 변방 377
상잠(桑蠶) 378
상투 135, 136, 138
상투 머리 142
색목인(色目人) 92
색불루 150, 164, 322

색족(色族) 91
서우여(徐于餘) 150, 165
서한(西韓) 324
서한령(西韓岭) 318, 324
서화(西華) 296
석문성(石門城) 51
석문채(石門寨) 51
석성도(石城島) 275
선양(瀋陽) 193
선족(鮮族) 74, 81, 88, 89
소그드 시대 177
소동파(蘇東坡) 306
소서노(召西弩) 232
송미자세가 294
송본역대지리지장도 31
쌍랴오(雙遼) 378
수경주 31, 35, 267
수메르(Sumer) 135
수밀이국(須密爾國) 111
수서(隋書) 204
순천부(順天府) 24
스키타이(Scythia) 93
승덕(承德) 199
신라(新羅) 173
신마한(新馬韓) 270, 272, 279
신미제국(新彌諸國) 274
신시(神市) 67, 99, 110, 120, 128, 140
신전[廟] 141
신증동국여지승람 288
쑥(艾) 83

ㅇ

아방강역고 308
아사달(阿斯達) 167, 255, 310
아스텍문명 79
안파견 97, 100, 104, 109, 120
압록수(鴨綠水) 21, 51, 52
압수하(鴨水河) 51
양산박(梁山泊) 248
양직공도(梁職貢圖) 221
여(黎) 64
여원흥 150, 165, 322
역참(驛站) 74
연(燕) 353
연경(燕京) 214, 353
연타발(延陀勃) 233, 250
연하 362
연하도(燕下都) 388
열하일기(熱河日記) 353
염수(鹽水) 206
영역국가(領域國家) 219
예맥(穢貊) 57, 172
오가(五加) 67, 96
오녀산성 194
오사구(烏斯丘) 52, 313
옥결(玉玦) 376
옥고 142
옥인장 105, 107
왕검(王儉) 63, 65
왕검성(王儉城) 72, 322, 324
왕험성(王險城) 42, 72, 152, 268
요동(遼東) 19

요사(遼史) 34
요서(遼西) 28
요수(遼水) 19, 28, 211, 217
요해(遼海) 21
용성(龍城) 143, 156, 191, 314
용성구(龍城區) 156, 314
용연동(龍淵洞) 369, 371
우거(右渠) 48
우적도(禹迹圖) 32
우즈베키스탄 90, 94, 177
우현왕 154
운강석굴(云岡石窟) 318
운장(雲障) 146
웅녀군(熊女君) 64
웅백다(熊伯多) 146, 319
웅족(熊族) 81
원동중(元董仲) 97
韋(위) 157
위구르족 94
위구태(尉仇台) 57
위나암성(尉那巖城) 202
위략(魏略) 281
위례성(慰禮城) 27, 214
위만(衛滿) 48, 273
위원(渭源) 369
위지(魏志) 44
유리묘(琉璃廟) 58, 185, 202
유리왕(瑠璃王) 49, 58, 185
유리하(琉璃河) 58, 185, 202
유옥위장(唯玉爲葬) 135
을지문덕 50, 52

의무려산(醫巫閭山) 198
이맥(李陌) 63
이암(李嵒) 41, 62
이현(易縣) 29, 149
인허강(陰河) 122
임둔태수장(臨屯太守章) 53
임삭궁(臨朔宮) 29
잉카문명 79

ㅈ

작잠(柞蠶) 378
잔산쯔(轉山子) 360
장당경(藏唐京) 193
저장매납(貯藏埋納) 368, 394
전연(前燕) 190
점제현신사비 265
정류하 45
정류하(定流河) 46
정류하(汀流河) 46
제단[壇] 141
제도폐(齊刀幣) 363
제사(祭祀) 335
제왕운기(帝王韻紀) 53, 275
조도폐(趙刀幣) 363
조백하(潮白河) 24
조선(朝鮮) 69, 74, 90, 139
조선사 342
조선상고사 309
조선소 313
조선왕조실록 288
조선총독부 342

조선하(朝鮮河) 26
조선현 201
조선후(朝鮮侯) 294
조양(朝陽) 156, 167, 310, 315
조우관 177
조족(朝族) 74, 79, 90, 134
조지아(GEORGIA) 125
조현(曹縣) 298
졸본(卒本) 180
졸본(홀본) 198
좌전(左傳) 155
좌현왕 154
주례(周禮) 200
주몽(朱蒙) 183
주석서(注釋書) 42, 268
진개(秦開) 57
진국(辰國) 152, 256
진군현천하도 32
진성(辰城) 143, 156, 256, 314
진시시(錦西市) 53, 57, 105
진저우(錦州) 175
진조선(眞朝鮮) 147
진한(眞韓) 151
진한(辰韓) 143, 146, 256, 314

ㅊ

차오양[朝陽] 71
차탕족 85
창려(昌黎) 42, 268
채색토기 127
천부(天符) 104, 107

천부인(天符印) 104, 107, 123
천산(天山) 94
천원지방(天圓地方) 142
천인(天印) 104, 107
천잠(天蠶) 378
천하고금대총편람도 175
천해(天海) 111
철기 문명 356
첨수도(尖首刀) 343
청더(承德) 35, 39, 149, 205
청도(靑島) 247
청동기 문명 130
청동복 227
청주한씨세보 280
청해(菁海) 208
총묘단(塚廟壇) 141
최치원(崔致遠) 176
추모(鄒牟) 182
츠펑(赤峰) 110, 121
치(雉) 140
치두남(蚩頭男) 146, 210
치우 마을 134
칠성 신앙 137
침수도(針首刀) 343

ㅋ

카이펑(開封) 244
카자흐스탄 90, 94
키르기스스탄 94

ㅌ

탁군(涿郡) 29
탁인면(拓印面) 107
태백 94, 109
태백산(太白山) 94
태백일사 91
태조왕 58
텡그리 66
텡크리 66
토곡(土谷) 208
토곡혼(吐谷渾) 208
퇴장매납(退藏埋納) 368, 394
퇴장유적(退藏遺蹟) 348
퉁랴오(通遼) 124
튀르키예 179

ㅍ

파항(婆港) 45
패강(浿江) 33
패수(浿水) 30, 32, 40, 43, 203, 267, 349, 367
평성구(平城區) 318
평양(平壤) 234
무순(撫順) 378
피라미드 125, 130, 360

ㅎ

한왕(韓王) 271, 273
해내경 44, 274
해모수(解慕漱) 183
행상인 174

험독현(險瀆縣) 42, 268
현도군(玄菟郡) 198
혜제구(惠濟區) 244
호로하(胡盧河) 45, 46
혼동강(混同江) 21
홀본(忽本) 180, 205
홀본성(忽本城) 198
홍산문화 127, 134
홍익인간 95
홍하(紅河) 240
환구단(圜丘壇) 142
환국(桓國) 74, 76, 90, 105, 109
환웅 97
환인(桓仁) 194
환족(桓族) 74
흑수(黑水) 120, 122
흑요석(黑曜石) 101, 161
히타이트(Hittite) 356

참고문헌

- 구가인, 『백의민족』, 지식공감, (2013).
- 김동환, 배석, 『금속의 세계사』, 다산북스, (2015).
- 김부식 지음, 이재호 옮김, 『삼국사기』(1, 2, 3권), 솔, (2006).
- 김성겸, 『고구려 창세기 남당 유고 추모경』, 수서원, (2020).
- 김운회, 『우리가 배운 고조선은 가짜다』, 위즈덤하우스, (2012).
- 김종수 외, 『고등학교 한국사』, ㈜금성출판사, (2018).
- 김호림, 『고구려가 왜 북경에 있을까』, 글누림. (2012).
- 대한민국역사교과서 편찬위원회, 『대한민국역사교과서』, 한가람역사문화연구소, (2024).
- 문성재, 『한사군은 중국에 있었다』, 우리역사연구재단, (2016).
- 박선미, 『고조선과 동북아의 고대 화폐』, 학연문화사, (2009).
- 박영호, 『산동이야기』, 씨 에디터, (2019).
- 박창범, 『하늘에 새긴 우리 역사』, 김영사, (2018).
- 박창화 찬술, 김성겸 번역, 『고구려의 숨겨진 역사를 찾아서』, 지샘, (2008).
- 사마천 지음, 김원중 옮김, 『사기 열전』(2), ㈜민음사, (2019).
- 성삼제, 『고조선, 사라진 역사』, 동아일보사, (2014).
- 송부웅, 『개천 5901년』, ㈜아스타나, (2004).
- 송호수, 『한민족의 뿌리사상』, 기린총서, (1989).
- 신용하, 『고조선 국가형성의 사회사』, 지식산업사, (2010).
- 신채호·이만열 주석, 『주석 조선상고사』 상·하, 형설출판사, (1983).
- 심백강 편저, 『잃어버린 상고사 되찾은 고조선』, 바른역사, (2014).
- 안경전, 『청소년을 위한 환단고기』, 상생출판, (2012).
- 안정복, 『동사강목』, 경인문화사, (1989).
- 안학 씀, 송강호 옮김, 『조선문명사』, 우리역사연구재단, (2015).

- 오운흥, 『가야인 나라 세우러 온 것 아니다』, 시간의물레, (2023).
- 오운흥, 『고대사 뒤집어 보기』, 시간의물레, (2020),
- 오운흥, 『무령왕릉의 비밀』, 시간의물레. (2021).
- 오운흥, 『한국사의 기준점 찾기』, 시간의물레, (2022).
- 오운흥, 『한반도에 백제는 없었다』, 시간의물레. (2021).
- 유홍준, 『나의 문화유산답사기 4』, ㈜창비, (2019).
- 윤명철, 『고조선 문명권과 해륙활동』, 지식산업사, (2018).
- 윤한택, 『동국지리지 연구』, 대한사랑, (2024).
- 이기백, 『한국사 신론』, 일조각, (1972).
- 이덕일, 『조선사편수회 식민사관 비판 Ⅰ』, 한가람역사문화연구소, (2020).
- 이승휴, (사)동안이승휴사상선양회, 『제왕운기』, 세장출판사, (2019).
- 이형구, 이기환, 『코리안 루트를 찾아서』, 성안당, (2010),
- 일연 지음, 이재호 옮김, 『삼국유사』, 솔, (2008).
- 임승국 번역, 『한단고기』, 정신세계사, (2016).
- 장삼식, 『대한한사전(大漢韓辭典)』, 박문출판사, (1975).
- 정약용 저, 정해렴 역주, 『아방강역고(我邦疆域考)』, 현대실학사, (2001)

논문

- 문창로, 〈조선 후기 실학자들의 삼한 연구〉, 『한국고대사연구62』, (2011.6),
- 복기대, 〈임둔태수장 봉니를 통해 본 한사군의 위치〉, 백산학보 제61호
- 오운흥, 〈일본의 '임나일본부'는 허구적 이론이다〉 2024 대한국제학술문화제
- 오운흥, 〈진·한대의 요수·패수와 험독현·왕험성의 위치 탐색〉, 2023 대한국제학술문화제 논문자료집.

지도

- 〈China Road Atlas〉, 산동성지도출판사(山東省地圖出版社), (2006).
- 〈대청광여도(大淸廣輿圖)〉

- 〈석각본(石刻本) 우적도〉, 비림박물관 소장
- 송본 〈역대지리지장도(歷代地理指掌圖) 44도 중 43도〉
- 〈십오국풍지리지도(十五國風地理之圖)〉
- 〈천하고금대총편람도(天下古今大摠便覽圖)〉
- 〈해저지도〉, 국립해양조사원 해도(K-2010), 한국해양(주)

방송 및 언론사

- 〈경북일보〉 굿데이 굿뉴스, 윤용섭. 백제에 관한 남은 이야기. (2018.3.30.).
- 〈경향신문〉, '고조선의 철기시대는 중국보다 빠른 BC10 세기경에 시작됐다' (1997.4.7. 1면).
- 〈경향신문〉 '청쯔산의 샤자뎬 유적, 치(雉)가 있는 석성과 대형 건물터' (2007.10.12.).
- 〈서울신문〉, 'BC7세기 철기유물 강원도 홍천서 출토', (1970.1.2.).
- 〈세계일보〉, '순록 쫓던 증거'…노르웨이 빙하 녹자 4천 년 전 화살 발견, (2023.09.08.).
- 〈연합뉴스〉, 1만 8천 년 전 백두산 흑요석, 700㎞ 떨어진 대구 온 까닭은 (2017.1.7.).
- 〈조선일보〉, 일(日)총독 "조선인은 조선사 모르게 하라", (1986.8.17.).
- 〈중앙일보〉 김기협의 남양사(南洋史) 〈9〉, (2024. 4. 27).
- 〈한겨레신문〉. 이덕일, '주류역사학계를 쏘다, 유적 유물로 보는 한사군.' (2009.6.9.).
- 〈헤럴드경제〉, "하노이 외곽 북부 하이두엉성 트루엉푸에 구리 케이블 공장이 있다." (2024.1.3.).
- 〈kbs1 '걸어서 세계 속으로'〉, '키르기스스탄 편', (2024.10.5. 09:40 방영).
- 〈KBS HD 역사스페셜〉, '대성동 고분의 미스터리-가야인은 어디서 왔는가?' (2012.10.18.).

웹문서

- 김정민(사단법인; 우리역사 바로알기), 〈광개토왕 비문의 실체〉 유튜브,
- 남의현, 〈고구려 7차 천도와 도읍지 연구〉(https://youtu.be/xNF0erBp-7I)
- 히스토리의 역사산책, https://blog.naver.com/joonho1202/221245231284
- 위키백과, 스키타이(Scythia) 분포, (2024.9.12.).
- 위키백과의 '연나라'
- Daum백과의 「한국민족문화대백과사전」

재인용한 동양사서

※ 중국

- 『관자(管子)』〈경중갑(輕重甲)〉 편, 『구당서(舊唐書)』〈동이열전〉,
- 『남제서(南齊書)』, 『대청일통지(大淸一統志)』 권172 許州.
- 『명사』〈지리지〉, 『무경총요』〈북번지리〉, 『문헌통고(文獻通考)』,
- 『북사(北史)』, 『북제서(北齊書)』,
- 『사기』〈조선열전〉 및 〈사기삼가주(史記三家注)〉, 『사기』 上〈夏本紀 第2〉,
- 『사기』〈송미자세가(宋微子世家)〉, 『삼국지』〈위지(위서)〉 오환선비 동이전,
- 『산해관지(山海關志)』, 『산해경』 제18권 〈해내경〉,
- 『상서대전(尙書大傳)』, 『수경주(水經注)』, 『시경(詩經)』〈한역〉편,
- 『위략(魏略)』, 『요사(遼史)』, 〈양직공도〉,
- 『자치통감』 권181, 『주례(周禮)』, 『주사(周史)』, 『주자어류(朱子語類)』 권86,
- 『진서(晉書)』〈동이열전〉 마한조, 『한서』〈지리지〉,

※ 한국

- 〈광개토왕 비문〉, 『신증동국여지승람(新增東國輿地勝覽)』,
- 〈조선왕조실록〉, 〈천하고금대총편람도(天下古今大摠便覽圖)〉.

한국사 미스터리 6

손에 잡히는 단군조선

초판 인쇄 2025년 01월 03일
초판 발행 2025년 01월 10일
저　　자 오운홍
발 행 인 권호순
발 행 처 시간의물레
등　　록 2004년 6월 5일
주　　소 경기도 파주시 숲속노을로 150, 708-701
전　　화 031-945-3867
팩　　스 031-945-3868
전자우편 timeofr@naver.com
블 로 그 http://blog.naver.com/mulretime
홈페이지 http://www.mulretime.com
I S B N 978-89-6511-480-2 (03910)
정　　가 25,000원

* 이 책의 저작권은 저자에게 출판권은 시간의물레에 있습니다.
* 잘못된 책은 바꿔드립니다.